万国专题讲座

刑事诉讼法

讲义版 ⑤

国家统一法律职业资格考试

万国 深蓝法考

温云云 编著
万国深蓝法考研究中心 组编

中国法制出版社
CHINA LEGAL PUBLISHING HOUSE

图书在版编目（CIP）数据

刑事诉讼法 / 温云云编著；万国深蓝法考研究中心组编. —北京：中国法制出版社，2022.1

2022国家统一法律职业资格考试万国专题讲座：讲义版

ISBN 978-7-5216-2244-7

Ⅰ.①刑… Ⅱ.①温… ②万… Ⅲ.①刑事诉讼法—中国—资格考试—自学参考资料 Ⅳ.①D925.204

中国版本图书馆CIP数据核字（2021）第213125号

责任编辑：成知博　　　　　　　　　　　　　　　封面设计：李　宁

刑事诉讼法
XINGSHI SUSONGFA

编著 / 温云云
组编 / 万国深蓝法考研究中心
经销 / 新华书店
印刷 / 保定市中画美凯印刷有限公司
开本 / 787毫米×1092毫米　16开　　　　　　　　　印张 / 23.5　字数 / 542千
版次 / 2022年1月第1版　　　　　　　　　　　　　2022年1月第1次印刷

中国法制出版社出版
书号 ISBN 978-7-5216-2244-7　　　　　　　　　　　　　　　定价：63.00元

北京市西城区西便门西里甲16号西便门办公区　　　　　传真：010-63141852
邮政编码：100053
网址：http://www.zgfzs.com　　　　　　　　　　　　编辑部电话：010-63141809
市场营销部电话：010-63141612　　　　　　　　　　　印务部电话：010-63141606
（如有印装质量问题，请与本社印务部联系。）
如有二维码使用问题，请与万国深蓝法考技术部联系。二维码使用有效期截至2022年12月31日。电话：400-155-1220

总序

精准学习，锚定法考通关之路

丢掉考试中40%的分数仍可能通关，貌似宽松；但实际上，过往的法考（司考）每年通过率不到20%，八成以上考生被拒之门外。高容错率、低通过率，似乎是难题太多；而在历年考题中，高难度、易丢分的题目却又屈指可数。这就是法考（司考）的奇特属性，也是被蒙蔽了接近二十年的不解之谜。这一不解之谜所造成的痛苦达到二十年多之顶峰，也加剧了考生的无所适从（刚出考场就开始在网上吐槽）。

2018年，法考在诸多方面出现了划时代的重大变化——主观题、客观题分开考，主观题开卷考，机考方式改革，内容结构调整等；2019年，考试时间提前，客观题分两批次考试；2020年，考试延期，主观题考试实现全面机考，采用电子法条形式，并出现民法学科与商法学科、民法学科与民事诉讼法学科交叉考查的新形式；2021年，考试再度延期，考生们在延期等待中苦苦坚持、又在坚持中对将会出现的变化迷茫无措。我们不禁疑问，法考还会出现哪些变革？

在迷雾中，我们已经探索了二十多年，从传统的培训，到基于移动互联网的培训。我们现在确信：以往荒唐的备考方式，是真正的、唯一的谜底。

以往备考是这样的：买上摞起来差不多一米高的书，尽早开始，在两个月内将所有学科快速学完一遍，之后无限循环，在考前达到五轮甚至六轮以上的重复。这种备考方式可称为"消耗式学习"，它需要大量时间，透支备考者的体力、精力，但是否能真正掌握知识点，却是"混沌"的。

"消耗式学习"的另一个场景，是在时间超长的名师视频课件中点播，然后像网络追剧般看完每一个视频。视频课件中"名师"带来的微妙心理暗示，给备考者营造出最舒适的备考体验。然而视频即使全部看完，考题正确率却仍旧难以提升。

"消耗式学习"的失败，在于它试图通过机械式重复学习来谋求理解上的深入，只关注知识的"强行灌输"过程，甚少关注消化与否的结果；只关注知识的"输入"，甚少关注知识的"输出"（即在记忆、理解知识的基础上运用知识）；知识"输入"时只考虑到大多数考生的共性问题，甚少涉及每个考生的个性化问题。

彻底揭开不解之谜的谜底，让备考高效的解决之道应当是：在备战法考的全过程中，能始终对考生各知识掌握情况持续测量，之后全面评估考生的掌握程度分布，从而有针对性地安排接下来的学习重点。这样的路径在考生的个体维度独立建立，便意味着每个人都拥有了对自己而言效率最高且独一无二的备考过程。

万国，以此构建"深蓝法考"。

从2017年开始，深蓝法考APP开始帮助每年备考的考生们通过客观题，再通过主观题！实现了他们法考过关的梦想。"精准学习+个性化定制"的备考方式，让进入深蓝的考生们，无法再回到过去的备考模式中，深蓝把备考的一切装进考生的口袋，它是所向披靡的法考通关工具。深蓝成为那些没有非常充足时间、复习时间碎片化且亟需复习效率的在职备考人员的贴心人。

深蓝法考APP客观题备考学习阶段

进入深蓝法考APP的学习，第一步是对考生的实际学习需求进行测评，定制出个性化的学习计划，在此基础上，进入"基础学习+考前冲刺"的深蓝全程学习。学习模式包括：初阶的"学+测"；高阶的"学+测+补"。

随着学习内容及学习阶段的不断推进，深蓝及时安排考生完成与学习进度相同学科的测试卷。测试卷的作用是帮助考生查找学习薄弱环节；接下来，深蓝私教安排考生进入一对一的深蓝问诊课堂，通过课后定制的解决方案，帮助考生将学习中的薄弱环节学懂、掌握。深蓝在每个学习节点上，都推出法考多学科不同主题的直播授课。进入考前冲刺，深蓝问诊课是考生高效、精准学习的强大学习工具，确保考生对高频考点的全面掌握。

"基础学习+考前冲刺"的深蓝全程学习内容，全部都在考生各自的定制计划中以动态调整的形式不断完美实现，这就是考生们在深蓝法考APP的帮助下，顺利通过的重要原因。

深蓝法考APP主观题备考学习阶段

深蓝依据历年主观题考试内容，将攻克主观题所要具备的能力，归纳为通关核心三大能力，这三大能力是：（1）对主观题具体问题的定性与判断的知识能力；（2）答案定位于法条，确定法言法语关键词的能力；（3）知识答案+法言法语关键词形成表述的能力。

三大能力的学习与训练完美地体现在深蓝"精准学习+个性化定制"的法考主观题应试学习产品之中：首先，深蓝通过课前测试对考生学习需求进行初步归因和归类；其次，通过深蓝"学练测+问诊课"，定制出个性化的学习计划；再次，将考生在深蓝题库或学练测中所展示的学习薄弱点，关联到三大能力项下，进行数据整合，以周为单位推出考生主观题三大能力学习数据报告；最后，指导考生进行精准地查漏补缺学习。

同时，深蓝主观题的人工视频批改是目前法考主观题产品中成效显著、口碑极佳的学习通关工具，它的批改效果极大提高了考生对上述三大能力的掌握效率。

深蓝清晰而精准地记录了每一位深蓝考生客观题、主观题学习的全部过程，包括学习上的进步、学习中途的停滞，以及放弃学习之后的倒退等每一个细小环节，生成每一位深蓝考生的学习数据轨迹。这些学习数据迅速提供给深蓝教研团队，帮助他们不断开发新的法考学习产品，造福更多的考生通过考试，实现梦想！

北美冰球手韦恩·格雷茨基的一句话隐喻了远见，令我受益匪浅："我向冰球将要到达的地方滑去，而不是它曾经过的地方。"教育与技术深度结合形成了完美交集，我喜欢这个交集，也确信"深蓝法考"所做的一切已是个正确的开始。

2021年11月

前言

亲爱的朋友，欢迎你来到刑诉法的海洋中，这是一门非常有趣也很有意义的学科，因为它除了能实现惩罚犯罪维护社会的秩序，还能保障人权，防止无辜者被错误地定罪量刑，是一门实现公平正义的学科。

时值本书出版之际，笔者就刑事诉讼法学科特点、复习技巧以及本书使用相关问题，加以说明如下：

其一，刑事诉讼法的占分比非常高，仅次于民法、刑法，客观题占比34分左右，主观题占比30分左右，而难度也是不断加深，被众多考生评为最难、最闹心的科目一门。从近几年考生反馈的情况来看，单纯地背口诀，完全无用武之地，有考生形容学习和考试的差距，就像自己学的是如何在洗衣板上洗衣服，但考试考的是高空玻璃如何擦干净。

究其原因不难发现，主要存在以下几个层面的原因：

1.刑事诉讼的内容庞杂，**既涉及不同的法律法规**：从大纲的要求来看，光是刑事诉讼法一门就涉及三十多部法律法规，其中比较重要的包括《刑事诉讼法》、最高院的《刑诉解释》、最高检的《高检规则》、公安部的《公安规定》、《监察法》；**又包括众多针对具体程序作出的规定，还涉及多个主体多个阶段**，与民事诉讼不同，民事诉讼主要是当事人和法院打交道，但是刑事诉讼之公诉案件会经历以下五大流程：立案、侦查、审查起诉、审理、执行，这导致考生学习时的难度增强。

2.以往的命题规律还体现出知识点的综合性增强，同时又注重考查细节知识点的特点。从综合性上而言不难发现，一道真题考查四个知识点的情况非常多见，且四个知识点往往分散于不同的章节，这就要求考生对前后考点都能做到非常熟悉，能够串联学习；而从细节点的考查而言会发现，真题单纯考法条的情形已经很少，更多的是深挖隐藏于法条背后的具体知识点，所以单纯的背诵已经不适合刑诉法的考试，而是要将重点法条读懂弄透，不可停留在学习的舒适区，很多口诀背下来却根本无法做对题，考生必须引起重视。

3.万变不离其宗，近几年的考试反映出回归基本法条的特点，重点法条的研读和记忆仍是我们备考刑诉法的不二法门，需要考生在复习过程中将有关法律条文结合起来记忆，尽量避免知识之间的脱节，务必融会贯通，形成一张知识网。

其二，2018年《刑事诉讼法》做了大修，2019年12月《高检规则》进行了修改，2020年7月《公安规定》进行了修改，2021年1月《刑诉解释》进行了修改，因此有很多新增及变化考点，考生需要按照新法的规定进行学习。

其三，法考考试方式实行两考，要求考生先通过客观题方能参加主观题的考试。此处笔者希望各位考生放松心态，考试的方式出现细微的变更，但是题型从根本上而言并未做实质性调整，我们只需静心将法考所要考查的知识点掌握扎实，以不变应万变即可，也希望大家能全力以赴、一举通过客观题及主观题两门考试。结合近几年主观题的应试特点可知，考生必须掌握考点后学会灵活运用才能通过主观题考试。本书作为基础教材，主客观考试同时适用，从往年主观题考查来看，对材料的定性、到底属于何种证据种类等知识点的考查，以往均属于客观题爱考题型，这些在第一轮就应学习扎实。

2022，一路相随，为方便考生学习，本书配有高清视频课程，考生在复习过程中，可以结合配套视频加深对本书的理解，有问题随时在微博"法律人温云云"上面留言提问。

靡不有初，鲜克有终！请牢记：成功的路上从不拥挤，因为坚持的人不多！

希望各位日拱一卒、功不唐捐，顺利通过2022年国家统一法律职业资格考试，开启属于自己的法律职业生涯。

温云云[①]

2021年12月

[①] 温云云，南京师范大学法律博士，目前任职于苏州大学文正学院法政系，同时就职于北京盈科（苏州）律师事务所，担任"专家顾问"，江苏民事诉讼法学会常任理事，江苏省比较法学会理事。

编写说明

《万国专题讲座》是我们万国学校经过二十多年法考（司考）培训之摸索、锤炼，由我们优秀的授课老师和专业的研发中心人员共同创造出来的品牌，它已经成为国内法考培训领域中经典系列之一。

自2016年起，《万国专题讲座》引入互联网技术，打造完成"深蓝法考"学习平台，在传统图书培训环境中加入手机扫码，实现移动互联网式学习。《万国专题讲座》已经升级成为"会讲课""会刷题""会答疑"的全新法考学习通关模式。

《万国专题讲座·讲义版》由一线资深授课老师严格按照法考大纲的要求，全面系统编写而成。对于考生而言，是法考通关最基础的学习内容。本套书具有如下特点：

1.重要考点课程表

我们与授课老师反复沟通打磨，为广大考生全新呈现了"重要考点课程表"这一版块。

依托于"深蓝法考"APP的大数据学习模型，结合授课老师多年丰富授课经验，提炼历年司考真题及法考模拟题所涉高频考点，重要考点课程表归纳总结了法考学科的重要核心考点。同时，为助力考生全面系统学习，我们与授课老师一道，为重要考点课程表所涉考点配备了相应的视频（音频）课程。考生可通过扫描图书封面的二维码（一书一码），进入"深蓝法考"APP获取相关资源。

在"深蓝法考"APP上，考生可以获得个性化的定制学习：反复学习授课老师讲解的课件视频（音频）内容；就相关内容提出疑问，提交"深蓝"获取解答；在深蓝题库中刷题，检测自己的学习情况；在法条库中查找法条，初步建立起学科体系。

实现高效、精准学习，这就是深蓝法考2022年学习包讲义版相较同类品种的最大差异与优势。

2.知识体系图

在每一专题里，我们根据学科特点及授课老师的教学模式，以不同形式建立知识体系图。考生在这一知识体系图中可以清晰、直观地了解各个知识点（考点）之间的关系，同时还可以根据授课老师的讲解，在图上标注出重点、难点和自己需要反复学习的知识点，打造一份属于考生自己的法考学习笔记。

3. 命题点拨

命题点拨包括三部分内容：本专题内考试大纲要求掌握的重点知识点（考点）、考试所出现的高频次考查内容以及对考试内容命题趋势的预测。

在此重点提醒考生，一定要仔细审读"命题点拨"的内容。在这一部分中，授课老师针对以上内容予以说明并给出复习建议，认真读懂这部分内容能帮助考生实现事半功倍的复习效果。

4. 知识点详解

此部分为本书主干，是授课老师结合学科特点对各科内容的具体讲解。考生在学习初期，应先通读该部分内容，打好基础；继而根据授课老师针对重点知识点的考查角度、详细内容的讲解阐述，透彻理解掌握相关制度规则。

本部分有如下特点：一是授课老师将教学中考生所提出的疑难问题、易混淆问题进行集中讲解，配置详细的解析，帮助考生明晰哪些是重点考查的知识点，使考生在备考中能够做到明确重点、有的放矢；二是对于易混淆的知识点，我们设置了"注意"版块，从多视角进行解析，帮助考生绕开考点陷阱；三是对于需要重点记忆的内容，多以图表方式呈现，为考生记忆提供便利。

按照上述思路进行体系化学习后，考生可以清楚地将专题中的重点、易混淆、要背诵的知识点（考点）内容集中总结，按照学习计划从容备考。

5. 经典考题

本书所收录的"经典考题"是近年来的司考真题及法考模拟题。遴选试题的标准是考点考查频次必须是2次以上；题目严谨，不能有较大歧义，同时要尽量方便考生查询。其作用是实现同步练习的目的。对于"经典考题"，我们在书中均给出了答案与解析，考生可以仔细阅读。

在此提醒考生，一定要及时刷题，找出学习中的漏洞；同时通过做题，体会重点考点、易混淆点、难点的内容，巩固并掌握知识点。

《万国专题讲座·讲义版》与《万国专题讲座·重点法条记忆版》《万国专题讲座·题库版》《万国专题讲座·精粹背诵版》组成超强的万国学习包提供给广大考生，祝福考生们心想事成，实现法考通关目标！

万国深蓝法考研究中心
2021年12月

目录

重要考点课程表 /1

刑事诉讼逻辑框架导学 /3

第一编 理论编

专题一 刑事诉讼法概述 /6
 第一节 刑事诉讼法的概念 /6
 第二节 刑事诉讼的基本理念 /11
 第三节 刑事诉讼法的基本范畴 /13

专题二 刑诉法的基本原则 /20
 第一节 基本原则的概念与特点 /20
 第二节 侦查权、检察权、审判权由专门机关行使 /21
 第三节 严格遵守法律程序 /22
 第四节 人民法院、人民检察院依法独立行使职权 /23
 第五节 分工负责、相互配合、相互制约 /24
 第六节 各民族公民有权使用本民族语言文字进行诉讼 /24
 第七节 犯罪嫌疑人、被告人有权获得辩护 /25
 第八节 未经人民法院依法判决,对任何人都不得确定有罪 /26
 第九节 保障诉讼参与人的诉讼权利 /26
 第十节 具有法定情形不予追究刑事责任 /27

专题三 刑事诉讼中的专门机关和诉讼参与人 /31
 第一节 刑事诉讼中的专门机关 /31

第二节　诉讼参与人　　　　　　　　　　　　　　　　　　/ 34

第二编　制度编

专题四　管　辖　　　　　　　　　　　　　　　　　　/ 40
　　第一节　立案管辖　　　　　　　　　　　　　　　　　/ 40
　　第二节　审判管辖　　　　　　　　　　　　　　　　　/ 47
　　第三节　特殊情况的管辖　　　　　　　　　　　　　　/ 54

专题五　回　避　　　　　　　　　　　　　　　　　　/ 57
　　第一节　回避的理由、种类及适用人员　　　　　　　　/ 57
　　第二节　回避的程序　　　　　　　　　　　　　　　　/ 60

专题六　辩护与代理　　　　　　　　　　　　　　　　/ 62
　　第一节　辩护制度概述　　　　　　　　　　　　　　　/ 63
　　第二节　我国辩护制度的主要内容　　　　　　　　　　/ 64
　　第三节　刑事代理　　　　　　　　　　　　　　　　　/ 81

专题七　刑事证据　　　　　　　　　　　　　　　　　/ 84
　　第一节　刑事证据概述　　　　　　　　　　　　　　　/ 85
　　第二节　刑事证据的种类　　　　　　　　　　　　　　/ 88
　　第三节　刑事证据的分类　　　　　　　　　　　　　　/ 104
　　第四节　刑事证据规则　　　　　　　　　　　　　　　/ 107
　　第五节　刑事诉讼证明　　　　　　　　　　　　　　　/ 119

专题八　强制措施　　　　　　　　　　　　　　　　　/ 127
　　第一节　强制措施概述　　　　　　　　　　　　　　　/ 128
　　第二节　拘　传　　　　　　　　　　　　　　　　　　/ 130
　　第三节　取保候审　　　　　　　　　　　　　　　　　/ 132
　　第四节　监视居住　　　　　　　　　　　　　　　　　/ 138
　　第五节　拘　留　　　　　　　　　　　　　　　　　　/ 143
　　第六节　逮　捕　　　　　　　　　　　　　　　　　　/ 146

第三编　程序编

专题九　附带民事诉讼　　　　　　　　　　　　　　　/ 160
　　第一节　附带民事诉讼概述　　　　　　　　　　　　　/ 160

第二节　附带民事诉讼当事人　　　　　　　　　　/ 161
　　　第三节　附带民事诉讼的提起　　　　　　　　　　/ 163
　　　第四节　附带民事诉讼的审判　　　　　　　　　　/ 164

专题十　期间、送达　　　　　　　　　　　　　　　　/ 167
　　　第一节　期　间　　　　　　　　　　　　　　　　/ 167
　　　第二节　送　达　　　　　　　　　　　　　　　　/ 169

专题十一　立　案　　　　　　　　　　　　　　　　　/ 171
　　　第一节　立案的概念、材料来源和条件　　　　　　/ 171
　　　第二节　立案程序和立案监督　　　　　　　　　　/ 172
　　　第三节　撤销案件　　　　　　　　　　　　　　　/ 175

专题十二　侦　查　　　　　　　　　　　　　　　　　/ 177
　　　第一节　概　述　　　　　　　　　　　　　　　　/ 177
　　　第二节　侦查行为　　　　　　　　　　　　　　　/ 179
　　　第三节　侦查终结　　　　　　　　　　　　　　　/ 194

专题十三　审查起诉　　　　　　　　　　　　　　　　/ 199
　　　第一节　起诉的概念　　　　　　　　　　　　　　/ 200
　　　第二节　审查程序　　　　　　　　　　　　　　　/ 201
　　　第三节　审查结果　　　　　　　　　　　　　　　/ 204
　　　第四节　认罪认罚制度　　　　　　　　　　　　　/ 215

专题十四　刑事审判概述　　　　　　　　　　　　　　/ 220
　　　第一节　刑事审判的概念和任务　　　　　　　　　/ 220
　　　第二节　刑事审判的原则　　　　　　　　　　　　/ 222
　　　第三节　审级制度与审判组织　　　　　　　　　　/ 225

专题十五　第一审程序　　　　　　　　　　　　　　　/ 231
　　　第一节　公诉案件第一审程序　　　　　　　　　　/ 232
　　　第二节　自诉案件第一审程序　　　　　　　　　　/ 258
　　　第三节　简易程序　　　　　　　　　　　　　　　/ 262
　　　第四节　速裁程序　　　　　　　　　　　　　　　/ 265

专题十六　第二审程序　　　　　　　　　　　　　　　/ 268
　　　第一节　第二审程序的概念和提起　　　　　　　　/ 268
　　　第二节　二审程序的审判　　　　　　　　　　　　/ 272

　　　　第三节　查封、扣押、冻结财物及其处理　　　　　　　　　　/ 281

专题十七　复核程序　　　　　　　　　　　　　　　　　　　　　/ 284
　　　　第一节　死刑复核程序概述　　　　　　　　　　　　　　　/ 284
　　　　第二节　判处死刑立即执行案件的复核程序　　　　　　　　/ 285
　　　　第三节　判处死刑缓期二年执行案件的复核程序　　　　　　/ 289
　　　　第四节　在法定刑以下判处刑罚的核准程序和特殊假释　　　/ 290

专题十八　审判监督程序　　　　　　　　　　　　　　　　　　　/ 292
　　　　第一节　审判监督程序的概念和特点　　　　　　　　　　　/ 293
　　　　第二节　审判监督程序的提起　　　　　　　　　　　　　　/ 294
　　　　第三节　依照审判监督程序对案件的重新审判　　　　　　　/ 302

专题十九　执　行　　　　　　　　　　　　　　　　　　　　　　/ 306
　　　　第一节　执行概述　　　　　　　　　　　　　　　　　　　/ 306
　　　　第二节　各种判决、裁定的执行程序　　　　　　　　　　　/ 307
　　　　第三节　执行的变更程序　　　　　　　　　　　　　　　　/ 313
　　　　第四节　对新罪和申诉的处理　　　　　　　　　　　　　　/ 323

第四编　特殊程序

专题二十　未成年人刑事案件诉讼程序　　　　　　　　　　　　　/ 326
　　　　第一节　未成年人刑事案件诉讼程序概述及特有原则　　　　/ 327
　　　　第二节　未成年人刑事案件诉讼程序　　　　　　　　　　　/ 329

专题二十一　当事人和解的公诉案件诉讼程序　　　　　　　　　　/ 335

专题二十二　缺席判决　　　　　　　　　　　　　　　　　　　　/ 339

**专题二十三　犯罪嫌疑人、被告人逃匿、死亡案件违法所得的
　　　　　　　没收程序　　　　　　　　　　　　　　　　　　　　/ 343**

专题二十四　依法不负刑事责任的精神病人的强制医疗程序　　　　/ 350

专题二十五　涉外刑事诉讼程序与司法协助制度　　　　　　　　　/ 356
　　　　第一节　涉外刑事诉讼程序　　　　　　　　　　　　　　　/ 356
　　　　第二节　刑事司法协助　　　　　　　　　　　　　　　　　/ 360

重要考点课程表

序号	重要考点	序号	重要考点
1	刑事诉讼的基本理念	28	讯问犯罪嫌疑人与询问证人、被害人
2	刑事诉讼价值	29	勘验、搜查、查封、扣押、辨认等侦查行为
3	刑事诉讼构造	30	技术侦查
4	刑事诉讼法的基本原则	31	侦查终结与补充侦查
5	人民检察院和人民法院	32	审查起诉
6	立案管辖	33	不起诉的种类
7	期间和送达	34	不起诉决定的救济途径
8	被害人	35	刑事审判的原则
9	犯罪嫌疑人、被告人	36	审判组织
10	单位当事人与法定代理人	37	开庭前的审查与准备
11	诉讼代理人	38	法庭审判与调查
12	审判管辖	39	评议和宣判
13	回避	40	自诉案件的第一审程序
14	辩护制度的基本内容与拒绝辩护	41	简易程序与速裁程序
15	辩护人	42	第二审程序的审判原则
16	刑事证据的基本属性	43	第二审程序的审理
17	证人证言和被害人陈述	44	对上诉、抗诉案件审理后的处理
18	其他刑事证据种类	45	判处死刑立即执行案件的复核程序
19	证据规则	46	审判监督程序的提起
20	刑事诉讼证明	47	各种判决、裁定的执行程序
21	强制措施	48	暂予监外执行
22	取保候审与监视居住	49	减刑、假释
23	拘留	50	未成年人刑事案件诉讼程序的原则
24	逮捕	51	未成年人刑事案件诉讼程序的具体规定
25	提起公诉	52	当事人和解的公诉案件诉讼程序
26	附带民事诉讼概述与起诉条件	53	犯罪嫌疑人、被告人逃匿、死亡案件违法所得的没收程序
27	立案监督	54	依法不负刑事责任的精神病人的强制医疗程序

刑事诉讼逻辑框架导学

刑诉法看起来杂乱无章，但是可以用以下几个数字进行概括，即2、3、4、5。

2

数字2是指刑诉法的任务在于解决两类责任：一为刑事责任，即定罪量刑的责任；二为民事责任。

刑事责任主要指定罪量刑的责任及处置涉案财产的责任，例如张三涉嫌抢劫李四的财物，对张三需要定抢劫罪，量刑定有期徒刑四年，此处的罪与刑就是典型的刑事责任，而所抢财物之追缴、退赔就属于涉案财产之责任。

民事责任则指的是抢劫的过程中将李四打伤，张三需要对李四的医疗费、营养费等进行赔偿，此处对于实际损失的弥补即属于民事责任。

3

数字3是指正是基于上述两类责任，衍生出了三小类诉讼。

基于刑事责任衍生出了刑事案件，而启动刑事案件的主体不同，诉讼的称谓便不同——如果是检察院向人民法院提起的案件称为公诉案件，如果是被害人一方告诉到法院则称为自诉案件，而解决民事责任的诉讼则称为附带民事诉讼。整个刑事诉讼法基本都围绕着这三类——公诉案件、自诉案件、附带民事诉讼案件——进行。

4

数字4代表的有两层含义：

第一层含义是刑诉法经常出现的四大类主体即公安、监察委（负责侦查、调查）、检察院（负责审查批捕、审查起诉、法律监督）、法院（负责审判）、监狱（负责执行）。

第二层含义是指刑事程序涉及的四部最重要的规范性文件，主要包括《刑事诉讼法》（下文简称《刑诉法》）、《公安机关办理刑事案件程序规定》（下文简称《公安规定》）、《人民检察院刑事诉讼规则》（下文简称《高检规则》）以及《最高人民法院关于适用〈中华人民共和国刑事诉讼法〉的解释》（下文简称《刑诉解释》）。顾名思义，《刑诉法》是一个总括性的规定，而《公安规定》主要规制的是公安机关的侦查行为，《高检规则》主要规制的是检察院的行为，《刑诉解释》主要规制的是法院的审理行为。

数字5所代表的是刑事公诉案件所要经历的五个阶段：

立案——侦查、调查——审查起诉——审理——执行。

立案阶段是刑事诉讼启动的标志，即正式开启刑事诉讼解决定罪量刑。

侦查阶段主要是搜集固定证据，推导案件的事实。

审查起诉是对侦查行为、调查行为的把控与监督，检察院审查后认为没问题的会依法公诉，认为有问题的会作不起诉决定。

审理阶段分为一审程序、二审程序、复核程序、再审程序。

判决裁定生效后则进行执行阶段。

第一编　理论编

专题一　刑事诉讼法概述

命题点拨

本书前三专题为刑事诉讼法的理论篇，考试分值平均为 4 分。按照大纲的要求，要不断地加大刑事诉讼法理论部分的考查，所以考生对这三专题不可忽视，需听懂看透，能熟练运用。考试的题型有纯理论题，也有理论与具体程序编、制度编知识点相结合的题型。难度较大的是理论与程序相结合进行的考查。

知识体系图

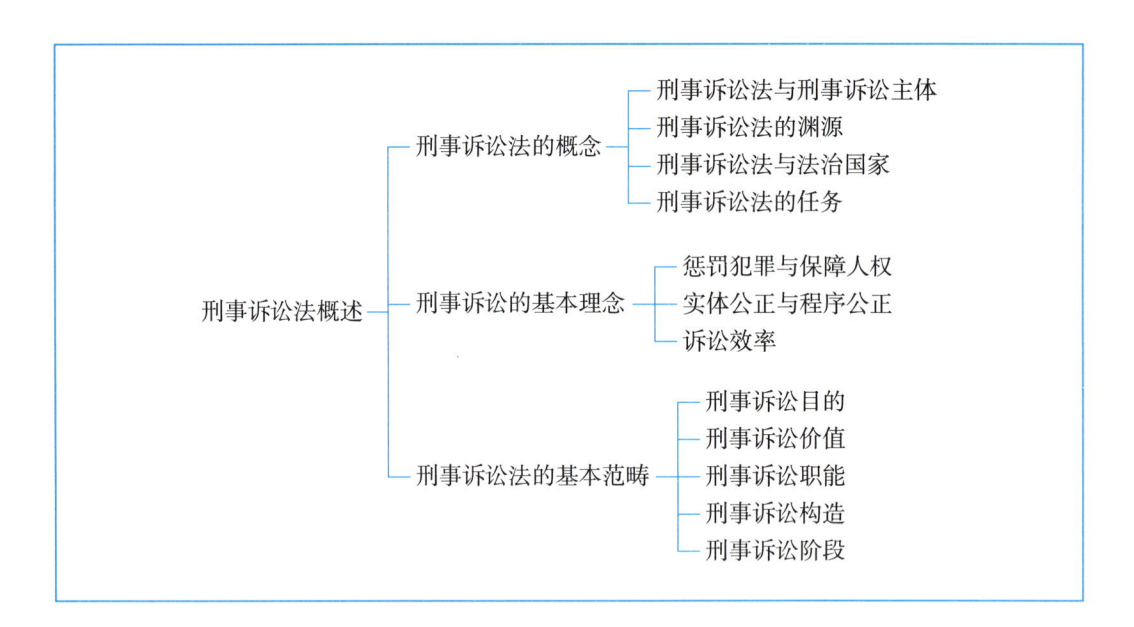

```
                    ┌── 刑事诉讼法与刑事诉讼主体
        ┌─ 刑事诉讼法的概念 ─┼── 刑事诉讼法的渊源
        │                   ├── 刑事诉讼法与法治国家
        │                   └── 刑事诉讼法的任务
        │
        │                   ┌── 惩罚犯罪与保障人权
刑事诉讼法概述 ─┼─ 刑事诉讼的基本理念 ─┼── 实体公正与程序公正
        │                   └── 诉讼效率
        │
        │                   ┌── 刑事诉讼目的
        │                   ├── 刑事诉讼价值
        └─ 刑事诉讼法的基本范畴 ─┼── 刑事诉讼职能
                            ├── 刑事诉讼构造
                            └── 刑事诉讼阶段
```

第一节　刑事诉讼法的概念

一、刑事诉讼法与刑事诉讼主体★

刑事诉讼法，是国家制定的规范人民法院、人民检察院和公安机关进行刑事诉讼，当事人和其他诉讼参与人参加刑事诉讼的法律。

刑诉主体从最大程度而言可分为两类，一类为有公权的专门机关，即**公、检、法**内部所有的人；另一类为无公权的诉讼参与人，主要包括当事人与其他诉讼参与人。当事人无须死记硬背，只需记住其为三类诉讼相对应的两方主体即可。

刑事诉讼主体	专门机关	公安机关（广义的公安机关含国安、监狱、军队保卫部门、海关缉私部门、海警局）	
		检察机关	
		审判机关	
	诉讼参与人	当事人（直接影响诉讼进程并与诉讼结果有利害关系）	公诉案件：犯罪嫌疑人、被告人、被害人
			自诉案件：自诉人、被告人
			附带民诉：附带民诉原告人、被告人
		其他诉讼参与人（协助进行诉讼活动）	法定代理人 只有未成年人和精神病人才会产生法定代理人，因为他们无法行使法律赋予的诉讼权利
			诉讼代理人、辩护人 不同的诉讼当事人委托提供法律帮助的人
			证人、鉴定人、翻译人员 此三种人具有居中属性，只是就自己掌握的案件事实客观地向公安司法机关陈述，不承担任何的职能及举证责任

经典考题： 1.公安机关负责死因鉴定的法医是否是诉讼参与人？
2.法庭调查阶段就范某死因的鉴定意见出庭发表意见的有专门知识的人是否属于诉讼参与人？[①]

进阶考点　监察委的性质

1.监察委既不属于侦查机关也不属于司法机关，其承担的是监察职能。但是注意，从地位上而言，监察委比同级公检法要高半级，俗称"高半个头"，所以在后面的学习中可以通过此点来理解很多难点。

2.原则上，所有诉讼上的权利（也可以称之为程序上的权利）只要当事人有的，其法定代理人也会有，因为这是设置法定代理人的出发点，所以考生对于哪些主体享有哪些权利可不必识记。但是注意，并非当事人享有的诉讼权利近亲属都会有。

二、刑事诉讼法的渊源

刑事诉讼法的渊源是指刑事诉讼法律规范的存在形式，即哪些法律法规中规定了刑诉法的相关内容。

---

① 【答案】1.法医属于鉴定人的一种，所以其属于诉讼参与人，而非专门机关的人。2.专家证人不属于诉讼参与人。

我国刑事诉讼法的渊源	1.宪法。	
	2.刑事诉讼法典	它是我国刑诉法的主要法律渊源。我国刑事诉讼法典是《中华人民共和国刑事诉讼法》，于1979年通过，并经1996、2012、2018年三次修正。
	3.有关法律规定	指全国人大及其常委会制定的法律中涉及刑事诉讼的规定或就其有关问题所作的专门规定。 具体分为两类： 一类是涉及刑事诉讼的规定，如《刑法》《人民法院组织法》《人民检察院组织法》《国家安全法》《监狱法》《法官法》《检察官法》《律师法》《未成年人保护法》《预防未成年人犯罪法》等。 另一类是就刑事诉讼有关问题所作的专门规定，如1983年《关于国家安全机关行使公安机关的侦查、拘留、预审和执行逮捕的职权的决定》等。
	4.有关法律解释和规定	如《六机关规定》[①]《刑诉解释》《高检规则》等。
	5.行政法规和部门规章、规定	如公安部的《公安规定》等。
	6.地方性法规	指地方人大及其常委会颁布的规定。
	7.有关国际公约、条约	通常是我国参加及签署的与刑事诉讼相关的国际条约。

三、刑事诉讼法与法治国家

[20140264]

总体关系	刑诉法在实现法治国家方面的作用，集中体现在与宪法的关系之中。	
刑诉法与宪法的关系★	一方面体现为刑诉法中有关刑事诉讼的程序性条款在宪法条文中的重要地位。	1.这些体现法治主义的有关刑事诉讼的程序性条款，构成了各国宪法或宪法性文件中有关人权保障条款的核心，以至于有人说：宪法是静态的刑诉法，刑诉法是动态的宪法。 2.程序的预先规定与人治存在着巨大的区别，从这个角度而言，程序意味着法治主义。
	另一方面体现为刑诉法在维护宪法制度方面发挥的重要作用。	1.通过刑事程序对破坏宪法制度而构成犯罪的人予以制裁。 2.保障宪法实施。宪法的很多规定，一要通过刑诉法保证刑法的实施来实现；二要通过刑诉法本身的实施来实现。 3.规范和限制了国家权力，保障了公民的自由和人权，是法治国家的基石。

[①] 《最高人民法院、最高人民检察院、公安部、国家安全部、司法部、全国人大常委会法制工作委员会关于实施刑事诉讼法若干问题的规定》，本书简称《六机关规定》。

四、刑事诉讼法的任务

[法条链接]《刑诉法》第二条：中华人民共和国刑事诉讼法的任务，是保证准确、及时地查明犯罪事实，正确应用法律，惩罚犯罪分子，保障无罪的人不受刑事追究，教育公民自觉遵守法律，积极同犯罪行为作斗争，维护社会主义法制，尊重和保障人权，保护公民的人身权利、财产权利、民主权利和其他权利，保障社会主义建设事业的顺利进行。

直接任务	惩罚犯罪+保障无辜： 1.正确应用法律 （1）"法律"包括刑法、刑诉法，以及办理案件需要适用的其他法律，例如附带民事诉讼中会用到民诉法。 （2）准确查明犯罪事实，正确应用法律，是指对案件事实的认定和对犯罪人的行为定性准确，并根据犯罪的具体情况适用刑法。 具体说来，包括以下两方面： 其一，对象的适用不能发生错误： ①不能对无罪的人适用刑罚。 ②对证据不足而不能认定有罪的人，当然不能适用刑罚。 ③对虽然构成犯罪，但具有依法不予追究刑事责任情形的，也不得适用刑罚。 其二，刑法适用的确定性或者必定性。 2.查明犯罪事实不仅要准确，还要及时 及时性是刑事司法效率价值的具体体现，通过保证刑事程序的迅速进行，一方面可以为达到适用刑罚的预期效果提供基本保障，另一方面可以尽快使无辜者以及依法不应追究刑事责任的犯罪嫌疑人、被告人得以解脱。
重要任务	教育公民自觉遵守法律，积极同犯罪行为作斗争。
根本任务	维护社会主义法制，尊重和保障人权，保护公民人身权利、财产权利、民主权利和其他权利，保障社会主义建设事业的顺利进行。 [注意]1.做到"有法必依，执法必严，违法必究"。 2.具体手段：刑诉法通过保证刑罚权的行使，惩罚破坏社会秩序的犯罪行为。

⇨ 进阶考点 ⇦ 刑诉法与刑法的关系★ [20160264]

刑诉法是程序法，刑法是实体法，二者之间的关系如何理解一直是考查的重点。考生请注意，二者之间的关系主要体现为两大价值：一为刑诉法作为程序法对实体法起到的保障性作用，即实体法规定抢劫、杀人等构成犯罪，而刑诉法通过公检法的配合实现对犯罪嫌疑人、被告人的定罪量刑，因而我们习惯把保障刑法正确适用的价值称为工具价值；而刑诉法作为程序法也有自己独立的价值，例如追究犯罪，但是不能侵犯人权。

一、工具价值（保障刑法）

1.通过明确对刑事案件行使侦查权、起诉权、审判权的专门机关，为查明案件事实、适用刑事实体法提供了组织上的保障。

2.通过明确权力与职责、权利与义务，提供了基本架构。

3.明确活动方式和程序，为实体法提供有序性保障。

4.规定了证明责任和证明标准，为规范和准确进行定罪量刑提供了标准和保障。

5.通过程序系统的设计，可避免、减少案件实体上的误差。

6.不同的程序，使得案件处理简繁有别，保证处理案件的效率。

二、独立价值（自身具有的价值）★

1.刑诉法所规定的诉讼原则、结构、制度、程序，本身体现着民主、法治精神。

- 正面体现：审判公开、辩护制度等规定
- 反面体现：刑讯逼供、非法采证、秘密审判等规定

2.刑诉法具有弥补刑事实体法不足并"创制"实体法的功能 ★

（1）弥补功能的体现

①解说语意模糊

当刑法规范的语意抽象而模糊时，刑诉法担负特别的"解说"功能（这一功能并不是指适用刑事实体法功能本身），实体法规定本身并不能穷尽是否犯罪的全部可能，要想运用于具体案件，还需要进行解说。

解说——从程序到内容都不是任意的，必须在刑诉法规定的程序框架下，通过诉讼活动来进行。

②确定歧义

当法律条文出现歧义时，刑法法律规范就会出现理解上不确定的状态，而刑诉法可以通过辩论、评议等特有的程序设置使刑法的法律规范得以实现其确定性。

③解决不协调

当刑法规范之间出现不协调时，刑诉法可以为解决这种不协调提供程序机制。

[注意] 不要将弥补功能与工具价值混淆！

（2）创制功能的体现

刑诉法具有创制刑事实体法的功能，可以在遵循罪刑法定原则的前提下，通过判例创制、丰富刑事实体法的内容，并在条件成熟时吸收进刑事实体法。

3.刑诉法具有影响实体法实现的功能 ★

刑诉法并非实施实体法被动的"服务器"，它在启动或终结实施实体法方面扮演非常积极的角色。

（1）依照不告不理原则，如果没有控诉机关或人员起诉，就不能对现实中的犯罪行为适用刑事实体法；

（2）当出现了某些法定情形时，就要结束适用刑事实体法的程序，而不能适用刑事实体法；

（3）对同一案件，如果选择不同的刑事程序，适用刑事实体法的结果可能会不同。这些都是刑事诉讼法独立具有而非依赖于刑事实体法的功能。

经典考题：请问"因排除犯罪嫌疑人的口供，检察院作出证据不足不起诉的决定"体现了独立价值的哪一部分内容？①

主观题链接：刑事诉讼法既有保障刑法实施的工具价值，又具有独立价值。结合本案，简要说明刑事诉讼法对保障刑法实施的价值。②【2012年·卷四·第7题】

第二节　刑事诉讼的基本理念

一、惩罚犯罪与保障人权 ★

[20160265AB、20120222]

惩罚犯罪	指通过刑事诉讼活动，在准确、及时地查明案件事实真相的基础上，对构成犯罪的被告人公正适用刑法以抑制犯罪，以及通过刑事程序本身的作用来抑制犯罪。
保障人权	**1.概念** 指在通过刑事诉讼惩罚犯罪的过程中，保障公民合法权益不受非法侵犯。 **2.内容** （1）无辜的人不受追究； （2）有罪的人受到公正处罚； （3）诉讼权利得到充分保障和行使。 [注意] 刑诉主观论述题中，保障人权会作为万金油原则出现，即必答考点，例如为什么要树立非法证据排除规则中就可以以此作答。
二者的关系	惩罚犯罪与保障人权既统一又对立。 **1.对立**：违反程序法办案会造成冤假错案。因此，惩罚犯罪不能忽视保障人权。 **2.统一**：保障人权也不能脱离惩罚犯罪。否则不仅被害人的实体权利得不到维护，犯罪嫌疑人、被告人的实体权利易受侵犯，而且诉讼参与人的程序性权利保障就失去了原本的含义。

---

① 【答案】体现了影响实体法实现的功能之第二种情形，即当出现了某些法定情形，就要结束适用刑事实体法的程序。

② 本题只需要作答上述六点内容即可，但是考生需要注意，主观题虽然配备法条，但涉及理论编的考点考生是无法查获的，所以需要考生在理解的基础上能够灵活运用。

二、实体公正与程序公正★

[20140222]

实体公正★	1.实体公正，即结果公正，指案件实体的结局处理所体现的公正。 2.其具体要求有： （1）据以定罪量刑的犯罪事实的认定，应当做到证据确实充分； （2）准确定罪：正确适用刑法，准确认定犯罪嫌疑人、被告人是否有罪及其罪名； （3）适度量刑：按照罪刑相适应原则，依法适度判定刑罚； （4）及时纠错：对于错误处理的案件，采取救济方法及时纠正、及时赔偿或补偿。 [注意]纠错主要体现为两个程序，一个为二审程序，一个为再审程序，二审纠正的是未生效的裁判，再审纠正的是已生效的裁判。
程序公正	1.程序公正，即过程公正，指诉讼程序方面体现的公正，其内容包括程序公开、程序中立、程序参与、程序平等、程序安定、程序保障。 2.具体要求有： （1）严格遵守刑诉法的规定； （2）认真保障当事人和其他诉讼参与人，特别是犯罪嫌疑人、被告人和被害人的诉讼权利； [注意]在刑事诉讼中，所有人的诉讼权利都应当得到保障，但是有两类主体的诉讼权利最容易受到侵犯：一为犯罪嫌疑人、被告人，例如其可能遭受刑讯逼供；二为被害人，例如其会遭受暴力或威胁取证，因而应特别注重对他们诉讼权利的保障。 （3）严禁刑讯逼供和以其他非法手段取证； （4）司法机关依法独立行使职权； （5）保障诉讼程序的公开和透明； （6）按照法定期限办案、结案。
二者的关系★★★	1.程序公正与实体公正具有内在的一致性，其终极目的都在于追求纠纷的公正解决。 2.程序公正具有保障实体公正实现的作用，有助于增加当事人对案件处理实体结果的可接受程度。 3.程序公正对于实体公正又具有独立性，因为程序公正具有不同于实体公正的评判标准。 4.程序公正与实体公正还可能出现价值冲突，如非法证据排除规则的适用。 5.实体公正和程序公正有独立的内涵和标准，不能互相替代，二者应该并重。
我国的规定	在我国，长期存在着"重实体、轻程序"的做法，应当着重予以纠正。因此，在执法方面，要严格执法，既遵守实体法，又遵守程序法。

经典考题："尊重和保障人权，保护公民的人身权利、财产权利、民主权利和其他权利"的规定，体现了犯罪嫌疑人、被告人权利至上的理念，这一说法是否正确？①

---

① 【答案】错误。

三、诉讼效率

[2019、2018]

诉讼效率	指诉讼中所**投入的**司法资源（包括人力、财力、物力等）与案件**处理数量**的**比例**。 1.讲求诉讼效率，要求投入一定司法资源处理尽可能多的案件。追求诉讼效率，意味着应当降低诉讼成本，加速诉讼进程，减少案件拖延和积压。 2.刑诉法中关于诉讼期限、轻罪不起诉和简易程序等规定均体现了诉讼效率的理念。
与公正的关系	在刑事诉讼中，效率在公正得以实现的基础上才有意义，如果公正不存在，也就无所谓效率。因此，在刑事诉讼中，应当是公正第一，效率第二，要坚持公正优先，诉讼的灵魂是公正，但是在追求公正的同时要兼顾效率。

经典考题：被告人人数较多、案情较为复杂的案件在正式开庭审理前可以召开庭前会议是否体现效率的概念？①

第三节 刑事诉讼法的基本范畴

一、刑事诉讼目的

（一）概述

概念	刑事诉讼目的是指国家制定刑诉法和进行刑事诉讼活动所期望达到的结果。
根本与直接目的之分	1.刑事诉讼的根本目的是维护社会秩序。 2.刑事诉讼的直接目的表现为两方面： （1）惩罚犯罪：国家通过刑事诉讼活动，要在准确、及时查明案件事实真相的基础上对构成犯罪的被告人正确适用刑法、惩罚犯罪，实现国家刑罚权； （2）保障人权：国家在进行刑事诉讼过程中保障诉讼参与人的合法权益不受侵犯，特别是保障与案件结果有直接利害关系的犯罪嫌疑人、被告人和被害人的诉讼权利得到充分行使。

（二）理论分类★

考生注意，刑诉目的主要分为五类，需记忆每类的核心观点。

在美国、日本、德国及我国台湾地区，关于刑事诉讼目的的理论分类，主要有：

[20130222]

刑事诉讼目的的理论分类	控制犯罪模式	1.**理论基点**：控制犯罪是刑事诉讼程序最主要的机能。 2.**基本价值理念**：刑事诉讼以惩罚犯罪的"效率"为目标与评价标准。一个能以有限的资源处理数量庞大的案件并提高逮捕与有罪判决率的刑事程序，才是符合犯罪控制模式的成功者。

---

① 【答案】正确。

续表

	正当程序模式	1.**理论基础**：自然法学说，人类具有与生俱来的基本权利。 2.主张刑事诉讼目的不单是发现实体真实，更重要的是以公平与合乎正义的程序来保护犯罪嫌疑人、被告人的人权。 [注意] 正当程序模式与正当程序主义最大的区别是，正当程序模式最主要的目的依然在追究犯罪，只不过同时强调保障实施行为的犯罪嫌疑人、被告人的人权，不得通过侵犯权利的方式获得证据；而正当程序主义主要目的在于维护程序，其认为只要程序是正当的，结果就是可以接受的。
	家庭模式	该模式以家庭中父母与子女关系为喻，强调国家与个人间的和谐关系。即孩子犯了错父母不能一味想着责罚，还要积极地引导与教育。
实体真实主义	积极实体真实主义（传统的实体真实主义）	**核心观点：实体优于一切** 1.**实体优于程序**。 2.**实体真实优于人权保障**。 3.**违反程序法造成侵犯公民权利，由有关部门给予个别处理，而不影响其后的诉讼行为**。 [注意] 在积极实体真实主义的观点下，刑讯逼供等侵犯人权的手段获得的证据依然可以使用。
	消极实体真实主义	**发现真实与保障无辜并重**：将发现真实与保障无辜相联系，认为刑事诉讼目的在于发现真实，本身应包含力求避免处罚无辜者的意思。 [注意] 消极的实体真实主义注重保护无辜者，不得对无罪的人错误地定罪量刑，而正当程序模式则强调保护犯罪的犯罪嫌疑人、被告人的人权，侧重点不同。
	正当程序主义	正当程序主义的认识论基础是：刑事诉讼对案件事实的认识能力是十分有限的，刑事诉讼中的真实只是作为认识的真实。 1.刑事诉讼目的重在维护正当程序。 2.事实的认定，应当依据正当程序进行。

经典考题：在刑事司法实践中坚持不偏不倚、不枉不纵、秉公执法原则，反映了我国刑事诉讼"惩罚犯罪与保障人权并重"的理论观点。如果有观点认为"司法机关注重发现案件真相的立足点是防止无辜者被错误定罪"，该观点属于下列哪一种学说？①

二、刑事诉讼价值★

[20160265D、20150222、20120223、20120264、20120265]

刑事诉讼价值	刑事诉讼价值，是指刑事诉讼立法及其实施对国家、社会及其一般成员具有的效用和意义。刑事诉讼价值包括秩序、公正、效益诸项内容，其中每项内容又包含着非常丰富的内涵。

---

① 【答案】消极的实体真实主义。

续　表

秩序	秩序价值	1.通过惩治犯罪，维护社会秩序，即恢复被犯罪破坏的社会秩序以及预防社会秩序被犯罪所破坏。 2.追究犯罪的活动是有序的。 国家刑事司法权的行使，必须受到刑事程序的规范。	三者相互依存、相互作用、相互制约、不可偏废。
	秩序的实现	1.刑事诉讼由控诉、辩护、裁判三方构成的基本结构，决定了它更有利于充分展露事实，明确案件真相和正确确定刑事责任。 2.刑事诉讼三方的活动被法律程序所约束，且彼此相互牵制，可最大限度避免因刑事司法权行使本身所导致的新的社会冲突和对社会秩序的破坏。 3.刑事诉讼通过适用体现特定社会价值观的刑事法律，可以惩治并抑制犯罪，解脱无辜，化解冲突，弘扬美德，从而为维护社会的良好秩序和实现国家的长治久安提供条件。	
公正	地位	公正在刑事诉讼价值中居于核心的地位。	
	内容	1.实体公正 既包括通过惩治犯罪实现社会正义，也包括对犯罪惩罚本身的公正性。 2.程序公正 指程序本身符合特定的公正标准，如裁判者中立、各方当事人机会对等、强制措施的适用应当适度，等等。	
	公正的实现	1.在实现公正价值方面，刑事诉讼由相对中立的第三者——法院在听取控诉、辩护双方所提出的材料和意见的基础上进行审理并作出裁判，可以体现出解决冲突的方式的公正性，这是国家行政方式所不具备的。 2.一定时期的立法常被作为公正的社会准则，刑事诉讼以此作为是非曲直的评价依据，就为案件的处理结果设定了公正的基础，从而易被社会公众所接受。	
效益		既包括效率，也包括在保证社会生产方面所产生的效益，即刑事诉讼对推动社会经济发展方面的效益。 [注意]在考查的时候，既会直接考查效率的概念，有时候也会考查效益的概念，考查效益概念的核心在于保证又快又好。	

价值与刑诉法的关系：
一方面，刑事诉讼法保证刑法的正确实施，实现秩序、公正、效益价值，这称为刑事诉讼法的工具价值；
另一方面，刑事诉讼法的制定和适用本身也在实现着秩序、公正、效益价值，这称为刑事诉讼法的独立价值。因此，只有严格执行刑事诉讼法，才能实现刑事诉讼价值。

经典考题： 对短期内无法回国出庭作证的证人，允许进行视频作证，是否体现效益的价值？①

三、刑事诉讼职能★

[2019]

刑事诉讼职能	定义及承担主体
控诉职能	1.含义：积极向法院提起诉讼，要求追究被告人定罪量刑刑事责任的职能。 [考点解读] 简单地说就是想对他人定罪量刑的职能，因而考生首先需要明白，只有公诉案件与自诉案件中才可能出现控诉职能，附带民事诉讼中不可能存在，附民只主张他人赔钱。 2.承担主体 （1）公诉案件中：检察院、被害人及其法定代理人、诉讼代理人。 （2）自诉案件中：自诉人、诉讼代理人。 [注意] 第一，被害人承担了辅助的控诉职能，积极地协助检察院查明案件的事实；第二，广义上公安机关也承担了控诉职能。
审判职能	1.含义：裁量定罪量刑，是指通过审理确定被告人的罪行和刑罚的职能。即定什么罪、量什么刑的最终权力掌握在谁手里。 2.主体：法院。
辩护职能	1.含义：针对指控进行反驳，说明指控不存在、不成立，要求宣布犯罪嫌疑人、被告人无罪、罪轻或者从轻、减轻、免除刑罚处罚的职能。 2.主体：犯罪嫌疑人、被告人及其法定代理人和辩护人。

经典考题： 检察机关只有在审判阶段才能对有利于被告人的量刑事实行使控诉职能，是否正确？②

四、刑事诉讼构造

（一）概述

[2019、20170222、20140224、20130223]

概念	刑事诉讼结构，是指控、辩、审三方在诉讼中的地位及其相互间的法律关系。
构造与目的之关系	1.立法者是基于一定的刑诉目的设计的刑诉构造。 [例如] 大陆法系为职权主义诉讼构造，法官的权力比较大，能积极地调查案件事实，其适用的目的就是发现案件的实体真实。 2.刑诉目的的提出与实现，也必须以刑诉构造本身所具有的功能为前提。 3.特定时期的刑诉目的与构造具有内在的一致性，它们都受当时占主导地位的刑诉价值观的深刻影响。

---

① 【答案】体现了效益价值。此做法提升了庭审效率，保证了被告人的快速审判权。
② 【答案】正确。首先，定罪量刑的诉讼主张只有在审判阶段才会提出来；其次，有利于被告人的量刑事实的前提是要对被告人定罪及量刑，只不过在量刑的时候适当从宽，不改变其定罪量刑诉讼主张之前提。

续　表

基本分类	职权主义	1.**大陆法系**。 2.法官居于中心地位、主导诉讼进程。 ［注意］第一，移送案件的卷宗材料；第二，主动出示核实证据；第三，案件的审理范围、审理方式、证人出庭、进程安排等均由法官决定。 3.控辩双方消极被动。 4.实体**真实**为目的。
	当事人主义	1.**英美法系**。 2.控辩双方主导诉讼进程、积极主动平等对抗。 ［注意］基本上实行辩诉交易，达成协议后，法官通常会尊重双方的选择，开庭时只要查明被告人认罪是在自愿、明知法律后果的情况下理智作出的，一般就不再进行事实和证据的调查，而径行宣告判决。 3.法官消极中立。 ［注意］一是在开庭审理前不接触证据，起诉方起诉时不移送卷宗材料，以免法官形成预断；二是法官不主动出示证据、询问证人、调查事实，尤其不参与证据的收集。 4.保障人权为目的。
	混合式	1.**日本为代表**。 2.在职权主义基础上吸收当事人主义。 3.形成了以当事人主义为主，以职权主义为补充的特点。 **日本体现当事人主义的内容：** 被告人享有沉默权；实行起诉状一本主义；法官在庭审前不得接触控方除起诉状以外的案卷证据，证据由控辩双方当庭提出，证人主要由双方传唤和当庭询问，法庭调查实行交叉询问程序。 **日本体现职权主义的内容：** 法官仍然主导审判程序并在事实与证据调查中起着积极的作用。未实行陪审团裁决事实的制度。

经典考题：1.刑诉的价值观决定了刑诉的目的与构造，是否正确？
2.混合式是在当事人主义的基础上混合了职权主义的因素，是否正确？①

（二）现代刑事诉讼构造的基本要求

［2020］

控审分离、不告不理	未经起诉主体起诉的事项，审判主体不得审判，审判范围受到起诉内容的制约。
裁判者中立	控诉方与辩护方有明显的倾向性，但法院需居中裁判，需依据证据和法律对争议问题作出裁判。

---

① 【答案】1.错误，其只能影响不能决定。此为刑诉法的惯用命题思路，考生小心。2.错误，其是在职权主义的基础上混合了当事人主义。

	续表
控辩平等对抗	控辩双方在形式上形成平等对抗的格局，如果控辩双方在形式上明显一方更为优越，就无法保障诉讼的客观公正，也无法实现刑事诉讼的目的。由于刑事诉讼的追诉主体一般都以国家强制力为后盾，保持控辩平等对抗，并不要求、也无法达到实质意义上的平等，因此控辩平等对抗更重要的是确立被追诉者的主体地位和保障辩护方在各个方面与控诉方所享有的权力（权利）相对应的权利。 正是因为要实现刑诉过程中的控辩平等对抗，要以犯罪嫌疑人、被告人到案，并持续在场参与对其的审判为原则。只有在极为例外的情况下，并在充分保障辩护权与事后救济的基础上，才允许在被告人不到案的情况下缺席审判。

（三）我国审判模式的特点

我国的庭审模式既不属于职权主义的诉讼模式，也不属于当事人主义的诉讼模式，而是带有中国特色的"控辩式"诉讼模式，考生需要理解的基础上，掌握我国不同时间段诉讼模式的具体特征。我国的第一部《刑诉法》于1979年出台，第一次大修在1996年，第二次大修在2012年，第三次大修在2018年。

[20150234]

1979年刑诉法	《刑诉法》确立的刑事审判模式体现出超职权主义的特点，具体有以下四个特点： 1.庭前审查为实体性审查。★ 2.法官完全主导和控制法庭审判程序，审判程序以法官积极主动的证据调查为中心。 3.被告人诉讼地位弱化，辩护权受到抑制。 4.控审不分，法官协助检察官行使控诉职能。★ [注意]考生需要理解记忆此考点，无须死记硬背。记住在1979年以前我们国家的司法制度深受苏联的影响，所以是超职权，即法院、法官的权力非常大，没有中立性。
1996年修正后的特点	1996年修正的《刑诉法》对审判模式进行了重大改革，主要是吸收了英美法系当事人主义的对抗性因素，并保留了职权主义的某些特征。 我国刑事审判模式的当事人主义改革主要体现在以下几个方面： 1.庭前审查由实体性审查改为程序性审查。★ 2.强化了控方的举证责任和辩方的辩护职能，弱化了法官的事实调查功能。 3.扩大了辩护方的权利范围，强化了庭审的对抗性。 上述改革使我国刑事审判模式具有了当事人主义的某些特征，学界一般称为"控辩式"。但是，这些改革还只是初步的，只是弱化了超职权主义而已，职权主义色彩仍然相当严重，平等对抗机制还没有完全形成。★ [注意]本次改革只是弱化法官的权力，强化辩方的权利，但是法官的权力还是较大，典型表现就是上述的第2点，法官依然可以调查事实。
2012、2018年修正后的特点	2012年、2018年《刑诉法》再次修改，沿着控辩式庭审方式改革的方向取得了新的进展。其有助于控辩式庭审方式改革的深化，强调控辩双方的积极对抗，保障犯罪嫌疑人、被告人的基本权利。

经典考题：2012年《刑事诉讼法》修改内容中"允许法院强制证人出庭作证"，是否体现了我国刑事审判模式正处于由职权主义走向控辩式的改革？[①]

五、刑事诉讼阶段

概念	在刑事诉讼中，国家专门机关按照一定顺序进行的相互连接的一系列行为过程，可以划分为若干相对独立的单元，这称为刑事诉讼阶段。
分类	刑事公诉案件和自诉案件的诉讼阶段有所不同，具体如下： 1.**公诉案件**的诉讼阶段：立案→侦查→起诉→审判→执行 2.**自诉案件**的诉讼阶段：受理→审判→执行
划分标准	刑事诉讼阶段的特点，是每一个诉讼阶段都作为一个相对独立和完整的程序，有自身的直接任务和形式。 **划分刑事诉讼阶段的标准是：** 1.**直接任务**。例如，侦查阶段的直接任务是收集证据，查明犯罪事实，确定并在必要时逮捕犯罪嫌疑人；而起诉阶段的直接任务，就公诉案件来说，是对侦查机关侦查终结后移送起诉的案件，从认定事实、适用法律等方面进行全面审查并依法作出是否提起公诉的决定。 2.**参加诉讼的机关和个人的构成**。侦查阶段参加诉讼的机关主要是具有侦查权的机关，起诉阶段主要是检察机关，而审判阶段则主要是法院。★ 3.**诉讼行为的方式**。侦查阶段依法进行的专门调查工作和采取的有关强制性措施，与审判阶段在法庭上由法官主持、在公诉人（在公诉案件中）、当事人及其他诉讼参与人的参加下进行开庭审理和宣判活动，在方式上存在着明显的不同。 4.**诉讼法律关系**。起诉阶段体现为犯罪嫌疑人和检察机关的双方关系，没有独立的第三方的介入；而在审判阶段，则体现为法官居中裁判，控辩双方平等对抗的三方关系。 5.**诉讼的总结性文书**。例如，起诉阶段的总结性文书为起诉书、不起诉决定书，而审判活动的总结性文书为判决书、裁定书等。

---

① 【答案】体现了，因为强化证人出庭作证，要求证人接受控辩双方的质证，体现了控辩双方的积极对抗。

专题二 刑诉法的基本原则

知识体系图

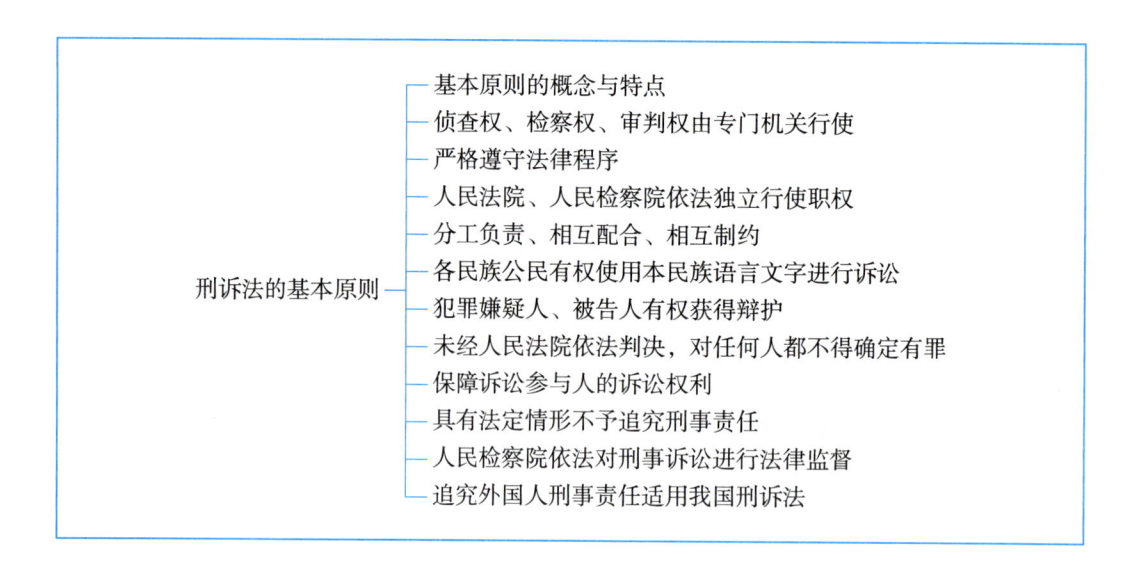

```
                    ┌─ 基本原则的概念与特点
                    ├─ 侦查权、检察权、审判权由专门机关行使
                    ├─ 严格遵守法律程序
                    ├─ 人民法院、人民检察院依法独立行使职权
                    ├─ 分工负责、相互配合、相互制约
  刑诉法的基本原则 ──┼─ 各民族公民有权使用本民族语言文字进行诉讼
                    ├─ 犯罪嫌疑人、被告人有权获得辩护
                    ├─ 未经人民法院依法判决，对任何人都不得确定有罪
                    ├─ 保障诉讼参与人的诉讼权利
                    ├─ 具有法定情形不予追究刑事责任
                    ├─ 人民检察院依法对刑事诉讼进行法律监督
                    └─ 追究外国人刑事责任适用我国刑诉法
```

第一节 基本原则的概念与特点

[20140265]

概念	是指反映刑事诉讼理念和目的的要求，贯穿于刑事诉讼全过程或者主要诉讼阶段，对刑事诉讼过程具有**普遍或者重大指导意义和规范作用**，为国家专门机关和诉讼参与人参与刑事诉讼必须遵循的基本行为准则。
基本原则的特点	**体现基本规律**：理论基础深厚、思想内涵丰富。
	法律明确规定：1.这里的规定既包括通过宪法、司法解释等明确的规定，也可以体现于刑诉法的指导思想、目的、任务、具体制度和程序之中。 2.刑诉法规定的基本原则有两大类：一类是<u>一般原则</u>，即刑事诉讼和其他性质的诉讼都必须共同遵守的原则；另一类是刑事诉讼所<u>独有</u>的基本原则，如上诉不加刑原则。
	贯穿刑诉始终：具有较普遍的指导意义。
	有法律约束力：刑诉法的各项具体制度和程序都必须与之符合，其还具有弥补法律规定不足和填补法律漏洞的功能。

经典考题：刑事诉讼的原则与规定具体制度、程序的规范不同，基本原则不具有法律约束力，只具有倡导性、指引性，是否正确？[1]

第二节 侦查权、检察权、审判权由专门机关行使

一、含义

《刑诉法》第3条规定："对刑事案件的侦查、拘留、执行逮捕、预审，由公安机关负责。检察、批准逮捕、检察机关直接受理的案件的侦查、提起公诉，由人民检察院负责。审判由人民法院负责。除法律特别规定的以外，其他任何机关、团体和个人都无权行使这些权力。人民法院、人民检察院和公安机关进行刑事诉讼，必须严格遵守本法和其他法律的有关规定。"

《刑诉法》第4条规定："国家安全机关依照法律规定，办理危害国家安全的刑事案件，行使与公安机关相同的职权。"

权力属性	办理刑事案件的职权具有专属性和排他性： 侦查权、检察权、审判权只能由公安机关、检察机关、人民法院等专门机关行使，其他任何机关、团体和个人都无权行使这些权力。
分工	各专门机关在办理刑事案件时有明确的职权分工： 审判权只能由人民法院行使，检察权只能由人民检察院行使，侦查权只能由各法定的专门机关依照立案管辖范围行使。
程序要求	专门机关必须依法行使职权，不得违反法律的规定行使职权。

二、侦查机关内部的职权划分

七大侦查机关	权限分工
公安机关	对普通刑事案件行使侦查权
人民检察院	对自侦案件管辖行使侦查权
国家安全机关	对危害国家安全的刑事案件行使侦查权
军队保卫部门	对军队内部发生的刑事案件行使侦查权
监狱	对罪犯在监狱内犯罪的案件行使侦查权
走私犯罪侦查部门	对走私犯罪案件行使侦查权
海警局	对海上发生的刑事案件行使侦查权

---

[1]【答案】错误。上诉不加刑的原则、程序法定原则都具有法律约束力。

> 进阶考点 不同机关的职权划分

专门机关	本（法）条职权	其他职权
公安机关	侦查、拘留、执行逮捕、预审	执行刑罚，决定适用拘留、取保候审、监视居住、拘传强制措施以及搜查、扣押、冻结、查封、技术侦查等措施。
人民检察院	检察、批准逮捕、提起公诉	法律监督，决定适用逮捕、拘留、取保候审、监视居住、拘传强制措施，决定排除非法证据等。
人民法院	审判	执行刑罚，决定适用逮捕、取保候审、监视居住、拘传，决定司法拘留，依职权进行勘验、检查、查询、扣押、冻结、查封等措施。

[注意] 1.这里的公安机关要做广义理解，因为除了狭义的公安机关（公安局、派出所）外，还有国家安全机关、军队保卫部门、监狱、海关走私侦查部门、海警局。

2.在刑事诉讼中要特别注意，公安机关有的权力，国安都有，例如可以决定并执行取保候审，即《刑诉法》第4条规定："国家安全机关依照法律规定，办理危害国家安全的刑事案件，行使与公安机关相同的职权。"

第三节 严格遵守法律程序

[20150264、20120265BCD]

《刑诉法》第3条第2款规定："人民法院、人民检察院和公安机关进行刑事诉讼，必须严格遵守本法和其他法律的有关规定。"

严格遵守法律程序原则	基本含义		1.必须严格遵守刑诉法和其他有关法律的规定。 2.违反法定程序严重的，应当承担相应的法律后果。★ [例如]（1）《刑诉法》第56条第1款规定："采用刑讯逼供等非法方法收集的犯罪嫌疑人、被告人供述……应当予以排除。" （2）《刑诉法》第238条规定："第二审人民法院发现第一审人民法院的审理有下列违反法律规定的诉讼程序的情形之一的，应当裁定撤销……"
	抽象原则：程序法定原则（我国已基本确立）	含义★	1.立法方面：即刑事诉讼程序应当由法律事先明确规定。 2.司法方面：即刑事诉讼活动应当依据国家法律规定的刑事程序来进行。
		域外	大陆法系：程序法定原则与罪刑法定原则共同构成法定原则。 英美法系：程序法定原则表现为正当程序原则。

经典考题：请判断下列说法是否正确？①
1. 程序法定要求法律预先规定刑事诉讼程序。
2. 程序法定是大陆法系国家法定原则的重要内容之一。
3. 英美国家实行判例制度而不实行程序法定。
4. 以法律为准绳意味着我国实行程序法定。

第四节　人民法院、人民检察院依法独立行使职权 ★

我国法院独立行使审判权、检察院独立行使检察权的原则，"独立"二字的含义需要考生理解记忆。

[20170265、20150265BC、20030289]

《刑诉法》第5条规定："人民法院依照法律规定独立行使审判权，人民检察院依照法律规定独立行使检察权，不受行政机关、社会团体和个人的干涉。"

外部独立	法院、检察院依法独立行使审判权、检察权，不受行政机关、社会团体和个人的干涉。 [注意] 对外依然受党和人大的监督。	
内部独立	法院	1. 每个具体法院独立，上下级之间是监督与被监督（事后）关系。 [注意] 法官个人不独立，其受限于合议庭，因为我们国家合议庭的评议规则为少数服从多数；合议庭也不独立，因为其受限于审委会，审委会的决议合议庭必须执行。 2. 下级不能就具体案件请示汇报，上级不能指导下级审理的具体案件。★ [注意] 法院审理具体案件时，无论是同级的其他法院还是上级法院都不能指导其工作，法院自己对于具体案件也只能自己审理，不能请示汇报。
	检察院	1. 全国检察机关作为一个整体的独立，上下级之间是领导与被领导的关系，非具体检察院及个人。 2. 上级检察院有权对下级检察院作出的决定予以撤销或变更。下级对上级的决定应当执行，如果认为有错误，应当在执行的同时向上级报告。（《高检规则》第10条）
独立的理论	国外：不仅机关独立，法官也独立。 我国：整体独立意义上的独立——机关独立。	

经典考题：1. 甲市中级人民法院可否对该市某区法院审理的案件作出指导？
2. 上下级法院的监督与被监督之关系体现为何？②

---

① 【答案】1. 正确。2. 正确。大陆法系的罪刑法定原则包括了程序法定的内容。3. 错误。英美国家程序法定主要体现为正当程序原则。4. 正确。以法律为准绳意味着刑事诉讼活动应该严格遵守法律程序。

② 【答案】1. 不可以。2. 二审及再审。

第五节　分工负责、相互配合、相互制约[①]

[2020、20120265A]

《刑诉法》第7条规定："人民法院、人民检察院和公安机关进行刑事诉讼，应当分工负责，互相配合，互相制约，以保证准确有效地执行法律。"

分工负责	1.含义	是指三机关根据法律有明确的职权分工，应当在法定范围内行使职权，各司其职，各负其责，既不能相互替代，也不能相互推诿。
	2.分类	（1）诉讼职能与职权的分工。 ［例如］公安机关负责侦查；人民检察院负责审查起诉；人民法院负责审判。 （2）案件管辖上的分工。（详见管辖）
互相配合		指三机关应当在分工负责的基础上，相互支持，通力合作，使案件的处理能够上下衔接、协调一致，共同完成查明案件事实，追究、惩罚犯罪的任务。
互相制约		指三机关应当按照诉讼职能的分工和程序上的设置，相互约束，相互制衡，以防止发生错误或及时纠正错误，保证准确执行法律，做到不错不漏，不枉不纵。 ［考点解读］检察院的审查起诉就是对公安机关侦查工作的监督与制约，人民法院的审理活动是对侦查活动、审查起诉活动的监督与制约，此原则有利于实现案件实体结果的公正，同时实现程序的公正。
三者关系		1.三者密切相关、缺一不可。 2.分工负责是前提，配合和制约是三机关依法行使职权，顺利进行刑事诉讼的保证。 3.此原则贯穿于刑事诉讼始终，最终目的是保证准确有效地执行法律。

第六节　各民族公民有权使用本民族语言文字进行诉讼★

[20170242]

《刑诉法》第9条规定："各民族公民都有用本民族语言文字进行诉讼的权利。人民法院、人民检察院和公安机关对于不通晓当地通用的语言文字的诉讼参与人，应当为他们翻译。在少数民族聚居或者多民族杂居的地区，应当用当地通用的语言进行审讯，用当地通用的文字发布判决书、布告和其他文件。"

对象	诉讼参与人。 即凡是诉讼参与人，都有用本民族语言文字进行诉讼的权利，不仅是被害人及犯罪嫌疑人、被告人，也包括证人、辩护人、诉讼代理人等。
文书	用当地通用的文字发布判决书、布告和其他文件。

[①]《关于全面推进以审判为中心的刑事诉讼制度改革的实施意见》。

续 表

义务主体	公、检、法三机关都有提供翻译的义务,即在不同的诉讼阶段都应当为其提供翻译,而不仅限于庭审阶段,并且都是应当提供。
关联规定	1.**外国人语言权利的保护**(《刑诉解释》第484条) (1)人民法院审判涉外刑事案件,使用中华人民共和国通用的语言、文字,应当为外国籍当事人提供翻译。翻译人员应当在翻译文件上签名。 (2)**诉讼文本的要求**:人民法院的诉讼文书为**中文本**。外国籍当事人不通晓中文的,应当附有外文译本,译本不加盖人民法院印章,以中文本为准。 (3)**外国人拒绝**:外国籍当事人通晓中国语言、文字,拒绝他人翻译,或者不需要诉讼文书外文译本的,**应当由其本人出具书面声明**。拒绝出具书面声明的,应当记录在案;必要时,应当录音录像。 2.**肢体翻译权保护**(《刑诉法》第121条) 讯问聋、哑的犯罪嫌疑人,应当有通晓聋、哑手势的人参加,并且将这种情况记明笔录。

[注意] 本原则也可以理解为所有的诉讼参与人都有获得翻译权的保护。考生需要注意的是,保护的对象从广义上来看含有语言翻译权的保护和肢体翻译权的保护。

经典考题:在审理的过程中,辩护人不通晓当地通用的语言文字是否享有翻译权? ①

第七节 犯罪嫌疑人、被告人有权获得辩护

辩护权是犯罪嫌疑人、被告人最为基本也是最为重要的防御权,能够与检察院、自诉人的控诉形成积极对抗,有助于法院查明案件事实,实现司法的公正。

[20110264]

《刑诉法》第11条规定:"人民法院审判案件,被告人有权获得辩护,人民法院有义务保证被告人获得辩护。"

含义及特点	1.犯罪嫌疑人、被告人享有辩护的权利	辩护权是犯罪嫌疑人、被告人最基本的诉讼权利。在任何情况下,对任何犯罪嫌疑人、被告人都不得以任何理由限制或剥夺其辩护权。
	2.公、检、法机关有义务保障犯罪嫌疑人、被告人享有辩护权	公、检、法机关负有以下义务: (1)**告知义务**。在刑事诉讼活动中,应当及时告知犯罪嫌疑人、被告人享有辩护权以及法律赋予的其他诉讼权利,如聘请辩护人的权利、委托辩护人的权利、申请回避的权利、上诉权等。 (2)**提供辩护的条件**。如为符合法定情形的被告人指定承担法律援助义务的律师、认真听取被告人及其辩护人的意见等。辩护应当是实质意义上的,而不应当仅是形式上的,这是有效辩护原则的要求。

---

① 【答案】享有,因为保护的对象是所有的诉讼参与人。

经典考题：可否为无期、死刑的人提供没有辩护经验的人担任法律援助的律师。[1]

第八节　未经人民法院依法判决，对任何人都不得确定有罪

[20130264]

《刑诉法》第12条规定："未经人民法院依法判决，对任何人都不得确定有罪。"

含义	1.定罪权之专属性 确定被告人有罪的权力由法院统一行使，其他任何机关、团体和个人都无权行使。 2.程序要求 人民法院判决被告人有罪，必须严格依照法定程序，在保障被告人享有充分辩护权的基础上，依法组成审判庭进行公正审判。 [注意]为贯彻该原则，《刑诉法》从以下几个方面作了相应规定： （1）区分犯罪嫌疑人与刑事被告人。公诉案件在提起公诉前将被追诉人称为犯罪嫌疑人，提起公诉后始称为刑事被告人。 （2）控诉方承担举证责任，被告人不负证明自己无罪的责任，不得因被告人不能证明自己无罪便推定其有罪。 （3）疑案作无罪处理。事实不清、证据不足，人民法院应作出证据不足、指控罪名不能成立的无罪判决。
与无罪推定原则的关系	1.该原则明确规定只有人民法院享有定罪权，在一定程度上吸收了无罪推定原则的精神。无罪推定原则的基本含义是，任何人在未经依法确定有罪以前，应假定其无罪。 2.无罪推定是针对封建专制下纠问式刑事诉讼中的有罪推定而言的。 [注意]所谓有罪推定，是对纠问式刑事诉讼制度中一系列现象的归纳： （1）被告人主要作为诉讼客体而存在，没有辩护权；（2）被告人是主要证据来源，认罪口供是最有价值的证据之一，为取得口供可以刑讯；（3）审判无须公开；（4）司法程序缺乏公正的保障，司法与行政不分，控诉与审判不分；（5）被指控犯罪的人，可以不经其他司法程序而被拥有审判权的机关确定为有罪等。

第九节　保障诉讼参与人的诉讼权利

[20160265]

《刑诉法》第14条规定："人民法院、人民检察院和公安机关应当保障犯罪嫌疑人、被告人和其他诉讼参与人依法享有的辩护权和其他诉讼权利。诉讼参与人对于审判人员、检察人员和侦查人员侵犯公民诉讼权利和人身侮辱的行为，有权提出控告。"

含义	1.诉讼权利是诉讼参与人享有的法定权利，法律予以保护，公检法不得以任何方式加以剥夺。 2.诉讼参与人在诉讼权利受到侵害时，有权采取申诉、控告等法定救济手段。 3.公检法机关有义务保障诉讼参与人充分行使诉讼权利。 4.诉讼参与人在享有诉讼权利的同时，还应当承担法律规定的诉讼义务。

---

[1]【答案】不可以，因为其没有实质帮助。

经典考题： 保障诉讼参与人的诉讼权利，核心在于保护犯罪嫌疑人、被告人的辩护权，是否正确？①

第十节 具有法定情形不予追究刑事责任 ★★★

[2020、2019、20140223、20130274、20090230、20080266]

《刑诉法》第16条规定："有下列情形之一的，不追究刑事责任，已经追究的，应当撤销案件，或者不起诉，或者终止审理，或者宣告无罪：（一）情节显著轻微、危害不大，不认为是犯罪的；（二）犯罪已过追诉时效期限的；（三）经特赦令免除刑罚的；（四）依照刑法告诉才处理的犯罪，没有告诉或者撤回告诉的；（五）犯罪嫌疑人、被告人死亡的；（六）其他法律规定免予追究刑事责任的。"

[注意] 本原则为法定的不可以追究他人刑事责任的情形，经常考查，非常重要。

法定情形	情节显著轻微、危害不大，不认为是犯罪的	1.显著主要有以下两种考法： （1）故意伤害中造成对方轻微伤属于显著轻微，不构成犯罪；但注意，如果是轻伤则为情节轻微，则达到了刑法中犯罪的标准； （2）数额类的犯罪——如果没有达到刑法规定的最低标准，也是这里的情节显著轻微。 [活学活用] 甲涉嫌盗窃，立案后发现涉案金额400余元，是否属于情节显著轻微？② 2.此情形本质上就不是犯罪，不要被"不认为"三个字影响，进入法庭审理阶段需宣告无罪。
	犯罪已过追诉时效期限的	刑法规定了对于刑事犯罪的追诉期限： 1.法定最高刑为不满5年有期徒刑的，经过5年。 2.高刑为5年以上不满10年有期徒刑的，经过10年。 3.最高刑为10年以上有期徒刑的，经过15年。 4.最高刑为无期、死刑的，经过20年。 5.上述法定追诉时效的，一般不再追究刑事责任。 6.20年以后必须追诉的由最高检核准。 [注意] 此处会结合刑法的考点来考查。
	经特赦令免除刑罚的	在我国，全国人大常委会有权决定特赦，这种特赦命令具有终止刑事追究的法律效力。

---

① 【答案】正确。因为在刑事诉讼中犯罪嫌疑人、被告人权益最容易受到侵犯，而犯罪嫌疑人、被告人最重要的权利又是辩护权。
② 【答案】属于。因为其低于盗窃案件的最低数额。

续表

	依照刑法告诉才处理的犯罪，没有告诉或者撤回告诉的	1.告诉才处理的案件以被害人提出告诉为前提，被害人没有提出告诉或者撤回告诉的，对这类案件的追究就失去了法律基础。 2.告诉才处理的四类案件： （1）侮辱、诽谤罪（《刑法》第246条，但严重危害社会秩序和国家利益的除外）； （2）暴力干涉婚姻自由罪（《刑法》第257条第1款）； （3）虐待罪（《刑法》第260条第1款，但被害人没有能力告诉或者因受到强制、威吓无法告诉的除外）； （4）侵占罪（《刑法》第270条）。
	犯罪嫌疑人、被告人死亡的	死亡原则上不予追究刑事责任，但注意结合后面"缺席判决"特殊情形。 [注意]被告人死亡的，人民法院应当裁定终止审理，但有证据证明被告人无罪，人民法院经缺席审理确认无罪的，应当依法作出判决。人民法院按照审判监督程序重新审判的案件，被告人死亡的，人民法院可以缺席审理，依法作出判决。（《刑诉法》第297条）
	其他	1.只限"法律"，不包括其他规定。 2.具体情形例如正当防卫，实践中发生的案件为"昆山反杀案"，此案后来被撤销案件。除此以外，典型的情形还包括不予追究刑事责任的未成年人、精神病人案件。
遇有法定情形时的处理		基本原则：任何一个阶段遇有《刑诉法》第16条的情形都作其否定性的处理： （1）立案阶段：直接作出不立案的决定； （2）侦查阶段：作撤销案件处理； （3）审查起诉阶段：作法定不起诉决定； （4）庭前审查阶段：应当退回人民检察院；（《刑诉解释》第219条） （5）审理阶段：原则上裁定终止审理，但遇有以下情形特殊处理： 　　┌─ 显著轻微──宣告无罪 　　│　　　　　　┌─ 查清 ┬ 有罪──裁定终止 　　└─ 被告人死亡 ┤　　　　└ 无罪──宣告无罪　（《刑诉解释》第606条） 　　　　　　　　└─ 未查清──裁定终止 [考点解读] 在一审普通案件（除缺席判决程序）中，审理的被告人死亡，如果案件没有查清直接裁定终止不再审查，因为一审的审理对象就是活着的被告人，其不在无审理意义！而死亡时查清无罪得还其清白，所以需宣告无罪，但是查清有罪，绝不可以宣判有罪，考生只需记住我国不可宣告死亡的人有罪即可。

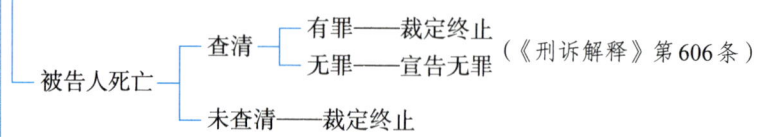

经典考题：判断下列情形是否属于《刑诉法》第16条的处理规定？①

---

① 【答案】均不属于。第16条中的不予追究刑事责任中的不起诉特指法定不起诉，而上述两种一个为酌定不起诉，一个为证据不足不起诉，因而均不符合。

1. 乙涉嫌抢夺，检察院审查起诉后认为犯罪情节轻微，不需要判处刑罚，决定不起诉。
2. 丁涉嫌抢劫，检察院审查起诉后认为证据不足，决定不起诉。

进阶考点

一、人民检察院依法对刑事诉讼进行法律监督[①] ★ [20170264]

人民检察院在刑事诉讼中担负了多重的功能，既负责审查起诉、批准逮捕，还负责法律监督——既可以监督公安的立案、侦查，又可以监督法院的审理活动及执行机关的执行活动。

（一）立案监督（公安）（《刑诉法》第113条；《高检规则》第557~566条）

1.对应当立案而不立案的情形

第一：说理由： 人民检察院负责控告申诉检察的部门受理对公安机关应当立案而不立案或者不应当立案而立案的控告、申诉，应当根据事实、法律进行审查。人民检察院经审查，认为需要公安机关说明不立案理由的，应当要求公安机关书面说明不立案的理由。公安机关应当在7日内说理由。

第二：通知立案： 人民检察院认为公安机关不立案理由不能成立，发出通知立案书时，应当将有关证明应当立案的材料同时移送公安机关。公安机关收到通知立案书后，应当在15日内决定立案，并将立案决定书送达人民检察院。（《六机关规定》第18条）

2.对不应当立案而立案的情形

第一：说理由： 应当要求公安机关书面说明立案理由。

第二：通知撤销案件： 经检察长决定，理由不成立通知撤销案件。

（二）侦查活动监督（《高检规则》第567~569条）

1.人民检察院负责捕诉的部门发现本院负责侦查的部门在侦查活动中有违法情形，应当提出纠正意见。需要追究相关人员违法违纪责任的，应当报告检察长。

2.人民检察院发现侦查活动中的违法情形已涉嫌犯罪，属于人民检察院管辖的，依法立案侦查；不属于人民检察院管辖的，依照有关规定移送有管辖权的机关。

（三）审判监督（《高检规则》第570~572条）

1.方式

人民检察院检察长或者检察长委托的副检察长，可以列席同级人民法院审判委员会会议，依法履行法律监督职责

2.时间、程序

（1）监督方式主要为提纠正意见

人民检察院在审判活动监督中，发现人民法院或者审判人员审理案件违反法律规定的诉讼程序，应当向人民法院提出纠正意见。

[①] 《刑诉法》第8条规定："人民检察院依法对刑事诉讼实行法律监督。"

（2）时间为事后提

人民检察院对违反程序的庭审活动提出纠正意见，应当由人民检察院在庭审后提出。

（3）内部报告检察长

出席法庭的检察人员发现法庭审判违反法律规定的诉讼程序，应当在休庭后及时向检察长报告。

（四）刑事判决、裁定监督（《高检规则》第583~601条）

主要监督方式为提起抗诉。（详见再审关于二审抗诉与再审抗诉对比）

（五）执行监督（《高检规则》第621~661条）

1.对刑罚执行活动的监督。例如，派员临场监督死刑立即执行案件的执行；对刑罚执行机关收押、监管、改造、释放罪犯的活动进行监督等。

2.对执行过程中的刑罚变更（死刑缓期二年执行的变更、减刑、假释、监外执行）情况进行监督。

二、追究外国人刑事责任适用我国《刑诉法》

《刑诉法》第17条规定："对于外国人犯罪应当追究刑事责任的，适用本法的规定。对于享有外交特权和豁免权的外国人犯罪应当追究刑事责任的，通过外交途径解决。"

（一）含义

1.外国人、无国籍人犯罪，一般应当依据《刑诉法》规定的诉讼程序进行追诉。

2.享有外交特权和豁免权的外国人犯罪应当追究刑事责任的，通过外交途径解决。

所谓"通过外交途径解决"，一般是指建议派遣国依法处理，宣布为不受欢迎的人，责令限期出境，宣布驱逐出境等。

（二）具体豁免对象

根据1986年我国通过的《外交特权与豁免条例》，享有外交特权和豁免权的外国人包括：

1.外国驻中国使馆的外交代表。

2.与外交代表共同生活的配偶及未成年子女，如果不是中国公民，享有与外交代表相同的特权和豁免权。

3.来中国访问的外国国家元首、政府首脑、外交部长及其他具有同等身份的官员。

4.途经中国的外国驻第三国的外交代表和其共同生活的配偶及未成年子女。

5.持有中国外交签证或者持有外交护照（仅限互免签证的国家）来中国的外交官员。

6.经中国政府同意给予外交特权和豁免权的其他来中国访问的外国人士。

（三）外国人的界定★★

1.外国人的范围：具有外国国籍的人；无国籍人；国籍不明的人。

2.对于国籍的确认（《刑诉解释》第477条）

（1）外国人的国籍，根据其入境时持用的有效证件确认；国籍不明的，根据公安机关或者有关国家驻华使领馆出具的证明确认。

[注意] 现在很多人都会持有多国国籍，证明身份时采取的是其入境所用证件，非随意认定。

（2）国籍无法查明的，以无国籍人对待，适用涉外刑事案件的审理和刑事司法协助的有关规定，在裁判文书中写明"国籍不明"。

专题三　刑事诉讼中的专门机关和诉讼参与人

知识体系图

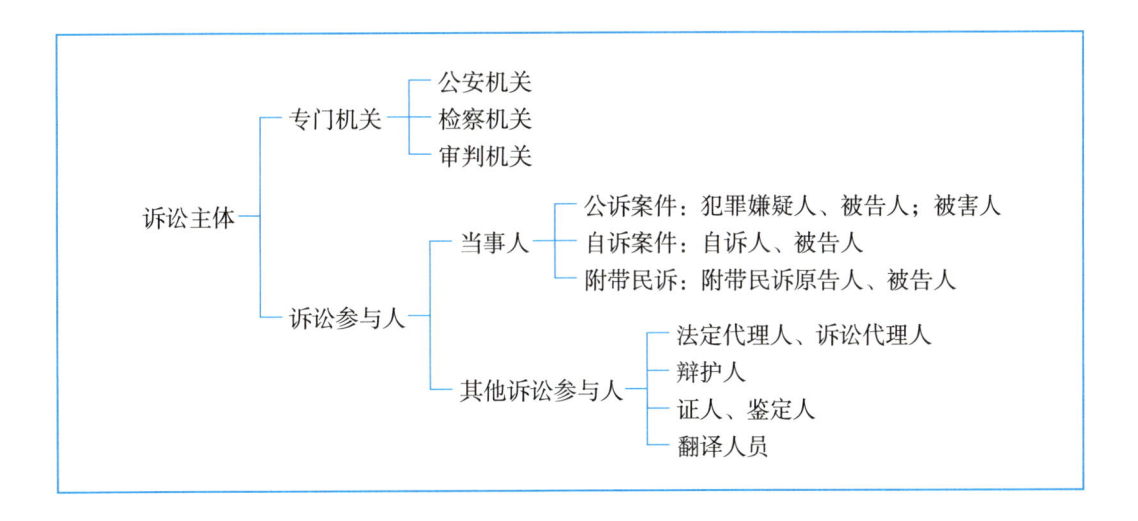

```
                    ┌─ 专门机关 ──┬─ 公安机关
                    │            ├─ 检察机关
                    │            └─ 审判机关
诉讼主体 ──┤
                    │            ┌─ 当事人 ──┬─ 公诉案件：犯罪嫌疑人、被告人；被害人
                    │            │          ├─ 自诉案件：自诉人、被告人
                    └─ 诉讼参与人 ┤          └─ 附带民诉：附带民诉原告人、被告人
                                 │
                                 │            ┌─ 法定代理人、诉讼代理人
                                 └─ 其他诉讼参与人 ┼─ 辩护人
                                                ├─ 证人、鉴定人
                                                └─ 翻译人员
```

第一节　刑事诉讼中的专门机关

[2020、20150265]

机关	性质	组织体系
公安机关	侦查机关	1.纵向来看：按照行政区划——公安部、厅、局。 2.上下级：领导与被领导的关系。 [注意]《公安规定》第7条第3款规定，下级公安机关对上级公安机关的决定必须执行，如果认为有错误，可以在执行的同时向上级公安机关报告。
人民检察院	监督机关	1.纵向来看：全国共分为四级，分别为国家层面的最高检、省层面的省检、市层面的市检、区县层面的基层检察院。 2.横向来看：呈现出金字塔的走向，即基层检察院最多，越往上越少，塔尖只有一个最高检。 3.领导体制上，实行双重领导体制： 一方面，各级检察院由同级人大产生，对它负责，受它监督； 另一方面，人民检察院系统内部上下级之间是领导与被领导的关系。 4.专门人民检察院。包括铁路运输检察院和中国人民解放军军事检察院。

续　表

机关	性质	组织体系
人民法院	审判机关	1.纵向来看：与检察院的设置对应，也分为四级，分别为最高院、高院、中院、基层法院。横向也呈金字塔的走向。 2.人民法院组织系统内部是监督与被监督的关系。即上级人民法院只能通过第二审程序、审判监督程序以及死刑复核程序监督下级人民法院的审判工作，而不能对下级人民法院就具体案件如何处理发布具有约束力的指示和命令。 3.专门人民法院：军事法院、铁路运输法院等。 图示：　　　　　　　　　　举例： 最高院／高级人民法院／中级人民法院／基层人民法院　　最高院／浙江省高级人民法院／杭州市中级人民法院／西湖区人民法院

机关	性质	设置	职权
监察机关（《监察法》第4、7~10条）	行使国家监察职能的专责机关	1.国家监察委员会：最高监察机关。 2.地方各级监察委员会：省、自治区、直辖市、自治州、县、自治县、市、市辖区设立监察委员会。	[注意]监察机关非刑事诉讼的专门机关，其属性为政治机关非司法机关，担负监察职能，其办案依据为《监察法》而非《刑诉法》。 对涉嫌贪污贿赂、滥用职权、玩忽职守、权力寻租、利益输送、徇私舞弊以及浪费国家资财等职务违法和职务犯罪进行调查。

经典考题：检察办案组办理案件时应请求检察长或副检察长主办是否正确？①

进阶考点

一、检察官、检察长、检委会的关系（《高检规则》第4条）

（一）权责相对

人民检察院办理刑事案件，由检察官、检察长、检察委员会在各自职权范围内对办案事项作出决定，并依照规定承担相应司法责任。

---

① 【答案】不正确，也可以由检察官担任。

(二)检察长负责制(一般情形)

1.检察官在检察长领导下开展工作。重大办案事项,由检察长决定。检察长可以根据案件情况,提交检察委员会讨论决定。其他办案事项,检察长可以自行决定,也可以委托检察官决定。

2.《高检规则》对应当由检察长或者检察委员会决定的重大办案事项有明确规定的,依照《高检规则》的规定。《高检规则》没有明确规定的,省级人民检察院可以制定有关规定,报最高人民检察院批准。

3.重大、疑难、复杂或者有社会影响的案件,应当向检察长报告。

[注意] 第一,上报检察长的规则(《高检规则》第6条)

业务机构负责人对本部门的办案活动进行监督管理。需要报请检察长决定的事项和需要向检察长报告的案件,应当先由业务机构负责人审核。业务机构负责人可以主持召开检察官联席会议进行讨论,也可以直接报请检察长决定或者向检察长报告。

第二,检察长对检察官意见的审查及救济(《高检规则》第7条)

检察长不同意检察官处理意见的,可以要求检察官复核,也可以直接作出决定,或者提请检察委员会讨论决定。

检察官执行检察长决定时,认为决定错误的,应当书面提出意见。检察长不改变原决定的,检察官应当执行。

(三)文书的签发

以人民检察院名义制发的法律文书,由检察长签发;属于检察官职权范围内决定事项的,检察长可以授权检察官签发。

二、具体办案规则

(一)检察官一人或检察官组多人办案(《高检规则》第5条)

人民检察院办理刑事案件,根据案件情况,可以由1名检察官独任办理,也可以由2名以上检察官组成办案组办理。由检察官办案组办理的,检察长应当指定1名检察官担任主办检察官,组织、指挥办案组办理案件。

检察官办理案件,可以根据需要配备检察官助理、书记员、司法警察、检察技术人员等检察辅助人员。检察辅助人员依照法律规定承担相应的检察辅助事务。

(二)同一案件同一检察官负责制——捕诉合一(《高检规则》第8条)

对同一刑事案件的审查逮捕、审查起诉、出庭支持公诉和立案监督、侦查监督、审判监督等工作,由同一检察官或者检察官办案组负责,但是审查逮捕、审查起诉由不同人民检察院管辖,或者依照法律、有关规定应当另行指派检察官或者检察官办案组办理的除外。

人民检察院履行审查逮捕和审查起诉职责的办案部门,《高检规则》中统称为负责捕诉的部门。

第二节　诉讼参与人 ★

[20170266、20070276]

诉讼参与人的概念		1.诉讼参与人，主要是指国家专门机关工作人员以外的人。 2.范围 （1）当事人 与案件处理有直接利害关系的人。 [注意] 当事人的范围在前文中有提及，主要为三小类诉讼相对应的六方主体，即公诉案件中的犯罪嫌疑人、被告人与被害人；自诉案件中的自诉人与被告人；附带民诉中的附民原告人与被告人。 （2）其他利害关系人 协助完成诉讼的人，具体包括法定代理人、诉讼代理人、辩护人、证人、鉴定人和翻译人员。
诉讼参与人的分类（《刑诉法》第108条）	当事人	1.提出控告。（《刑诉法》第14条） 2.有权使用本民族语言、文字。（《刑诉法》第9条） 3.申请回避。（《刑诉法》第29条） 4.委托诉讼代理人或者辩护人。（《刑诉法》第33条） 5.申请法院排除非法证据。（《刑诉法》第58条） 6.针对非法侦查行为提出申诉或控告。（《刑诉法》第117条） 7.参加法庭调查、辩论，提供证据。 8.申请法庭通知有专门知识的人出庭。（《刑诉法》第197条） 9.提出量刑意见。 10.和解的权利。（《刑诉法》第288条） 11.上诉（公诉案件被害人除外）、申诉。
	其他诉讼参与人	1.法定代理人 出现法定代理人的前提是出现了未成年人或精神病人，即由于能力有欠缺，无法行使刑事诉讼程序赋予的程序性权利，需要法定代理人来行使。 [注意] 近亲属不是诉讼参与人，并不当然地享有诉讼程序权利，所以当近亲属出现的时候，考生需作为重要考点记忆。 2.证人、鉴定人、翻译人员 三类主体是中立的存在，不承担任何职能及举证责任，不因为是控方的证人就会帮助控方，所以，此三类主体都只是就自己知道的情况向公安司法机关客观陈述而已。 例如曾经考查控方提供的证人承担了控诉职能是否正确，显然不正确，因为证人不承担任何的职能。 [注意] 有专门知识的人不属于诉讼参与人，2017年曾考查过。

> **进阶考点** 诉讼参与人的具体分类

被害人	1.广义的被害人，是指合法权益遭受犯罪行为直接侵害的人，包括公诉案件的被害人，在自诉案件中，被害人是自诉人；在附带民事诉讼中，被害人是附带民事诉讼的原告人。 2.狭义上的被害人，指在**公诉案件的被害人**，以个人身份参与，并与检察院共同行使控诉职能的人。
自诉人	自诉人，是指在自诉案件中，以自己的名义直接向法院提起诉讼的被害人。 [注意] 自诉人在诉讼中承担控诉职能。如果自诉案件中的被告人提出反诉的，则具有双重身份：在其自行提起的自诉中是自诉人，行使控诉职能；在反诉中是被告人，行使辩护职能。例如，甲诉乙诽谤，乙反诉甲侵占，在诽谤案中甲是自诉人，在侵占案中甲是被告人。
犯罪嫌疑人、被告人	1.公诉案件中，受刑事追诉者在检察机关向法院提起公诉以前，称为"犯罪嫌疑人"，在检察机关正式向法院提起公诉以后，则称为"被告人"。 2.自诉案件没有"犯罪嫌疑人"的称谓，自诉人向法院提起自诉后，被追诉人被称为"被告人"。 |类型|防御性权利|救济性权利|程序保障权
---	---	---	---
内涵	是指为对抗追诉方的指控，所享有的诉讼权利。 [注意] 防御权与控诉权更像矛与盾的关系，一个攻击一个防御。	是指对专门机关所作的对其不利的行为、决定或裁判，要求另一机关予以改变或撤销的权利。 [注意] 救济的前提是权利已经被侵犯，例如法院决定司法拘留，可向上一级人民法院申请复议。	（1）在未经人民法院依法判决的情况下，不得被确定有罪。 （2）不受非法讯问，不强迫自证其罪。 （3）不受非法强制措施。 （4）不受非法搜查、扣押等侦查行为。 （5）上诉不加刑。
主要体现	（1）有权使用本民族语言文字进行诉讼。 （2）辩护权。 （3）拒绝回答权。 （4）参加庭审权。 （5）反诉权。	（1）申请复议权。 （2）控告权。 （3）申请变更、解除强制措施。 （4）申诉权。 （5）上诉权。		
附民当事人	包括附民原告人和附民被告人。 附民原告人，是指在刑事诉讼过程中提起民事诉讼，要求被告人赔偿因其行为而导致的物质损失的诉讼参与人，其相对方则是附民的被告人。

续 表

单位当事人	**1.单位犯罪嫌疑人、被告人** 在单位犯罪的情况下，单位可以独立成为犯罪嫌疑人、被告人，与作为自然人的直接负责主管人员和其他直接责任人员一起参与刑事诉讼。 [注意] 单位不会说话，单位成为被告时需要为单位确定一位诉讼代表人出席法庭。同时要注意，诉讼代表人不可以成为自然人被告，如果诉讼代表人成为被告，则必须要及时更换。 **2.单位被害人** 被害人一般指自然人，但单位也可以成为被害人。单位被害人参与刑事诉讼时，应当由其法定代表人作为代表参加刑事诉讼。法定代表人也可以委托诉讼代理人参加诉讼。
法定代理人	**1.概念** 法定代理人，是指由法律规定的对被代理人负有专门保护义务并代其进行诉讼的人。《刑诉法》第108条规定，法定代理人的范围包括被代理人的父母、养父母、监护人和负有保护责任的机关、团体的代表。 [注意] 理解法定代理人，应当注意以下两点： 一是上述法定代理人的范围，不是并列选择关系，而是依次优先关系。 二是并非所有的案件中都会有法定代理人，只有被代理人诉讼行为能力欠缺时，才会出现法定代理人。所以在掌握具体知识点时，考生可以直接记忆，所有当事人有的程序性的权利，法定代理人都会享有，例如申请回避，例如被告人的法定代理人可以上诉，这就是《刑诉法》设置法定代理人的目的。但注意实体性的权利不当然享有。 **2.权利来源** 法定代理人参加刑事诉讼是依据法律的规定，而非委托。因此，其具有独立的诉讼地位，可以根据自己的意思表示独立代行被代理人的诉讼权利，承担被代理人的诉讼义务，但是诉讼的后果仍然由被代理人承担。 [注意] 根据《刑诉法》第281条，审判未成年人刑事案件，未成年被告人最后陈述后，其法定代理人可以进行补充陈述，但也仅限于补充陈述，而无代替或代理陈述的权利。
诉讼代理人	1.诉讼代理人是基于被代理人的委托而代表被代理人参与刑事诉讼的人。主要提供法律上的帮助。 2.诉讼代理人只能在被代理人授权范围内进行诉讼活动，不能超越代理范围，不能违背被代理人的意志。这点要与辩护人的独立性相区分，辩护人可以独立地进行辩护，不受被告人意志的约束。 3.有权委托诉讼代理人的主体有： （1）公诉案件：被害人及其法定代理人、近亲属。 （2）自诉案件：自诉人及其法定代理人。 （3）附带民事诉讼：附带民事诉讼的原告人、被告人及其法定代理人。 （4）犯罪嫌疑人、被告人逃匿、死亡案件违法所得的没收程序：犯罪嫌疑人、被告人的近亲属和其他利害关系人。 （5）依法不负刑事责任的精神病人的强制医疗程序：被申请人或被告人。 [注意] 考生可不必死记硬背委托的主体。在刑事诉讼中，有一类主体委托的是辩护人，这类主体主要是被控诉的对象，即被提出定罪量刑的诉讼主张；而未被提出定罪量刑诉讼主张的主体，委托的则是诉讼代理人。
证人	在刑事诉讼中，证人是指在诉讼外了解案件情况的当事人以外的人。

经典考题：1.在侦查机关讯问时，犯罪嫌疑人有申辩自己无罪的权利，属于什么性质的权利？

2.对办案人员人身侮辱的行为，犯罪嫌疑人有提出控告的权利，属于什么性质的权利？①

---

① 【答案】本题主要考查属于防御权权利还是救济性权利。考生需理解，防御权一定针对的是控告权，有对等的意味，而救济权一定针对原有的权利已经被侵犯。所以上述第一问侦查机关有讯问权，则犯罪嫌疑人就有申辩权，属于防御性权利；上述第二问对于侮辱的行为有控告的权利，属于明显的救济性权利。

第二编 制度编

专题四 管 辖

命题点拨

管辖制度从大的层面分为两类：一类为立案管辖，立案管辖解决的是分权问题，即一个刑事案件发生时由哪一个机关进行立案侦查（调查），主要讲的是由谁启动刑事诉讼程序；另一类为审判管辖，即当案件进入法庭审理阶段，法院内部的分权问题，其既包括地域管辖又包括级别管辖，即解决的是某一具体案件由哪一法院作为其一审法院。

知识体系图

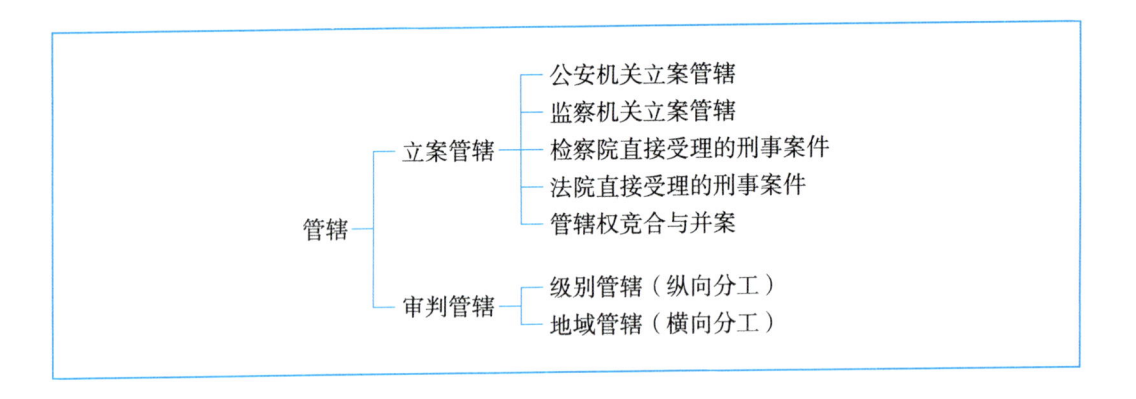

```
              ┌─ 公安机关立案管辖
              ├─ 监察机关立案管辖
       ┌ 立案管辖 ─┼─ 检察院直接受理的刑事案件
       │      ├─ 法院直接受理的刑事案件
       │      └─ 管辖权竞合与并案
 管辖 ─┤
       │      ┌─ 级别管辖（纵向分工）
       └ 审判管辖 ┴─ 地域管辖（横向分工）
```

第一节 立案管辖

立案管辖解决的是一个刑事案件发生之初由哪一个主体进行立案侦查或者调查。建议考生先把案件划分为公诉案件与自诉案件，因为自诉案件固定归法院立案管辖，对剩下来的公诉案件是考生要重点区分记忆，主要是公安、检察院、监察委之间的分权。我们国家绝大部分刑事案件归公安机关，所以考生只需要把重心放在监察委及检察院的身上即可。2019年客观题及主观题都考查了监察委及检察院管辖的案件交叉问题。

一、公诉案件之立案管辖

我国绝大部分的案件都是公诉案件，相对于自诉案件而言，公诉案件都比较严重，其本质在于国家追究犯罪嫌疑人、被告人的刑事责任，而由检察院代为公诉。从其源头上而言，检察院代为公诉的案件可能是公安机关侦查完毕的案件，也可能是检察院自侦部门侦查完毕的案件，还可能是监察委调查完毕的案件，认为事实清楚、证据确实充分而移送起诉。公诉案件的立案管辖强调的就是案件发生之初,到底是由公安机关、监察委还是检察院自侦部门来启动刑事诉讼程序,由谁来控制行为人的人身自由,由谁来收集证据查明案件的事实。

(一)公安机关立案管辖——绝大部分的刑事案件

[20160227BC、20150267A、20100221]

一般规定	《刑诉法》第19条第1款规定:"刑事案件的侦查由公安机关进行,法律另有规定的除外。" [考点解读] 1.原则上绝大部分的刑事案件立案管辖权都归公安机关。 2.广义的公安机关包含下述表格中有侦查权的五类机关。
特殊规定	1.由国家安全机关立案侦查的危害国家安全的刑事案件。 2.由军队保卫部门负责侦查的军队内部发生的刑事案件。 3.由监狱负责侦查的罪犯在监狱内犯罪的案件。 4.中国海警局履行海上维权执法职责,对海上发生的刑事案件行使侦查权。 5.由海关缉私部门负责侦查走私类的犯罪的刑事案件。(《刑诉法》第308条;《海关法》第4条)

(二)监察机关立案调查——职务类犯罪案件(《监察法》第11条)

[2019]

调　查	处　置
对涉嫌贪污贿赂、滥用职权、玩忽职守、权力寻租、利益输送、徇私舞弊以及浪费国家资财等职务违法和职务犯罪进行调查。	对涉嫌职务犯罪的,将调查结果移送人民检察院,依法审查、提起公诉。

(三)人民检察院直接受理的刑事案件——自侦案件(《刑诉法》第19条;《高检规则》第13条)

检察院在我们国家除了担负审查批捕审查起诉的职能,还承担对于少数案件立案侦查的职能,目前来看其立案侦查的案件有两类,一类为看到就可以管辖的案件,一类为经过批准才可以管辖的案件。之所以保留检察院自侦案件的侦查权是为了保障其监督权的威慑性。

可直接管辖的情形	人民检察院在对诉讼活动实行法律监督中发现的司法工作人员利用职权实施的非法拘禁、刑讯逼供、非法搜查等侵犯公民权利、损害司法公正的犯罪,可以由人民检察院立案侦查。 具体包括司法工作人员利用职权实施的下列14种罪名:(1)非法拘禁罪;(2)非法搜查罪;(3)刑讯逼供罪;(4)暴力取证罪;(5)虐待被监管人罪;(6)滥用职权罪;(7)玩忽职守罪;(8)徇私枉法罪;(9)民事、行政枉法裁判罪;(10)执行判决、裁定失职罪;(11)执行判决、裁定滥用职权罪;(12)私放在押人员罪;(13)失职致使在押人员脱逃罪;(14)徇私舞弊减刑、假释、暂予监外执行罪。

续 表

	[注意1] 主体一定是司法工作人员，因为检察院作为监督机关，主要监督的是手里有公权的主体。因而考生请注意，在上述罪名中，非法拘禁、非法搜查非常特殊，其属于刑法上的不真正身份犯，其行为主体既可以由一般主体构成，又可以由特殊主体构成。由一般主体构成时，此案件由公安机关立案侦查，例如，张三因为相邻权纠纷而将李四非法拘禁，此案属于公安机关立案管辖的范围；只有司法机关工作人员利用职权实施犯罪时，才应当由检察院立案侦查。所以在做题时一定要分析这两类罪名的实施主体。 [注意2] 14个罪名考生可以采取技巧式记忆，14个罪名基本上一眼便能识别出实施主体是司法工作人员的，则可以不用死记硬背，例如刑讯逼供罪通常是由公安机关工作人员实施、枉法裁判罪是由法官实施。真正要背诵的只有（6）滥用职权罪、（7）玩忽职守罪这两个罪名，因为只有这两个罪名考生无法直接判断出是否为司法机关工作人员实施，这两类罪的主体是国家机关工作人员，而国家机关工作人员当然包括司法工作人员，也包括司法工作人员以外的其他国家工作人员，例如税务机关工作人员滥用职权、玩忽职守。而只有司法工作人员实施的检察院才能行使管辖权，其他主体实施的则归监察委立案管辖。 [注意3] 上述司法工作人员利用职权实施的14个犯罪本质上也属于职务犯罪，因而监察委也可以立案管辖，即司法工作人员利用职权实施的这14个罪名属于检察院和监察委共同管辖，二者都有管辖权，二者之间遵循的规则为：谁先发现谁就可以直接立案管辖。
经批准才可管辖的情形	对于公安机关管辖的国家机关工作人员利用职权实施的重大犯罪案件，需要由人民检察院直接受理的时候，<u>经省级以上人民检察院决定</u>，可以由人民检察院立案侦查。 [注意] 1.此类案件的管辖权本来属于公安机关，检察院内部必须报请省级以上检察院决定才可以立案侦查。 2.需要层报省检，省级人民检察院可以决定由设区的市级人民检察院立案侦查，也可以自行立案侦查。（《高检规则》第15条）
检察院之层级管辖权 （《高检规则》第14条）	[活学活用] 请问A区检察院发现司法工作人员利用职权实施的14个罪名是否可以直接立案侦查？① **四级检察院中，基层检察院没有直接的立案管辖权：** **1.原则上由市级检察院管辖** 人民检察院办理直接受理侦查的案件，由设区的市级人民检察院立案侦查。基层人民检察院发现犯罪线索的，<u>应当报设区的市级人民检察院决定立案侦查</u>。 **2.例外可交由基层检察院** 设区的市级人民检察院根据案件情况也可以将案件交由基层人民检察院立案侦查，或者**要求**基层人民检察院协助侦查。对于刑事执行派出检察院辖区内与刑事执行活动有关的犯罪线索，可以交由刑事执行派出检察院立案侦查。

---

① 【答案】不可以。A区检察院应当将案件线索报往市检，市检要求其立案管辖的，其才可以立案管辖。

续　表

	3.最高检、省检处理规则 最高人民检察院、省级人民检察院发现犯罪线索的，可以自行立案侦查，也可以将犯罪线索交由指定的省级人民检察院或者设区的市级人民检察院立案侦查。 [注意]检察院上下级为领导与被领导的关系，所以通常在程序上，上级都可以作出两种选择：一为自己处理；二为指定或指令下级处理。
自侦案件与监察委案件交叉 （《高检规则》第17条）	[活学活用]A区检察院在侦查刑讯逼供案件的过程中，发现行为人还涉嫌贪污，应当如何处理？① **属于监察委立案管辖的，原则上必须移送，二者有管辖权的案件，以协商作为原则：** 1.人民检察院办理直接受理侦查的案件，发现犯罪嫌疑人同时涉嫌监察机关管辖的职务犯罪线索的，应当及时与同级监察机关沟通。 2.经沟通： （1）认为全案由监察机关管辖更为适宜的，人民检察院应当将案件和相应职务犯罪线索一并移送监察机关； （2）认为由监察机关和人民检察院分别管辖更为适宜的，人民检察院应当将监察机关管辖的相应职务犯罪线索移送监察机关，对依法由人民检察院管辖的犯罪案件继续侦查。 人民检察院应当及时将沟通情况报告上一级人民检察院。沟通期间不得停止对案件的侦查。 [注意]此法条的含义为：假如检察院在立案侦查刑讯逼供一案时，发现被告人还涉嫌贪污，贪污罪应当移送监察委，而对于刑讯逼供罪，因为检察院、监察委都有管辖权，所以应当协商，如果两罪均由监察委管辖更为适宜，则两罪均由监察委管辖；如果分别管辖更为适宜，则各管各的，分别管辖时一般以监察委为主调查，检察院予以协助。

经典考题： 1.检察院发现张某非法拘禁李某即可直接立案侦查，是否正确？
2.海关科长利用职权实施走私文物罪，哪些机关可能对本案行使管辖权？②

（四）案件的交叉与竞合

[2019]

公安、检察院竞合 （《高检规则》第18条）	[活学活用]如果A区检察院在侦查刑讯逼供一案中发现行为人还涉嫌盗窃罪，应当如何处理？③

---

① 【答案】应当将贪污移送至监察委立案调查，就刑讯逼供案件应当与监察委协商，如果由监察委一并立案管辖更适宜的则一并立案管辖，如果分别管辖更为适宜，则应当分别管辖。

② 【答案】1.不正确，必须要求张某是司法机关工作人员利用职权实施才能直接立案侦查。2.公安机关、海关缉私部门、经省检察院决定的市检察院可以立案侦查、省检察院接到报请也可以直接立案侦查。

③ 【答案】检察院应当将盗窃罪移送公安机关，刑讯逼供由检察院自己立案侦查，移送后看谁的罪行可能判处的刑罚更重则以谁为主侦查。

续 表

	处理规则：（1）对方的案件必须移送；（2）以主罪、次罪区分谁为主侦查。 1.公安机关侦查刑事案件涉及人民检察院管辖的职务犯罪案件时，应当将职务犯罪案件移送人民检察院；人民检察院侦查职务犯罪案件涉及公安机关管辖的刑事案件，应当将属于公安机关管辖的刑事案件移送公安机关。 2.在上述情况中，如果涉嫌主罪属于公安机关管辖，由公安机关为主侦查，人民检察院予以配合；如果涉嫌主罪属于人民检察院管辖，由人民检察院为主侦查，公安机关予以配合。 3.主罪与次罪的划分，应当以犯罪嫌疑人可能判处的刑罚轻重认定。
与监察委管辖之竞合 （《监察法》 第34条）	1.**其他机关发现线索之移交** 人民法院、人民检察院、公安机关、审计机关等国家机关在工作中发现公职人员涉嫌贪污贿赂、失职渎职等职务违法或者职务犯罪的问题线索，应当移送监察机关，由监察机关依法调查处置。 2.**以监察为主** 被调查人既涉嫌严重职务违法或者职务犯罪，又涉嫌其他违法犯罪的，一般应当由监察机关为主调查，其他机关予以协助。 ［注意］监察委比同级的公检法高半个头，所以出现交叉案件时，遵循监察委为主调查，而其他机关予以配合协助的原则。

二、自诉案件之人民法院直接受理的刑事案件★（《刑诉解释》第1条）

人民法院直接受理的案件也称为自诉案件，是指被害人及其法定代理人、近亲属为追究被告人的刑事责任，直接向人民法院提起诉讼的案件。此类案件又分为三类，三类各自有自己的特点，考生需分个理解其特点并将其击破！

［20160266BD、20150232D、20140272A］

告诉才处理的案件	定义	1.**原则**：告诉才处理的案件是指只有经被害人及其法定代理人提出控告和起诉，人民法院才予受理的案件。 2.**特殊情形：被害人自己不能或者不敢** 根据《刑诉解释》第317条规定，本解释第1条规定的案件，如果被害人死亡、丧失行为能力或者因受强制、威吓等无法告诉，或者是限制行为能力人以及因年老、患病、盲、聋、哑等不能亲自告诉，其法定代理人、近亲属告诉或者代为告诉的，人民法院应当依法受理。被害人的法定代理人、近亲属告诉或者代为告诉的，应当提供与被害人关系的证明和被害人**不能亲自告诉的原因的证明**。 ［注意］原则上只能是被害人自己告诉，如果出现特殊情形导致被害人客观不能或者主观不敢告诉，则可以由法定代理人、近亲属告诉。考生需要注意，公安机关、人民检察院不可以主动插手这一类的案件。

续 表

	类型	1.侮辱、诽谤案。(《刑法》第246条，但严重危害社会秩序和国家利益的除外) 2.暴力干涉婚姻自由案。(《刑法》第257条第1款) 3.虐待案。(《刑法》第260条第1款，但被害人没有能力告诉或者因受到强制、威吓无法告诉的除外) 4.侵占案。(《刑法》第270条) [注意]前三种案件如果情节严重的，将成为公诉案件，例如虐待致人死亡案件由公安机关立案侦查，不再属于告诉才处理的案件。也就是说，告诉才处理的案件仅包括前三类案件的一般情形，只要出现例外情形，它们就不再属于告诉才处理案件，而属于一般公诉案件。
被害人有证据证明的轻微刑事案件	类型	1.故意伤害案（仅限轻伤）。(《刑法》第234条第1款) 2.非法侵入住宅案。(《刑法》第245条) 3.侵犯通信自由案。(《刑法》第252条) 4.重婚案。(《刑法》第258条) 5.遗弃案。(《刑法》第261条) 6.生产、销售伪劣商品案。(《刑法》分则第三章第一节规定的，但严重危害社会秩序和国家利益的除外) 7.侵犯知识产权案。(《刑法》分则第三章第七节规定的，但严重危害社会秩序和国家利益的除外) 8.刑法分则第四章、第五章规定的，对被告人可能判处3年有期徒刑以下刑罚的案件。 [注意]轻微的程度为3年以下，如果3年以上则为公诉案件。
	特点	**本类案件既可以公诉又可以自诉，第一次选择权掌握在被害人手中：** 1.被害人直接向人民法院起诉的，人民法院应当依法受理（可以自诉）；被害人向公安机关控告的，公安机关应当受理（可以公诉）。 2.对其中证据不足、可由公安机关受理的，或者认为对被告人可能判处3年有期徒刑以上刑罚的，应当告知被害人向公安机关报案，或者移送公安机关立案侦查（可由自诉转公诉）。 [注意]根据《刑诉解释》第320条规定，公安机关正在立案侦查或者人民检察院正在审查起诉的，如果被害人又向法院起诉，则法院应当说服其撤回自诉或裁定不予受理。即当被害人选择了公诉以后，不得再选择自诉，否则会浪费司法资源。
公诉转自诉		从性质上说，这类案件原本属于公诉案件范围，若要成为自诉案件，必须具备以下条件：被害人有证据证明对被告人侵犯自己人身、财产权利的行为应当依法追究刑事责任，且有证据证明曾经提出控告，而公安机关或者人民检察院不予追究被告人刑事责任的案件。 [注意]1.公安机关不追究刑事责任主要表现在不立案及撤销案件；检察院主要表现为不起诉，但注意，附条件不起诉时不可公转自。 2.这类案件不可以反诉，不可以调解。

[注意]三类自诉案件可作如下总结：都可以和解、可以撤诉，但只有前两类可以调解可以反诉。

三、管辖权竞合与并案★

（一）公诉与自诉案件的竞合处理

[2019、20160266、20100227]

公安审查中发现自诉案件之处理（《公安规定》第176条）	1.经过审查，对告诉才处理的案件，公安机关应当告知当事人向人民法院起诉。 2.对被害人有证据证明的轻微刑事案件，公安机关应当告知被害人可以向人民法院起诉；被害人要求公安机关处理的，公安机关应当依法受理。 3.人民法院审理自诉案件，依法调取公安机关已经收集的案件材料和有关证据的，公安机关应当及时移交。 [注意]公安机关不可以处理第一类自诉案件，因为第一类只有被害人一方才能向法院告诉；但是第二类轻微的刑事案件可以，因为轻微的刑事案件本来就可以选择公诉。
自诉案件与公诉案件的竞合	1.**自不可并公**——因为公诉案件严格遵循人民检察院不告不理！ 人民法院在审理自诉案件的过程中，如果发现被告人还涉嫌实施了应当由人民检察院提起公诉的案件的，应当将新发现的案件另案移送有管辖权的公安机关、人民检察院处理。 2.**公可并自**——因为自诉案件本来管辖权就归法院（《刑诉解释》第324条） 被告人实施两个以上犯罪行为，分别属于公诉案件和自诉案件，人民法院可以一并审理。对自诉部分的审理，适用自诉的规定。

（二）并案管辖

并案管辖	具有下列情形之一的，人民法院、人民检察院、公安机关可以在其职责范围内并案处理：（1）一人犯数罪的；（2）共同犯罪的；（3）共同犯罪的犯罪嫌疑人、被告人还实施其他犯罪的；（4）多个犯罪嫌疑人、被告人实施的犯罪存在关联，并案处理有利于查明案件事实的。（《六机关规定》第3条） 这里的并案处理就包括了立案管辖中将具备上述情形的案件并案侦查或者直接由人民法院并案审理。 [注意]并案的前提一定要在其职责范围之内，即公、检、法本来对案件就有管辖权，否则不仅不能并案还必须移送。例如，检察院在立案侦查徇私舞弊案时，发现犯罪嫌疑人还涉嫌贪污犯罪，不仅不能并案，还需要将贪污案件移送监察委。

主观题链接： 考生注意，2019年客观题及主观题都考查了检察院与监察委立案管辖的交叉问题，主观题的考查角度为：

王某系A市法院刑事审判庭法官。2016年9月，王某在审理本市吴某抢劫案中，违反法律规定认为吴某有立功情节，对吴某减轻处罚判处有期徒刑10年，吴某的弟弟为此向王某行贿50万元。王某为规避法律，让其侄子王小六收钱并保管。

请问如本案中王某的行为既涉及监察机关管辖的犯罪又涉及公安机关、检察机关管辖的犯罪，关于管辖处理的原则是什么？①

第二节 审判管辖

刑事诉讼中的审判管辖，最简单的理解方法是找刑事案件的**一审法院**，具体而言是指各级人民法院之间、同级人民法院之间、普通人民法院与专门人民法院之间、各专门人民法院之间在审判第一审刑事案件上职权划分。

审判管辖所要解决的是在人民法院系统内部受理案件的分工，即一起刑事案件具体应该由哪一个人民法院进行第一审的问题。具体来说，包括级别管辖、地域管辖、专门管辖、移送管辖和指定管辖。

一、级别管辖——法院内部纵向（上下）分工

（一）级别管辖的具体划分★（《刑诉法》第20~23条）

绝大部分的案件都由基层人民法院一审，高院和最高院是按照**案件影响**决定受理的范围，只有中院不是完全按影响，所以考生重点记住中院管辖的案件。在级别管辖的学习中可以理解性地记忆具体知识点，即级别越高，法官的专业素养通常越强，对于案件公正处理的可能性也更高。

[20160292、20110223]

基层人民法院	基层人民法院管辖除了应当由上级法院管辖的其他第一审刑事案件。
中级人民法院★	中级人民法院管辖下列第一审刑事案件： 1.危害国家安全案件。 2.恐怖活动案件。 3.可能判处无期徒刑、死刑的案件。 [考点解读]（1）中级人民法院管辖的这四类案件并非只能由中院进行一审，如果是省级影响或全国影响的，不排除案件由省高院或最高院进行一审。 （2）如何理解"可能被判处无期徒刑、死刑的案件"？不是看被告人涉嫌的犯罪中有没有无期徒刑或者死刑的法定刑设置，而是要看被告人在具体案件中的具体行为是否足以达到可能被判处无期徒刑或死刑的程度或者量刑档次。题目中通常会给出提示。
高级人民法院	高级人民法院管辖全省（自治区、直辖市）性的重大刑事案件。
最高人民法院	最高人民法院管辖全国性的重大刑事案件。

---

① 【答案】根据《监察法》第34条的规定，人民法院、人民检察院、公安机关、审计机关等国家机关在工作中发现公职人员涉嫌贪污贿赂、失职渎职等职务违法或者职务犯罪的问题线索，应当移送监察机关，由监察机关依法调查处置。被调查人既涉嫌严重职务违法或者职务犯罪，又涉嫌其他违法犯罪的，一般应当由监察机关为主调查，其他机关予以协助。

而根据《高检规则》第18条的规定，公安机关侦查刑事案件涉及人民检察院管辖的职务犯罪案件时，应当将职务犯罪案件移送人民检察院；人民检察院侦查职务犯罪案件涉及公安机关管辖的刑事案件，应当将属于公安机关管辖的刑事案件移送公安机关。在上述情况中，如果涉嫌主罪属于公安机关管辖，由公安机关为主侦查，人民检察院予以配合；如果涉嫌主罪属于人民检察院管辖，由人民检察院为主侦查，公安机关予以配合。

> 进阶考点

一、公安机关的立案管辖

1.根据《公安规定》第24条：一般的刑事案件由县级公安机关立案管辖，但是以下案件由市一级公安机关立案管辖：（1）危害国家安全犯罪；（2）恐怖活动犯罪；（3）涉外犯罪；（4）经济犯罪；（5）集团犯罪；（6）跨区域犯罪。

2.上下级公安机关的关系：上级公安机关认为有必要的，可以侦查下级公安机关管辖的刑事案件；下级公安机关认为案情重大需要上级公安机关侦查的刑事案件，可以请求上一级公安机关管辖。

二、对于危害国安、恐怖活动犯罪

危害国家安全要颠覆的是整个国家的政权，恐怖活动案件侵害的是不特定多数主体的合法权益，危害后果也是毁灭性的，因而在整个刑事诉讼法中这两类罪名都非常特殊，例如除了一审归中级人民法院审理以外，侦查阶段律师会见犯罪嫌疑人需要经侦查机关的许可，公安机关拘留这两类案件的犯罪嫌疑人后可以不在24小时以内通知他们的近亲属等等。

三、无期徒刑、死刑案件

可能判处无期徒刑、死刑的案件，要么关上半辈子、要么取人性命，因而此类案件为了避免冤假错案的发生，在刑事诉讼中的基本理念为全方位、多角度保证其结果的公正性。例如，第一，归中级人民法院审理；第二，犯罪嫌疑人属于应当法律援助的对象；第三，讯问犯罪嫌疑人时必须全程录音录像。

四、其他归中院管辖的案件——被告人不在案审理难度较大

1.没收违法所得程序。

2.出逃境外之缺席判决。

（二）级别管辖的变通规则

[20160224、20160292、20140266、20020217]

管辖权只可上、不可下（《刑诉法》第24条）	上级法院可以审理原本归属于下级法院审理的案件。但是下级人民法院不能审判上级人民法院管辖的刑事案件，上级人民法院不能将自己管辖的刑事案件交由下级人民法院审判。 [注意] 因为在刑诉中解决的是对被告人的定罪量刑问题，关涉人的生命及自由，而我国实行两审终审制，如果允许上级人民法院下放案件的管辖权，会造成恶意规避管辖权的问题存在，从而导致司法的不公正。
级别管辖就高不就低原则（《刑诉解释》第15条）	一人犯数罪、共同犯罪和其他需要并案审理的案件，只要其中一人或者一罪属于上级人民法院管辖的，全案由上级人民法院管辖。 [注意] 例外：《人民检察院办理未成年人刑事案件的规定》第51条规定，人民检察院审查未成年人与成年人共同犯罪案件，一般应当将未成年人与成年人分案起诉。所以考生要注意，当成年人和未成年人共同犯罪时，就高不就低原则并非当然适用。

续　表

移送中院管辖（《刑诉解释》第17条）		[活学活用] 某县破获一抢劫团伙，涉嫌多次入户抢劫，该县法院审理后认为，该团伙中只有主犯赵某可能被判处无期徒刑。请问该案团伙中的未成年被告人应当一并移送中级法院审理是否正确？①
	移送情形	1.**应当请求移送** 基层人民法院对可能判处**无期徒刑、死刑**的第一审刑事案件，应当移送中级人民法院审判。 2.**可以移送的情形** （1）重大、复杂案件； （2）新类型的疑难案件； （3）在法律适用上具有普遍指导意义的案件。
	具体程序	需要将案件移送中级人民法院审判的，应当在报请院长决定后，至迟于案件审理期限届满15日前书面请求移送。中级人民法院应当在接到申请后10日内作出决定。 1.**不同意移送的**，应当下达不同意移送决定书，由请求移送的人民法院依法审判； 2.**同意移送的**，应当下达同意移送决定书，并书面通知同级人民检察院。 [注意] 基层法院请求移送的案件，需要经过中院的审查，中院可能同意也可能不同意，并非必须同意。
	特殊情形	人民检察院认为可能判处无期徒刑、死刑，向中级人民法院提起公诉的案件，中级人民**法院受理后**，认为不需要判处无期徒刑、死刑的，应当依法审判，不再交基层人民法院审判。（《刑诉解释》第14条）
指定管辖（《刑诉解释》第20、21条）		1.**概念**：是指当管辖不明或者有管辖权的法院不宜行使管辖权时，由上级人民法院以指定的方式确定案件的管辖权。 2.**上级主动指定** （1）管辖不明的案件，上级人民法院可以指定下级人民法院审判。 （2）有关案件，由犯罪地、被告人居住地以外的人民法院审判更为适宜的，上级人民法院可以指定下级人民法院管辖。 [注意] 第一，管辖权不明确主要针对的是地域，例如A地法院与B地法院不明，在地域中进行指定。因为级别一般是明确的，这就要求考生注意，原本属于中院管辖的案件不可指定给下级法院；第二，上述第二种情形针对的是管辖权明确，但是不宜由原来有管辖权的法院审理，而指定其他法院进行审理。 3.**下级请求移送** 有管辖权的人民法院因案件涉及本院院长需要回避或者其他原因，不宜行使管辖权的，**可以请求移送上一级人民法院管辖**。上一级人民法院可以管辖，也可以指定与提出请求的人民法院同级的其他人民法院管辖。（《刑诉解释》第18条）

---

① 【答案】错误。未成年可以分案审理，不用一并移送。

	续表
	[活学活用] 如果A市B区的法院审理案件时，发现A市中院院长与本案有利害关系，应如何处理？①
改变管辖权后案卷材料处理（《刑诉解释》第22条）	原受理案件的人民法院在收到上级人民法院改变管辖决定书、同意移送决定书或者指定其他人民法院管辖决定书后： ——对公诉案件，应当书面通知同级人民检察院，并将案卷材料退回，同时书面通知当事人。 ——对自诉案件，应将案卷材料移送被指定管辖的人民法院，并书面通知当事人。

进阶考点

一、规避管辖权处理（《刑诉解释》第23条）

第二审人民法院发回重新审判的案件，人民检察院撤回起诉后，又向原第一审人民法院的下级人民法院重新提起公诉的，下级人民法院应当将有关情况层报原第二审人民法院。原第二审人民法院根据具体情况，可以决定将案件移送原第一审人民法院或者其他人民法院审判。

[注意] 本条主要解决的是法院、检察院想规避管辖权的处理。例如，甲故意伤害他人致人重伤的案件，一审由某市中级人民法院判处其有期徒刑20年，后被告人上诉至二审高院，高院认为中院的判决有错误遂发回重审，后检察院撤回起诉，由下级区检察院向区法院重新提起公诉，那么即便被告人上诉，此案的二审即终审法院就会变成中院，对于被告人而言其审级利益被严重侵犯。此时正确的处理为，下级区法院应当层报二审高院，调整案件的管辖权。

二、并案管辖

（一）一审中的并案

1. **漏罪之并案**：人民法院发现被告人还有其他犯罪被起诉的，可以并案审理；涉及同种犯罪的，一般应当并案审理。（《刑诉解释》第24条第1款）

2. **其他罪被其他机关正在处理的**：人民法院发现被告人还有其他犯罪被审查起诉、立案侦查、立案调查的，可以参照前款规定协商人民检察院、公安机关、监察机关并案处理，但可能造成审判过分迟延的除外。（《刑诉解释》第24条第2款）

3. **审理法院**：根据前两款规定并案处理的案件，由最初受理地的人民法院审判。必要时，可以由主要犯罪地的人民法院审判。（《刑诉解释》第24条第3款）

---

① 【答案】B区法院应当逐级报往A市中院的上级法院指定管辖，否则会影响此案二审结果的公正性，因为B区法院一审的案件，只能由A市中院二审。

（二）二审中发现之处理

第二审人民法院在审理过程中，发现被告人还有其他犯罪没有判决的，参照前条规定处理。第二审人民法院决定并案审理的，**应当发回第一审人民法院**，由第一审人民法院作出处理。(《刑诉解释》第25条)

[注意] 如果不发回重审，会造成被并案的案件一审即终审。

二、地域管辖——法院内部横向（左右）分工

地域管辖，是指同级人民法院之间，在审判第一审刑事案件上的权限划分。(《刑诉法》第25、26条)

[2020、20160292、20130265]

以犯罪地人民法院管辖为主，被告人居住地人民法院管辖为辅（《刑诉解释》第2、3条；《公安规定》第15、16条）	图示： 犯罪地——行为发生地（预备地／实施地）／结果发生地；居住地——被告人（户籍地（为主）／经常居住地（连续1年住院除外；发生冲突时优先））／被告单位（登记住所地（为主）／主要营业地／主要办事机构所在地）	
	犯罪地	犯罪地包括犯罪行为发生地和犯罪结果发生地。 1.犯罪行为发生地，包括犯罪行为的实施地以及预备地、开始地、途经地、结束地等与犯罪行为有关的地点；犯罪行为有连续、持续或者继续状态的，犯罪行为连续、持续或者继续实施的地方都属于犯罪行为发生地。 2.犯罪结果发生地，包括犯罪对象被侵害地、犯罪所得的实际取得地、藏匿地、转移地、使用地、销售地。
	居住地	1.自然人：被告人的户籍地为其居住地。经常居住地与户籍地不一致的，经常居住地为其居住地。经常居住地为被告人被追诉前已连续居住1年以上的地方，但住院就医的除外。 2.单位：被告单位登记的住所地为其居住地。主要营业地或者主要办事机构所在地与登记的住所地不一致的，主要营业地或者主要办事机构所在地为其居住地。
管辖权冲突（《刑诉解释》第19条）	1.两个以上同级人民法院都有管辖权的案件，由最初受理的人民法院审判。必要时，可以移送被告人主要犯罪地的人民法院审判。 2.管辖权发生争议的，应当在审理期限内协商解决；协商不成的，由争议的人民法院分别层报共同的上级人民法院指定管辖。	

进阶考点　网络犯罪

（一）基本原则及冲突

1.基本原则：沾边就能管（《刑诉解释》第2条）

针对或者主要利用计算机网络实施的犯罪，犯罪地包括用于实施犯罪行为的网络服务使用的服务器所在地，网络服务**提供者**所在地，被侵害的信息网络系统及其管理者所在地，犯罪过程中被告人、被害人使用的信息网络系统所在地，以及被害人被侵害时所在地和被害人财产遭受损失地等。

2.管辖权调整（《网络犯罪规定》[①]第3条）

多个犯罪地的网络犯罪案件，由最初受理的公安机关或者主要犯罪地公安机关立案侦查。有争议的，按照有利于查清犯罪事实、有利于诉讼的原则，由共同上级公安机关指定有关公安机关立案侦查。需要提请批准逮捕、移送审查起诉、提起公诉的，由该公安机关所在地的人民检察院、人民法院受理。

（二）跨地域管辖（《网络犯罪规定》第5、6条）

1.共同上级指定管辖

对因网络交易、技术支持、资金支付结算等关系形成多层级链条、跨区域的网络犯罪案件，共同上级公安机关可以按照有利于查清犯罪事实、有利于诉讼的原则，指定有关公安机关一并立案侦查，需要提请批准逮捕、移送审查起诉、提起公诉的，由该公安机关所在地的人民检察院、人民法院受理。

2.跨省、异地、三机关共同指定

具有特殊情况，由异地公安机关立案侦查更有利于查清犯罪事实、保证案件公正处理的跨省（自治区、直辖市）重大网络犯罪案件，可以由公安部协商最高人民检察院和最高人民法院指定管辖。

[注意]如果一起网络犯罪案件跨越甲省、乙省、丙省，则原则上三省的公安机关都有管辖权，如果就管辖权产生争议，可以由共同的上级即公安部指定其中的一个公安机关管辖，也可以指令三个公安机关一并管辖。但是如果要指令三省以外的公安机关，即指令本没有管辖权的公安机关立案管辖，则应由公安部协商最高检、最高院一起指定。注意，必须是跨省的案件指定异地管辖才需要遵守这一规则。

（三）漏罪补充侦查（《网络犯罪规定》第7条）

1.人民检察院对于公安机关移送审查起诉的网络犯罪案件，发现犯罪嫌疑人还有犯罪被其他公安机关立案侦查的，应当通知移送审查起诉的公安机关。

2.人民法院受理案件后，发现被告人还有犯罪被其他公安机关立案侦查的，可以建议人民检察院补充侦查。

3.人民检察院经审查，认为需要补充侦查的，应当通知移送审查起诉的公安机关。

4.经人民检察院通知，有关公安机关根据案件具体情况，可以对犯罪嫌疑人所犯其

[①]《最高人民法院、最高人民检察院、公安部关于办理网络犯罪案件适用刑事诉讼程序若干问题的意见》，本书简称《网络犯罪规定》。

他犯罪并案侦查。

[注意]例如，曹某涉嫌网络犯罪被甲市A区的公安机关立案侦查，案件侦查终结已经由A区检察院公诉至A区法院，在审理中才发现曹某还涉嫌另一起犯罪，正由B区公安机关立案侦查，如果不管这种情形，那么曹某的犯罪将有两套司法系统的资源同步进行，首先涉及浪费司法资源，其次不利于整起案件的定罪量刑的均衡性，所以允许法院建议检察院退回补充侦查，检察院再将案件通知公安机关，目的是希望公安机关实行并案处理，一并公诉至A区法院审理。

（四）管辖错误之调整（《网络犯罪规定》第8条）

为保证及时结案，避免超期羁押，人民检察院对于公安机关提请批准逮捕、移送审查起诉的网络犯罪案件，第一审人民法院对于已经受理的网络犯罪案件，经审查发现没有管辖权的，可以依法报请共同上级人民检察院、人民法院指定管辖。

三、专门管辖

军事法院管辖的案件	一般而言，军人和非军人共同犯罪的，分别由军事法院和地方人民法院或者其他专门法院管辖。但涉及国家军事秘密的，全案由军事法院管辖。（《刑诉解释》第26条）
铁路运输法院管辖的案件（《刑诉解释》第5条）	一、铁路法院管辖的案件范围 铁路运输法院管辖的案件是铁路公安机关、铁路检察院负责侦破的刑事案件。主要包括： （1）铁路工作区域发生的犯罪案件； （2）针对铁路设备、设施的犯罪案件； （3）火车上发生的犯罪案件； （4）铁路运输系统的职务犯罪案件。 二、铁路案件之列车上发生的案件审判管辖确定——以抓获地作为最密切联系地 1.运行途中被抓获 在列车上的犯罪，被告人在列车运行途中被抓获的，由前方停靠站所在地负责审判铁路运输刑事案件的人民法院管辖。必要时，也可以由始发站或者终点站所在地负责审判铁路运输刑事案件的人民法院管辖。 [注意]前方停靠站不一定指的是首次停靠的地方，考虑到不同地方的管辖能力，《刑诉解释》修改时只规定前方停靠站，实践中需要灵活把控。 2.非运行途中抓获 被告人不是在列车运行途中被抓获的，由负责该列车乘务的铁路公安机关对应的审判铁路运输刑事案件的人民法院管辖。 3.车站被抓获 被告人在列车运行途经车站被抓获的，也可以由该车站所在地负责审判铁路运输刑事案件的人民法院管辖。

> **进阶考点**　公安机关在侦查铁路案件时需遵守的规则（《公安规定》第26条）

1.原则：铁路公安机关管辖铁路系统的机关、厂等单位发生的刑事案件，车站工作区域内、列车内发生的刑事案件，铁路沿线发生的盗窃或者破坏铁路、通信、电力线路和其他重要设施的刑事案件，以及内部职工在铁路线上工作时发生的刑事案件。

2.交叉管辖：对倒卖、伪造、变造火车票的刑事案件，由最初受理案件的铁路公安机关或者地方公安机关管辖。

3.列车上发生的刑事案件管辖权归属于铁路公安，参见上表内容。

4.铁路建设施工工地发生的刑事案件由地方公安机关管辖。

第三节　特殊情况的管辖

在总结司法实践的基础上，相关司法解释规定了以下几种特殊案件的管辖（注意其记忆的规则为最密切联系地原则）：

一、海上刑事案件管辖权[①]

本知识点采取的是最密切联系地原则实行管辖，无须死记硬背，注意：内水、领海属于我国管辖范围，采取的是以犯罪地为主、居住地为辅的基本原则，只是与陆地案件相比，多了一个登陆地；而在域外中国船舶内，遵循一个最简单的规则即靠岸（最初停泊）——上岸（登陆地）——入境的规则；中国人在域外海域遵循的正常规则为上岸（登陆地）——入境——居住（现在居住地或离境前居住地）；外国人在海域外遵循的为：上岸（登陆地）——入境——居住（入境后居住地），如果被害人是中国公民还会增加一个被害人离境前的居住地。

此点可以采取案例记忆法：中国人甲在领域外的海域上与外国人乙一起绑架了中国人丙，则中国的法院要想依法审理甲和乙，那么必须要来到中国的法庭上，而如何到达？他们必须先登陆上岸，其次要入了中国的边境，最后找其居住地。本案中因为被害人也是中国人，所以会多一个被害人的居住地。

［2020］

我国内水、领海发生的犯罪	犯罪地或者被告人**登陆地**的法院管，如果由**被告人居住地**的法院审判更为适宜的，可以由被告人居住地的法院管辖。
领域外的中国船舶内的犯罪	该船舶最初停泊的中国口岸所在地或者被告人登陆地、入境地的人民法院管辖。
中国公民在领海以外的海域犯罪	由其登陆地、入境地、离境前居住地或者现居住地的人民法院管辖；被害人是中国公民的，也可以由被害人离境前居住地或者现居住地的人民法院管辖。

[①] 参见《全国人民代表大会常务委员会关于中国海警局行使海上维权执法职权的决定》《最高人民法院、最高人民检察院、中国海警局关于海上刑事案件管辖等有关问题的通知》。

续 表

外国人在领海以外的海域对中国或其公民犯罪	由该外国人登陆地、入境地、入境后居住地的人民法院管辖，也可以由被害人离境前居住地或者现居住地的人民法院管辖。
缔结或参加的国际条约所规定的罪行	由被告人被抓获地、登陆地或者入境地的人民法院管辖。
提请批捕、移送起诉与检察院之对接	1.**省级找省检**：沿海省、自治区、直辖市海警局办理刑事案件，依法向所在地省级人民检察院提请或者移送。 2.**海警局找市检**：沿海省、自治区、直辖市海警局下属海警局，中国海警局各分局、直属局办理刑事案件，依法向所在地设区的市级人民检察院提请或者移送。 3.**工作站找基层检察院**：海警工作站办理刑事案件，依法向所在地基层人民检察院提请或者移送。 4.人民检察院对于海警机构移送起诉的海上刑事案件，按照刑事诉讼法、司法解释以及本通知的有关规定进行审查后，认为应当由其他人民检察院起诉的，应当将案件移送有管辖权的人民检察院。

二、涉外管辖

涉外案件的管辖在很大程度上吸收了域外海域刑事案件的管辖规则，因为在域外犯罪当然包括在陆地上犯罪，也包含了在域外海域上实施的犯罪，所以考生可以理解记忆。

[2018、20160292]

涉外管辖（《刑诉解释》第6~12条）	1.**领域外之中国船舶内**（《刑诉解释》第7条） 在中华人民共和国领域外的**中国船舶内**的犯罪，由该船舶**最初停泊**的中国口岸所在地或者被告人登陆地、入境地的人民法院管辖。 [注意] 第一，考生可采取逻辑记忆法，即人在领域外的中国船舶内犯罪，中国的法院要想管辖，必须人回到中国才可能实现，那么按照逻辑推理，首先，船需要靠岸，其次，船上的人要登陆，最后，登陆完了要入境。因而是最初停泊、登陆地、入境地。第二，此处一定仅限中国的船舶，如果是外国的船舶，只能适用下方领域的犯罪，就不会有最初停泊的中国口岸了。 2.**领域外之航空器内**（《刑诉解释》第8条） 在中华人民共和国领域外的中国航空器的犯罪，由该航空器在中国最初降落地的人民法院管辖。 3.**国际列车之管辖**（《刑诉解释》第6条） 国际列车上的犯罪，根据我国与相关国家签订的协定确定管辖；没有协定的，由该列车始发或者前方停靠的中国车站所在地负责审判铁路运输刑事案件的人民法院管辖。 [注意] 有协定按协定，无协定或始发的中国车站或前方停靠的车站，一定注意，不是首次停靠的中国车站，因为首次停靠的车站所在地法院不一定有管辖的能力。 4.**驻外使领馆内**（《刑诉解释》第9条） 中国公民在中国驻外使领馆内的犯罪，由其主管单位所在地或者原户籍地的人民法院管辖。

续表

5. 中国人在领域外的犯罪（《刑诉解释》第10条）

中国公民在中华人民共和国领域外的犯罪，由其**登陆地、入境地、离境前居住地或者现居住地**的人民法院管辖；被害人是中国公民的，也可以由被害人离境前居住地或者现居住地的人民法院管辖。

[注意] 第一，此点还是需要逻辑辅助理解记忆，中国人在域外犯罪，中国的法院要行使管辖权首先想到的应该是入境地，必须入境才能抓获他，其次是其入境后或者是回离境前的居住地或是找新的居住地，所以这两个地方也都能取得案件的管辖权。第二，领域外的犯罪包括在域外的陆地上，也包括在域外的海上，例如域外国家的船舶上。如果是域外的陆地则归入境地、离境前居住地、现居住地以及中国被害人的两个居住地法院管辖，如果是在海上除了上述法院还会多一个登陆地法院，所以具体问题具体分析。

6. 外国人在领域外的犯罪（《刑诉解释》第11条）

外国人在中国领域外对中国国家或公民犯罪，根据《中华人民共和国刑法》应当受处罚的，由该**外国人登陆地、入境地或者入境后居住地**的人民法院管辖，也可以由被害人离境前居住地或者现居住地的人民法院管辖。

[注意] 从逻辑上讲，想审判外国人其必须入境，入境后其会寻找居住地，所以这两个地方法院都有管辖权。注意，外国人与中国人对比是没有离境前居住地的；同时，如果是在海上实施的，则会产生登陆地。

7. 国际条约规定罪名——被抓获地（《刑诉解释》第12条）

对中华人民共和国缔结或者参加的国际条约所规定的罪行，中华人民共和国在所承担条约义务的范围内行使刑事管辖权的，由被告人被抓获地、登陆地或者入境地的人民法院管辖。

进阶考点　服刑期间犯罪（《刑诉解释》第13条）

一、漏罪

正在服刑的罪犯在判决宣告前还有其他罪没有判决的，由原审地人民法院管辖；由罪犯服刑地或者犯罪地的人民法院审判更为适宜的，可以由罪犯服刑地或者犯罪地的人民法院管辖。

二、新罪

罪犯服刑期间又犯罪的，由服刑地的人民法院管辖。

三、脱逃期间犯罪

罪犯在脱逃期间又犯罪的，由服刑地的人民法院管辖。但是，在犯罪地抓获罪犯并发现其在脱逃期间犯罪的，由犯罪地的人民法院管辖。

[注意] 必须同时符合以下三种条件，才可以由犯罪地法院进行管辖：(1)抓获。(2)犯罪地抓获。(3)发现其新犯罪。

专题五　回　避

命题点拨

回避制度解决的最基本问题为：与案件有特定利害关系的人不可以担任案件的办理人员，否则将影响案件的公正处理。

知识体系图

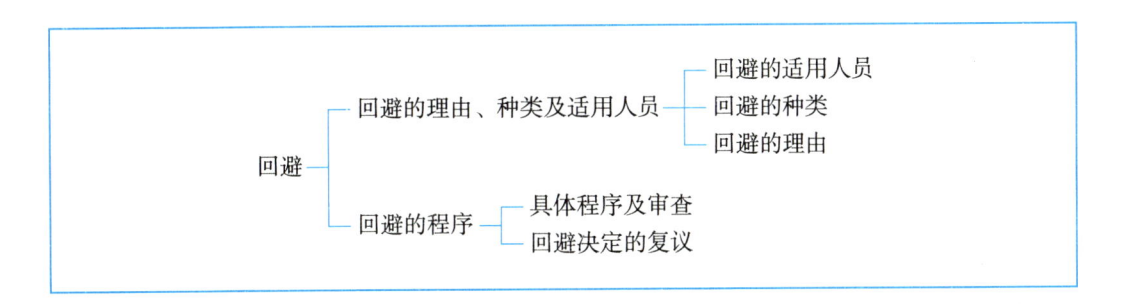

```
         ┌─ 回避的理由、种类及适用人员 ┬─ 回避的适用人员
         │                              ├─ 回避的种类
回避 ────┤                              └─ 回避的理由
         │
         └─ 回避的程序 ┬─ 具体程序及审查
                      └─ 回避决定的复议
```

第一节　回避的理由、种类及适用人员

一、回避的适用人员（《刑诉法》第29、32条；《高检规则》第37条）

[20140267]

审判机关	检察机关	侦查机关	其他
包括人民法院院长、副院长、审判委员会委员、庭长、副庭长、审判员、助理审判员、法官助理和人民陪审员。	包括检察长、副检察长、检察委员会委员、检察员和助理检察员。	包括具体侦查人员和对具体案件的侦查有权参与讨论和作出决定的负责人。	包括参与侦查、起诉、审判活动的书记员、翻译人员、鉴定人、其他参与刑事诉讼的有专门知识的人。

[注意] 1.我国回避的适用范围不仅是针对法官而言的，对各个阶段处理案件的公安司法人员等都存在回避问题。
2.我国回避的适用范围针对的是对案件的处理有决定权的人，例如甲乙丙三名法官组成合议庭审理的案件，当案件需要提交审委会讨论决定的时候，则审委会的人员也在回避的范围内。
3.证人具有不可替代性，不适用回避的规定，证人即使是本案当事人的近亲属，也可以作证。

续 表

4.辩护人及诉讼代理人也不适用回避制度，因为其与委托人之间本来就存在利益关系。
5.书记员、翻译人员、鉴定人这三种人在三个阶段都会存在，考生做题时一定要分清其是哪一个阶段参与的，判断出是由哪个机关指派或者聘请。
6.《高检规则》第37条第1款规定："本规则关于回避的规定，适用于书记员、司法警察和人民检察院聘请或者指派的翻译人员、鉴定人。"可见，在检察系统明确司法警察适用回避制度，而法院系统没有条文规定，考生做题时要看清情形。

二、回避的种类

自行回避	是指需要回避的主体在遇有法定的回避情形时，主动要求退出诉讼活动的制度。
申请回避	是指当事人及其法定代理人、辩护人、诉讼代理人认为有法定应当回避的情形时，向公、检、法提出申请，要求他们退出诉讼活动的制度。
指令回避	是指有法定的回避情形时，没有自行回避，当事人等也没有申请回避，其所在机关的有关组织或负责人可以依职权命令其退出案件诉讼活动的制度。

三、回避的理由 ★

回避的理由，是指由法律规定实施回避所必须具备的根据，我国的回避为有因回避，即必须符合法律规定的情形。

根据《刑诉法》的有关规定，回避的理由包括三大类的情形，考生在此考点处以理解为主，需灵活运用，历年的考题并不局限于法条本身。

[2019、2014]

有利害关系可能影响公正处理（《刑诉法》第29条）	此处"有利害关系"在考试中需要考生运用自己的生活经验进行灵活判断，所以以下情形作理解式记忆，无须死记硬背。 1.**身份存在关系**：是本案当事人或者当事人的近亲属。 [考点解读]（1）《刑诉法》上近亲属的范围：是指夫、妻、父、母、子、女、同胞兄弟姐妹（《刑诉法》第108条）。但注意，这里审判人员的近亲属有特别规定作广义解释：即与当事人有夫妻、直系血亲、三代以内旁系血亲以及近姻亲关系的审判人员都应当回避。（《最高人民法院关于审判人员在诉讼活动中执行回避制度若干问题的规定》第1条）。公安机关、检察人员的近亲属虽然没有专门的规定将其拓宽解释，但是根据兜底条款，其他情形也应当纳入，例如侦查人员是犯罪嫌疑人的舅舅，应当回避，因为这种利害关系会影响案件的公正处理。 （2）审判人员即使并非本案当事人的近亲属，但如果与本案的辩护人、诉讼代理人有近亲属关系，也应当回避。（《刑诉解释》第27条第4项） 2.**因为事件而取得关系**：本人或者他的近亲属和本案有利害关系。 3.**身份重合**：担任过本案的证人、鉴定人、辩护人或诉讼代理人。 [注意]根据《刑诉解释》第27条，曾经担任过本案翻译人员的审判人员也应当回避。 4.与本案当事人有其他关系，可能影响公正处理案件。

续 表

	[考点解读]这是对上述三种情形以外的概括性与兜底性规定,内容比较广泛,既可以是同学、朋友等友好关系,也可以是不睦关系,即与当事人有过仇隙、纠纷等。与当事人之间存在其他特殊关系并不必然需要回避,而必须达到影响案件公正处理的程度时才应当回避,具体则由公安司法机关根据个案情形裁量决定。
行为违规（《刑诉法》第30条；《公安规定》第33条；《刑诉解释》第28条）	1.违反规定会见本案当事人、辩护人、诉讼代理人的。 2.为本案当事人推荐、介绍辩护人、诉讼代理人,或者为律师、其他人员介绍办理本案的。 3.索取、接受本案当事人及其委托人的财物或者其他利益的(受贿)。 4.接受本案当事人及其委托人的宴请,或者参加由其支付费用的活动的。 5.向本案当事人及其委托人借用款物的。 6.有其他不正当行为,可能影响公正审判的。 [注意]对上述几种情形的回避,当事人及其法定代理人应当提供相关证明材料。
不得跨阶段、不得跨身份（《刑诉解释》第29条；《高检规则》第35条）	1.不同部门、不同职能的身份重合 参与过本案调查、侦查、审查起诉工作的监察、侦查、检察人员,调至人民法院工作的,不得担任本案的审判人员,或者参加过本案侦查的侦查人员,不能再担任本案的检察人员。 [注意]因为三个阶段的关系既有配合更有监督与制约,而参与过前案的办理容易先入为主,影响案件的公正处理。 参加过同一案件侦查的人员,不得承办该案的审查逮捕、审查起诉、出庭支持公诉和诉讼监督工作,但在审查起诉阶段参加自行补充侦查的人员除外。 2.审判人员的内部回避 在一个审判程序中参与过本案审判工作的合议庭成员,不能再参与本案其他程序的审判。 (1)一个合议庭或一个审判人员能实质审理结束案件的机会原则上只有一次。 在一个审判程序中参与过本案审判工作的合议庭组成人员,不得再参与本案其他程序的审判。 对于第二审法院经过第二审程序裁定发回重审或者按照审判监督程序重新审理的案件,原审法院负责审理此案的原合议庭组成人员不得再参与对案件的审理。 [考点解读]这一规定的主要出发点在于原合议庭的成员已经审理结束过案件并且处理的时候存在错误,所以当案件再次发回来的时候,原合议庭应该回避。 (2)发回重新审判的案件,在第一审人民法院作出裁判后又进入第二审程序、在法定刑以下判处刑罚的复核程序或者死刑复核程序的,原第二审程序、在法定刑以下判处刑罚的复核程序或者死刑复核程序中的合议庭组成人员不受上述限制。 [考点解读]其基本原理在于二审法院及复核法院并未对此案件作过实质审理,更谈不上有错误,所以不需要回避。

经典考题： 请问一审书记员系被告人的表弟而未回避，二审法院可否以此为由裁定发回原审法院重审？①

第二节 回避的程序

一、具体程序及审查

[2019、20150268、20130228AB、20100221ABC]

回避的申请	申请回避主体	当事人及其法定代理人、辩护人、诉讼代理人。
	方式	既可以以书面方式提出回避，也可以以口头方式提出。（《刑诉解释》第32、39条；《高检规则》第25条）
回避的审查与决定（《刑诉法》第31条；《刑诉解释》第32、38条；《公安规定》第35、40条；《高检规则》第28、29、30条）		1.回避的审查与决定主要分为以下几种情况： （1）内部实行一把手决定制 审判人员、检察人员、侦查人员的回避，应当分别由院长、检察长、县级以上公安机关负责人决定。 [注意]《刑诉解释》第37条规定，本章所称的审判人员，包括人民法院院长、副院长、审判委员会委员、庭长、副庭长、审判员和人民陪审员。《刑诉解释》第38条规定，法官助理、书记员、翻译人员和鉴定人适用审判人员回避的有关规定，其回避问题由院长决定。 由上述规定可知，法院内部所有成员的回避都由院长决定，审判长无权决定他人回避，注意与民诉法进行区分。 （2）院长回避由审判委员会讨论决定。审判委员会讨论时，由副院长主持，院长不得参加。 （3）检察长和公安机关负责人的回避**由同级检委会决定**。 （4）书记员、翻译人员和鉴定人的回避，一般应当按照诉讼进行的阶段和所属机关，分别由公安机关负责人、检察长或法院院长决定。（由哪个机关委托或指派的，就由相应机关的"一把手"决定其回避） 2.**庭审中申请出庭的检察人员回避**（《刑诉解释》第36条） （1）有正当理由的，法院应当决定休庭，并通知人民检察院尽快作出决定； （2）无正当理由的，应当当庭驳回，并不得申请复议。 [注意] 审判长能判断出来理由明显不是法律规定的情形，无须通报检察院，直接驳回；但是如果理由符合规定，法院不能处置，应当通知检察院，由其内部决定。

---

① 【答案】可以。首先书记员在回避的范围之内，其次，表弟属于广义的近亲属的范围，可能影响案件的公正裁判，该书记员未退出案件办理，属于程序上违规，二审应当发回重审。

回避的法律后果★	1.**是否停止执行职务的规定**（《刑诉法》第31条） 检察人员、审判人员<u>应当暂时停止执行职务</u>，等候审查决定。<u>侦查人员</u>一般不停止对案件的侦查工作。 [注意]侦查人员的任务通常是收集固定证据，比较紧急，如果暂停会导致证据的毁损、灭失；此处的侦查人员包括公安机关的侦查人员，也包括检察院自侦案件的侦查人员，还包括审查起诉阶段检察院决定补充侦查的侦查人员。[对人民检察院直接受理的案件进行侦查的人员或者进行补充侦查的人员在回避决定作出以前和复议期间，不得停止对案件的侦查。（《高检规则》第34条）] 2.<u>取得证据及进行的诉讼行为是否有效——由决定其回避的主体决定</u>（《公安规定》第39条；《高检规则》第36条） （1）公安机关普通的侦查人员进行的由公安机关负责人决定，公安机关负责人进行的由检委会决定。 （2）检察院普通人员由检察长决定；检察长由检委会决定。

二、回避决定的复议

首先，只要是**有正当理由申请回避被驳回，申请人都可以申请复议**，但是公安和检察院驳回申请复议的时间相同都为收到决定后5日，但是法院则为收到决定的当时。其次，此处申请复议都是向原机关直接申请。

[20130228CD、20110224、20100221D]

对公安机关驳回回避申请的复议	当事人及其法定代理人可以在收到驳回申请回避决定书后5日以内向作出决定的机关申请复议。公安机关应当在收到复议申请后5日以内作出复议决定并书面通知申请人。（《公安规定》第37条）
对检察机关驳回回避申请的复议	1.人民检察院作出驳回申请回避的决定后，应当告知当事人及其法定代理人如不服本决定，有权在收到驳回申请回避的决定书后5日以内向原决定机关申请复议一次。 2.当事人及其法定代理人对驳回申请回避的决定不服申请复议的，决定机关应当在3日内作出复议决定并书面通知申请人。（《高检规则》第32、33条）
对法院驳回回避申请的复议	被驳回回避申请的当事人及其法定代理人、辩护人、诉讼代理人对决定有异议的，可以在接到决定时申请复议一次。（《刑诉解释》第35、39条）
无复议权的规定	1.**被决定回避的主体无复议权**。 2.不属于《刑诉法》第29条、第30条规定情形的回避申请，由法庭当庭驳回，并不得申请复议。即无因回避不得申请复议。（《刑诉解释》第35条）

主观题链接：甲为A市法院刑庭法官，涉嫌犯罪可否由A市法院进行审理？[①]

---

① 【答案】不可以，因为审理案件的审判人员与案件有利害关系，会影响案件公正处理，应当回避。本案不宜由A市法院审理，A市法院应当将案件请求移送上级人民法院管辖，上级人民法院可自行审理，也可以将案件交给其他下级人民法院审理。

专题六　辩护与代理

命题点拨

辩护权作为犯罪嫌疑人、被告人最重要的防御性权利，在考试中也非常重要，属于每年的必考点，其中辩护人的权利属于恒重点，请考生务必重视。而考查的时候侧重细节点，所以本专题需要考生学透、学细。

知识体系图

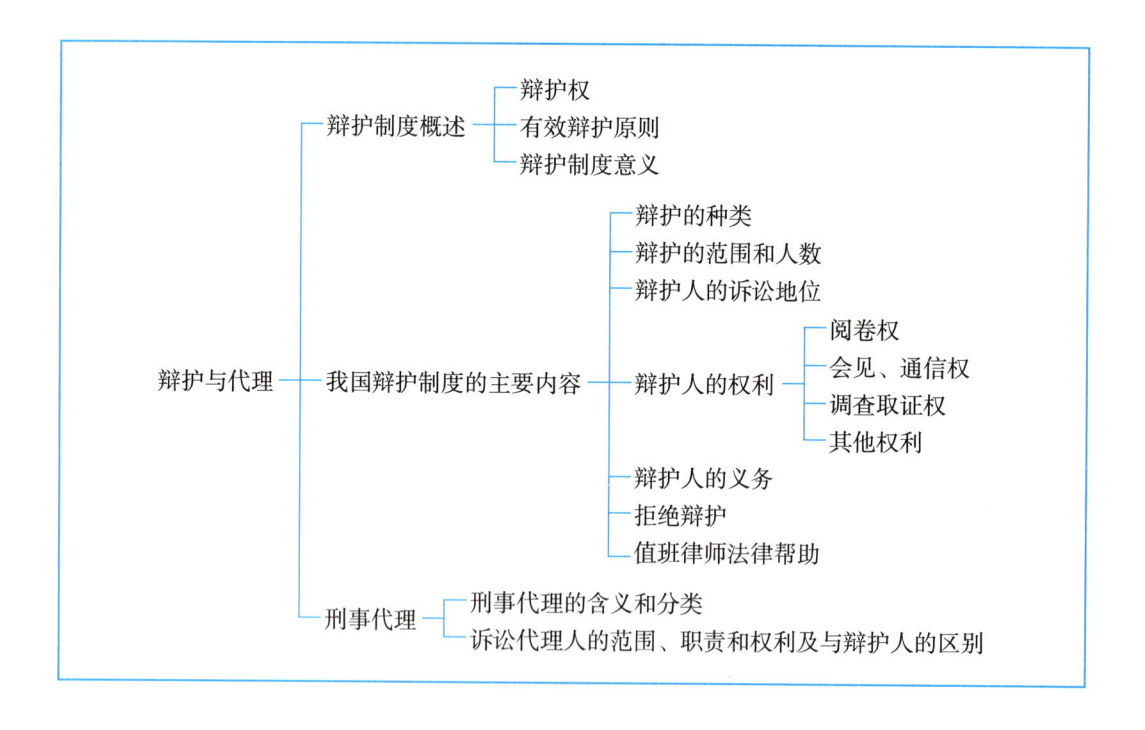

```
                              ┌─ 辩护权
          ┌─ 辩护制度概述 ─────┼─ 有效辩护原则
          │                   └─ 辩护制度意义
          │
          │                     ┌─ 辩护的种类
          │                     ├─ 辩护的范围和人数
          │                     ├─ 辩护人的诉讼地位
          │                     │                    ┌─ 阅卷权
辩护与代理─┼─ 我国辩护制度的主要内容 ─┤                     │                    ├─ 会见、通信权
          │                     ├─ 辩护人的权利 ─────┼─ 调查取证权
          │                     │                    └─ 其他权利
          │                     ├─ 辩护人的义务
          │                     ├─ 拒绝辩护
          │                     └─ 值班律师法律帮助
          │
          └─ 刑事代理 ─┬─ 刑事代理的含义和分类
                      └─ 诉讼代理人的范围、职责和权利及与辩护人的区别
```

第一节 辩护制度概述

[2018、20150269、20120269、20110264]

辩护权	1.概念 是法律赋予受到刑事追诉的人针对所受到的指控进行反驳、辩解和申辩，以维护自身合法权益的一种诉讼权利。辩护权是犯罪嫌疑人、被告人各项诉讼权利中最为基本的权利，在各项权利中居于核心地位，也是其宪法权利。 2.特点 第一，辩护权贯穿于整个刑事诉讼的过程中，不受诉讼阶段的限制。 第二，辩护权不受犯罪嫌疑人、被告人是否有罪以及罪行轻重的限制。 第三，辩护权不受案件调查情况的限制，无论案件事实是否清楚，证据是否确实充分，犯罪嫌疑人、被告人都依法享有辩护权。 第四，辩护权不受犯罪嫌疑人、被告人认罪态度的限制，无论他们是否认罪，是否坦白交代，均不能作为限制其辩护权的理由。 第五，辩护权的行使不受辩护理由的限制，不管具体案件的犯罪嫌疑人、被告人是否具备充分合理的辩护理由，均不影响他们行使辩护权。
有效辩护原则	有效辩护原则的确立，是人类社会文明、进步在刑事诉讼中的体现，体现了犯罪嫌疑人、被告人刑事诉讼主体地位的确立和人权保障的理念，还有助于强化辩方成为影响诉讼进程的重要力量，维系控辩平等对抗和审判方居中"兼听则明"的刑事诉讼构造。具体来说，有效辩护原则应当包括以下几个方面的内容： 1.贯穿于侦查、审查起诉、审判各个阶段。 2.允许委托辩护。 3.国家通过设立法律援助制度确保犯罪嫌疑人、被告人能够获得符合最低标准并具有实质意义的律师帮助。 ［活学活用］请问法律援助是否可以为可能判处死刑的被告人指派没有刑事辩护经验的律师？①
职责与内容（《刑诉法》第37条）	第一，从实体上为犯罪嫌疑人、被告人辩护。 即根据事实和法律，提出证明犯罪嫌疑人、被告人无罪、罪轻或者减轻、免除其刑事责任的材料和意见，帮助公安司法机关全面了解案情，正确适用法律，依法公正处理案件。 1.无罪辩护： （1）事实上的无罪：第一，说明犯罪行为未发生；第二，并非犯罪嫌疑人所为；第三，事实不清、证据不足，实践中运用最多。

---

① 【答案】不可以，不能起到实质的辩护作用。

续 表

	（2）法律上的无罪：第一，犯罪主体不适格；第二，无刑事责任能力；第三，正当行为，例如正当防卫、紧急避险；第四，主观无罪过；第五，刑事责任消灭——死亡、已过追诉时效、实体法修改。 2.罪名（罪轻）辩护： 罪数辩护：其为有罪辩护；包括少罪也包括多罪但罪轻的保护，例如贪污15万可辩护贪污2万，其他10万为挪用公款、3万为职务侵占，三罪合并也在十年以下，比原来的起刑点低。 3.量刑辩护： （1）不同的量刑幅度；（2）从轻、减轻、免除。 **第二，从程序上为犯罪嫌疑人、被告人辩护。** 帮助犯罪嫌疑人、被告人依法正确行使自己的诉讼权利，并在发现犯罪嫌疑人、被告人的诉讼权利受到侵犯时，向公安司法机关提出意见，要求依法制止，或向有关单位提出控告。例如申请排非。 **第三，为犯罪嫌疑人、被告人提供其他法律帮助。** 辩护人应当解答犯罪嫌疑人、被告人提出的有关法律问题，为犯罪嫌疑人、被告人代写有关文书，案件宣判后，应当了解被告人的态度，征求其对判决的意见以及是否提起上诉等。
辩护制度的意义	首先，辩护制度的设立有利于发现真相和正确处理案件。 其次，辩护制度是实现程序正义的重要保障。 最后，辩护制度对于法制宣传教育也有积极意义。

第二节　我国辩护制度的主要内容

一、辩护的种类

［20160228、20040225］

自行辩护		自行辩护是指犯罪嫌疑人、被告人自己针对指控进行反驳、申辩和辩解的行为。
委托辩护★ （《刑诉法》第33、34条；《高检规则》第40条；《公安规定》第43条；《刑诉解释》第44条）	委托的主体	1.犯罪嫌疑人、被告人可以自己委托辩护人。 2.其在押的，也可以由其监护人、近亲属代为委托辩护人。
	委托的时间	1.公诉案件的犯罪嫌疑人在被侦查机关第一次讯问或者采取强制措施之日起，有权委托辩护人。但侦查期间，只能委托律师担任辩护人。 ［注意］非律师辩护人要到审查起诉之日起才可以介入诉讼。 2.自诉案件被告人有权随时委托辩护人为自己辩护。

续 表

法律援助辩护★（《刑诉法》第35、278条）	概念		法律援助辩护是指犯罪嫌疑人、被告人及其近亲属因经济困难或者其他原因没有委托辩护人而向法律援助机构申请的，或者具备法定情形时由公检法机关直接通知法律援助机构，由法律援助机构指派律师为其提供辩护。
	特点		1.法律援助辩护必须以犯罪嫌疑人、被告人没有委托辩护人为前提。 2.法律援助辩护适用于从侦查、审查起诉到审判的整个刑事诉讼过程。 3.法律援助辩护只能由律师担任，其他人不得担任。 [注意]公检法不得直接指派，需要通知法律援助机构指派。
	通知法援（《公安规定》第46条；《高检规则》第42条；《刑诉解释》第47条）	1.应当通知	犯罪嫌疑人、被告人具有下列情形时应当通知法律援助机构指派律师担任辩护人，具体情形主要分为两类： （1）能力有缺陷或不在案 ①盲、聋、哑人； ②未完全丧失辨认或者控制自己行为能力的精神病人； ③未成年人； ④出逃境外缺席判决中的被告人。 [考点解读]自己能力不足无法行使法律赋予其的自行辩护能力，为了补足其能力不足而必须为其提供法律援助，举轻以明重，因而被告人不在案也必须提供法律援助。 [注意]上述前三类情形，公安机关应当自发现该情形之日起3日以内通知法律援助机构。 （2）刑期较重 ①可能被判处无期徒刑、死刑； ②高级人民法院复核死刑案件，被告人没有委托辩护人的，人民法院应当通知法律援助机构指派律师为其提供辩护； ③死刑缓期执行期间故意犯罪的案件，适用上述规定。（《刑诉解释》第47条） [注意]此处③中的故意犯罪本身并不一定会判处很重的刑罚，但是此故意犯罪有可能会导致罪犯被核准死刑立即。

续表

	2.可以通知（《刑诉解释》第48条）	具有下列情形之一，被告人没有委托辩护人的，人民法院可以通知法律援助机构指派律师为其提供辩护： （1）共同犯罪案件中，其他被告人已经委托辩护人； （2）有重大社会影响的； （3）人民检察院抗诉的； （4）被告人的行为可能不构成犯罪的； （5）有必要指派律师提供辩护的其他情形。 [注意] 此条仅针对法院，不包括公安机关和检察院。此条针对的情形关涉案件的公平、公正，例如共同犯罪案件中，其他人都委托了辩护人，只有一个人未委托，则其极有可能会从从犯被辩成主犯；检察院抗诉二审中极有可能加重对一审被告人的刑罚；被告人的行为可能不构成犯罪说明案件极有可能是一起冤假错案。
	法院的送达义务（《刑诉解释》第49条）	人民法院通知法律援助机构指派律师提供辩护的，应当将法律援助通知书、起诉书副本或者判决书送达法律援助机构；决定开庭审理的，**除适用简易程序或者速裁程序审理的以外**，应当在开庭15日以前将上述材料送达法律援助机构。
法援与委托竞合（《刑诉解释》第51条）		对法律援助机构指派律师为被告人提供辩护，被告人的监护人、近亲属又代为委托辩护人的，应当听取被告人的意见，由其确定辩护人人选。 [注意] 如果是先行委托辩护人，则不会产生法律援助辩护人，此处针对的是先法援，家属又委托辩护人的情形，此时选择权归被告人自己。

进阶考点　委托辩护

一、公检法的告知义务

1.侦查机关在第一次讯问犯罪嫌疑人或对其采取强制措施之日起，应当告知其有权委托辩护人。

2.人民检察院自侦案件告知时间同上；审查起诉的案件自收到移送审查起诉的案件材料之日起3日以内，应当告知。

3.人民法院自受理案件之日起3日以内，应当告知。告知可以采取书面或口头的形式。

[注意] 除了告知可委托，也应告知可申请法援，告知时间相同。

二、在押的犯罪嫌疑人、被告人提出委托辩护人要求的

1.向看守所申请（《公安规定》第45条）

（1）看守所应当及时将其请求转达给办案部门，办案部门应当及时向犯罪嫌疑人委托的辩护律师或律师事务所转达该项请求。

（2）在押的犯罪嫌疑人仅提出委托辩护律师的要求，但提不出具体对象的，办案部门应当及时通知其监护人、近亲属代为委托辩护律师。

（3）犯罪嫌疑人无监护人或者近亲属的，办案部门应当及时通知当地律师协会或者司法行政机关为其推荐辩护律师。

2.向检察院申请（《高检规则》第41条）

人民检察院应当及时向其监护人、近亲属或者其指定的人员转达要求，并记录在案。

3.向法院申请（《刑诉解释》第45条）

审判期间，法院应当在3日以内向其监护人、近亲属或其指定的人员转达要求。被告人应提供有关人员的联系方式。有关人员无法通知的，应告知被告人。

二、辩护人的范围和人数

（一）辩护人的范围

[2019、20160225、2013、20040291]

可以被委托的情形 （《刑诉法》第33条）	下列主体可以被委托为辩护人： 1.律师。 2.人民团体或者犯罪嫌疑人、被告人所在单位推荐的人。 3.犯罪嫌疑人、被告人的监护人、亲友。	
不可以被委托的情形★ （《刑诉解释》第40条）	绝对不可以	绝对不可以指的是无论如何都不得被委托成为辩护人 1.正在被执行刑罚或者处于缓刑、假释考验期间的人。 [考点解读]（1）此处的缓刑、假释只是刑罚的一种执行方式，也属于正在被执行刑罚，即为注意规定；（2）此处包括主刑也包括附加刑。 2.依法被剥夺、限制人身自由的人。 3.无行为能力或者限制行为能力的人。
	相对不可以	[考点解读] 相对不可以指的是原则上不可以，除非以监护人或近亲属的身份才可以。考生一定要注意，出现监护人的前提意味着犯罪嫌疑人应该是限制行为能力人，做题时要能判断出来；而近亲属的范围为父母、配偶、子女和同胞兄弟姊妹。 1.人民法院、人民检察院、监察机关、公安机关、国家安全机关、监狱的现职人员。（六机关的现职人员） 2.人民陪审员。 3.与本案审理结果有利害关系的人。 4.外国人或者无国籍人。 5.被开除公职和被吊销律师、公证员执业证书的人。

续 表

任职回避	法院	**审判人员和人民法院其他工作人员从人民法院离任后2年内，不得以律师身份担任辩护人。** 审判人员和人民法院其他工作人员从人民法院离任后，不得担任原任职法院所审理案件的辩护人，但系被告人的监护人、近亲属的除外。 审判人员和人民法院其他工作人员的配偶、子女或者父母不得担任其任职法院所审理案件的辩护人，但系被告人的监护人、近亲属的除外。（《刑诉解释》第41条） [考点解读] 1.此处的主体包括但不限于法官，指的是所有法院的工作人员。 2.法院的工作人员离任后，终身不得以任何身份担任其原任职法院所审理案件的辩护人，除非是以监护人、近亲属的身份介入。 而如果担任原任职以外的法院所审理案件的辩护人，仅限2年内不得以律师身份，即2年之内可以以非律师身份担任，而2年以后就可以以律师身份担任。 例如，A县的法官离任后，终身不得以任何身份担任A县法院审理案件的辩护人，除非是监护人、近亲属；而其2年之内不得以律师身份担任B县、C县、D县法院审理案件的辩护人。 3.法院工作人员的配偶、父母、子女才需要遵守任职回避，不可以扩大为近亲属，因为同胞兄弟姊妹不需要遵守此规则。例如，甲是A区法院的工作人员，甲的姐姐可以担任A区法院审理案件的辩护人，只不过请注意，如果甲恰好是这个案件的法官，则可以申请甲回避。简单地说就是不禁止同一个法院，但是禁止在同一个案件中出现。 4.上述3中提到的配偶、父母、子女只限工作人员任职期间需要回避，如果工作人员已经离任了，则无须再遵守回避规则。
	检察院	检察官从人民检察院离任后2年内，不得以律师身份担任诉讼代理人或者辩护人。 检察官从人民检察院离任后，不得担任原任职检察院办理案件的诉讼代理人或者辩护人，但是作为当事人的监护人或者近亲属代理诉讼或者进行辩护的除外。 检察官被开除后，不得担任诉讼代理人或者辩护人，但是作为当事人的监护人或者近亲属代理诉讼或者进行辩护的除外。（《检察官法》第37条） [注意] 此考点参照法院记忆即可。

经典考题：法官齐某从A县法院辞职后，在其妻洪某开办的律师事务所从业。请问齐某不得担任A县法院审理案件的辩护人是否正确？①

---

① 【答案】错误，因为齐某是原则上不得担任，但是如果其是以监护人、近亲属的身份，则可以担任。

（二）辩护人人数（《刑诉法》第33条；《刑诉解释》第43条）

[20130229]

人数	犯罪嫌疑人、被告人除自己行使辩护权以外，还可以委托1至2人作为辩护人，即一名犯罪嫌疑人、被告人最多可以委托2名辩护人。
禁止性规定	一名辩护人不得为2名以上的同案被告人，或者未同案处理但犯罪事实存在关联的被告人辩护。 [注意] 即便共犯分开审理或者是在逃又归案，一名辩护人也不可以为2人辩护。之所以这样规定，是因为共犯一般需要区分主犯和从犯，辩护人需要对量刑进行辩护，而共犯存在利益冲突，无法做到平衡。

三、辩护人的诉讼地位

地位	**1.内涵** 辩护人在刑事诉讼中的法律地位是独立的诉讼参与人，以自己的意志依法进行辩护，独立履行职责。 **2.具体内容** 关于辩护人的诉讼地位，应从以下几方面理解： （1）辩护人在刑事诉讼中只承担辩护职能，是犯罪嫌疑人、被告人合法权益的专门维护者。 （2）辩护人是独立的诉讼参与人。 [注意] 辩护人与犯罪嫌疑人、被告人的关系，不同于诉讼代理人和当事人的关系。辩护律师参与诉讼是履行法律规定的职责，而不是基于犯罪嫌疑人、被告人的授权。虽然在委托辩护中，辩护人要在接受犯罪嫌疑人、被告人委托以后才能取得辩护资格，但是辩护人在接受委托以后，在法律上享有独立的诉讼地位，以自己的名义，根据对事实的掌握和对法律的理解，独立进行辩护，不受犯罪嫌疑人、被告人意思表示的约束，不是犯罪嫌疑人、被告人的"代言人"。 （3）辩护人在刑事诉讼中所维护的是犯罪嫌疑人、被告人的合法权益，而不是非法利益。例如，不得教唆犯罪嫌疑人、被告人翻供，帮助犯罪嫌疑人、被告人威胁、引诱证人改变证言等。

四、辩护人的权利

（一）阅卷权 ★（《刑诉法》第40条；《刑诉解释》第53条；《高检规则》第47条；《关于依法保障律师执业权利的规定》第14条）

[2019、2018]

时间、范围	辩护律师可以查阅、摘抄、复制案卷材料。其他辩护人经人民法院许可，也可以查阅、摘抄、复制案卷材料。合议庭、审判委员会的讨论记录以及其他依法不公开的材料不得查阅、摘抄、复制。（《刑诉解释》第53条） **1.时间**：从审查起诉之日起才可以阅卷。

续 表

	2.范围 （1）案卷材料是指包括诉讼文书和证据材料在内的案卷中的所有材料。 [注意] 包括：讯问笔录、提讯登记、体检记录、采取强制措施或者侦查措施的法律文书、侦查终结前对讯问合法性进行核查的材料等证据材料。（《高检规则》第410条） （2）对作为证据材料向人民法院移送的讯问录音录像，辩护律师申请查阅的，人民法院应当准许。（《刑诉解释》第54条） [注意] 只限随案移送的录音录像，非所有的录音录像。 （3）不公开审理的案件依然可以阅卷 查阅、摘抄、复制案卷材料，涉及国家秘密、商业秘密、个人隐私的，应当保密；对不公开审理案件的信息、材料，或者在办案过程中获悉的案件重要信息、证据材料，不得违反规定泄露、披露，不得用于办案以外的用途。人民法院可以要求相关人员出具承诺书。（《刑诉解释》第55条） [注意] 案件无论是否公开审理，都不影响辩护人的阅卷权，只不过辩护人需要保密，并且不是必须签署承诺书，法院要求出具就出具，未要求可以不出具。 3.阅卷权的内容：阅卷权包括查阅、摘抄、复制，而复制权又包括复印、拍照、扫描、电子数据拷贝等方式。 4.人员：可以根据需要带律师助理协助阅卷。办案机关应当核实律师助理的身份。 5.必要时，人民检察院可以派员在场协助。
地点及程序	1.地点——人随卷走 在审查起诉阶段，辩护人应当到检察院阅卷；案件起诉到人民法院后，辩护人应当到人民法院阅卷。 2.程序：检察院、法院应当当时安排辩护律师阅卷，无法当时安排的，应当向辩护律师说明并安排其在3个工作日以内阅卷，不得限制辩护律师阅卷的次数和时间。
律师与非律师辩护人的区别	1.律师：原则上不需要经过许可，持有相关证件就可以行使阅卷权，但注意当案卷材料属于国家秘密的，应当经过人民检察院、人民法院同意并遵守国家保密规定。 [注意] 在哪个阶段就经过哪个阶段当家做主的机关同意。 2.非律师：非律师辩护人行使阅卷权，则不区分情况，必须经过人民法院或人民检察院（人民检察院由捕诉部门负责）的许可。
费用	辩护人、诉讼代理人复制案卷材料的，人民检察不收取费用。（《高检规则》第49条）

进阶考点

一、申诉、抗诉案件材料的阅卷

辩护律师办理申诉、抗诉案件，在人民检察院、人民法院经审查决定立案后，可以持律师执业证书、律师事务所证明和委托书或者法律援助公函到案卷档案管理部门、持有案卷档案的办案部门查阅、摘抄、复制已经审理终结案件的案卷材料。

二、告知义务

侦查机关应当在案件移送审查起诉后3日以内，检察院应在提起公诉后3日以内，将案件移送情况告知辩护律师。

案件提起公诉后，检察院对案卷所附证据材料有调整或者补充的，应当及时告知辩护律师。

辩护律师对调整或者补充的证据材料，有权查阅、摘抄、复制。

（二）会见、通信权★（《刑诉法》第39条；《关于依法保障律师执业权利的规定》第7~12条）

考生注意，会见的对象既包括被关押在看守所的犯罪嫌疑人、被告人，又包括被监视居住的犯罪嫌疑人、被告人。

[2018、20170268B、20160226A、20140268]

会见的要求及时间	1.原则上律师持三证就可以会见，三证——律师执业证书、律师事务所证明和委托书或者法律援助公函。 [注意] 看守所应当设立会见预约平台，采取网上预约、电话预约等方式为辩护律师会见提供便利，但不得以未预约会见为由拒绝安排辩护律师会见。 2.看守所应当及时安排会见。不能当时安排的，应让辩护律师在48小时以内见到在押的人。 3.辩护律师会见犯罪嫌疑人、被告人时不被监听，不可派员陪同。
特殊案件会见权的限制	1.情形：危害国家安全犯罪、恐怖活动犯罪案件，在侦查期间辩护律师会见在押的犯罪嫌疑人，应当经侦查机关许可。上述案件，侦查机关应当事先通知看守所。 [注意]（1）仅限侦查期间，如果到了审查起诉阶段，则不再受这一条的限制。 （2）这里是经侦查机关许可，而非执行机关；危害国家安全犯罪的侦查机关为国安，恐怖活动犯罪案件的侦查机关为公安，切记不可混同。 （3）辩护律师在侦查期间要求会见上述案件的在押或者被监视居住的犯罪嫌疑人，应当向办案部门提出申请。 2.国、恐案件的特殊限制——有碍侦查、泄露国密可不予许可（《公安规定》第52条） （1）对辩护律师提出的会见申请，办案部门应当在收到申请后3日以内，报经县级以上公安机关负责人批准，作出许可或者不许可的决定。除有碍侦查或者可能泄露国家秘密的情形外，应当作出许可的决定。 （2）公安机关不许可会见的，应当说明理由。有碍侦查或者可能泄露国家秘密的情形消失后，公安机关应当许可会见。 有下列情形之一的，属于"有碍侦查"：①可能毁灭、伪造证据，干扰证人作证或者串供的；②可能引起犯罪嫌疑人自残、自杀或者逃跑的；③可能引起同案犯逃避、妨碍侦查的；④犯罪嫌疑人的家属与犯罪有牵连的。
会见的地点	原则上律师会见应当在律师的会见室，只有在律师会见室不足的情况下，看守所才可以安排律师在讯问室会见，但注意必须符合两个条件： 第一，看守所经辩护律师书面同意； 第二，应当关闭录音、监听设备。注意，并非关闭录像设备，录像是可以进行的。
律师与非律师辩护人的区别	辩护律师会见和通信不需许可，其他辩护人需经法院、检察院许可。

进阶考点

一、可以不予许可非律师辩护人会见（阅卷）的情形（《高检规则》第48条）

律师以外的辩护人申请查阅、摘抄、复制案卷材料或者申请同在押、被监视居住的犯罪嫌疑人会见和通信，具有下列情形之一的，人民检察院可以不予许可：

1. 同案犯罪嫌疑人在逃的。
2. 案件事实不清，证据不足，或遗漏罪行、遗漏同案犯罪嫌疑人需要补充侦查的。
3. 涉及国家秘密或者商业秘密的。
4. 有事实表明存在串供、毁灭、伪造证据或者危害证人人身安全可能的。

二、参与会见的主体（《关于依法保障律师执业权利的规定》第7条）

1. 犯罪嫌疑人、被告人委托2名律师担任辩护人的，2名辩护律师可以共同会见，也可以单独会见。
2. 会见时可以携带律师助理参加，应当出示律师事务所证明和律师执业证书或申请律师执业人员实习证。
3. 会见时可携带翻译人员随同参加，翻译人员必须经过许可。

[考点解读] 律师助理只要证件符合就可以参与会见，不需要事先征得同意，但是携带翻译人员时，翻译人员必须要经过事先许可。

[注意] 辩护律师会见在押或者被监视居住的犯罪嫌疑人需要聘请翻译人员的，应当向办案部门提出申请。办案部门应当在收到申请后3日以内，报经县级以上公安机关负责人批准，作出许可或者不许可的决定，书面通知辩护律师。对于具有应当回避情形的，作出不予许可的决定，并通知其更换；不具有相关情形的，应当许可。（《公安规定》第54条）

三、发生解除委托时的会见规定（《关于依法保障律师执业权利的规定》第8条）

1. 在押的犯罪嫌疑人、被告人提出解除委托关系的，办案机关应当要求其出具或签署书面文件，并在3日以内转交受委托的律师或者律师事务所。辩护律师可以要求会见在押的犯罪嫌疑人、被告人，当面向其确认解除委托关系，看守所应当安排会见；但犯罪嫌疑人、被告人书面拒绝会见的，看守所应当将有关书面材料转交辩护律师，不予安排会见。

[考点解读] 此处有两处考点考生一定要注意：第一，在押的人要求解除委托关系必须出具书面的文件；第二，即使其要解除委托关系，辩护律师依然有权利要求会见，除非在押的人出具书面拒绝会见的文件。

2. 在押的犯罪嫌疑人、被告人的监护人、近亲属解除代为委托辩护律师关系的，经犯罪嫌疑人、被告人同意的，看守所应当允许新代为委托的辩护律师会见，由犯罪嫌疑人、被告人确认新的委托关系；犯罪嫌疑人、被告人不同意解除原辩护律师的委托关系的，看守所应当终止新代为委托的辩护律师会见。

[注意] 即尊重本人意愿。

四、通信权

1. 看守所应当及时传递辩护律师同犯罪嫌疑人、被告人的往来信件。看守所可以对信件进行必要的检查，但不得截留、复制、删改信件，不得向办案机关提供信件内容，但信件内容涉及危害国家安全、公共安全、严重危害他人人身安全以及涉嫌串供、毁灭

证据等情形的除外。(《关于依法保障律师执业权利的规定》第13条)

[注意]辩护律师与犯罪嫌疑人、被告人的信件原则上不可以提交给办案机关，出现例外才可以。

2.非律师辩护人通信权的限制：

人民检察院许可律师以外的辩护人同在押或者被监视居住的犯罪嫌疑人通信的，可以要求看守所或者公安机关将书信送交人民检察院进行检查。(《高检规则》第48条第2款)

[注意]非律师辩护人原则上信件都可交给办理案件的机关检查，因为其本身就需要许可。

(三) 调查取证权 ★

[2018、20160226C]

亲自调查取证权（《刑诉法》第43条；《关于依法保障律师执业权利的规定》第17、19条）	向被害人或者其近亲属、被害人提供的证人取证	必须经过双方同意	辩护律师经人民检察院或者人民法院许可，并且经被害人或者其近亲属、被害人提供的证人同意，可以向他们收集与本案有关的材料。 [考点解读]首先，向谁询问必须谁本人同意，例如向证人询问，证人本人要同意；向被害人询问，被害人本人要同意；向被害人近亲属，近亲属本人要同意；其次，必须征得检察院或者法院的同意，判断标准在于看案件处于哪个阶段，审查起诉阶段则检察院同意、审理阶段则法院同意。
		方式（《刑诉解释》第58条）	辩护律师向法院申请，法院认为确有必要的，**应当签发准许调查书**。
		处理时间	对于申请，人民检察院、人民法院应当在7日以内作出是否许可的决定，并通知辩护律师。
	向非被害方提供的证人调查取证		**证人本人同意：** 辩护律师向证人或其他有关单位和个人取证。辩护律师经证人或其他有关单位个人同意，可以向他们收集与本案有关的材料。
	正在服刑的罪犯		辩护律师申请向正在服刑的罪犯收集与案件有关的材料的，监狱和其他监管机关在查验三证后，应当及时安排并提供合适的场所和便利。 正在服刑的罪犯属于辩护律师所承办案件的被害人或者其近亲属、被害人提供的证人的，**应当经人民检察院或者人民法院许可。** [注意]依然需区分是否为被害人一方的人。
	权利具有专属性		亲自调查取证的权利为辩护律师特有的权利，非律师辩护人没有。

续 表

申请法院、检察院代为调查取证（《刑诉法》第43条；《关于依法保障律师执业权利的规定》第18条；《六机关规定》第8条）	[注意] 此权利属于亲自调查取证权的衍生权利，即因为辩护律师享有调查取证权，所以当其无法调取时可申请法院、检察院帮忙。 1. 辩护律师可以申请人民检察院、人民法院收集、调取证据。 2. 对于辩护律师申请人民检察院、人民法院收集、调取证据，人民检察院、人民法院认为需要调查取证的，应当由人民检察院、人民法院收集、调取证据，**不得向律师签发准许调查决定书**，让律师收集、调取证据。 [注意] 如果签发就变成律师自己去调取了。 3. 申请检察院收集、调取（《高检规则》第52条） （1）案件移送审查起诉后，可申请检察院代为收集调取（捕诉部门）。 （2）人民检察院根据辩护律师的申请收集、调取证据时，辩护律师可以在场。 4. 申请法院收集、调取（《刑诉解释》第60条） （1）**应当同意的情形**：人民法院认为确有必要，且不宜或者不能由辩护律师收集、调取的，应当同意。 （2）**材料形式**：人民法院向有关单位收集、调取的书面证据材料，必须由提供人签名，并加盖单位印章；向个人收集、调取的书面证据材料，必须由提供人签名。 （3）**手续**：人民法院对有关单位、个人提供的证据材料，应当出具收据，写明证据材料的名称、收到的时间、件数、页数以及是否为原件等，由书记员、法官助理或者审判人员签名。 （4）**告知控辩双方**：收集、调取证据材料后，应当及时通知辩护律师查阅、摘抄、复制，并告知人民检察院。
申请法院、检察院调取已收集但未移送的无罪、罪轻证据	[考点解读] 这一条的申请调取和上一条的申请调查取证是完全不同的知识点，上一条是向有关单位或个人收集调取证据，而这一条是针对公安、检察院自己已经收集到的无罪和罪轻的证据。且考生注意前两个权利专属于律师辩护人，而本权利为所有的辩护人都享有，即非律师辩护人也享有。 1. 向检察院申请调取公安机关（自侦部门）收集的证据（《高检规则》第50条） （1）案件提请批准逮捕或者移送起诉后，**辩护人**认为公安机关在侦查期间收集的证明犯罪嫌疑人无罪或者罪轻的证据材料未提交，申请人民检察院向公安机关调取的，人民检察院负责捕诉的部门应当及时审查。 （2）经审查，认为辩护人申请调取的证据已收集并且与案件事实有联系的，应当予以调取；认为没有联系的，应当决定不予调取并向辩护人说明理由。公安机关移送相关证据材料的，人民检察院应当在3日以内告知辩护人。 2. 向法院申请调取公安机关和检察院收集到的证据（《刑诉解释》第57条） （1）辩护人认为在调查、侦查、审查起诉期间监察机关、公安机关、人民检察院收集的证明被告人**无罪或者罪轻**的证据材料未随案移送，申请人民法院调取的，应当以书面形式提出，并提供相关线索或者材料。 （2）人民法院接受申请后，应当向人民检察院调取。人民检察院移送相关证据材料后，人民法院应当及时通知辩护人。

续 表

申请之形式要求	《刑诉解释》第58条至第60条（第58条为申请向被害人方收集证据、第59条为申请法院收集调取证据、第60条为申请法院调取已收集但未移送的无罪、罪轻的证据）规定的申请，**应当以书面形式提出**，并说明理由，写明需要收集、调取证据材料的内容或者需要调查问题的提纲。 对辩护律师的申请，人民法院应当在5日以内作出是否准许、同意的决定，并通知申请人；决定不准许、不同意的，应当说明理由。（《刑诉解释》第61条）

⇨ 进阶考点 ⇦

一、侦查阶段律师的权利（《公安规定》第42条）[2018、20170268C、20120225AB]

公安机关应当保障辩护律师在侦查阶段依法从事下列执业活动：

1. 向公安机关了解犯罪嫌疑人涉嫌的罪名和案件有关情况，提出意见。
2. 与犯罪嫌疑人会见和通信，向犯罪嫌疑人了解案件有关情况。
3. 为犯罪嫌疑人提供法律帮助、代理申诉、控告。
4. 为犯罪嫌疑人申请变更强制措施。

[考点解读]（1）辩护律师在侦查期间可以向侦查机关了解当时已查明的该罪的主要事实。

（2）侦查阶段无核实证据的权利（注意与下方阅卷权串联记忆），自案件移送审查起诉之日起，辩护律师会见犯罪嫌疑人、被告人，可以向其核实有关证据。（《六机关规定》第6条）

二、其他权利（《刑诉法》第97、99条）

[20170226D、20170268D、20160226、2012023]

申请解除 强制措施	犯罪嫌疑人、被告人及其法定代理人、近亲属或者辩护人有权申请变更、解除强制措施。
获得通知权 （《刑诉法》第162条）	[考点解读]考生只需理解只要有大的程序变动，办案机关都应当主动告知辩护律师。 1.公安机关侦查终结移送审查起诉时，应当同时将案件移送情况告知犯罪嫌疑人及其辩护律师。 [注意]只包括辩护律师不包括其他辩护人。 [活学活用]请问公安机关将案件移送审查起诉时，是否应当通知辩护人？① 2.重大程序性决定，应当依法及时告知辩护律师：移送起诉，退回补充侦查、改变管辖、提起公诉的、延期审理、二审不开庭、宣告判决等。（《高检规则》第47条、《关于依法保障律师执业权利的规定》第6条第2款）

---

① 【答案】错误，不需要通知非律师辩护人。

续　表

庭审中的权利规定 (《关于依法保障律师执业权利的规定》第31、33、35、38、39条)	**1. 发问** 经审判长许可，辩护人可以对被告人、证人、鉴定人和有专门知识的人发问。 **2. 调取新证据** 法庭审理中，辩护人有权申请通知新的证人到庭，调取新的物证，重新鉴定或者勘验。 **3. 可不受干扰发言** 法庭审理过程中，法官可以对律师的发问、辩论进行引导，除发言过重复、相关问题已在庭前会议达成一致、与案件无关或者侮辱、诽谤、威胁他人，故意扰乱法庭秩序的情况外，法官不得随意打断或者制止律师按程序进行的发言。 **4. 与被告人交流** 法庭审理过程中，遇有被告人供述发生重大变化、拒绝辩护等重大情形，**经审判长许可**，辩护律师可以与被告人进行交流。 **5. 量刑意见** 辩护律师作无罪辩护的，可以当庭就量刑问题发表辩护意见，也可以**庭后提交**量刑辩护意见。 [注意] 一般刑事案件之辩护都是当庭发表辩护意见，但是对于无罪辩护而言，多了个庭后发表意见。 **6. 休庭——一种出现突发情形时的应急手段** 法庭审理过程中，律师就回避，案件管辖，非法证据排除，申请通知证人、鉴定人、有专门知识的人出庭，申请通知新的证人到庭，调取新的证据，申请重新鉴定、勘验等问题当庭提出申请，或者对法庭审理程序提出异议的，法庭原则上应当休庭进行审查，依照法定程序作出决定。其他律师有相同异议的，应一并提出，法庭一并休庭审查。法庭决定驳回申请或者异议的，律师可当庭提出复议。经复议后，律师应当尊重法庭的决定，服从法庭的安排。 律师不服法庭决定保留意见的内容应当详细记入法庭笔录，可以作为上诉理由，或者向同级或者上一级人民检察院申诉、控告。 **7. 查阅录音、录像** 律师申请查阅人民法院录制的庭审过程的录音、录像的，人民法院应当准许。
提出意见权	**1. 审查批准逮捕阶段** 人民检察院审查批准逮捕，可以听取辩护律师的意见；辩护律师提出要求的，应当听取辩护律师的意见。对未成年人审查批捕，必须听取辩护人意见。(《刑诉法》第88、280条) **2. 侦查终结前** 在案件侦查终结前，辩护律师提出要求的，侦查机关应当听取辩护律师的意见，并记录在案。辩护律师提出书面意见的，应当附卷。(《刑诉法》第161条) **3. 审查起诉阶段** 人民检察院审查起诉，应当讯问犯罪嫌疑人，听取辩护人、被害人及其诉讼代理人的意见，并记录在案。辩护人、被害人及其诉讼代理人提出书面意见的，应当附卷。(《刑诉法》第173条)

	4.最高人民法院复核死刑案件 最高人民法院复核死刑案件，应当讯问被告人，辩护律师提出要求的，应当听取辩护律师的意见。（《刑诉法》第251条）
申诉、控告权★	辩护人、诉讼代理人认为公安机关、人民检察院、人民法院及其工作人员阻碍其依法行使诉讼权利的，有权向同级或者上一级人民检察院申诉或者控告。人民检察院对申诉或者控告应当及时进行审查，对情况属实的，通知有关机关予以纠正。（《刑诉法》第49条） [注意]（1）此条控告、申诉权是专门给辩护人、诉讼代理人的，并不包括其他诉讼参与人。考生同时要注意，这里的辩护人、诉讼代理人并没有做律师与非律师的区别，即所有的辩护人和诉讼代理人都享有这一权利。 （2）针对的对象是公检法三机关工作人员的行为。检察院负责控告申诉检察的部门应当接受并依法办理。 （3）都是向检察院行使控告、申诉权，但是级别不限，既可以向同级也可以向上一级。 （4）辩护人、诉讼代理人认为看守所及其工作人员有阻碍其依法行使诉讼权利的行为，向人民检察院申诉或者控告的，由负责刑事执行检察的部门接受并依法办理。 （5）对于直接向上一级人民检察院申诉或者控告的，上一级人民检察院可以交下级人民检察院办理，也可以直接办理。（《高检规则》第57条）
人身保障权	侦查机关依法对在诉讼活动中涉嫌犯罪的律师采取强制措施后，应当在48小时以内通知其所在的律师事务所或者所属的律师协会。（《关于依法保障律师执业权利的规定》第40条）
携带律师助理	律师担任辩护人、诉讼代理人，经人民法院准许，可以带一名助理参加庭审。律师助理参加庭审的，可以从事辅助工作，但不得发表辩护、代理意见。（《刑诉解释》第68条）

五、辩护人的义务

[20170225、20160227、20120225CD]

辩护人涉嫌犯罪	**1.义务内容** 辩护律师或者其他任何人不得帮助犯罪嫌疑人、被告人隐匿、毁灭、伪造证据或者串供，不得威胁、引诱证人作伪证及进行其他干扰司法机关诉讼活动的行为。否则，应当依法追究法律责任。（《刑诉法》第44条） **2.违反义务的后果★** 辩护人违反规定涉嫌犯罪的，应当由办理辩护人所承办案件的侦查机关以外的侦查机关办理。应当按照规定报请办理辩护人所承办案件的侦查机关的上一级侦查机关指定其他侦查机关立案侦查，或者由上一级侦查机关立案侦查。不得指定办理辩护人所承办案件的侦查机关的下级侦查机关立案侦查。（《六机关规定》第9条；《公安规定》第56条） [注意] 检察院发现的，应当将涉嫌犯罪的线索或者证据材料移送有管辖权的机关依法处理。

续 表

告知义务	审判期间，辩护人接受被告人委托的，应当在接受委托之日起3日以内，将委托手续提交人民法院。接受法律援助机构指派为被告人提供辩护的，适用前款规定。（《刑诉解释》第52条） [注意]法律援助为接受指派之日起3日内。
无罪证据及时告知	辩护人收集的有关犯罪嫌疑人<u>不在犯罪现场、未达到刑事责任年龄、属于不负刑事责任的精神病人</u>的证据，应当及时告知公安、检察院，以避免对不必要的案件进行侦查和审查起诉，节约司法资源。（《高检规则》第51条；《公安规定》第58条） [注意] 1.这三种情形都是犯罪嫌疑人不需要承担任何刑事责任的情形，且此三种情形属于懂法的人一看便知其属于不负刑事责任的情形，不会产生实体上的争议，并不当然地包含一些罪轻的情节。 2.真题曾经考查过强奸案中的被害人是不负刑事责任的精神病人是否要告知，此为偷换概念的题，考生需要活学活用。
保密义务	辩护律师对在执业活动中知悉的委托人的有关情况和信息，有权予以保密。但是，辩护律师对在执业活动中知悉的委托人或者其他人，准备或正在实施危害国家安全、公共安全以及严重危害他人人身安全的犯罪的，应当及时告知司法机关。（《公安规定》第57条） [注意] 只针对预备或者正在实施的犯罪方可告知，如果实施完毕则必须保密。

进阶考点　拒绝辩护★ [20120239]

拒绝辩护在《刑诉法》中是一个比较复杂的知识点，拒绝的对象不同、阶段不同、程序完全不同。

其实犯罪嫌疑人、被告人拒绝辩护的对象应该分为两类：一类是自己委托的辩护人，因为此种属于民事委托关系，所以当他们想拒绝这一委托关系重新委托辩护人的时候，公检法三机关一般不会作限定，除了在法庭审理的过程中当庭拒绝（此种属于诉讼障碍），法院会对其作出限制；另一类是拒绝法律援助机构指派的律师，此种情形下拒绝会受到特定的程序限制，因为法律援助辩护是国家利用公共资源在帮助犯罪嫌疑人、被告人，国家的资源不允许随便浪费。当庭拒绝辩护人辩护在后续一审内容中会进行详细的讲解。

一、犯罪嫌疑人、被告人拒绝辩护

（一）侦查阶段拒绝法律援助辩护

犯罪嫌疑人拒绝法律援助机构指派的律师作为辩护人或者自行委托辩护人的，公安机关应当在3日以内通知法律援助机构。（《公安规定》第47条）

（二）审查起诉阶段拒绝法律援助辩护

属于应当提供法律援助的情形，犯罪嫌疑人拒绝法律援助机构指派的律师作为辩护人的，人民检察院应当查明拒绝的原因。有正当理由的，予以准许，但犯罪嫌疑人需另行委托辩护人；犯罪嫌疑人未另行委托辩护人的，应当书面通知法律援助机构另行指派

律师为其提供辩护。(《高检规则》第44条)

（三）审理阶段拒绝法律援助辩护（非当庭）

被告人拒绝法律援助机构指派的律师为其辩护，坚持自己行使辩护权的，人民法院应当准许。

属于应当提供法律援助的情形，被告人拒绝指派的律师为其辩护的，人民法院应当查明原因。理由正当的，应当准许，但被告人应当在5日以内另行委托辩护人；被告人未另行委托辩护人的，人民法院应当在3日以内通知法律援助机构另行指派律师为其提供辩护。(《刑诉解释》第50条)

[注意] 一般情况下拒绝法援的辩护人，如果非应当法律援助的应当准许，不需要理由，但是应当法援援助的需要审查理由。

二、辩护人拒绝（非当庭）(《律师法》第32条)

律师接受委托后，无正当理由的，不得拒绝辩护或者代理。但是，委托事项违法、委托人利用律师提供的服务从事违法活动或者委托人故意隐瞒与案件有关的重要事实的，律师有权拒绝辩护或者代理。

六、值班律师法律帮助（《刑诉法》第36条）

[2020、2019、2018]

派驻律师	1.性质：是对辩护制度的补充，但值班律师并非辩护人；是**国家为被追诉者提供的具有最低限度的帮助**；主要由法律援助机构负责派驻。 2.法律援助机构可以在人民法院、看守所等场所派驻值班律师。
具体提供内容及程序	1.犯罪嫌疑人、被告人没有委托辩护人，法律援助机构没有指派律师为其提供辩护的，由值班律师为犯罪嫌疑人、被告人提供法律帮助。(《刑诉法》第36条) [考点解读] 第一，获得值班律师帮助的前提是没有辩护人！ 第二，非辩护人，不提供出庭辩护。 第三，犯罪嫌疑人自愿认罪认罚、没有辩护人的，在审查逮捕阶段，人民检察院应当要求公安机关通知值班律师为其提供法律帮助；在审查起诉阶段，人民检察院应当通知值班律师为其提供法律帮助。(《高检规则》第267条) 2.具体帮助内容——**具有浅层次、普适性的法律帮助** （1）**提供法律咨询**：主要介绍刑法和刑诉法的具体规定，是其了解自己涉嫌的犯罪案件性质、可能出现的后果及要进行的程序； （2）**程序选择建议**：同为一审程序，根据繁简程度不同可分为一审普通程序、简易程序、速裁程序，可以给出犯罪嫌疑人、被告人建议； （3）**申请变更强制措施**：主要从羁押变更为非羁押的状态； （4）**对案件的处理提出意见**：针对定罪、量刑、程序向侦查机关、审查起诉机关、审判机关提出意见； （5）认罪认罚从宽案件中，值班律师应当对涉嫌的犯罪事实、罪名及适用的法律规定，从轻、减轻或者免除处罚等从宽处罚的建议，认罪认罚后案件审理适用的程序以及其他相关事项向人民检察院提出意见。

续　表

（6）对犯罪嫌疑人、被告人提出的刑讯逼供、非法取证可以代理申诉、控告。

3.公权力机关有告知义务

人民法院、人民检察院、看守所应当告知犯罪嫌疑人、被告人有权约见值班律师，并为犯罪嫌疑人、被告人约见值班律师提供便利。

4.《认罪认罚指导意见》[①]中的特殊规定（《认罪认罚指导意见》第10、12条）

为了保障值班律师的参与及认罪认罚的效果，《认罪认罚指导意见》做了以下规定：

★**法律帮助内容**：值班律师应当为认罪认罚的犯罪嫌疑人、被告人提供下列法律帮助：（1）提供法律咨询，包括告知涉嫌或指控的罪名、相关法律规定，认罪认罚的性质和法律后果等；

（2）提出程序适用的建议；

（3）帮助申请变更强制措施；

（4）对人民检察院认定罪名、量刑建议提出意见；

（5）就案件处理，向人民法院、人民检察院、公安机关提出意见；

（6）引导、帮助犯罪嫌疑人、被告人及其近亲属申请法律援助；

（7）法律法规规定的其他事项。

★**可以会见**：值班律师**可以会见**犯罪嫌疑人、被告人，看守所应当为值班律师会见提供便利。危害国家安全犯罪、恐怖活动犯罪案件，侦查期间值班律师会见在押犯罪嫌疑人的，应当经侦查机关许可。

★**可以阅卷**：自人民检察院对案件审查起诉之日起，值班律师可以查阅案卷材料、了解案情。人民法院、人民检察院应当为值班律师查阅案卷材料提供便利。

值班律师提供法律咨询、查阅案卷材料、会见犯罪嫌疑人或者被告人、提出书面意见等法律帮助活动的相关情况应当记录在案，并随案移送。

[考点解读]值班律师的法律帮助与一般的法律帮助相同，但是值班律师多了两个权利：第一为会见权，值班律师会见犯罪嫌疑人才能了解其真实的想法并及时告知其认罪认罚的相关规定及可能产生的后果；第二为阅卷权，一般的阅卷权参考查阅、摘抄、复制，而此处指含有查阅的权利。2020年客观题予以考查。

5.值班律师可衔接不同阶段

对于被羁押的犯罪嫌疑人、被告人，在不同诉讼阶段，可以由派驻看守所的同一值班律师提供法律帮助。对于未被羁押的犯罪嫌疑人、被告人，前一诉讼阶段的值班律师可以在后续诉讼阶段继续为犯罪嫌疑人、被告人提供法律帮助。（《认罪认罚指导意见》第13条）

[注意]三个阶段由同一值班律师服务可保障认罪认罚的稳定性。

[①] 最高人民法院、最高人民检察院、公安部、国家安全部、司法部《关于适用认罪认罚从宽制度的指导意见》，本书简称《认罪认罚指导意见》。

第三节 刑事代理

哪些人能委托辩护人、哪些人能委托诉讼代理人一直是考生的一个痛点，其实考生只需记住，辩护权是防御权，防御控诉方定罪量刑的主张，所以只需咬住有人想对你定罪量刑你就可以委托辩护人，剩下来的主体委托的则是诉讼代理人，例如公诉案件的被告人可以请辩护人，自诉案件的被告人可以请辩护人，出逃境外缺席判决的被告人也可以请辩护人，而被害人、自诉人、没收程序中的利害关系人都只能请诉讼代理人（因为没收程序只解决涉案财产不解决定罪量刑），同时强制医疗程序不解决定罪量刑的责任，所以被申请人委托的也只能是诉讼代理人，无须死记硬背自可解决。

一、刑事代理的含义和分类

[20100222A、2018]

分类	含义	刑事诉讼中的代理，是指代理人接受公诉案件的被害人及其法定代理人或者近亲属、自诉案件的自诉人及其法定代理人、附带民事诉讼的当事人及其法定代理人的委托，以被代理人的名义参加诉讼，由被代理人承担代理行为的法律后果的一项诉讼活动。
	地位	诉讼代理人必须在被代理人的授权范围内进行诉讼，超过授权范围进行诉讼活动所产生的结果，除非得到被代理人的追认，否则被代理人不予承担。
	公诉案件	公诉案件的被害人及其法定代理人或者近亲属，自审查起诉之日起，有权委托诉讼代理人。
	自诉案件	自诉案件的自诉人及其法定代理人，有权随时委托诉讼代理人。 [考点解读] 1.自诉案件中自诉人的代理人，在诉讼中代表自诉人行使控诉职能。 2.自诉案件反诉时，如委托同一人则会出现双重身份： 但是当被告人对其提起反诉后，本诉的自诉人又成了反诉中的被告人，本诉中自诉人委托的代理人，也可以接受反诉的被告人的委托做他的辩护人，即由行使控诉职能转变为兼行控诉与辩护职能。例如，甲诉乙侵占，甲委托丙做诉讼代理人，但是如果乙反诉甲，则甲就会成为被告人，此时甲可以就被反诉的案件委托丙作为辩护人，此时丙就具有两种身份。 同样，自诉案件的被告人提起反诉，其原来承担辩护职能的辩护人也可以成为既承担控诉职能又承担辩护职能的代理人及辩护人。反诉案件的代理人，一般都具有双重身份，既是被告人的辩护人，又是反诉的诉讼代理人。因此，必须办理双重委托手续，明确代理权限。
	附带民诉	附带民事诉讼的当事人及其法定代理人，有权随时委托诉讼代理。 [考点解读] 1.律师在附带民事诉讼中的代理，实质上是民事诉讼代理。但附带民事诉讼代理人也有特殊之处。例如，附带民事诉讼的代理人可能身兼数职，比如既担任被告人的辩护人，又担任反诉中反诉人的代理人等。 2.关于"近亲属"委托诉讼代理人的问题：公诉案件中被害人的近亲属可以委托诉讼代理人，而自诉案件中自诉人的近亲属和附带民事诉讼当事人的近亲属无权委托诉讼代理人。

	续 表
没收违法所得程序	犯罪嫌疑人、被告人的近亲属和其他利害关系人有权申请参加人民法院对人民检察院提出的没收违法所得申请的审理程序，也可以委托诉讼代理人参加诉讼。(《刑诉法》第299条)
强制医疗程序	1.委托：被申请人或者被告人可以委托诉讼代理人。 2.法律援助：被申请人或者被告人没有委托诉讼代理人的，应当通知法律援助机构指派律师担任其诉讼代理人，为其提供法律帮助。(《刑诉法》第304条；《刑诉解释》第634条)

二、诉讼代理人的范围、职责和权利及与辩护人的区别 ★（《刑诉法》第46、47条；《刑诉解释》第62~66条）

[20120222BCD、20100222]

范围	在刑事诉讼中，委托诉讼代理人的范围，与辩护人的范围相同，即可以在下列人中委托1至2人作为诉讼代理人：律师；人民团体或者被代理人所在单位推荐的人；被代理人的监护人、亲友。 同样，不能担任辩护人的人，也不能被委托为诉讼代理人。
职责	诉讼代理人的责任是根据事实和法律，维护被害人、自诉人或者附带民事诉讼当事人的合法权益。
权利	根据《刑诉法》和《刑诉解释》的相关规定，诉讼代理人享有以下权利： 1.阅卷权：律师担任诉讼代理人的，可以查阅、摘抄、复制案卷材料。其他诉讼代理人经人民法院许可，也可以查阅、摘抄、复制案卷材料。 2.调查取证权：律师担任诉讼代理人，需要收集、调取与本案有关的证据材料的，参照辩护人的规定。 3.申诉、控告权：诉讼代理人认为公安机关、人民检察院、人民法院及其工作人员阻碍其依法行使诉讼权利的，有权向同级或者上一级人民检察院申诉或者控告。
辩护人与诉讼代理人的区别	1.委托主体不同 有权委托辩护人的是犯罪嫌疑人、被告人，若其在押的，也可以由其监护人、近亲属代为委托辩护人。而有权委托诉讼代理人的是上述提到的五类程序中的情况。 2.介入诉讼的时间不同 公诉案件的介入时间：诉讼代理人在案件审查起诉之日起可以介入诉讼，而辩护人又分为律师辩护人与非律师辩护人，前者侦查阶段即可介入诉讼，后者审查起诉之日起可以介入诉讼。注意自诉案件介入诉讼的时间相同，都是随时可以委托。 3.表现形式不同 辩护人包括委托辩护和法院指定辩护两种，而刑事诉讼代理主要包含被代理人委托这种形式，例外情况为强制医疗程序中，可以通过法院要求法律援助机构指定诉讼代理人：被申请人或者被告人没有委托诉讼代理人的，应当通知法律援助机构指派律师担任其诉讼代理人，为其提供法律帮助。(《刑诉解释》第634条)

续 表

4.诉讼地位不同

辩护人在刑事诉讼中具有独立的诉讼地位,不受犯罪嫌疑人、被告人意志的约束。而刑事诉讼代理人只能在被代理人授权范围内进行诉讼活动,受到被代理人意志的限制。

5.承担的诉讼职能不同

诉讼代理人通常行使的是控诉职能,而刑事辩护人承担的是辩护职能。

辩护人与诉讼代理人的区别

区别	辩护人	诉讼代理人
地位	独立的诉讼参与人。	非独立的诉讼参与人。
产生时间	公诉案件：律师辩护人被第一次讯问或者采取强制措施之日起；非律师辩护人审查起诉之日起。 自诉案件：随时。	公诉案件：审查起诉之日起。 自诉案件：随时。
委托主体	犯罪嫌疑人、被告人。 在押的,为其监护人、近亲属。	上述案件五种主体。
诉讼职能	辩护。	控诉。
诉讼权利	（1）有权会见犯罪嫌疑人、被告人； （2）未规定可会见被害人,但经过法、检许可,以及被害人的同意,可向被害人调查取证。	（1）不能会见犯罪嫌疑人、被告人； （2）可以见被害人。

专题七　刑事证据

命题点拨

证据章节历年是刑事诉讼法考试的重点章节，本专题不仅每年选择题数量最多，且经常出现主观题，例如2020年的主观题除了第一问在考查管辖，其他都是考查证据，而且考查的角度偏向实务，其中有一问涉及举证、质证的基本规则。另外，"非法证据排除规则"主观题考查过六次，所以本专题非常重要，望考生一定要重视。

本专题的特点为理论部分较多，而具体知识点规定较细，所以对于学习而言，尤其是非法本的同学而言较为困难。笔者建议理论部分先要看懂再做到熟练运用；而在具体知识点上，例如证据的种类，笔者建议考生先掌握大的框架，做到心中有数后再把具体的琐碎知识点各个击破。

知识体系图

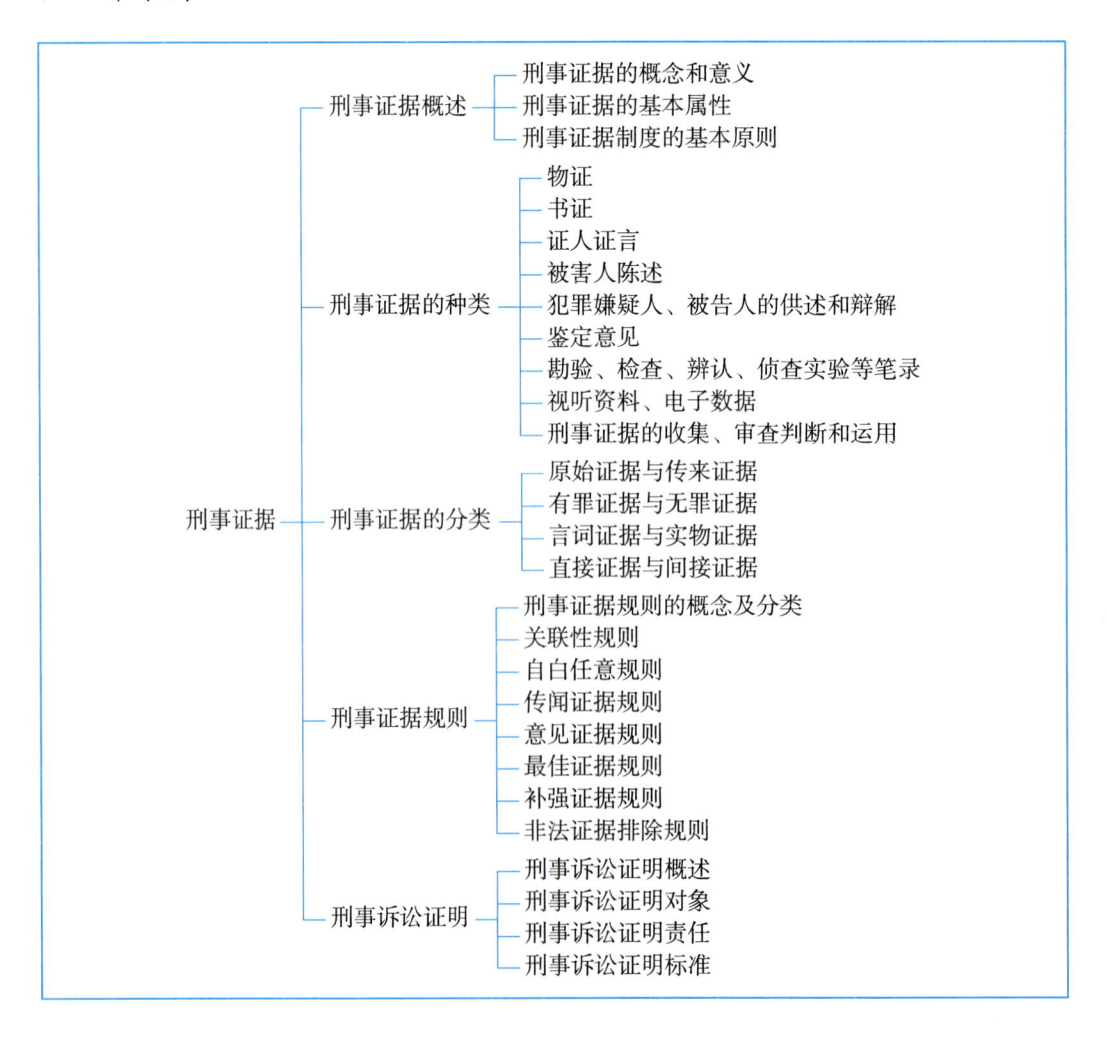

刑事证据
- 刑事证据概述
  - 刑事证据的概念和意义
  - 刑事证据的基本属性
  - 刑事证据制度的基本原则
- 刑事证据的种类
  - 物证
  - 书证
  - 证人证言
  - 被害人陈述
  - 犯罪嫌疑人、被告人的供述和辩解
  - 鉴定意见
  - 勘验、检查、辨认、侦查实验等笔录
  - 视听资料、电子数据
  - 刑事证据的收集、审查判断和运用
- 刑事证据的分类
  - 原始证据与传来证据
  - 有罪证据与无罪证据
  - 言词证据与实物证据
  - 直接证据与间接证据
- 刑事证据规则
  - 刑事证据规则的概念及分类
  - 关联性规则
  - 自白任意规则
  - 传闻证据规则
  - 意见证据规则
  - 最佳证据规则
  - 补强证据规则
  - 非法证据排除规则
- 刑事诉讼证明
  - 刑事诉讼证明概述
  - 刑事诉讼证明对象
  - 刑事诉讼证明责任
  - 刑事诉讼证明标准

第一节 刑事证据概述

一、概念和意义

刑事证据的概念	1.含义：可以用于证明案件事实的材料，都是证据。 2.具体内容：（1）物证；（2）书证；（3）证人证言；（4）被害人陈述；（5）犯罪嫌疑人、被告人供述和辩解；（6）鉴定意见；（7）勘验、检查、辨认、侦查实验等笔录；（8）视听资料、电子数据。（《刑诉法》第50条） [考点解读] 对于刑事证据的概念，可以从以下三个方面理解： 第一，刑事证据本身是一种客观存在的材料； 第二，刑事证据是证明案件真实情况的根据和认定案件事实的手段； 第三，刑事证据必须符合法律规定的八种表现形式。
刑事证据的意义	刑事证据在刑事诉讼中具有重要作用，主要表现在以下几个方面： 1.证据是进行刑事诉讼活动的依据，离开证据，整个刑事诉讼活动无法顺利进行。 [考点解读] 事实是过去发生的事实，时间过去再也不可以回溯，只能靠后来收集固定的证据推演案件的事实，所以诉讼法上的事实往往称之为法律上的事实。 2.证据是司法公正的基础。 3.证据是证明犯罪事实的唯一手段。 4.证据是促使犯罪嫌疑人、被告人认罪伏法、接受改造的有力武器。 5.证据是无罪的人不受刑事追究的保障。 6.证据是进行社会主义法制教育的工具。

二、基本属性

控辩双方质证主要质证证据的三性，即是否符合客观性、关联性、合法性，尤其是收集证据的主体、程序是否合法，不符合三性，通常不得作为定案的根据。

[20160267A、20140227]

客观性	概念	是指证据必须是客观存在的事实，不以人的主观意志为转移，任何主观想象、猜测、假设等都不能成为刑事诉讼中的证据。 [例如] 在一起故意杀人案中，饭店的服务员赵二陈述是他和犯罪嫌疑人将被害人运上汽车的，当时人还活着，他觉得如果救助及时，被害人应该可以救活。此证言后半句就带有主观猜测，违反客观性要求，不可采用。
	性质	客观性是刑事证据的首要属性和最本质的特征。
	程序及言词证据的特殊性	1.虽然证据要经过公安司法人员、当事人及其辩护人、诉讼代理人的收集，含有收集主体的主观因素，但公安司法人员、当事人及其辩护人、诉讼代理人的主观因素不能歪曲客观，不能因此而改变证据客观性的本质属性。 2.犯罪嫌疑人供述与辩解、被害人陈述和证人证言等言词证据虽然含有人的主观因素，是客观与主观的统一，但不能因此改变证据客观性的本质属性。 [注意] 证人的猜测性、评论性、推断性的证言，不得作为证据使用，但根据一般生活经验判断符合事实的除外。

续　表

关联性★	概念	关联性也称为相关性，是指证据必须与案件事实有客观联系，对证明刑事案件事实具有某种实际意义；反之，与本案无关的事实或材料，都不能成为刑事证据。
	内容	证据与案件事实相关联的形式是多种多样，其中最常见的是因果联系，即证据事实是犯罪的原因或结果的事实；其次是与犯罪相关的空间、时间、条件、方法、手段的事实。
	层次★	证据的关联性有两个层次，第一层次是证据材料与案件事实是否有关联以及这种关联是否具有特定性，这是判断其是否具有证据资格的重要标准；第二层次是这种联系的紧密以及强弱程度，这是判断该证据证明力大小的重要标准。 [考点解读] 根据证据关联性原理，品格证据、前科、类似行为不能作为定罪证据使用，特定的诉讼行为（如曾经认罪后又撤回，不能作为不利于被告人的证据采纳）、特定的事实行为（如事件发生后积极救助不等于其实施了加害行为）和被害人的过去行为（如强奸案件中被害人曾经的性经历）等都不具有关联性。
合法性	概念	合法性是指对证据必须依法加以收集和运用。
	内容	1.收集、运用证据的主体要合法。 2.证据的提供、收集和审查，必须符合法定的程序要求。 3.证据的形式应当合法，即作为证明案件事实的证据材料形式上必须符合法律要求，证据提出的形式也应当符合法律的要求。警犬嗅觉、测谎结论等不属于法定八大证据种类，不能作为证据使用。 4.证据必须经法定程序出示和查证，未经法庭查证属实的材料，均不得作为定案的根据。
三者关系		1.综上所述，刑事证据具有客观性、关联性和合法性三个基本属性，三者是互相联系、缺一不可的。 2.客观性和关联性涉及的是刑事证据的内容，合法性涉及的是刑事证据的形式。 3.刑事证据的客观性、关联性需要通过诉讼程序来审查和检验，而刑事证据的合法性是刑事证据客观性和关联性的法律保证。 4.客观性、关联性和合法性表明了刑事证据内容和形式的统一。

主观题链接：2020年主观题中有一问为"请简要叙述检察院质证的规则"。

考试时很多考生既找不到法条，也不知道如何作答，其实本题如果基础扎实、逻辑清晰是非常好答的。因为所谓的质证，主要就是对对方提出来的证据提出合理怀疑，按照证据裁判原则的要求，所有用来定案的证据必须是经过当庭查证属实的，如果证据有问题是不能用来定案的，否则会造成冤假错案。而检察院的质证主要就是质证据的三性，即其是否符合客观性、关联性、合法性的要求。如果其不符合三性的要求，不得作为定案的根据。

三、刑事证据制度的基本原则

证据裁判原则★	内容	证据裁判原则包括以下几个方面的内容： 1.认定案件事实必须依靠证据，没有证据就不能认定案件事实。 2.用于认定案件事实的证据必须具有证据能力，即具有证据资格。 3.用于定案的证据必须是在法庭上查证属实的证据，除非法律另有规定。根据《刑诉解释》第71条的规定，证据未经当庭出示、辨认、质证等法庭调查程序查证属实，不得作为定案的根据。 [考点解读] 因为证据是司法机关工作人员收集固定的材料，需要用材料推演出案件的事实，所以为了保证实体结果的公正性，对于证据材料本身的要求非常高，原则上所有的证据本身必须在法庭审理活动中经过举证、质证，法院认为没有问题才能定案。技术侦查获取的证据在为了保护特定人员人身安全的情形下，可以庭外核实，注意依然需要核实，只是在庭外。 4.综合全案证据必须达到法定的证明标准，才能认定案件事实。
	具体适用	1.口供的适用规则 对一切案件的判处都要重证据，重调查研究，不轻信口供。只有被告人供述，没有其他证据的，不能认定被告人有罪和处以刑罚；没有被告人供述，证据确实、充分的，可以认定被告人有罪和处以刑罚。（《刑诉法》第55条） 2.疑罪从无原则 在被告人最后陈述后，审判长宣布休庭，合议庭进行评议，根据已经查明的事实、证据和有关的法律规定，作出判决。其中，证据不足，不能认定被告人有罪的，应当作出证据不足、指控的犯罪不能成立的无罪判决。（《刑诉法》第200条） 3.量刑存疑有利于被告人 人民法院作出有罪判决，对于证明犯罪构成要件的事实，应当综合全案证据排除合理怀疑，对于量刑证据存疑的，应当作出有利于被告人的认定。（《关于推进以审判为中心的刑事诉讼制度改革的意见》第2条）
自由心证原则	含义	1.自由心证原则是指证据的取舍、证据的证明力大小以及对案件事实的认定规则等，法律不预先加以明确规定，而由裁判主体按照自己的良心、理性形成内心确信，以此作为对案件事实认定的一项证据原则。 2.它是只适用于最终裁判阶段的原则，不适用于侦查及审查起诉阶段。
	内容	通常认为，自由心证原则包含两方面的内容： 一是自由判断： 所谓"自由判断"，是指除法律另有规定的以外，证据及其证明力由法官自由判断，法律不做预先规定。法官判断证据证明力时，不受外部的任何影响或法律上关于证据证明力的约束。但自由心证不是让法官依照个人情感及认识去自由擅断，法官应当在适用各种证据规则并慎重考虑庭审证据调查与辩论的全部过程的基础上，依据自由心证对案件事实作出判断。 二是内心确信： 所谓"内心确信"，是指法官通过对证据的判断所形成的内心信念，并且应达到深信不疑的程度，由此判定事实。"内心确信"禁止法官根据似是而非、尚有疑虑的主观感受判定事实。
	我国	我国对自由心证原则一直存有较大争议。近年来，国内逐步认识到自由心证原则有其合理之处。

第二节　刑事证据的种类★

一、物证、书证

（一）概述

[20170292]

物证	概念	1.物证是指证明案件真实情况的一切物品和痕迹。 2.所谓物品，是指与案件事实有联系的客观实在物，如作案工具、赃款赃物等；所谓痕迹，是指物体相互作用所产生的印痕和物体运动时所产生的轨迹，如脚印、指纹等。
	特点	1.物证是以其外部特征、物品属性、存在状况等来发挥证明作用的，因此，物证具有较强的客观性、稳定性。 2.物证所包含的信息内容通常只能反映案件中的某些片段或个别情节，因此，通常只能作为间接证据。
	收集程序	1.收集物证主要通过勘验、检查、搜查、扣押等方法来进行。 2.收集和调取的物证应当是原物。（《刑诉解释》第82、83条） （1）据以定案的物证应当是原物。原物不便搬运、不易保存、依法应当返还或者依法应当由有关部门保管、处理的，可以拍摄、制作足以反映原物外形和特征的照片、录像、复制品。必要时，审判人员可以前往保管场所查看原物。 [注意] 审判人员非必须前往现场。 （2）物证的照片、录像、复制品的审查： ①不能反映原物的外形和特征的，不得作为定案的根据； ②经与原物核对无误、经鉴定或者以其他方式确认真实的，可以作为定案的根据。 3.案件中的物证能附卷的都应当附卷保存。移送案件时，应将物证随同案卷一并移送。
书证	概念	1.书证是指以记载的内容和反映的思想来证明案件真实情况的书面材料或其他物质材料。 2.书证的表现形式和制作方法多种多样，不限于"书写的文字材料"。 [考点解读] 作为书证载体的材料既可以是纸张，也可以是布匹、绸缎以及竹片、木板，甚至可能直接写在地上或者墙壁上；书写的方法，既可以用手写，也可用刀刻、印刷、剪贴、拼接、复印等方法；至于书证内容的表达，不限于用文字，也可用图形和符号来表示。总之，凡是以记载的内容和表达的思想来证明案件事实的一切物品，都属于书证。 [例如] 例如云云把小白给杀死了，小白临死前在墙壁上写下"云云杀我"四个大字，如果通过"云云"二字排查到温云云，则此为书证，此书证的载体就是墙壁。 3.书证都有明确的意思表示，一经收集并查证属实，就可以比较直观地证明案件中的一定事实，因而具有较强的证明力。例如，有些书证可以直接证明案件的性质、作案动机和目的；可以鉴别其他证据的真伪；可以揭穿犯罪分子的狡辩和虚假的陈述；在贪污等经济犯罪案件中，书证是不可缺少的证据。

续　表

特点 ★	1.书证必须以一定的物质材料为载体，属于实物证据范围，客观性较强。 2.该项材料所记载的内容或者所表达的思想，必须与待证明的案件事实有关联，能够被用来证明案件事实。 **3.并非一切记载有思想内容的文字材料都是书证。** [考点解读]需注意其与别的证据种类的区分： （1）**与物证之竞合**：关键看其以哪一部分证明案件的事实，如果是以物品本身的存在则为物证，如果以其内容则为书证。例如，盗窃的图书、录像带等所记载的内容与盗窃案件无关，它们便只是物证而不是书证。但如果在制作、贩卖、传播淫秽物品案件中，所缴获的图书、录像带等因所记载的内容（系淫秽内容）与该案有关，因而属于书证。 （2）**与被害人陈述、证人证言之区分**：温云云杀小白时小白如果没死，但是无法言语，侦查人员在询问时，被害人自己在纸上写下"云云杀我"则为被害人陈述；证人亲笔书写的书面证词，并不改变其证人证言的属性，不能判断为书证。区分的关键是这两类言词证据必须是被害人与证人在侦查的过程中自己向公安司法机关的人员陈述，陈述的方式包括口头也包括书面方式。所以区分的关键还是要看证据的来源、产生的方式。 （3）**与勘验笔录的区分**：勘验笔录一定是侦查人员在勘验现场时所作的记录，可以是文字记录也可以是照片、也可以是录像。侦查人员以外的主体记录的事项一定不属于勘验笔录。 （4）**与电子数据之区别**：电子数据一定是电子化的方式记载、传输、并通过其内容和思想证明案件的事实，与书证最大的区别就是其没有客观的载体，但是书证有，用比较通俗的方式来记忆就是电子数据看得见摸不着，而书证看得见也摸得着；同时注意电子数据存储在原始的存储介质中，其与存储介质本身可以分离，但是书证与其载体是不可以分离的。
收集程序	书证的收集程序与物证基本相同。（《刑诉解释》第84条） 公安司法人员收集、调取的书证应当是原件。只有在取得原件确有困难时，才可以使用副本或者复制件。书证的副本、复制件，真实性能确认的，可以作为证据使用。如有更改不能作出合理解释的，不能作为证据使用。

（二）物证、书证的审查认定

考生一定要注意最高院的司法解释对每一种证据种类都用了专门的篇幅规定其审查认定的方法和结论。审查后的结论分为两种：一种是不得作为定案根据的情形，另一种是可以补正和合理解释的情形。需要考生重点记忆的为不得作为定案根据的情形。

[20110227D]

不能作为定案根据的情形 ★	在勘验、检查、搜查过程中提取、扣押的物证、书证，未附笔录或者清单，**不能证明物证、书证来源的**，不得作为定案的根据。（《刑诉解释》第86条第1款） [考点解读] 1.物证书证非常重要具有不可替代性，在所有证据种类中审查与认定的标准最低，低到任何一个环节出问题都可以补正、合理解释。所以需补正、合理解释的具体情形不需要记忆！ 2.注意，未附笔录或清单本身可以补正、合理解释，但请注意只要明确说明来源出问题的，一律不得作为定案根据，不可补正、合理解释。
可经过合理补正的情形	1.收集物证、书证不符合法定程序，可能严重影响司法公正的，应当予以补正或者作出合理解释；不能补正或者作出合理解释的，对该证据应当予以排除。（《刑诉解释》第126条第1款） 2.物证、书证的收集程序、方式有下列瑕疵，经补正或者作出合理解释的，可以采用： （1）勘验、检查、搜查、提取笔录或者扣押清单上没有侦查人员、物品持有人、见证人签名，或者对物品的名称、特征、数量、质量等注明不详的； （2）物证的照片、录像、复制品，书证的副本、复制件未注明与原件核对无异，无复制时间，或者无被收集、调取人签名、盖章的； （3）物证的照片、录像、复制品，书证的副本、复制件没有制作人关于制作过程和原物、原件存放地点的说明，或者说明中无签名的； （4）有其他瑕疵的。 对物证、书证的来源、收集程序有疑问，不能作出合理解释的，不得作为定案的根据。（《刑诉解释》第86条第2款） 3.**关键物证应提未提、应检未检、应移未移可补正合理解释** ★（《刑诉解释》第85条） 对与案件事实可能有关联的血迹、体液、毛发、人体组织、指纹、足迹、字迹等**生物样本、痕迹和物品**，应当提取而没有提取，应当鉴定而没有鉴定，应当移送鉴定意见而没有移送，导致案件事实存疑的，人民法院应当通知人民检察院依法补充收集、调取、移送证据。 [考点解读] 应该提取未提取、应该检验未检验依然可以补正、合理解释，因为在刑事案件中物证、书证极为重要且具有不可替代性。此处考生请注意侦查机关犯的错，但是是由检察院补正及合理解释的，因为检察院在审查起诉时应当发现没有发现，且公诉案件举证责任本来就应该由检察院承担。

⇨ 进阶考点 ⇦ 隐蔽性较强证据的适用

根据被告人的供述、指认提取到了隐蔽性很强的物证、书证，且被告人的供述与其他证明犯罪事实发生的证据相互印证，并排除串供、逼供、诱供等可能性的，可以认定被告人有罪。（《刑诉解释》第141条）

[注意] 说明我国也部分地排除了"毒树之果"，即通过串供、逼供、诱供的方式获得的物证、书证，应该排除，不得用来认定被告人有罪。

二、证人证言

[20170296A、20160267D、20160268A、20150223、20140269、20120242、20120272、20110227B]

概念	是指证人就其所了解的案件情况向公安司法机关所作的陈述。其了解事实的途径主要为看到、听到。
收集程序	1.询问证人,应当首先告知他应当如实提供证言,如有意作伪证或者隐匿罪证要负法律责任。 2.严禁对证人采用拘留、刑讯、威胁、引诱、欺骗等非法方法收集证言,也不得诱导证人提供证言。
证人的资格★ (《刑诉法》第62条;《刑诉解释》第88条)	1.生理上、精神上有缺陷或者年幼,不能辨别是非、不能正确表达的人,不能作证人。 2.处于明显醉酒、中毒或者麻醉等状态,不能正常感知或者正确表达的证人所提供的证言,不得作为证据使用。 [考点解读](1)虽然生理上、精神上有缺陷或者年幼,但能够辨别是非并能够将自己所了解的案件情况准确表达出来,如盲人讲述所听到的情况、聋哑人描述所看到的情况等,依法都可以作为证人提供证言。公安司法机关对于证人能否辨别是非、能否正确表达,必要时可以进行审查或者鉴定。 (2)单位不能作证人,因为其眼不能看、耳不能听,考生注意与民诉区分,民诉上单位可以作为证人。 (3)证人不可替代具有优先性。当诉讼中的证人身份形成以后,由于证人的不可替代性,他们不能在诉讼中担任侦查、检察、审判人员及鉴定人、翻译人员等,在前述身份和证人的身份做选择时,优先选择证人。 (4)见证人不是证人。见证人是指根据刑诉法的规定,应办案人员要求对诉讼中的一些基本法律行为进行见证的人。例如,对勘验、检查、搜查、扣押物证书证的诉讼程序行为是否合法所进行的见证。见证人与证人的区别如下: ①证人产生于案件发生过程中,而见证人产生于案件发生后的诉讼程序中。②见证人证明的是程序是否合法,证人证明的是案件的实体问题。③证人属于诉讼参与人,而见证人不属于。④证人不适用回避,可以与案件有利害关系,而见证人一般不可以。
证人出庭作证义务★	1.应当出庭作证条件 (《刑诉法》第192、193条)	(1)公诉人、当事人或者辩护人、诉讼代理人对证人证言有异议。 (2)且该证人证言对案件定罪量刑有重大影响。 (3)人民法院认为证人有必要出庭作证的。 [注意]我国通常是鼓励证人出庭作证,但是只要同时符合上述三个条件,则产生了必须出庭作证的义务,如果没有正当理由不出庭,会适用强制出庭或者惩罚。
	2.强制出庭	经人民法院通知,证人没有正当理由不出庭作证的,人民法院可以强制其到庭,但是被告人的配偶、父母、子女除外。——不具有期待可能性,无法期待父母证明孩子有罪、无法期待孩子证明父母有罪,也符合中国传统亲亲得相首匿规则。

续 表

	3.证人违反义务的后果	（1）证人没有正当理由拒绝出庭或者出庭后拒绝作证的，予以训诫，情节严重的，经院长批准，处以10日以下的拘留。被处罚人对拘留决定不服的，可以向上一级人民法院申请复议。复议期间不停止执行。 ［考点解读］①一定要注意这里只有训诫和拘留，且拘留是司法拘留而非刑事拘留；②这里的训诫是审判长决定的，而拘留是院长决定的。 （2）经人民法院通知，证人没有正当理由拒绝出庭或者出庭后拒绝作证，法庭对其证言的真实性无法确认的，该证人证言不得作为定案的根据。（《刑诉解释》第91条） ［注意］并非证人不出庭其证人证言一定不能适用，主要看是否有其他证据加以印证。
证人保护（《刑诉法》第64条；《高检规则》第79条）		对于危害国家安全犯罪、恐怖活动犯罪、黑社会性质的组织犯罪、毒品犯罪等案件，证人、鉴定人、被害人因在诉讼中作证，本人或者其近亲属的人身安全面临危险的，人民法院、人民检察院和公安机关应当采取以下一项或者多项保护措施： 1.不公开真实姓名、住址和工作单位等个人信息。 2.采取不暴露外貌、真实声音等出庭作证措施。 3.禁止特定的人员接触证人、鉴定人、被害人及其近亲属。 4.对人身和住宅采取专门性保护措施。 5.其他必要的保护措施。 证人、鉴定人、被害人认为因在诉讼中作证，本人或者其近亲属的人身安全面临危险的，可以向人民法院、人民检察院、公安机关请求予以保护。 人民法院、人民检察院、公安机关依法采取保护措施，有关单位和个人应当配合。 ［考点解读］（1）这里的犯罪包括但不限于危、恐、黑、毒四种。 （2）保护的对象既包括证人，也包括鉴定人、被害人，并且既包括他们本人也包括他们的近亲属。 （3）保护的主体为公、检、法三机关，他们都有义务，证人、鉴定人、被害人或者其近亲属也可以申请保护。公安机关的保护手段多了两种：①将被保护人带到安全场所保护；②变更被保护人的住所和姓名。（《公安规定》第75条）
证人补助		证人因履行作证义务而支出的交通、住宿、就餐等费用，应当给予补助。证人作证的补助列入司法机关业务经费，由同级政府财政予以保障。有工作单位的证人作证，所在单位不得克扣或者变相克扣其工资、奖金及其他福利待遇。（《刑诉法》第65条） ［考点解读］在哪个机关作证就由哪个机关先将补助的钱交给证人，最后由同级财政负担。 （1）证人在人民检察院侦查、审查逮捕、审查起诉期间因履行作证义务而支出的交通、住宿、就餐等费用，人民检察院应当给予补助。（《高检规则》第80条） （2）证人因履行作证义务而支出的交通、住宿、就餐等费用，应当给予补助。证人作证的补助列入公安机关业务经费。（《公安规定》第77条）

续 表

证人反复	证人当庭作出的证言与其庭前证言矛盾，证人能够作出合理解释，并有其他证据印证的，应当采信其庭审证言；不能作出合理解释，而其庭前证言有其他证据印证的，可以采信其庭前证言。(《刑诉解释》第91条) [注意] 当前后的证言出现矛盾时，能否采信主要看是否有证据相印证。	
证人证言的审查与认定（《刑诉解释》第89、90条）	不得作为定案的根据的情形★	1.询问证人没有个别进行的。 2.书面证言没有经证人核对确认的。 3.询问聋、哑人，应当提供通晓聋、哑手势的人员而未提供的。 4.询问不通晓当地通用语言、文字的证人，应当提供翻译人员而未提供的。 [考点解读]（1）注意不得作为定案根据主要指的是证人证言的真实性出了问题，未个别进行主要指的是两个以上的证人陈述容易相互影响；书面证言未经核对确认主要是指证人证言是否有遗漏或错误无法判断。 （2）上述第3、4点可合并记忆为"缺翻译"，一个为缺肢体、一个为缺语言的翻译，也使证据真实性产生了疑问。
	可经过补正的情形	证人证言的收集程序、方式有下列瑕疵，经补正或者作出合理解释的，可以采用；否则不得作为定案的根据： 1.询问笔录没有填写询问人、记录人、法定代理人姓名以及询问的起止时间、地点的。 2.询问地点不符合规定的。 3.询问笔录没有记录告知证人有关作证的权利义务和法律责任的。 4.询问笔录反映出在同一时段，同一询问人员询问不同证人的。 5.询问未成年人，其法定代理人或者合适成年人不在场的。 [考点解读] 在可以补正的情形中，一定要注意第2点和第4点，这两点属于明显违反法律的规定却依然可以补正和合理解释的，考生可重点记忆。上述第5点为2021年新增的法律规定，询问未成年证人时应当由合适的成年人陪同，如果没有也是可以补正及合理解释，一定要对比供述的结果来看。

三、被害人陈述

[20160268D、20110227A]

概念	1.被害人陈述是指刑事被害人就其受害情况和其他与案件有关的情况向公安司法机关所作的陈述。 2.被害人往往是合法权益遭受犯罪行为直接侵害的人，其身份是由犯罪行为决定的，具有不可替代性。被害人既可以是自然人，也可以是法人。
审查与认定	同证人证言

四、犯罪嫌疑人、被告人的供述和辩解

[20110266D]

概念	是指犯罪嫌疑人、被告人就有关案件的情况向侦查、检察和审判人员所作的陈述，通常称为口供。它的内容主要包括犯罪嫌疑人、被告人承认自己有罪的供述和说明自己无罪、罪轻的辩解。		
特点及认定	翻供时的认定（《刑诉解释》第96条）	庭前与庭审中审查与认定的规则为，哪个阶段有证据加以印证就采信哪个阶段： 1.被告人庭审中翻供，但不能合理说明翻供原因或者其辩解与全案证据矛盾，而其庭前供述与其他证据相互印证的，可以采信其庭前供述。 2.被告人庭前供述和辩解存在反复，但庭审中供认，且与其他证据相互印证的，可以采信其庭审供述；被告人庭前供述和辩解存在反复，庭审中不供认，且无其他证据与庭前供述印证的，不得采信其庭前供述。	
	共犯口供的性质★	参与即为口供、未参与即为证言： 就同一事实作陈述则为口供，就以外的事实作陈述则为证言。 同案犯罪嫌疑人、被告人检举其他共犯的犯罪事实属于犯罪嫌疑人、被告人供述和辩解的内容，不是证人证言。因为共犯是指二人以上共同故意犯罪，共犯相互之间就共同犯罪的情况相互检举，与个人的罪责有关。而单个犯罪嫌疑人、被告人检举他人的犯罪事实，或同案犯罪嫌疑人、被告人对非共犯的检举，则与自己的罪责无关，应属于证人证言。 [例如]云云和小白出去盗窃，小白还背着云云实施强奸，如果云云说盗窃是小白策划的，则对于小白而言属于口供，如果云云还陈述小白的强奸事实则属于证人证言。	
审查判断★	基本原则（《刑诉法》第55条）	1.重证据、重调查研究，不轻信口供。 2.在收集口供中要严禁刑讯逼供，禁止以威胁、引诱、欺骗等非法方法提取口供。 3.光有口供不可定案、无口供可定案。	
	具体审查处理（《刑诉解释》第94、95条）	1.不得作为定案的根据的情形	（1）讯问笔录没有经被告人核对确认的； （2）讯问聋、哑人，应当提供通晓聋、哑手势的人员而未提供的； （3）讯问不通晓当地通用语言、文字的被告人，应当提供翻译人员未提供的； （4）讯问未成年人，其法定代理人或者合适成年人不在场的。 [注意]如果询问未成年证人、被害人属于可以补正、合理解释的情形，但是如果是讯问未成年被告人无法定代理人则直接不得作为定案根据。
		2.需经过补正的	（1）讯问笔录填写的讯问时间、讯问地点、讯问人、记录人、法定代理人等有误或者存在矛盾的； （2）讯问人没有签名的； （3）首次讯问笔录没有记录告知被讯问人相关权利和法律规定的。

五、鉴定意见

[20150223、20140229、20120266B]

概念		1.鉴定意见是指公安司法机关为了解决案件中某些专门性问题,指派或聘请具有这方面专门知识和技能的人进行鉴定后所作的书面意见。 [注意]鉴定意见必须是专门的鉴定机构中具有专门鉴定资格的鉴定人才能作,其他没有专门鉴定资格的主体给出的结论有可能是检验报告。 2.常见的有法医学鉴定、司法精神病学鉴定、书法笔迹鉴定、痕迹鉴定等。
特点★		1.**内容**:仅限于解决案件所涉及的科学技术问题,而不是就法律问题提供意见,例如故意杀人案中鉴定人只需解决死亡的时间及死亡的原因,不需要解决谁杀的人,是否要判处死刑。 2.**主体特定**:必须**公安司法机关**指派或者聘请的人,即不可以由当事人自己聘请鉴定人。 3.**鉴定意见分类**:分为肯定性意见和倾向性意见两种。实践中,大多数的鉴定意见都是对鉴定问题提出肯定性结论意见,有时因为材料不充分或鉴定条件不能满足等原因,鉴定人只能提出倾向性意见而不能作出肯定性结论。**后者不是严格意义上的鉴定意见,不能作为定案的根据使用,只能供办案人员参考**。例如对墙壁上的"云云杀我"的笔迹鉴定后鉴定人给出倾向性认为此笔记为小白留下的;再如血迹的鉴定结论为不排除有被害人的血迹,都不得作为定案的根据。
鉴定意见的运用★	1.形式要求	鉴定意见的形式必须是书面的鉴定书,由鉴定人本人签名并加盖单位公章。
	2.出庭要求 (《刑诉法》 第192条)	(1)鉴定意见必须当庭宣读,鉴定人一般应当出庭,对鉴定过程和内容、结论作出说明,接受质证。 (2)**符合两个条件即需出庭**:第一,公诉人、当事人或者辩护人、诉讼代理人对鉴定意见有异议;第二,人民法院认为鉴定人有必要出庭的。
	3.不出庭的后果 (《刑诉解释》第99条) ★	**无正当理由**: (1)经人民法院通知,鉴定人拒不出庭作证的,鉴定意见不得作为定案的根据。 (2)对没有正当理由拒不出庭作证的鉴定人,人民法院应当通报司法行政机关或者有关部门。 [考点解读]鉴定人只要无正当理由不出庭,鉴定意见不得作为定案根据,此条需与证人证言区分;法院一定不可以直接处罚鉴定人,要想处罚需通报给相应的司法机关。 **有正当理由**: 鉴定人由于不能抗拒的原因或者有其他正当理由无法出庭的,人民法院可以根据情况决定延期审理或者重新鉴定。 [注意]当鉴定人有正当理由时,法院有两种处理方式:一是延期审理;二是重新鉴定。

续表

鉴定意见和证人证言的区别	1.性质不同。鉴定意见是一种意见证据，是鉴定人根据自己的知识和技能对专门性事实问题进行判断后形成的意见，而证人证言是证人就自己亲身感知的案件事实所作的如实供述，不能加入自己的意见判断。 2.形成时间不同。鉴定意见是案发后由公安司法机关根据办案需要指派或聘请鉴定人进行的，而证人对案件的感知则是在案件发生过程中形成的。 3.是否具有不可替代性不同。证人证言不可替代，即使证人与案件有利害关系，证人证言仍然可以作为证据使用，但是如果鉴定人与案件有利害关系，则应当回避，因此鉴定意见具有可替代性。
鉴定意见的审查与认定 ★（《刑诉解释》第98条）	[考点解读] 本规定非常重要，但考生可不必识记，只需掌握鉴定意见审查标准最高，因为鉴定意见的专业性非常强，一般主体无法看懂其鉴定的过程，且鉴定意见对于定案而言又有非常重要的作用，所以任何一个环节违反规定都不得作为定案根据即可。 鉴定意见具有下列情形之一的，不得作为定案的根据： 1.鉴定机构不具备法定资质，或者鉴定事项超出该鉴定机构业务范围、技术条件的。 2.鉴定人不具备法定资质，不具有相关专业技术或者职称，或者违反回避规定的。 3.送检材料、样本来源不明，或者因污染不具备鉴定条件的。 4.鉴定对象与送检材料、样本不一致的。 5.鉴定程序违反规定的。 6.鉴定过程和方法不符合相关专业的规范要求的。 7.鉴定文书缺少签名、盖章的。 8.鉴定意见与案件待证事实没有关联的。 9.违反有关规定的其他情形。
报告★	1.检验报告（《刑诉解释》第100条） （1）因无鉴定机构，或者根据法律、司法解释的规定，指派、聘请有专门知识的人就案件的专门性问题出具的报告，**可以作为证据使用**。 （2）报告的审查与认定，参照适用鉴定意见的审查与认定的规定。 （3）经人民法院通知，出具报告的人拒不出庭作证的，有关报告不得作为定案的根据。 [考点解读] 2020年主观题考查了有关机关对于网络犯罪中的游戏币所作的价格认定属于何种证据形式，应当如何审查认定。考生要抓住的核心是非鉴定人作出，因而非鉴定意见，因为鉴定意见只能是具有鉴定资质的鉴定人作出，鉴定意见属于八大证据种类之一，而检验报告并非法定的证据种类，但是又具有一定的专业性有参考价值，因而只能认定为检验报告。根据《刑诉解释》来看，其可以作为定案的根据。 2.事故报告可以定案（《刑诉解释》第101条） 有关部门对事故进行调查形成的报告，在刑事诉讼中可以作为证据使用；报告中涉及专门性问题的意见，**经法庭查证属实，且调查程序符合法律、有关规定的，可以作为定案的根据**。 [注意] 例如火灾认定报告，认定的起火时间、源头、原因等可以用来证明案件事实。

六、勘验、检查、侦查实验等笔录

[20160229、20110227C]

勘验笔录、检查笔录	概念及形式★	**1.勘验笔录** 勘验笔录是指**办案人员**对与犯罪有关的场所、物品、尸体等进行勘查、检验后所作的记录。 勘验笔录的形式包括<u>文字记载、绘制的图样、照片、复制的模型材料和录像等</u>。勘验笔录就其内容可分为现场勘验笔录、物体勘验笔录、尸体勘验笔录等。 **2.检查笔录** 检查笔录是指办案人员为确定被害人、犯罪嫌疑人、被告人的某些特征、伤害情况和生理状态，对他们的人身进行检验和观察后所作的客观记载。检查笔录以文字记载为主，也可以拍照、录像等。 [注意] 勘验、检查笔录是一种书面形式的证据材料，但它在形成时间、制作主体以及内容等方面都有别于书证。从勘验、检查笔录的内容看，记载的多是物证材料，但它并不是物证材料（如血迹、毛发）本身，而是保全这些证据的方法。
	程序及记载	1.对同一现场先后多次进行勘验时，第一次以后的勘验均应制作补充笔录。有多处现场时，勘验后应分别制作笔录。 2.物品检验记录应记载：物品的来源及检验的时间、地点，物品的特征，必要时，可绘图或者拍照附于笔录内。笔录应当由参加勘验的见证人签名或者盖章。
	审查与认定	勘验、检查笔录存在**明显不符合法律、有关规定的情形，不能作出合理解释或者说明的，不得作为定案的根据**。（《刑诉解释》第103条）
侦查实验		侦查实验的条件与事件发生时的条件有明显差异，或者存在影响实验结论科学性的其他情形的，侦查实验笔录不得作为定案的根据。（《刑诉解释》第106条）

> **进阶考点** 辨认笔录的审查与认定★（《刑诉解释》第105条）

辨认笔录具有下列情形之一的，不得作为定案的根据：
1.辨认不是在<u>调查人员、侦查人员</u>主持下进行的。
2.辨认前使辨认人见到辨认对象的。
3.辨认活动没有个别进行的。
4.辨认对象没有混杂在具有类似特征的其他对象中，或者供辨认的对象数量不符合规定的。
5.辨认中给辨认人明显暗示或者明显有指认嫌疑的。
6.违反有关规定、不能确定辨认笔录真实性的其他情形。

[注意] 辨认笔录不得作为定案根据的情形主要针对的是其真实性问题，例如未个别进行，担心相互影响，或者之前见到或之中给出暗示都容易使真实性出问题。

七、视听资料、电子数据

[20160295、20110266A、20100223]

概念	\multicolumn{2}{l	}{ 1.**概念**：视听资料、电子数据是指以录音、录像、电子计算机或其他高科技设备所存储的信息证明案件真实情况的资料。 2.**电子数据的范围**（《电子数据若干规定》[①]第1条） 电子数据是案件发生过程中形成的，以数字化形式存储、处理、传输的，能够证明案件事实的数据。电子数据包括但不限于下列信息、电子文件： （1）网页、博客、微博客、朋友圈、贴吧、网盘等网络平台发布的信息； （2）手机短信、电子邮件、即时通信、通讯群组等网络应用服务的通信信息； （3）用户注册信息、身份认证信息、电子交易记录、通信记录、登录日志等信息； （4）文档、图片、音视频、数字证书、计算机程序等电子文件。 以数字化形式记载的证人证言、被害人陈述以及犯罪嫌疑人、被告人供述和辩解等证据，不属于电子数据。确有必要的，对相关证据的收集、提取、移送、审查，可以参照适用本规定。 [考点解读] 作为视听资料、电子数据的录音、录像，一般产生于诉讼开始之前，犯罪实施过程之中。如果是在刑事诉讼启动之后，公安司法机关为了收集、固定和保全证据而制作的录音、录像等，不是视听资料、电子数据。 例如，在询问证人、被害人，讯问犯罪嫌疑人、被告人过程中进行的录音、录像，应当分别属于证人证言，被害人陈述，犯罪嫌疑人、被告人的供述；勘验、检查中进行的录像，应当是勘验、检查笔录的组成部分。但是，该资料用于证明讯问、询问或勘验、检查程序是否合法这一争议问题时，则属于视听资料、电子数据。 }
审查与认定★	视听资料 （《刑诉解释》 第109条）	**真实性无法确定**——具有下列情形之一的，**不得作为定案的根据**： 1.系篡改、伪造或者无法确定真伪的； 2.制作、取得的时间、地点、方式等有疑问，不能作出合理解释的。 [注意] 视听资料存在疑问的应当进行鉴定。（《刑诉解释》第108条）
	电子数据 （《刑诉解释》 第113、114条）	不得作为定案根据★——真实性无法确定	（1）系篡改、伪造或者无法确定真伪的； （2）有增加、删除、修改等情形，影响电子数据真实性； （3）其他无法保证电子数据真实性的情形。
		可补正、可合理解释	（1）未以封存状态移送的； （2）笔录或者清单上没有侦查人员、电子数据持有人、提供人、见证人签名或者盖章的； （3）对电子数据的名称、类别、格式等注明不清的； （4）有其他瑕疵的。

---

① 《关于办理刑事案件收集提取和审查判断电子数据若干问题的规定》，本书简称《电子数据若干规定》。

不易理解内容的说明	对视听资料、电子数据，还应当审查是否移送文字抄清材料以及对绰号、暗语、俗语、方言等不易理解内容的说明。未移送的，**必要时**，可以要求人民检察院移送。(《刑诉解释》第115条)

> **进阶考点** 电子数据的其他规定(《电子数据若干规定》第4~21条)〔2020、20170269〕

一、保护电子证据完整性的方法(《刑诉解释》第111条)

对电子数据是否完整，应当根据保护电子数据完整性的相应方法进行审查、验证：

1. 审查原始存储介质的扣押、封存状态。
2. 审查电子数据的收集、提取过程，查看录像。
3. 比对电子数据完整性校验值。
4. 与备份的电子数据进行比较。
5. 审查冻结后的访问操作日志。
6. 其他方法。

二、三种应当保密的情况

1. 国家秘密。2. 商业秘密。3. 个人隐私。

三、提取与收集★

提取收集电子数据主要采取以下三步走的方式：

（一）以扣押原始存储介质作为原则

1. 收集、提取电子数据，能够扣押电子数据原始存储介质的，应当扣押、封存原始存储介质，并制作笔录，记录原始存储介质的封存状态。

2. 封存的具体要求

（1）封存电子数据原始存储介质，应当保证在不解除封存状态的情况下，无法增加、删除、修改电子数据。封存前后应当拍摄被封存原始存储介质的照片，清晰反映封口或者张贴封条处的状况。

（2）封存手机等具有无线通信功能的存储介质，应当采取信号屏蔽、信号阻断或者切断电源等措施。

（二）无法扣押可以采取提取的方式

1. 直接提取的情形

具有下列情形之一，无法扣押原始存储介质的，可以提取电子数据，但应当在笔录中注明不能扣押原始存储介质的原因、原始存储介质的存放地点或者电子数据的来源等情况，并计算电子数据的完整性校验值：

（1）原始存储介质不便封存的；

（2）提取计算机内存数据、网络传输数据等不是存储在存储介质上的电子数据的；

（3）原始存储介质位于境外的；

（4）其他无法扣押原始存储介质的情形。

2.网络在线提取

对于原始存储介质位于境外或者远程计算机信息系统上的电子数据，可以通过网络在线提取。

（三）可打印或录像保全

由于客观原因无法或者不宜依据上述规定收集、提取电子数据的，可以采取打印、拍照或者录像等方式固定相关证据，并在笔录中说明原因。

[考点解读]《公安规定》第66条对此也作出了类似规定：

1.原则上扣押：收集、调取电子数据，能够扣押电子数据原始存储介质的，应当扣押原始存储介质，并制作笔录、予以封存。

2.例外可提取：确因客观原因无法扣押原始存储介质的，可以现场提取或者网络在线提取电子数据。

3.可打印：无法扣押原始存储介质，也无法现场提取或者网络在线提取的，可以采取打印、拍照或者录音录像等方式固定相关证据，并在笔录中注明原因。

四、电子数据的移送与展示

（一）对电子证据的冻结

1.冻结的情形

具有下列情形之一的，经县级以上公安机关负责人或者检察长批准，可以对电子数据进行冻结：

（1）数据量大，无法或者不便提取的；

（2）提取时间长，可能造成电子数据被篡改或者灭失的；

（3）通过网络应用可以更为直观地展示电子数据的；

（4）其他需要冻结的情形。

2.解除冻结

应当在3日内制作协助解除冻结通知书，送交电子数据持有人、网络服务提供者或者有关部门协助办理。

冻结电子数据，应当采取以下一种或者几种方法：

（1）计算电子数据的完整性校验值；

（2）锁定网络应用账号；

（3）其他防止增加、删除、修改电子数据的措施。

（二）见证人

1.收集、提取电子数据，应当根据刑诉法规定，由符合条件的人员担任见证人。无见证人的应当在笔录中注明情况，并对相关活动进行录像。

2.针对同一现场多个计算机信息系统收集、提取电子数据的，可以由1名见证人见证。

（三）电子数据检查

1.应当对电子数据存储介质拆封过程进行录像，并将电子数据存储介质通过写保护设备接入到检查设备进行检查；有条件的，应当制作备份，对备份进行检查；无法使用保护设备且无法制作备份的，应当注明原因，并对相关活动进行录像。

2.电子数据检查应当制作笔录，注明检查方法、过程和结果，由有关人员签名或者盖章。进行侦查实验的，应当制作侦查实验笔录，注明侦查实验的条件、经过和结果，由参加实验的人员签名或者盖章。

（四）移送规则 ★

1.应当以封存状态随案移送，并制作电子数据的备份一并移送。

2.对网页、文档、图片等可以直接展示的电子数据，可以不随案移送打印件。

3.对侵入、非法控制计算机信息系统的程序、工具以及计算机病毒等无法直接展示的电子数据，应当附电子数据属性、功能等情况的说明。

（五）同一性及关联性审查

1.认定犯罪嫌疑人、被告人的网络身份与现实身份的同一性，可以通过核查相关IP地址、网络活动记录、上网终端归属、相关证人证言以及犯罪嫌疑人、被告人供述和辩解等进行综合判断。

2.认定犯罪嫌疑人、被告人与存储介质的关联性，可以通过核查相关证人证言以及犯罪嫌疑人、被告人供述和辩解等进行综合判断。

经典考题：1.请问收集中有关于犯罪的聊天记录，必须随原始的聊天时使用的手机移送才能作为定案的依据，是否正确？

2.检查U盘内的电子数据时，应将U盘拆分过程进行录像，是否正确？ ①

八、关于证据的其他规定

[20170295、20160229、20160268C]

反对强迫自证其罪 （《刑诉法》第52条）	严禁刑讯逼供和以威胁、引诱以及其他非法方法收集证据，不得强迫任何人证实自己有罪。
年龄的认定 （《刑诉解释》第146条）	审查被告人实施被指控的犯罪时或者审判时是否达到相应法定责任年龄，应当根据户籍证明、出生证明文件、学籍卡、人口普查登记、无利害关系人的证言等证据综合判断。 证明被告人已满12周岁、14周岁、16周岁、18周岁或者不满75周岁的证据不足的，应当作出有利于被告人的认定。——**存疑时有利于被告人的原则** [考点解读] 审查被告人实施被指控的犯罪时或者审判时是否达到相应法定责任年龄，应当根据户籍证明、出生证明文件、学籍卡、人口普查登记、无利害关系人的证言等证据综合判断。

---

① 【答案】1.不正确，因为手机作为原始的存储介质，原则上应当扣押，但例外情形发生可以不扣押，当未扣押时直接将提取的电子数据随案移送即可。2.正确。

续 表

见证人制度★ (《刑诉解释》 第80条)	（一）下列人员不得担任刑事诉讼活动的见证人： 1.无相适应的能力：生理上、精神上有缺陷或者年幼，不具有相应辨别能力或不能正确表达的人； 2.与案件有利害关系，可能影响案件公正处理的人； 3.办案机关自己人不行：行使勘验、检查、搜查、扣押、组织辨认等监察调查、刑事诉讼职权的监察、公安、司法机关的工作人员或者其聘用的人员。 （二）无见证人的替代措施： 由于客观原因无法由符合条件的人员担任见证人的，应当在笔录材料中注明情况，并对相关活动进行全程录音录像。 [注意]即无法找到适合鉴定人可以用笔录注明加录像的方式替代，产生相同的效力，因为录像能够完整反映程序之过程。 经典考题：勘验现场时无法找到适格的见证人，采取录像并在笔录中注明，所得到的笔录是否可以采用？①	
自首、坦白、立功的证据材料形式 (《刑诉解释》 第144条)	证明被告人自首、坦白、立功的证据材料，没有加盖接受投案、坦白、检举揭发等的单位的印章，或者接受人员没有签名的，不得作为定案的根据。——需同时有单位印章和个人签名	
其他机关移送证据的审查与认定 (《公安规定》第63条；《高检规则》第64、65条)	行政机关	行政机关在行政执法和查办案件过程中收集的物证、书证、视听资料、电子数据等证据材料，经法庭查证属实，且收集程序符合有关法律、行政法规规定的，可以作为定案的根据。 根据法律、行政法规规定行使国家行政管理职权的组织，在行政执法和查办案件过程中收集的证据材料，视为行政机关收集的证据材料。(《刑诉解释》第75条)
	监察机关	监察机关依法收集的证据材料，在刑事诉讼中可以作为证据使用。对前款规定证据的审查判断，适用刑事审判关于证据的要求和标准。(《刑诉解释》第76条)
涉外证据须附译本	控辩双方提供的证据材料涉及外国语言、文字的，应当附中文译本。(《刑诉解释》第78条)	
技术手段获取的证据	1.定性(《刑诉解释》第116条) 依法采取技术调查、侦查措施收集的材料在刑事诉讼中可以作为证据使用。采取技术调查、侦查措施收集的材料，作为证据使用的，应当随案移送。 2.保护手段(《刑诉解释》第117条) 使用采取技术调查、侦查措施收集的证据材料可能危及有关人员的人身安全，或者可能产生其他严重后果的，可以采取下列保护措施：	

---

① 【答案】可以直接使用。

续 表

| |（1）使用化名等代替调查、侦查人员及有关人员的个人信息；
（2）不具体写明技术调查、侦查措施使用的技术设备和技术方法；
（3）其他必要的保护措施。
3.文书及介质（《刑诉解释》第118条）
移送技术调查、侦查证据材料的，**应当附**采取技术调查、侦查措施的法律文书、技术调查、侦查证据材料清单和有关说明材料。
移送采用技术调查、侦查措施收集的视听资料、电子数据的，**应当制作新的存储介质**，并附制作说明，写明原始证据材料、原始存储介质的存放地点等信息，由制作人签名，并加盖单位印章。
4.审查规则（《刑诉解释》第120条）
采取技术调查、侦查措施收集的证据材料，应当经过当庭出示、辨认、质证等法庭调查程序查证。
当庭调查技术调查、侦查证据材料可能危及有关人员的人身安全，或者可能产生其他严重后果的，法庭应当采取不暴露有关人员身份和技术调查、侦查措施使用的技术设备、技术方法等保护措施。必要时，审判人员可以在庭外对证据进行核实。
5.裁判文书的限制（《刑诉解释》第121条）
采用技术调查、侦查证据作为定案根据的，人民法院在裁判文书中可以表述相关证据的名称、证据种类和证明对象，但不得表述有关人员身份和技术调查、侦查措施使用的技术设备、技术方法等。|

进阶考点

一、检察院之证据移送义务及规则

（一）一般的证据材料

对提起公诉的案件，人民法院应当审查证明被告人有罪、无罪、罪重、罪轻的证据材料是否**全部随案移送**；**未随案移送的，应当通知人民检察院在指定时间内移送**。人民检察院未移送的，人民法院**应当根据在案证据**对案件事实作出认定。（《刑诉解释》第73条）

［注意］移送证据是检察院的义务，如果因为证据未移送而造成的错判，只要法院尽到通知义务，错案责任由检察院承担。

（二）讯问的录音录像

依法应当对讯问过程录音录像的案件，相关录音录像未随案移送的，必要时，人民法院可以通知人民检察院在指定时间内移送。人民检察院未移送，导致不能排除属于《刑诉法》第56条规定的以非法方法收集证据情形的，对有关证据应当依法排除；导致有关证据的真实性无法确认的，不得作为定案的根据。（《刑诉解释》第74条）

［注意］因为未移送而无法证明讯问的合法性，可能导致供述被排除。

二、境外证据的审查与认定（《刑诉解释》第77条）

（一）公权力机关收集——审查较为宽松

对来自境外的证据材料，人民检察院应当随案移送有关材料来源、提供人、提取人、提取时间等情况的说明。经人民法院审查，相关证据材料能够证明案件事实且符合刑事诉讼法规定的，可以作为证据使用，但提供人或者我国与有关国家签订的双边条约对材料的使用范围有明确限制的除外；材料来源不明或者真实性无法确认的，不得作为定案的根据。

（二）当事人提供——审查非常严格

当事人及其辩护人、诉讼代理人提供来自境外的证据材料的，该证据材料应当经所在国公证机关证明，所在国中央外交主管机关或者其授权机关认证，并经中华人民共和国驻该国使领馆认证，或者履行中华人民共和国与该所在国订立的有关条约中规定的证明手续，但我国与该国之间有互免认证协定的除外。

三、监察机关对证据的收集与运用（《监察法》第33条）

证据性质	监察机关依照《监察法》规定收集的物证、书证、证人证言、被调查人供述和辩解、视听资料、电子数据等证据材料，在刑事诉讼中可以作为证据使用。
审查运用	监察机关在收集、固定、审查、运用证据时，应当与刑事审判关于证据的要求和标准相一致。
非法证据排除	以非法方法收集的证据应当依法予以排除，不得作为案件处置的依据。

第三节　刑事证据的分类

刑事证据的分类，即刑事证据在学理上的分类，是指对证据进行理论研究中，按照证据本身的不同特点，从不同角度在理论上将证据划分为不同的类别。

［20160267BC、20150225、20110225、20100224］

	划分标准	证据材料的来源。
原始证据与传来证据	概念及界定	1.**原始证据**：凡是来自原始出处，即直接来源于案件事实的证据材料，是原始证据。例如，证人根据亲自看到、听到的事实所提供的证言，被害人对自己受害经过的陈述，犯罪嫌疑人、被告人对自己罪行的供认，文件的原本、物证的原件等。 2.**传来证据**：凡是不直接来源于案件事实，而是从间接的非第一来源获得的证据材料，称为传来证据。例如，证人没有亲自听到、看到案件真实情况，而是转述从别人那里听到的情况；物证的复制品、照片；书证的抄件、复印件等。
	原始证据与传来证据的运用 ★	1.通常情况下原始证据的证明价值大于传来证据。 2.虽然原始证据具有较大的证明力，但传来证据在司法实践中也起到不可忽视的作用：可以根据传来证据发现原始证据，帮助审查原始证据是否真实，强化原始证据的证明作用；当原始证据灭失或无法获得时，只要传来证据查证属实，也可用以作为定案的根据。 3.运用传来证据时，除遵守一般的证明规律以外，还应该遵守以下相应的特殊规则： （1）来源不明的材料不能作为证据使用； （2）只有在原始证据不能取得或者确有困难时，才能用传来证据代替； （3）应采用距离原始证据最近的传来证据，即转述、复制次数最少的原始证据； （4）**如果案件只有传来证据，没有任何原始证据，不得认定有罪。**

续 表

	标准	与证明被告人有罪的关系。
有罪证据与无罪证据	概念及界定	1.凡是能够证明犯罪事实存在和犯罪行为系犯罪嫌疑人、被告人所为的证据，是有罪证据。**有罪证据包括罪轻也包括罪重证据**，凡在认定有罪的前提下，用以证明犯罪嫌疑人、被告人具有从轻、减轻、免除处罚或者从重、加重情节的证据，都属于有罪证据。 2.无罪证据则只有两种：一是证明犯罪**事实并未发生的证据**，例如证明被害人系自杀或意外死亡，而非他杀的证据；二是证明**犯罪行为并非该犯罪嫌疑人、被告人所为的证据**，例如证明犯罪嫌疑人、被告人在案发时没有作案时间、不在现场的证人证言。
	运用	1.《刑诉法》第52条明确规定，审判人员、检察人员、侦查人员必须依照法定程序，收集能够证实犯罪嫌疑人、被告人有罪或者无罪、犯罪情节轻重的各种证据。 2.在运用有罪证据和无罪证据时，除遵循运用证据的共同规则外，还应当特别注意以下几点： （1）既要注意收集有罪证据，也要注意收集无罪证据，要防止片面性； （2）在对被告人作出有罪的确定性认定时，要做到有罪证据确实、充分，排除无罪的可能性。如果案内有无罪证据尚未排除，不能得出有罪的结论。
	标准	证据的表现形式。
言词证据与实物证据	概念及界定	1.**言词证据**——嘴巴说出来的话 凡是表现为人的陈述是为言词证据。凡是表现为物品、痕迹和内容具有证据价值的书面文件，即以实物作为表现形式的证据，是实物证据。 [考点解读] 在法律规定的几种证据中，证人证言、被害人陈述、犯罪嫌疑人、被告人供述和辩解都是言词证据。辨认笔录和侦查实验笔录，一般认为也属于言词证据。此外，应当注意的是，鉴定意见也是言词证据。原因在于鉴定意见的实质是鉴定人就鉴定的专门问题发表的个人意见，而且在法庭审理时要求鉴定人对鉴定意见作出口头说明，并当庭回答当事人和辩护人等的发问。 2.**实物证据**：物证、书证、勘验、检查笔录属于实物证据。 [考点解读] 勘验检查笔录本身就是保全物证、书证的手段，因而认定为实物证据。
	标准	能否单独证明案件主要事实。
直接证据与间接证据★	概念及界定★	1.**直接证据** 直接证据是能够单独、直接证明案件主要事实的证据。也就是说，某一项证据的内容，无需经过推理过程，即可以直观地说明犯罪行为是否犯罪嫌疑人、被告人所实施。

续　表

刑事诉讼中的直接证据主要有：（1）被害人指认犯罪分子的陈述；（2）犯罪嫌疑人、被告人的供述和辩解；（3）现场目击者指认出犯罪分子并陈述犯罪过程的证言；（4）记载有关犯罪内容的书证；（5）某些通过监控设备摄录的能够再现犯罪经过的视听资料、电子数据。

[考点解读]（1）直接证据可以分为肯定性直接证据和否定性直接证据。肯定性直接证据主要想证明一个人有罪，其必须能够证明发生了犯罪事实和犯罪主体这两个要素；而否定性直接证据主要想证明一个人无罪，只要足以否定其中的一个要素即可。因为否定性直接证据的成立，就能够证明案件的主要事实不存在，或者不是刑事案件，或者犯罪嫌疑人、被告人没有实施犯罪。

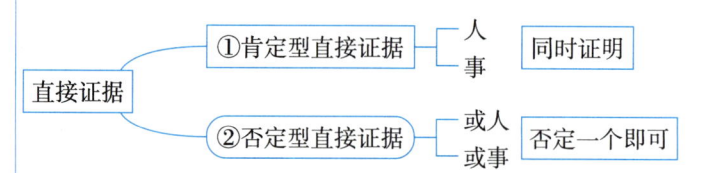

```
                  ┌─ ①肯定型直接证据 ── 人 ── 同时证明
                  │                      事
直接证据 ─────────┤
                  │                      或人
                  └─ ②否定型直接证据 ── 或事 ── 否定一个即可
```

①肯定型直接证据：小区的监视器拍到犯罪嫌疑人故意伤害他人的全过程。
②否定型直接证据：
否定人：故意杀人案犯罪嫌疑人的女朋友证明案发时一起看电影。
否定罪：放火罪监视器拍摄到的画面为大火是电路短路引起。
（2）言词证据多数是直接证据，因为其往往可以直接描述出谁做了什么事，但请注意，并非所有的言词证据都是直接证据，例如盗窃案中被害人只知道自己的财物被窃取，但是却并不知道被谁窃取。
虽然直接证据能够单独地、直接地证明案件主要事实，但在直接证据的运用中应当坚持孤证不能定案的原则。因为如果仅有一个直接证据，而无其他证据，其本身的真实性就得不到其他证据的印证。此外，由于直接证据往往是言词证据，因此，在收集、审查和运用直接证据时应注意严格依照法定程序进行，严禁采用刑讯逼供和以威胁、引诱、欺骗等非法方法收集直接证据。

2.间接证据

间接证据是不能单独、直接证明刑事案件主要事实，需要与其他证据相结合才能证明的证据。间接证据必须与案内的其他证据结合起来，形成一个证据体系，才能共同证明案件的主要事实。

[考点解读]常见的间接证据有：反映犯罪嫌疑人、被告人到过现场的痕迹物品、犯罪工具，反映犯罪动机、目的的证据，认定案发现场的勘验笔录等。特别是各种物证，一般只能证明案件事实中的某些片段或个别情节，基本上属于间接证据。

间接证据的运用规则（《刑诉解释》第140条）		没有直接证据，但间接证据同时符合下列条件的，可以认定被告人有罪：★ 1. 证据已经查证属实。 2. 证据之间相互印证，不存在无法排除的矛盾和无法解释的疑问。 3. 全案证据形成完整的证据链。 4. 根据证据认定案件事实足以排除合理怀疑，结论具有唯一性。 5. 运用证据进行的推理符合逻辑和经验。 [考点解读]（1）间接证据的适用规则在主观题的考查中经常出现，考生需注意。 （2）原始证据与传来证据，有罪证据与无罪证据，言词证据与实物证据，直接证据与间接证据这四种证据分类之间是可以相互兼容的。如犯罪嫌疑人甲的供述，可能既是原始证据、无罪证据，又是言词证据、直接证据。 经典考题：证人听到的被告人说"给他点厉害瞧瞧"，可否作为定案的根据？①

第四节　刑事证据规则

一、刑事证据规则的概念及分类

[20170226、20170296BCD、20160226、20150226、20140228、20120228、20120240、2011026]

概念		刑事证据规则，是指在刑事证据制度中，控辩双方收集和出示证据，法庭采纳和运用证据认定案件事实必须遵循的重要准则。
关联性规则	概念及性质	1. **概念**：关联性规则，是指只有与案件事实有关的材料，才能作为证据使用。 2. **性质**：关联性是证据被采纳的首要条件。没有关联性的证据不具有可采性，但具有关联性的证据未必都具有可采性，仍有可能出于利益考虑，或者由于某种特殊规则，而不具有可采性。
	英美法系排除适用的情形	英美证据法认为下列几种证据不具关联性，不得作为认定案件事实的依据： 1. 品格证据。 一般规则是，一个人的品格或者品格特征的证据，在证明这个人于特定环境下实施了与此品格相一致的行为问题上不具有关联性。 2. 类似行为。 一般规则是，被告人在其他场合的某一行为与他在当前场合的类似行为通常没有关联性。 3. 特定的诉讼行为。 例如曾作有罪答辩后来又撤回等，不得作为不利于被告人的证据采纳。

---

① 【答案】可以，但是需要有其他证据加以印证。因为这句话属于间接证据，只能证明被告人有主观故意，无法单独证明案件的事实，属于间接证据，间接证据可以定案，只是不能单独定案而已。

续 表

		4.特定的事实行为。 例如关于事件发生后某人实施补救措施的事实等，一般情况下不得作为行为人对该事实负有责任的证据加以采用。 5.被害人过去的行为。 例如在性犯罪案件中，有关受害人过去性行为方面的名声或评价的证据，一般不予采纳。
	我国的适用★	证据的关联性一直为我国证据法理论所强调，我国有关司法解释体现了关联性规则的精神。 [例1]《刑诉解释》第262条规定："控辩双方的讯问、发问方式不当或者内容与本案无关的，对方可以提出异议，申请审判长制止，审判长应当判明情况予以支持或者驳回；对方未提出异议的，审判长也可以根据情况予以制止。" 该规定表明，对于与本案无关的证据，法官有权依职权不予调查，从而防止诉讼争点的混乱和证据调查范围的无限扩大，节约司法资源，提高诉讼效率。 [例2]《刑诉解释》第247条规定："控辩双方申请证人出庭作证，出示证据，应当说明证据的名称、来源和拟证明的事实。法庭认为有必要的，应当准许；对方提出异议，认为有关证据与案件无关或者明显重复、不必要，法庭经审查异议成立的，可以不予准许。" 该规定要求，当且仅当控辩双方提交的证据具有关联性时，法庭才允许其进入法庭调查，对无关或重复的证据，法庭可以不予采纳。
自白任意规则	概念	自白任意规则，又称非任意自白排除规则，是指在刑事诉讼中，只有基于被追诉人自由意志而作出的自白（即承认有罪的供述），才具有可采性；违背当事人意愿或违反法定程序而强制作出的供述不是自白，而是逼供，不具有可采性，必须予以排除。
	我国的规定	我国《刑诉法》第52条规定，严禁刑讯逼供和以威胁、引诱、欺骗以及其他非法方法收集证据，不得强迫任何人证实自己有罪。从法律规定来看，我国已经基本确立了自白任意规则。
传闻证据规则	概念及形式★	1.概念 **本人亲自+当庭陈述——否则排除** 传闻证据规则，也称传闻证据排除规则，即如无法定理由，任何人在庭审期间以外及庭审准备期间以外的陈述，不得作为认定被告人有罪的证据。
		2.形式 所谓传闻证据，主要包括两种形式： 一是**书面传闻证据**：即亲身感受了案件事实的证人在庭审期日之外所作的书面证人证言，及警察、检察人员所作的（证人）询问笔录。 二是**言词传闻证据**：即证人并非就自己亲身感知的事实作证，而是向法庭转述他从别人那里听到的情况。

续 表

	排除原因	之所以排除传闻证据，主要理由是"真实性无法判断"： 1.传闻证据有可能失真。 2.传闻证据无法接受交叉询问，真实性无法证实。 3.传闻证据并非在裁判官面前的陈述。
	我国的规定	1.我国《刑诉法》第61条规定："证人证言必须在法庭上经过公诉人、被害人和被告人、辩护人双方质证并且查实以后，才能作为定案的根据。……"这表明从原则上确认了证人应该出庭作证，如果证人不出庭而只提交书面陈述的，应视为不具有证据能力。 2.但是，《刑诉法》第192条规定："公诉人、当事人或者辩护人、诉讼代理人对证人证言有异议，且该证人证言对案件定罪量刑有重大影响，人民法院认为证人有必要出庭作证的，证人应当出庭作证。人民警察就其执行职务时目击的犯罪情况作为证人出庭作证，适用前款规定。公诉人、当事人或者辩护人、诉讼代理人对鉴定意见有异议，人民法院认为鉴定人有必要出庭的，鉴定人应当出庭作证。经人民法院通知，鉴定人拒不出庭作证的，鉴定意见不得作为定案的根据。"第195条又规定："……对未到庭的证人的证言笔录、鉴定人的鉴定意见、勘验笔录和其他作为证据的文书，应当当庭宣读。……"该规定表明，在立法上似乎又允许一部分证人可以不出庭作证。 由此可见，我国现行立法并没有规定传闻证据排除规则，只是部分地体现了该规则的精神。我们国家即使证人不出庭，只要证人证言的真实性能够得到核实确认，该证人证言即可采用。
意见证据规则	概念及表现 — 概念	意见证据规则，是指证人只能陈述自己亲身感受和经历的事实，而不得陈述对该事实的意见或者结论。
	概念及表现 — 理论根据	意见证据规则的理论根据主要表现在： 第一，证人发表意见侵犯了审理事实者的职权。 第二，证人发表意见有可能对案件事实的认定产生误导。 第三，普通证人缺乏发表意见所需要的专门性知识或者基本的技能训练与经验。 第四，普通证人的意见证据对案件事实的认定没有价值。证人的职责只是把事实提供给法院，而不是发表对该事实的意见。
	国外规定	英美国家将证人分为"专家证人"与"普通证人"，允许专家证人基于专业知识提供意见证据，而普通证人则只能陈述他们所知道的第一手资料，并且只能就事实提供证言，即他们不可以提供意见、推论或者结论，但也确定了一些允许普通证人提供意见证据的例外。
	我国规定	1.我国将证人和鉴定人予以区分，鉴定意见是一种独立的证据种类，作为某一方面专家的鉴定人的意见可以作为诉讼中的证据。 2.《刑诉法》第197条规定，公诉人、当事人和辩护人、诉讼代理人可以申请法庭通知有专门知识的人出庭，就鉴定人作出的鉴定意见提出意见。 3.关于普通证人的意见证据，《刑诉解释》第88条第2款规定，证人的猜测性、评论性、推断性的证言，不得作为证据使用，但根据一般生活经验判断符合事实的除外。 [注意] 该规则只针对证人，而不针对鉴定人或者其他人。

续　表

最佳证据规则	概述	1.最佳证据规则，又称原始证据规则，是指以文字、符号、图形等方式记载的内容来证明案情时，<u>原件才是最佳证据</u>。 2.该规则要求书证的提供者应尽量提供原件，如果提供副本、抄本、复制本等<u>非原始材料，则必须提供充足理由加以说明，否则该书证不具有可采性</u>。 3.最佳证据规则的着眼点是书证的真实性、可靠性。书证的原件，真实、可靠程度显然要高于抄件和复制件。
	法律规定	我国《刑诉法》没有明确规定最佳证据规则，但《刑诉解释》第83条规定："据以定案的物证应当是原物。原物不便搬运、不易保存、依法应当返还或者依法应当由有关部门保管、处理的，可以拍摄、制作足以反映原物外形和特征的照片、录像、复制品。……"第84条规定："据以定案的书证应当是原件。取得原件确有困难的，可以使用副本、复制件。……"这些规定都体现了最佳证据规则的精神。 ［注意］该规则只针对书证，而不针对物证或其他种类的证据。

经典考题：1.补强证据规则中的补强证据应当是物证或者是书证，是否正确？

2.乙了解案件情况但因重病无法出庭，法官自行前往调查核实的证人证言是否属于传闻证据？①

进阶考点

一、证据规则的分类

从内容上看，证据规则大体包括两类：

一类是调整证据能力（指证据资格的问题，即能否作为证据）的规则，例如传闻证据规则、非法证据排除规则、意见证据规则、最佳证据规则等。

［注意］例如认定为传闻证据应当排除，不得作为定案根据；又如认定为非法证据应当依法排除。

另一类是调整证明力（证明力大小或者是高低问题）的规则，例如关联性规则、补强证据规则等。

［注意］例如关联性越强，证明力越大。

二、补强证据规则

（一）概念

1.补强证据，是指用以增强另一证据证明力的证据。一开始收集到的对证实案情有重要意义的证据，称为"主证据"，而用以印证该证据真实性的其他证据，就称之为"补强证据"。

2.补强证据规则，是指为了防止误认事实或发生其他危险性，而在运用某些证明力

---

① ［答案］1.错误，补强证据多种多样，例如视听资料、证人证言、被害人陈述等。2.属于，因为判断传闻证据的关键就在于看其是否满足本人亲自+当庭，本案中本人亲自没问题，但是不满足当庭的条件，所以属于传闻证据。考生切记，我国没有树立传闻证据排除规则。

显然薄弱的证据认定案情时，必须有其他证据补强其证明力，才能被法庭采信为定案根据。一般来说，在刑事诉讼中需要补强的不仅包括被追诉人的供述，而且包括证人证言、被害人陈述等特定证据。

（二）条件 ★

补强证据必须满足以下条件：

1.补强证据必须具有证据能力。

2.补强证据本身必须具有担保补强对象真实的能力。补强证据的作用仅在于担保特定补强对象的真实性，而非对整个待证事实或案件事实具有补强作用。

3.补强证据必须具有独立的来源。补强证据与补强对象之间不能重叠，而必须独立于补强对象，具有独立的来源，否则就无法担保补强对象的真实性。例如，被告人在审前程序中所作的供述就不能作为其当庭供述的补强证据。

（三）法律规定

1.口供补强（《刑诉法》第55条）

只有被告人供述，没有其他证据的，不能认定被告人有罪和处以刑罚。

这一规定强调了不能把被告人的供述作为定罪和处罚的唯一证据，口供必须得到其他证据的补强才具有证明力。可见，我国刑诉法确立了口供需要补强的规则。

2.证人证言补强（《刑诉解释》第143条）

下列证据应当慎重使用，有其他证据印证的，可以采信：

（1）生理上、精神上有缺陷，对案件事实的认知和表达存在一定困难，但尚未丧失正确认知、表达能力的被害人、证人和被告人所作的陈述、证言和供述；

[考点解读] 以其中的证人证言为例：此条针对的是不具有相应的辨别及认知能力，但是没有完全丧失的证人所作的证言，此种情形才需要其他证据加以印证。如果给他们的能力打分的话，相适应为100分，无须印证；如果完全不具有辨别及表达能力则为0分，一定不能采信；需要印证才能用的为0分以上，100分以下。如果一个盲人说其看到了案件事实，则打分为0分，不得作为定案的根据；如果腿部残疾的人看到案件事实，分值为100分，无须印证可直接采用；而视力有缺陷的人，能看见但看不清，处于中间位置，则需要其他证据加以印证。

（2）与被告人有亲属关系或者其他密切关系的证人所作的有利被告人的证言，或者与被告人有利害冲突的证人所作的不利被告人的证言。——好作好，不好作不好才要补强。

二、非法证据排除规则 ★

非法手段收集的证据严重侵犯了人权、制造了冤假错案、严重影响了司法公正。所以此规则一直是考试的重点，此规则的内容较多，考生可以分为以下几块进行学习掌握：第一，非法证据的范围，即到底哪些手段获得的哪些证据应当排除；第二，判处的主体与阶段；第三，在审理过程中基本的调查方式；第四，排除的标准及结果。

[20160268B、20130268、20120267]

非法证据的排除范围 ★

（一）言词证据排除范围（《刑诉法》第56条；《关于全面推进以审判为中心的刑事诉讼制度改革的实施意见》第4条；《严格排非规定》[1]）

1.供述

（1）供述：刑讯逼供、暴力、威胁、非法拘禁获得应当排除。

[考点解读] 具体情形及界定（《严格排非规定》第2~4条、《刑诉解释》第123条）

①采取殴打、违法使用戒具等暴力方法或者变相肉刑的恶劣手段，使犯罪嫌疑人、被告人遭受难以忍受的痛苦而违背意愿作出的供述，应当予以排除。

②采用以暴力或者严重损害本人及其近亲属合法权益等进行威胁的方法，使犯罪嫌疑人、被告人遭受难以忍受的痛苦而违背意愿作出的供述，应当予以排除。

③采用非法拘禁等非法限制人身自由的方法收集的犯罪嫌疑人、被告人供述，应当予以排除。

（2）原则上重复性的供述也应当排除，但是换人+告知+自愿不排除。（《严格排非规定》第5条、《刑诉解释》第124条）

采用刑讯逼供方法使被告人作出供述，之后被告人受该刑讯逼供行为影响而作出的与该供述相同的重复性供述，应当一并排除，但下列情形除外：

①调查、侦查期间，监察机关、侦查机关根据控告、举报或者自己发现等，确认或者不能排除以非法方法收集证据而更换调查、侦查人员，其他调查、侦查人员再次讯问时告知有关权利和认罪的法律后果，被告人自愿供述的；

②审查逮捕、审查起诉和审判期间，检察人员、审判人员讯问时告知诉讼权利和认罪的法律后果，被告人自愿供述的。

[考点解读] 重复性的供述之所以排除，是因为无法摒除第一次的行为对其造成的心理影响；而当换人、告知、自愿同时满足时，则可以排除前一次行为对其造成的心理影响，所以三个条件同时符合所获得的供述不排除。

（3）讯问地点不符合规定、未同步录音录像应当排除（《关于建立健全防范刑事冤假错案工作机制的意见》第8条）

①采用刑讯逼供或者冻、饿、晒、烤、疲劳审讯等非法方法收集的被告人供述，应当排除。

②除情况紧急必须现场讯问以外，在规定的办案场所外讯问取得的供述，未依法对讯问进行全程录音录像取得的供述，以及不能排除以非法方法取得的供述，应当排除。

[考点解读] 第一，拘留、逮捕犯罪嫌疑人后，应当按照法律规定送看守所羁押。犯罪嫌疑人被送交看守所羁押后，讯问应当在看守所讯问室进行。因客观原因侦查机关在看守所讯问室以外的场所进行讯问的，应当作出合理解释。（《严格排非规定》第9条）

---

[1] 最高人民法院、最高人民检察院、公安部、国家安全部、司法部《关于办理刑事案件严格排除非法证据若干问题的规定》，本书简称《严格排非规定》。

续　表

	[总结] 大地点不对一般应当排除，即带出看守所排除；小地点不对应当合理解释，即在看守所内的非讯问室进行。 第二，此处可能结合具体的录音录像情形进行考查，侦查人员在讯问犯罪嫌疑人的时候，可以对讯问过程进行录音录像；对于可能判处无期徒刑、死刑的案件或者其他重大犯罪案件，应当对讯问过程进行录音录像。 **2.证人证言、被害人陈述**（《刑诉法》第56条、《关于推进以审判为中心的刑事诉讼制度改革的意见》第4条、《严格排非规定》第6条、《刑诉解释》第125条） 采用暴力、威胁以及非法限制人身自由等非法方法收集的证人证言、被害人陈述，应当予以排除。 **（二）实物类证据排除范围** **物证、书证**（《刑诉法》第56条；《关于推进以审判为中心的刑事诉讼制度改革的意见》第4条；《严格排非规定》第7条） 1.收集物证、书证不符合法定程序，可能严重影响司法公正的，应当予以补正或者作出合理解释；不能补正或者作出合理解释的，对有关证据应当予以排除。 认定"可能严重影响司法公正"，应当综合考虑收集证据违反法定程序以及所造成后果的严重程度等情况。（《刑诉解释》第126条第2款） 2.根据被告人的供述、指认提取到了隐蔽性很强的物证、书证，且被告人的供述与其他证明犯罪事实发生的证据相互印证，并排除串供、逼供、诱供等可能性的，可以认定被告人有罪。（《刑诉解释》第141条）

	\multicolumn{2}{l	}{**（一）侦查阶段** （《公安规定》第71条；《严格排非规定》第14条）}
	\multicolumn{2}{l	}{[考点解读] 三大阶段排非的方式都有两种：一为依职权，依职权主要指当前阶段当家作主的机关主动排除非法证据，例如侦查阶段公安机关排除、审查起诉阶段检察院排除、审理阶段法院排除；二为依申请，申请主要是向当前机关进行，只不过公安的侦查阶段当事人可能更信任检察院，因为检察院是监督机关，所以也可以向检察院申请排非。}
不同阶段的排非程序	依职权	侦查机关自行排除：在侦查阶段发现有应当排除的证据的，经县级以上公安机关负责人批准，应当依法予以排除，不得作为提请批准逮捕、移送审查起诉的依据。
	依申请	1.犯罪嫌疑人及其辩护人在侦查期间可以向人民检察院申请排除非法证据。对犯罪嫌疑人及其辩护人提供相关线索或者材料的，人民检察院应当调查核实。 2.调查结论应当书面告知犯罪嫌疑人及其辩护人。对确有以非法方法收集证据情形的，人民检察院应当向侦查机关提出纠正意见。
	\multicolumn{2}{l	}{**（二）审查批捕、审查起诉阶段** （《严格排非规定》第16~18条）}
	依职权	1.人民检察院在审查起诉期间发现侦查人员以刑讯逼供等非法方法收集证据的，应当依法排除相关证据并提出纠正意见，必要时人民检察院可以自行调查取证。 2.在侦查、审查起诉和审判阶段，人民检察院发现侦查人员以非法方法收集证据的，应当报经检察长批准，及时进行调查核实。

续　表

依申请	1.告知义务 审查逮捕、审查起诉期间讯问犯罪嫌疑人，应当告知其有权申请排除非法证据，并告知诉讼权利和认罪的法律后果。 2.具体程序 主体及条件：审查逮捕、审查起诉期间，犯罪嫌疑人及其辩护人申请排除非法证据，并提供相关线索或者材料的，人民检察院应当调查核实。调查结论应当书面告知犯罪嫌疑人及其辩护人。 [法条链接]上一级人民检察院接到非法方法收集证据的报案、控告、举报的，可以直接进行调查核实，也可以交由下级人民检察院调查核实。交由下级人民检察院调查核实的，下级人民检察院应当及时将调查结果报告上一级人民检察院。(《高检规则》第72条)
排除后的结果	1.人民检察院对审查认定的非法证据，应当予以排除，不得作为批准或者决定逮捕、提起公诉的根据。 2.被排除的非法证据应当随案移送，并写明为依法排除的非法证据。★ 3.人民检察院依法排除非法证据后，证据不足，不符合逮捕、起诉条件的，不得批准或者决定逮捕、提起公诉。 [法条链接]人民检察院经审查认定存在非法取证行为的，对该证据应当予以排除，其他证据不能证明犯罪嫌疑人实施犯罪行为的，应当不批准或者决定逮捕。已经移送起诉的，可以依法将案件退回监察机关补充调查或者退回公安机关补充侦查，或者作出不起诉决定。被排除的非法证据应当随案移送，并写明为依法排除的非法证据。(《高检规则》第73条)
救济权	对于人民检察院排除非法证据后作出不批准逮捕、不起诉决定，公安机关、国家安全机关可要求复议、提请复核。
（三）审判阶段 ★ (《刑诉法》第58条；《刑诉解释》第127~137条；《严格排非规定》第23~30条)	
依职权	法庭审理过程中，审判人员认为可能存在非法方法收集证据情形的，应当对证据收集的合法性进行法庭调查。
依申请 ★	[考点解读]人民法院只要受理了案件材料就意味着案件进入了审理阶段，而案件进入审理阶段第一个必经的环节就是庭前审查，主要是法院审查案件是否符合受理条件，符合就决定开庭审理，不符合就将案件退回人民检察院；而开庭审理距离法院受理案件会间隔一段时间，例如6月1日庭前审查，没问题的其会决定6月29日上午9点正式开庭审理此案，当然在这中间间隔的时间法院可以选择召开或者不召开庭前会议。而根据法律规定，审理阶段如果要申请排非，应当在正式开庭审理前即6月29日上午9点前申请，例外才可以在正式开庭审理中申请。 1.告知义务：法院向被告人及其辩护人送达起诉书副本时，应当告知其有权申请排除非法证据。

续　表

2. **申请时间**（《刑诉解释》第128、129条）

（1）被告人及其辩护人申请排除非法证据，应当在开庭审理前提出，但在庭审期间发现相关线索或者材料等情形除外。

（2）法院应当在开庭审理前将申请书和相关线索或材料的复制件送交检察院。

3. **条件**（《刑诉解释》第127条）

（1）当事人及其辩护人、诉讼代理人申请人民法院排除以非法方法收集的证据的，应当提供涉嫌非法取证的人员、时间、地点、方式、内容等相关线索或者材料。

（2）不符合条件的后果（《严格排非规定》第24条）

被告人及其辩护人在开庭审理前申请排除非法证据，未提供相关线索或者材料，不符合法律规定的申请条件的，人民法院对申请不予受理。

4. **开庭前申请应告知检察院**（《刑诉解释》第129条）

开庭审理前，当事人及其辩护人、诉讼代理人申请人民法院排除非法证据的，人民法院应当在开庭前及时将申请书或者申请笔录及相关线索、材料的复制件送交人民检察院。

庭前申请（《刑诉解释》第130~133条）	**庭审中提**（《严格排非规定》第29、30条、《刑诉解释》第132、134条）
1. 开庭审理前，人民法院**可以召开**庭前会议，就非法证据排除等问题了解情况，听取意见。 [注意]第一，新法规则为可以召开庭前会议；第二，庭前会议非正式的庭审组成部分，人民法院只能了解情况，听取意见，不可以作出排或者不排的决定。 2. **证明程序**：在庭前会议中，人民检察院**可以通过**出示有关证据材料等方式，对证据收集的合法性加以说明。必要时，可以通知调查人员、侦查人员或者其他人员参加庭前会议，说明情况。 3. **证据的撤回**（《刑诉解释》第131条） 在庭前会议中，人民检察院可以撤回有关证据。撤回的证据，没有新的理由，不得在庭审中出示。 4. **申请之撤回** 当事人及其辩护人、诉讼代理人可以撤回排除非法证据的申请。撤回申请后，没有新的线索或者材料，不得再次对有关证据提出排除申请。 5. **调查结果**（《刑诉解释》第133条） 控辩双方在庭前会议中对证据收集是否合法未达成一致意见，人民法院对证据收集的合法性有疑问的，应当在庭审中进行调查；对证据收集的合法性没有疑问，且无新的线索或者材料表明可能存在非法取证的，可以决定不再进行调查并说明理由。	**说理由——审查** 审查 ├─ 有疑问——调查 └─ 没有疑问——驳回 原则上先行调查　　例外调查结束前一并进行　　以相同理由再次申请不再处理 1. 当事人及其辩护人、诉讼代理人在开庭审理前未申请排除非法证据，在庭审过程中提出申请的，应当说明理由。 2. 人民法院经审查，对证据收集的合法性有疑问的，应当进行调查；没有疑问的，驳回申请。 3. 驳回排除非法证据的申请后，当事人及其辩护人、诉讼代理人没有新的线索或者材料，以相同理由再次提出申请的，人民法院不再审查。 4. 具体调查时间 庭审期间，法庭决定对证据收集的合法性进行调查的，应当**先行当庭调查**。但为防止庭审过分迟延，也可以在法庭调查结束前进行调查。

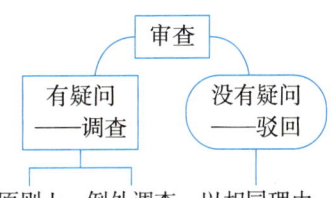

续　表

法庭审理调查程序★ (《严格排非规定》第31条；《刑诉解释》第135条》)	（一）公诉人对证据收集的合法性加以证明，主要包括以下内容： 1.可以出示讯问笔录、提讯登记、体检记录、采取强制措施或者侦查措施的法律文书、侦查终结前对讯问合法性的核查材料等证据材料；提交合法性的证明材料。 [考点解读]（1）看守所应当对提讯进行登记，写明提讯单位、人员、事由、起止时间以及犯罪嫌疑人姓名等情况。看守所收押犯罪嫌疑人，应当进行身体检查。检查时，人民检察院驻看守所检察人员可以在场。检查发现犯罪嫌疑人有伤或者身体异常的，看守所应当拍照或者录像，分别由送押人员、犯罪嫌疑人说明原因，并在体检记录中写明，由送押人员、收押人员和犯罪嫌疑人签字确认。（《严格排非规定》第13条） （2）对重大案件，人民检察院驻看守所检察人员在侦查终结前应当对讯问合法性进行核查并全程同步录音、录像，核查情况应当及时通知本院负责捕诉的部门。（《高检规则》第71条） （3）合法性的证明材料：公诉人提交的取证过程合法的说明材料，应当经有关调查人员、侦查人员签名，并加盖单位印章。未经签名或者盖章的，不得作为证据使用。上述说明材料不能单独作为证明取证过程合法的根据。（《刑诉解释》第135条） 2.有针对性地播放讯问录音录像。 [法条链接]（1）需要播放的讯问录音、录像中涉及国家秘密、商业秘密、个人隐私或者含有其他不宜公开内容的，公诉人应当建议在法庭组成人员、公诉人、侦查人员、被告人及其辩护人范围内播放。因涉及国家秘密、商业秘密、个人隐私或者其他犯罪线索等内容，人民检察院对讯问录音、录像的相关内容进行技术处理的，公诉人应当向法庭作出说明。（《高检规则》第77条） （2）犯罪嫌疑人、被告人及其辩护人向人民法院、人民检察院申请调取公安机关、国家安全机关、人民检察院收集但未提交的讯问录音录像、体检记录等证据材料，人民法院、人民检察院经审查认为犯罪嫌疑人、被告人及其辩护人申请调取的证据材料与证明证据收集的合法性有联系的，应当予以调取；认为与证明证据收集的合法性没有联系的，应当决定不予调取并向犯罪嫌疑人、被告人及其辩护人说明理由。（《严格排非规定》第22条） 3.提请法庭通知侦查人员或者其他人员出庭说明情况。 [考点解读]经人民法院通知，有关人员应当出庭。（《刑诉法》第59条） （二）调查时有疑问的处理 1.法庭对控辩双方提供的证据有疑问的，可以宣布休庭，对证据进行调查核实。必要时，可以通知公诉人、辩护人到场。（《严格排非规定》第32条） 2.法庭对证据收集的合法性进行调查后，应当当庭作出是否排除有关证据的决定。必要时，可以宣布休庭，由合议庭评议或者提交审判委员会讨论，再次开庭时宣布决定。在法庭作出是否排除有关证据的决定前，不得对有关证据宣读、质证。（《严格排非规定》第33条）

续 表

调查的主体	人民检察院应当对证据收集的合法性加以证明。(《刑诉法》第59条) [注意] 公诉案件的举证责任即为检察院承担，因而其出示的证据，其有义务证明是否合法。
排除标准	1.经审理，确认或者不能排除存在《刑诉法》第56条规定的以非法方法收集证据情形的，对有关证据应当排除。 [注意] 考生一定要注意，此处无法查清时也属于应当排除的范围。 2.应当将调查结论告知公诉人、当事人和辩护人、诉讼代理人。

进阶考点

一、审查批捕、审查起诉时检察院的调查程序

（一）合法性说明

人民检察院认为可能存在以刑讯逼供等非法方法收集证据情形的，可以书面要求监察机关或者公安机关对证据收集的合法性作出说明。说明应当加盖单位公章，并由调查人员或者侦查人员签名。

（二）调取录音、录像（《高检规则》第75、76条）

1.公安机关：对于公安机关立案侦查的案件，存在下列情形之一的，人民检察院在审查逮捕、审查起诉和审判阶段，可以调取公安机关讯问犯罪嫌疑人的录音、录像，对证据收集的合法性以及犯罪嫌疑人、被告人供述的真实性进行审查：

（1）认为讯问活动可能存在刑讯逼供等非法取证行为的；

（2）犯罪嫌疑人、被告人或者辩护人提出犯罪嫌疑人、被告人供述系非法取得，并提供相关线索或者材料的；

（3）犯罪嫌疑人、被告人提出讯问活动违反法定程序或者翻供，并提供相关线索或者材料的；

（4）犯罪嫌疑人、被告人或者辩护人提出讯问笔录内容不真实，并提供相关线索或者材料的；

（5）案情重大、疑难、复杂的。

人民检察院调取公安机关讯问犯罪嫌疑人的录音、录像，公安机关未提供，人民检察院经审查认为不能排除有刑讯逼供等非法取证行为的，相关供述不得作为批准逮捕、提起公诉的依据。

2.自侦案件：人民检察院直接受理侦查的案件，负责侦查的部门移送审查逮捕、移送起诉时，应当将讯问录音、录像连同案卷材料一并移送审查。

3.提起公诉：对于提起公诉的案件，被告人及其辩护人提出审前供述系非法取得，并提供相关线索或者材料的，人民检察院可以将讯问录音、录像连同案卷材料一并移送人民法院。

二、第二审人民法院的审查程序

（一）应当对证据收集的合法性进行审查的情形（《刑诉解释》第138条）

1.第一审人民法院对当事人及其辩护人、诉讼代理人排除非法证据的申请没有审查，

且以该证据作为定案根据的。

2.人民检察院或者被告人、自诉人及其法定代理人不服第一审人民法院作出的有关证据收集合法性的调查结论，提出抗诉、上诉的。

3.当事人及其辩护人、诉讼代理人在第一审结束后才发现相关线索或者材料，申请人民法院排除非法证据的。

（二）结果及处理（《严格排非规定》第40、41条）

1.发回重审：第一审人民法院对被告人及其辩护人排除非法证据的申请未予审查，并以有关证据作为定案根据，可能影响公正审判的，第二审人民法院可以裁定撤销原判，发回原审人民法院重新审判。

2.具体判决：第一审人民法院对依法应当排除的非法证据未予排除的，第二审人民法院可以依法排除非法证据。排除非法证据后，原判决认定事实和适用法律正确、量刑适当的，应当裁定驳回上诉或者抗诉，维持原判；原判决认定事实没有错误，但适用法律有错误，或者量刑不当的，应当改判；原判决事实不清楚或者证据不足的，可以裁定撤销原判，发回原审人民法院重新审判。

（三）再审、死刑复核

审判监督程序、死刑复核程序中对证据收集合法性的审查、调查，参照上述规定。

三、非法证据排除规则理论及发展过程

（一）理论

非法证据排除规则，是指违反法定程序，以非法方法获取的证据，原则上不具有证据能力，不能为法庭采纳。既包括非法言词证据的排除，也包括非法实物证据的排除。

非法证据排除规则在刑事诉讼中的确立，是价值权衡的结果：如果允许将非法取得的证据作为定案根据，有时对查明案情、实现国家的刑罚权是有帮助的，但这样做又是以侵犯宪法保障的公民基本权利、违反程序公正为代价的；反之，如果将非法取得的证据一律排除，又可能影响到对犯罪的查明和惩治。从近现代刑事诉讼制度的发展趋势来看，人权保障的价值目标愈来愈受到重视，日渐成为一种优位的价值理念，当惩罚犯罪与人权保障发生冲突时，各国越来越倾向于优先保障人权。因此，各国立法均在一定程度上确立了非法证据排除规则，但为了兼顾惩罚犯罪的客观需要，多数国家又确立了一些例外。

（二）发展过程

在我国，为保证证据收集的合法性，刑诉法及相关司法解释对于证据的收集、固定、保全、审查判断、查证核实等，逐渐形成了一套比较严格、系统的程序。

[注意] 此点考查过主观题。

1.2010年6月发布的《关于办理刑事案件排除非法证据若干问题的规定》对我国的非法证据排除规则首次作了比较明确具体的规定。

2.2012年修正后的《刑诉法》，除了规定严禁司法工作人员刑讯逼供和以威胁、引诱、欺骗及其他非法方法收集证据之外，还在三个方面增加了关于非法证据排除规则的相关规定：第一，排除范围。第二，法庭调查，包括启动、证明、处理。第三，法律监督。

3.在随后相应修订的相关司法解释中，都明确、详细地增加了排除非法证据的内容。

如最高人民法院的《刑诉解释》专门规定了一节的内容"非法证据排除"。《高检规则》《公安规定》也作了相应规定。最高人民法院的《刑诉解释》和最高人民检察院的《高检规则》还对刑讯逼供的具体含义进行了界定。

4.为切实防范冤假错案的发生,最高人民法院《关于建立健全防范冤假错案工作机制的意见》对排除非法证据的情形又进行了更加细化的规定。

5. 2017年最高人民法院、最高人民检察院、公安部、国家安全部、司法部《关于办理刑事案件严格排除非法证据若干问题的规定》对其作出了更加详细及具有可操作性的规定。

6. 2018年《刑诉法》、2019年《高检规则》、2020年《公安规定》、2021年《刑诉解释》,都进一步完善了非法证据排除规则。

经典考题：1.拘传后对犯罪嫌疑人进行讯问时间达22个小时,但保证是必要的饮食,所得供述是否排除？

2.以证人隐私相威胁获得的证人证言,是否要排除？[①]

第五节 刑事诉讼证明

一、刑事诉讼证明概述

[2019、20170270、20160230、20160269、20100225]

概念及特征	概念	刑事诉讼证明是指国家公诉机关和诉讼当事人在法庭审理中依照法律规定的程序和要求向审判机关提出证据,运用证据阐明系争事实,论证诉讼主张成立的活动。
	特征	1.刑事诉讼证明的**主体是国家公诉机关和诉讼当事人**。我国刑事诉讼中,公诉机关和自诉人实际上处于原告一方,负有向法庭提出证据证明被告人有罪的责任。被告人原则上不负证明责任,仅在特定情况下承担证明责任。 [考点解读] 公安机关和人民法院不是证明的主体。公安机关虽然承担主要的侦查任务,协助检察机关行使控诉职能,但是其侦查行为只是为公诉机关的刑事诉讼证明活动做准备,公安机关本身并不是刑事诉讼证明的主体。法院的职责是居中裁断,对诉讼双方当事人的证明活动作出评价,因此法院不是证明主体,在法定情况下依照职权调查证据,是为了审查证据,而不是证明自己的主张。 2.刑事诉讼证明的客体是诉讼中需要运用证据加以证明的事项。证明对象是与定罪、量刑及保障程序公正有关,从而具有诉讼意义的事项。

[①]【答案】1.应当排除,因为已经构成了疲劳审讯。2.应当排除,因为通过威胁手段获得的证人证言也应当排除。

续　表

	3.严格意义上的刑事诉讼证明只存在于审判阶段。 [考点解读] 刑事诉讼证明是与法庭审判紧密联系的概念，解决的是在审判程序中由谁提出诉讼主张并加以证明的问题。侦查人员、检察人员在审前阶段对证据的收集审查活动属于"查明"，而非"证明"。庭审前的收集、提取证据只是为法庭上的证明活动奠定基础，创造条件，而不属于严格意义上的刑事诉讼证明。 4.刑事诉讼证明受证明责任的影响或支配。根据证明责任的要求，如果依法承担证明责任的诉讼主体对待证事实的证明未能达到法律要求的标准，则要承担可能败诉的风险。 5.刑事诉讼证明不仅是一种认识活动，还是一种诉讼行为，直接受各类诉讼法律的规范和调整。 [考点解读] 刑事诉讼证明是"抽象思维活动与具体诉讼行为的统一"。诉讼是以解决利益争端和纠纷为目的的活动。定分止争、断狱息讼才是刑事诉讼证明的最终目标。诉讼中争议事项的解决，虽然通常以查明争议事实为基础，但并不是必然前提。而且，刑事诉讼证明是在程序法规制下进行的活动，蕴含着一系列法律价值的实现和选择过程。

二、刑事诉讼证明对象

[2020]

刑事诉讼证明对象	概念	刑事诉讼的证明对象，也称证明客体、待证事实或要证事实，是证明主体运用一定的证明方法所要证明的一切法律要件事实。
	具体内容（《刑诉解释》第72条）	[考点解读] 应当运用证据证明的案件事实包括：一为程序法的事实即以下第10项；二为所有影响定罪+量刑的实体法事实，涉及定罪的事实主要包括以下第1~4项；涉及量刑的事实，主要包括以下第5~9项。 1.被告人、被害人的身份。 2.被指控的犯罪是否存在。 3.被指控的犯罪是否为被告人所实施。 4.被告人有无刑事责任能力，有无罪过，实施犯罪的动机、目的。 5.实施犯罪的时间、地点、手段、后果以及案件起因等。 6.是否系共同犯罪或犯罪事实存在关联，以及被告人在犯罪中的地位、作用。 7.被告人有无从重、从轻、减轻、免除处罚情节。 8.有关涉案财物处理的事实。 9.有关附带民事诉讼的事实。 10.有关管辖、回避、延期审理等的程序事实。 11.与定罪量刑有关的其他事实。 认定被告人有罪和对被告人从重处罚，适用证据确实、充分的证明标准。 [注意] 刑诉法将收集证据程序的合法性纳入了需要证明的程序法事实。

续　表

	[活学活用]（1）在贪污案件中，被告人是否是国家工作人员的身份要不要运用证据加以证明？ （2）故意伤害案中犯罪嫌疑人甲的身份是否需要运用证据加以证明？①
免证 事实 ★	1.刑事诉讼中的事实一般分为待证事实和免证事实两大类。其中，待证事实是作为证明对象的事实，免证事实是免除控辩双方举证、由法院直接确认的事实。 2.《高检规则》第401条规定了免证事实，即在法庭审理中，下列事实不必提出证据进行证明： （1）为一般人共同知晓的常识性事实； （2）人民法院生效裁判所确认的并且未依审判监督程序重新审理的事实； （3）法律、法规的内容以及适用等属于审判人员履行职务所应当知晓的事实； （4）在法庭审理中不存在异议的程序事实； [注意]不包括实体方面的事实。 （5）法律规定的推定事实； （6）自然规律或者定律。 3.从国外关于免证事实的研究看，免证事实一般包括司法认知、推定和自认三种。

三、刑事诉讼证明责任

[2019]

证明责任 的含义★	1.证明责任也称举证责任，是指人民检察院或某些当事人应当收集或提供证据证明应予认定的案件事实或有利于自己的主张的责任；否则将承担其主张不能成立的危险。 2.证明责任所要解决的问题是：诉讼中出现的案件事实，应当由谁提供证据加以证明，以及在诉讼结束时如果案件事实仍然处于真伪不明的状态，应当由谁来承担不利的诉讼后果。 [例如]人民检察院指控杜某构成故意杀人罪，建议人民法院判处其死刑。此时应当由检察院来承担杜某定罪量刑的举证责任，如果证明不了杜某构成犯罪事实，应当将杜某无罪释放。从行为上而言检察院承担提出证据的责任，从结果上而言检察院的诉讼主张被法院全盘否定，属于一种不利的诉讼结果。
证明责任 的特点★	1.证明责任总是与一定的诉讼主张相联系。 2.证明责任是提供证据责任与说服责任的统一。 [考点解读]所谓提供证据的责任，即双方当事人在诉讼过程中，应当根据诉讼进行的状态，就主张的事实或者反驳的事实提供证据加以证明。所谓说服责任，即负有证明责任的诉讼当事人应当承担运用证据对案件事实进行说明、论证，使法官形成对案件事实的确信的责任。由此可见，仅仅提出证据并不等于履行了证明责任，还必须尽可能地说服裁判者相信所主张的事实存在或不存在。

---

① 【答案】（1）需要。（2）需要，注意无论主体本身是否特殊，被告人及被害人的身份都需要运用证据加以证明。

续 表

	3.证明责任总是和一定的**不利诉讼后果**相联系。 [考点解读] 证明责任最终表现为，如果承担证明责任的一方当事人不能提出足以说服法官确认自己诉讼主张的证据，则需承担诉讼主张不被法院支持或者其他不利后果的责任。在刑事诉讼中，如果控诉方不能提供确实充分的证据或诉讼结束时案件仍处于事实真伪不明的状态，指控的罪名便不能成立，被告人将被宣告无罪，这实质上是指控的失败，从诉讼意义上讲，这一结果就是刑事控告方的"不利后果"。
证明责任的分担★（《刑诉法》第51条）	1.公诉案件人民检察院负有证明被告人有罪的责任。 2.自诉案件的自诉人应当对其控诉承担证明责任。 3.在例外情况下，被告人应当承担提出证据的责任。 [例如]（1）巨额财产来源不明罪；（2）持有型犯罪：非法持有枪支、弹药罪，非法携带枪支、弹药、管制刀具、危险物品危及公共安全罪，持有假币罪，非法持有国家绝密、机密文件、资料、物品罪，非法持有毒品罪等。 《刑法》第395条第1款规定："国家工作人员的财产、支出明显超过合法收入，差额巨大的，可以责令该国家工作人员说明来源，不能说明来源的，差额部分以非法所得论，处五年以下有期徒刑或者拘役；差额特别巨大的，处五年以上十年以下有期徒刑。财产的差额部分予以追缴。"也就是说，对于巨额财产来源不明罪，被告人负有说明明显超过合法收入的那部分财产、支出的来源的责任，如果不能说明来源的，则以巨额财产来源不明罪论处。但是，证明财产、支出明显超过合法收入并差额巨大这一事实存在的责任，仍然由公诉机关承担。 4.附民遵循谁主张谁举证的规则。 [考点解读] 在附带民事诉讼中，附民的原告人一定会提出具体而明确的赔偿请求，有自己积极的诉讼主张，所以附民的原告人一定承担了举证责任；而附民的被告人是否承担举证责任，主要看其是否提出积极的（新的事实产生）的诉讼主张。

经典考题：关于我国刑事诉讼的证明主体，下列哪些选项是正确的？①
A.故意毁坏财物案中的附带民事诉讼原告人是证明主体
B.侵占案中提起反诉的被告人是证明主体

---

① [答案] ABD，A、B项：附带民事诉讼是谁主张谁举证，而在附民中附民的原告人提起诉讼时必须要提出自己的诉讼主张，即需要赔偿的范围及金额，所以附带民事诉讼原告人是百分百的证明主体，因为提起附带民事诉讼时，只要没有明确的诉讼主张人民法院即裁定不予受理；自诉案件的自诉人对其控诉承担证明责任。B项中当被告人就自诉案件提起反诉时其身份在新的反诉案件中就属于自诉人，所以其在反诉案件中承担了证明责任属于证明主体。故A、B项表述正确。[命题提示] 综合性极强，将三个知识点糅合在一个选项中考查，考生复习时需注意搞清每一个概念。C项：证人只有如实陈述案情的义务，并不承担证明责任。故C项表述错误。D项：刑事诉讼的主体包括专门机关及诉讼参与人，而诉讼参与人又分为当事人和其他的诉讼参与人。无论是检察院、自诉人、附带民诉的原告人，抑或特定情况下承担证明责任的被告人，都是刑事诉讼主体。检察院属于专门机关的范围，自诉人、附民的当事人等都属于当事人的范畴。故D项表述正确。此选项既注重考查法律知识又在考查法律逻辑。综上所述，本题应当选择ABD。

C.妨害公务案中就执行职务时目击的犯罪情况出庭作证的警察是证明主体

D.证明主体都是刑事诉讼主体

四、刑事诉讼证明标准

概念	刑事诉讼中的证明标准,是指法律规定的检察机关和当事人运用证据证明案件事实要求达到的程度。(《刑诉法》第200条)	
事实清楚、证据确实充分的认定	具体内容及含义	我国刑事诉讼中认定被告人有罪的证明标准是"犯罪事实清楚,证据确实、充分"。 1.所谓证据确实,是指对定案的证据在质量上的要求:一是指据以定案的单个证据,必须经查证属实;二是指单个证据与案件事实之间,必须存在客观联系。 2.所谓证据充分,是指对定案的证据在数量上的要求,基本要求是,证据的量必须充足,能够组成一个完整的证明体系,所有属于犯罪构成要件及量刑情节的事实均有相应证据加以证明,不存在任何一环的脱漏,而且证据在总体上已足以对所要证明的案件事实得出确定无疑的结论。
	法定条件★ (《刑诉法》第55条)	证据确实、充分,应当符合以下条件: 1.定罪量刑的事实都有证据证明。 2.据以定案的证据均经法定程序查证属实。 3.综合全案证据,对所认定事实已排除合理怀疑。
具体划分标准	诉讼阶段	证明标准
	立案	有犯罪事实发生需要追究刑事责任。(《刑诉法》第112条)
	逮捕	有证据证明有犯罪事实。(《刑诉法》第81条)
	侦查终结提起公诉有罪判决	事实清楚,证据确实、充分。(《刑诉法》第162、176、200条)

[活学活用]下列事实是否属于刑事诉讼中的证明对象?①

1.行贿案中,被告人知晓其谋取的系不正当利益的事实。

2.盗窃案中,被告人的亲友代为退赃的事实。

3.强奸案中,用于鉴定的体液检材是否被污染的事实。

4.侵占案中,自诉人申请期间恢复而提出的其突遭车祸的事实,且被告人和法官均无异议。

> **进阶考点** 证明标准之疑罪的处理

所谓疑罪,是指既有相当的证据说明犯罪嫌疑人、被告人有犯罪嫌疑,但全案证据又未达到确实、充分的要求,不能确定无疑地作出犯罪嫌疑人、被告人犯罪的结论。刑

---

① 【答案】1.属于。2.属于。3.不属于。4.不属于。

诉法明确了"疑罪从无"的处理原则。具体如下：

阶段	疑罪的处理方式
审查起诉	作出不起诉的决定。（《刑诉法》第175条）
一审程序	作出证据不足、指控的犯罪不能成立的无罪判决。（《刑诉法》第200条）
二审程序	原判决事实不清楚或者证据不足的，可以在查清事实后改判；也可以裁定撤销原判，发回原审人民法院重新审判。（《刑诉法》第236条）
再审程序	或按一审或按二审。（《刑诉解释》第472条）
死刑缓期执行案件复核程序	原判事实不清、证据不足的，可以裁定不予核准，并撤销原判，发回重新审判，或者依法改判。（《刑诉解释》第428条）
死刑立即执行案件复核程序	原判事实不清、证据不足的，应当裁定不予核准，并撤销原判，发回重新审判。（《刑诉解释》第429条）

[注意] 定罪证据不足的案件，应当坚持疑罪从无原则，依法宣告被告人无罪，不得降格作出"留有余地"的判决。

主观题连接：

某日凌晨，A市某小区地下停车场发现一具男尸，经辨认，死者为刘瑞，达永房地产公司法定代表人。停车场录像显示一男子持刀杀死了被害人，但画面极为模糊，小区某保安向侦查人员证实其巡逻时看见形似刘四的人拿刀捅了被害人后逃走（开庭时该保安已辞职无法联系）。

侦查人员在现场提取了一只白手套，一把三棱刮刀（由于疏忽，提取时未附笔录）。侦查人员对现场提取的血迹进行了ABO血型鉴定，认定其中的血迹与犯罪嫌疑人刘四的血型一致。

刘四到案后几次讯问均不认罪，后来交代了杀人的事实并承认系被他人雇佣所为，公安机关据此抓获了另外两名犯罪嫌疑人康雍房地产公司开发商张文、张武兄弟。

侦查终结后，检察机关提起公诉，认定此案系因开发某地块利益之争，张文、张武雇佣社会人员刘四杀害了被害人。

法庭上张氏兄弟、刘四同时翻供，称侦查中受到严重刑讯，不得不按办案人员意思供认，但均未向法庭提供非法取证的证据或线索，未申请排除非法证据。

公诉人指控定罪的证据有：①小区录像；②小区保安的证言；③现场提取的手套、刮刀；④ABO血型鉴定；⑤侦查预审中三被告人的有罪供述及其相互证明。三被告人对以上证据均提出异议，主张自己无罪。

问题： 请根据《刑事诉讼法》及相关司法解释的规定，对以上证据分别进行简要分析，并作出是否有罪的结论。

解析： 本案请考生注意，不仅仅要分析刘四是否构成犯罪，还需要分析张氏兄弟是否构成犯罪，知识点有遗漏将会丢掉较大分值，不可以粗心。

而回答被告人是否有罪或者是回答法院应当作出怎样的裁判结果思路都较为一致，具体而言分以下几步走：第一步，简述认定被告人有罪的标准；第二步，简要地提炼案件中能够认定被告人构成犯罪的证据；第三步，将上述证据一一分析，主要分析其存在的问题；第四步，得出结论，进行综合分析。

答案：

1.认定有罪的证明标准：

此案无法认定被告人刘四有罪，因为根据《刑事诉讼法》及相关司法解释规定，要想认定被告人有罪必须达到事实清楚、证据确实充分，而证据确实、充分，应当符合以下条件：

（1）定罪量刑的事实都有证据证明；

（2）据以定案的证据均经法定程序查证属实；

（3）综合全案证据，对所认定事实已排除合理怀疑

2.涉案证据的具体分析：

本案中能够认定刘四构成犯罪的证据主要有：

（1）小区监控录像：只能确认案件事实的发生，无法据此确定犯罪嫌疑人是刘四，所以从性质上而言是间接证据，间接证据必须有其他证据相印证才可以作为定案根据。

（2）小区保安的证人证言：不能作为定案根据，因为该保安在开庭时无法找到，无法审查判断其证言的真实性。

（3）现场提取的手套、刮刀：其属于物证，但提取程序即未附笔录不符合规定。对此可以进行补正和合理解释，如果补正不了、合理解释不了，无法证明物证来源的，则其不得作为定案的根据。

（4）ABO血型鉴定：此鉴定意见是对同一性的认定，关联性本身较弱，因而证明力本身较低，可建议做较高证明力的鉴定，例如DNA血型鉴定；且鉴定意见属于间接证据，必须有其他证据加以印证。

（5）刘四的有罪供述：首先，口供合法性存在疑问，因为虽然他们都提出排非申请却未能提供相关的线索和材料，但是请注意，按照法律规定对于非法证据的调查启动方式有两种，一种是依申请，还有一种是依职权，即当法院已经发现证据的合法性有疑问的时候，法院应当依职权进行调查，而本案并未调查，无法排除合理怀疑。其次，刘四庭审中翻供，而根据司法解释规定翻供发生时要想采用庭前的有罪供述，必须有其他证据相印证，本案中没有其他证据相互印证，不得采信庭前的有罪供述作为定案的根据。

综上所述，本案并没有达到事实清楚、证据确实充分的标准，根据现有证据，无法排除合理怀疑，所以刘四应认定无罪。

而关于张氏兄弟也应该认定无罪：

因为在本案中能够认定张氏兄弟构成犯罪的证据只有刘四的供述及张氏兄弟的供述，而关于他们的供述存在以下问题：

第一，本案三被告人的口供合法性存在疑问，因为虽然他们都提出排非申请却未能提供相关的线索和材料，但是按照法律规定对于非法证据的调查启动方式有两种，一种是依申请，还有一种是依职权，即当法院已经发现证据的合法性有疑问的时候，法院应

当依职权进行调查，而本案并未调查，无法排除合理怀疑。

第二，张氏兄弟和刘四庭审当中进行了翻供，而他们的庭前有罪供述没有办法和其他证据相互印证，所以他们庭前的有罪供述不可以作为认定他们有罪的证据。

第三，刘四对张氏兄弟的检举性质属于犯罪嫌疑人、被告人供述和辩解的内容，不是证人证言，而根据我国法律规定只有被告人供述，没有其他证据的，不能认定被告人有罪和处以刑罚。

综上所述，本案并没有达到事实清楚、证据确实充分的标准，根据现有证据，无法排除合理怀疑，所以张氏兄弟应认定无罪。

专题八　强制措施

命题点拨

在侦查、审查起诉、审理的过程中会出现犯罪嫌疑人、被告人脱逃、自杀、毁灭伪造证据的干扰诉讼活动顺利进行的行为，为了防止这些行为的出现，公、检、法需要对犯罪嫌疑人、被告人的人身自由进行控制，此种控制的手段就是刑事强制措施，所以如果对其定性就是在法院正式定罪量刑之前而对犯罪嫌疑人、被告人采取的保障性手段。

知识体系图

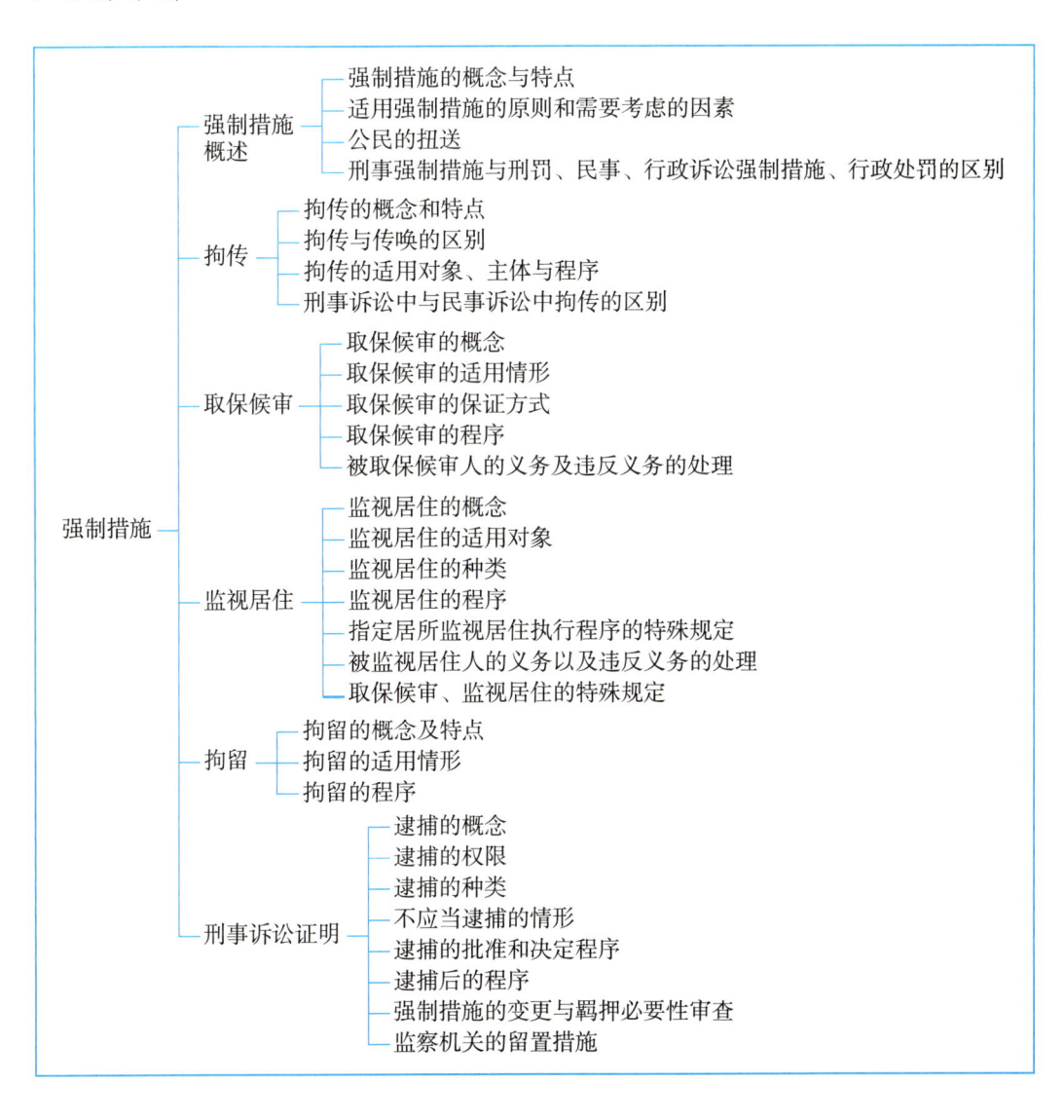

强制措施
- 强制措施概述
  - 强制措施的概念与特点
  - 适用强制措施的原则和需要考虑的因素
  - 公民的扭送
  - 刑事强制措施与刑罚、民事、行政诉讼强制措施、行政处罚的区别
- 拘传
  - 拘传的概念和特点
  - 拘传与传唤的区别
  - 拘传的适用对象、主体与程序
  - 刑事诉讼中与民事诉讼中拘传的区别
- 取保候审
  - 取保候审的概念
  - 取保候审的适用情形
  - 取保候审的保证方式
  - 取保候审的程序
  - 被取保候审人的义务及违反义务的处理
- 监视居住
  - 监视居住的概念
  - 监视居住的适用对象
  - 监视居住的种类
  - 监视居住的程序
  - 指定居所监视居住执行程序的特殊规定
  - 被监视居住人的义务以及违反义务的处理
  - 取保候审、监视居住的特殊规定
- 拘留
  - 拘留的概念及特点
  - 拘留的适用情形
  - 拘留的程序
- 刑事诉讼证明
  - 逮捕的概念
  - 逮捕的权限
  - 逮捕的种类
  - 不应当逮捕的情形
  - 逮捕的批准和决定程序
  - 逮捕后的程序
  - 强制措施的变更与羁押必要性审查
  - 监察机关的留置措施

第一节　强制措施概述

[20170271、20080228]

概念与特点	概念	刑事诉讼中的强制措施，是指公安机关、人民检察院和人民法院为了保证刑事诉讼的顺利进行，依法对刑事案件的<u>犯罪嫌疑人、被告人的人身自由进行限制或者剥夺</u>的各种强制性方法。 [考点解读] 强制措施从定性上而言属于一种预防性、保障性的手段，非惩罚性的手段。公安为了保障侦查活动、检察院为了保障审查起诉活动、法院为了保障审理活动的顺利进行而采取。 我国刑诉法规定了五种强制措施，按照强制程度高低的顺序排列依次为<u>拘传、取保候审、监视居住、拘留、逮捕</u>。其中前三项是限制人身自由的强制措施，而后两项则是剥夺人身自由的强制措施。
	特点	1.主体的特定性 有权适用强制措施的主体只能是公安机关（包括其他侦查机关）、人民检察院和人民法院。 2.对象的唯一性 强制措施的适用对象是犯罪嫌疑人、被告人，对于其他诉讼参与人和案外人不得采用强制措施。 [注意] 证人、单位的诉讼代表人等都不能成为强制措施的适用对象。 3.内容的特定性 强制措施的内容是限制或者剥夺犯罪嫌疑人、被告人的人身自由，而不包括对物的强制处分。 4.目的的预防性 强制措施是预防性措施，而不是惩罚性措施。即适用强制措施的目的是保证刑事诉讼的顺利进行，防止犯罪嫌疑人、被告人逃避侦查、起诉和审讯。 5.适用的法定性 刑诉法对各种强制措施的适用机关、适用条件、程序和时间都进行了严格的规定，其目的是严格控制强制措施的适用，防止滥用而侵犯人权，公安司法人员在适用时不得突破法律的规定。 6.时间的临时性 随着刑事诉讼的进程的推进，强制措施可根据案件的进展情况予以变更或者解除。
	强制措施与强制性措施的区别	强制措施与强制性措施都是公安司法机关在刑事诉讼中经常使用的诉讼手段。 刑事强制措施仅有五项，即拘传、取保候审、监视居住、拘留和逮捕。强制性措施泛指带有强制性质的措施，强制措施属于强制性措施。 但强制性措施不仅仅是强制措施，它还包括其他带有强制性质的措施，如<u>查封、扣押、冻结、搜查、技术侦查等</u>。

续 表

适用强制措施的原则和需要考虑的因素	原则	1.**必要性原则**：指只有在为保证刑事诉讼的顺利进行而有必要时方能采取。 2.**相当性原则又称比例原则**：指适用何种强制措施，应当与人身危险性程度和涉嫌犯罪的轻重程度相适应。即从五种强制措施中具体选择一种的时候必须遵循比例相适应的原则。 3.**变更性原则**：指强制措施的适用，需要随着诉讼的进展、犯罪嫌疑人、被告人及案件情况的变化而及时变更或解除。 [考点解读] 强制措施是一种保障性的手段而非惩罚性的手段，其是为了保障侦查、审查起诉、审判活动的顺利进行，所以随着案件的进展会出现变化。同时考生需要注意，变更既包括从轻变重，例如从取保候审变更为监视居住或者变更为逮捕；也包括从重变轻，例如逮捕变更为取保候审、监视居住。
	需要考虑的因素（综合考虑）	1.犯罪嫌疑人、被告人所实施行为的社会危害性。 2.犯罪嫌疑人、被告人逃避侦查、起诉和审判或者进行各种妨害刑事诉讼行为的可能性。 3.公安司法机关对案件事实的调查情况和对案件证据的掌握情况。 4.犯罪嫌疑人、被告人的个人情况。如其身体健康状况，是否正在怀孕、哺乳自己婴儿的妇女等。

进阶考点

一、公民的扭送

扭送是公民将具有法定情形的人立即送交公、检、法机关处理的行为。

《刑诉法》第84条规定："对于有下列情形的人，任何公民都可以立即扭送公安机关、人民检察院或者人民法院处理：（一）正在实行犯罪或者在犯罪后即时被发觉的；（二）通缉在案的；（三）越狱逃跑的；（四）正在被追捕的。"这一规定体现了刑诉法鼓励公民积极协助公安司法机关，从而有效帮助公安司法机关抓获犯罪嫌疑人、被告人和查明犯罪人的意图。

[注意] 公民扭送并不是刑诉法规定的一种强制措施，而只是配合公安司法机关采取强制措施的一种辅助手段，对于被公民扭送的人是否要采取强制措施以及采取何种强制措施，仍然要由公安司法机关依照法定条件和法定程序决定和执行，对于不需要采取强制措施的，公安司法机关应当将被扭送人释放。

二、刑事强制措施与刑罚、民事、行政诉讼强制措施、行政处罚的区别

区别 \ 种类	刑事强制措施	刑罚	民事、行政强制措施	行政处罚
适用主体	公检法机关	法院	法院	行政机关
适用对象	犯罪嫌疑人、被告人	已决犯	违反法庭秩序、有妨害诉讼行为的人	违法者
适用目的	为保证诉讼顺利进行,预防而非惩罚性	惩罚、改造、预防	为保证诉讼顺利进行,预防且具惩罚性	惩罚
适用条件	有社会危险性或者可能实施妨害刑事诉讼的行为	构成犯罪	实施了妨害诉讼的行为	违法
适用内容	拘传、取保候审、监视居住、拘留、逮捕	主刑和附加刑	民事：拘传、训诫、责令退出法庭、罚款、拘留 行政：训诫、责令具结悔过、罚款、拘留	警告、行政拘留、罚款、没收财物、责令停产停业、暂扣或吊销许可证、执照等
适用依据	《刑诉法》	《刑法》	《民事诉讼法》《行政诉讼法》	《行政处罚法》等

第二节 拘 传

[20120266]

概述	拘传的特点	1.拘传的对象是未被羁押的犯罪嫌疑人、被告人,对于已经被拘留、逮捕的犯罪嫌疑人,可以直接提审进行讯问。 2.拘传的目的是强制犯罪嫌疑人、被告人到案（办案机关的办案场所）接受讯问,没有羁押的效力,拘传不得超过法定的期限,在讯问后,应当将被拘传人立即放回。
	与传唤的区别	1.**强制力不同**。传唤是自动到案,拘传则是强制到案。 2.**适用的对象不同**。传唤适用于所有当事人,包括犯罪嫌疑人、被告人、自诉人、被害人、附带民事诉讼的原告人和被告人；拘传则仅适用于犯罪嫌疑人、被告人。 3.**适用时是否一定需要法律文书不同**。拘传时必须出示《拘传证》,传唤在大多数情况下也需要出示《传唤通知书》,但《刑诉法》第119条规定,对在现场发现的犯罪嫌疑人,侦查人员经出示工作证件,可以口头传唤,但应当在讯问笔录中注明。
适用对象		适用于未被羁押的犯罪嫌疑人、被告人

续 表

适用主体 (《刑诉法》第66条)	公、检、法决定；公、检、法执行，唯一一个三机关都有权决定，都有权执行的措施。 [法条链接] 1.对抗拒拘传的，可以使用戒具，强制到案。执行拘传的人员不得少于2人。(《高检规则》第82条) 2.检察院对犯罪嫌疑人采取强制措施，应当经检察长批准。(《高检规则》第178条)	
拘传的程序要求★	证件 (《公安规定》第79条；《高检规则》第82条；《刑诉解释》第148条)	由公安机关负责人、人民检察院检察长、人民法院院长批准，签发证件，公安、检察院的称为《拘传证》、法院称为《拘传票》。 [注意] 公检法三机关出示的证件并不相同，只有法院称之为拘传票，考生在做题时需要首先判断出决定的主体，再判断证件是否正确。
	地点要求	拘传应当在被拘传人所在的市、县内进行。犯罪嫌疑人工作单位与居住地不在同一市、县的，拘传应当在犯罪嫌疑人工作单位所在的市、县内进行；特殊情况下，也可以在犯罪嫌疑人居住地所在的市、县内进行。(《高检规则》第84条)
	时间限制 (《公安规定》第80条；《高检规则》第83条；《刑诉解释》第149条)	1.拘传持续的时间不得超过12小时；特别重大、复杂，需拘留、逮捕的，拘传不得超过24小时。 2.不得以连续拘传的形式变相拘禁嫌疑人。两次间隔的时间一般不得少于12小时。拘传应保证其饮食和必要的休息时间。

[活学活用] 某公司涉嫌生产、销售伪劣产品罪，作为该公司诉讼代表人而拒不出庭的高某，法院可否对其适用拘传？这一拘传的性质为何，可否称之为刑事强制措施？①

⇨ 进阶考点 ⇦ 刑事诉讼中与民事诉讼中拘传的区别

刑事诉讼拘传	民事诉讼拘传
适用于未被拘留、逮捕的犯罪嫌疑人、被告人	适用于必须到庭的被告人，或者是必须到庭的，给国家、集体或者他人造成损害的未成年人的法定代理人
传唤并非拘传的必经程序	必须经过2次传票传唤，而被传唤人无正当理由拒不到庭的，才可以适用民事拘传
适用主体包括公安机关、人民检察院、人民法院	适用主体只能是人民法院

---

① 【答案】法院可以实施拘传，但这一拘传手段只是强制手段，并非强制措施的一种，因为强制措施作为侦查手段的一种，只能对犯罪嫌疑人、被告人适用，而本案中的诉讼代表人不可以成为被告人。

第三节 取保候审

取保候审主要是针对案件不是非常严重，行为人的人身危险性也不高的案件采取的手段，从其性质上而言，其属于限制犯罪嫌疑人、被告人的人身自由。被采取取保候审的人，可以在所居住的市县内进行自由活动，但是在市县内需要遵守特定的义务，如果要离开市县必须报执行机关批准。

[2020、20170272AB、20160231、20150227、20140230、20130231、20100268]

取保候审的概念★	取保候审是指在刑事诉讼过程中，公安机关、人民检察院、人民法院责令犯罪嫌疑人、被告人提出保证人或者交纳保证金，保证犯罪嫌疑人、被告人不逃避或妨碍侦查、起诉和审判，并随传随到的一种强制措施。	
取保候审的适用情形	可以适用的情形（《刑诉法》第67条）	1.**徒刑以下直接适用**：可能判处管制、拘役或者独立适用附加刑的。 2.**徒刑以上附加条件**：可能判处有期徒刑以上刑罚，采取取保不致发生社会危险性的。 3.**人道主义**：患有严重疾病、生活不能自理，怀孕或者正在哺乳自己婴儿的妇女，采取取保候审不致发生社会危险性的。 4.**羁押期限届满**，案件尚未办结，需要采取取保候审的。这种情形指的是犯罪嫌疑人、被告人被羁押的案件，不能在刑诉法规定的侦查期限、审查起诉期限、一审和二审期限内办结的，需要继续查证、审理的。
	不可以适用的情形	对累犯，犯罪集团的主犯，以自伤、自残办法逃避侦查的犯罪嫌疑人，严重暴力犯罪以及其他严重犯罪的犯罪嫌疑人不得取保候审，但犯罪嫌疑人具有上述第3项（上述四种人道主义的情形）、第4项（期限届满、案件尚未办结）规定情形的除外。（《公安规定》第82条） [考点解读] 1.针对可以适用的第一种情形即徒刑以下的刑罚，不需要附加任何条件即可适用取保候审，但是徒刑以上必须要附加不致发生社会危害性这一条件。 2.原则上累犯、主犯、自伤自残及严重暴力性犯罪的嫌疑人不得取保候审，但是只要属于上述第3项即人道主义的情形、上述第4项期限届满尚未审结的情形依然可以适用。
取保候审的保证方式★	取保候审有两种方式：一种是保证人保证；另一种是保证金保证。对同一犯罪嫌疑人、被告人决定取保候审的，不能同时适用保证人和保证金保证。只能二选一适用。（《刑诉法》第68条；《刑诉解释》第150条）	
	人保	1.适用保证人保证的情形（《刑诉解释》第151条；《高检规则》第89条）	对于符合取保候审条件，具有下列情形之一的犯罪嫌疑人、被告人，决定取保候审时，可以采用保证人保证： （1）无力交纳保证金的； （2）未成年人或者已满75周岁的人； （3）其他不宜收取保证金的情形。 [注意] 从上述规定也可以看出，在保证金和保证人作选择的时候，保证金的适用一般都优先于保证人。

续表

	2.保证人的条件（《刑诉法》第69条）	（1）与本案无牵连；★ [注意]无牵连与无利害关系是两个概念，无牵连指的是案件事实本身不能有牵连，例如共犯不可以担任保证人，但是父亲母亲虽然有利害关系也可以作为保证人。 （2）有能力履行保证义务； （3）享有政治权利，人身自由未受到限制； [注意]通常情况下外国人不可以作保证人 （4）有固定的住处和收入。
	3.数量	对犯罪嫌疑人、被告人决定适用取保候审的，可以责令其提出1至2名保证人。保证书需要签署保证书。 [法条链接]对于没有固定住所、无法提供保证人的未成年犯罪嫌疑人适用取保候审的，可以指定合适的成年人作为保证人。（《高检规则》第463条第3款） 人民法院对无固定住所、无法提供保证人的未成年被告人适用取保候审的，应当指定合适成年人作为保证人，必要时可以安排取保候审的被告人接受社会观护。（《刑诉解释》第554条） [考点解读]对一般被取保候审人的人而言，由其自行提供保证人，但是对于特殊的未成年，针对的具体情形为"无固定住处、无法提供合适的保证人"，实务中称之为孤儿。另外，审查起诉阶段检察院是"可以指定"，而在审理阶段则法院为"应当指定"。
	4.保证人的义务（《刑诉法》第70条）	（1）监督被保证人是否遵守在取保候审期间应当履行的义务。 （2）发现被保证人可能发生或已经发生违反义务的，应当及时向执行机关报告。 [注意]保证人的义务就是监督+报告。
	5.保证人违反保证义务的惩罚	（1）罚款★（《公安规定》第103、104条） ①保证人未履行监督和及时报告的义务，查证属实后，将对保证人处1000元以上2万元以下的罚款。 根据《六机关规定》第14条，对取保候审保证人是否履行了保证义务，由公安机关认定，对保证人的罚款决定，也由公安机关作出。 ②被决定罚款时的救济—同级复议、上级复核 可以在收到决定之日起5日以内向作出决定的公安机关申请复议。公安机关应当在收到复议申请后7日以内作出决定。

续　表

		保证人对复议决定不服的，可以在收到复议决定书后5日以内向上一级公安机关申请复核一次。上一级公安机关应当在收到复核申请后7日以内作出决定。 （2）**追究刑事责任**（《刑诉解释》第157条） 根据案件事实和法律规定，认为已经构成犯罪的被告人在取保候审期间逃匿的，如果系保证人协助被告人逃匿，或者保证人明知被告人藏匿地点但拒绝向司法机关提供，对保证人应当依法追究刑事责任。
	财保	1.保证金数额确定的考虑因素——**综合考虑**（《刑诉法》第72条） 取保候审的决定机关应当综合考虑保证诉讼活动正常进行的需要，被取保候审人的社会危险性，案件的性质、情节，可能判处刑罚的轻重，被取保候审人的经济状况等情况，确定保证金的数额。 2.**数额的最低限制**（《高检规则》第92条） 保证金的起点数额为1000元。对于未成年嫌疑人检察机关可责令交纳500元以上的保证金。 3.**保证金的缴纳**（《公安规定》第88、97条） （1）取保候审保证金由县级以上执行机关统一收取和管理。 （2）没收保证金的决定、退还保证金的决定等，应当由县级以上执行机关作出。 （3）县级以上执行机关应当在其指定的银行设立取保候审保证金专门账户，**委托银行代为收取和保管保证金**。提供保证金的人应当将保证金存入执行机关指定银行的专门账户。 （4）保证金应当以人民币一次性交纳。 [注意]　第一，缴纳保证金的时候并不是直接交给执行机关，而是交给银行，所以执行完毕需要退还保证金的时候也是到银行领取；第二，保证金一定不可以分期，并且只能以人民币缴纳。
取保候审的具体程序	适用主体	公、检、法三机关决定，交给公安机关执行。
	取保解除	取保候审期限届满或者发现不应追究犯罪嫌疑人、被告人的刑事责任的，应当及时解除。
被取保候审人的义务及违反义务的处理★（《刑诉法》第71条）		所谓法定义务，是指每一个被取保的犯罪嫌疑人、被告人在取保候审期间都必须履行的义务。
	法定义务	1.未经执行机关批准不得离开所居住的市、县。 2.住址、工作单位和联系方式发生变动的，在24小时以内向执行机关报告。 3.在传讯的时候及时到案。 4.不得以任何形式干扰证人作证。 5.不得毁灭、伪造证据或者串供。

续 表

		[考点解读]（1）针对上述第一种情形，根据《六机关规定》第13条，被取保候审的犯罪嫌疑人、被告人有正当理由需要离开所居住的市、县，应当经执行机关批准。如果取保候审由人民检察院、人民法院决定的，执行机关批准犯罪嫌疑人、被告人离开所居住的市、县应当征得决定机关同意。此种情形主要针对的是法、检决定而交付公安机关再执行的情形，收归真正的决定权。 （2）上述第3、4、5项义务与监视居住的义务相同。
	酌定义务	所谓酌定义务，决定机关根据具体情况，可以责令被取保候审的犯罪嫌疑人、被告人在取保候审期间需要履行的义务。 1.不得进入特定的场所。 2.不得与特定的人员会见或者通信。 3.不得从事特定的活动。 4.将护照等出入境证件、驾驶证件交执行机关保存。 [注意]三个特定加上一个交证件；此处的交证件为决定机关责令交则交，未责令时可不用交，且即便责令也只限两种证件，不含有身份证。 [活学活用]甲与邻居乙发生冲突致乙轻伤，甲被刑事拘留期间，甲的父亲代为与乙达成和解，公安机关决定对甲取保候审。请问甲在取保候审期间是否应当将驾驶证件交执行机关保存？①
违反取保候审义务的后果及期限计算	违反义务的后果★ （《刑诉法》第71条；《公安规定》第96条）	被取保候审的犯罪嫌疑人、被告人违反取保候审义务，已交纳保证金的，应当没收部分或者全部保证金，并且区别情形，责令犯罪嫌疑人、被告人具结悔过、重新交纳保证金、提出保证人，或者监视居住、予以逮捕。 对违反取保候审规定，需要予以逮捕的，可对犯罪嫌疑人、被告人先行拘留。 [考点解读]1.对于保证金保证的人，只要违反了取保候审的规定，一定会被没收保证金，但是数额并不确定，没收过后可以从以下四种措施里面再重新选择一个，即：责令具结悔过、重新取保候审、监视居住、逮捕。 2.没收保证金的救济：同级复议、上级核准。（《公安规定》第99条）

---

① 【答案】不需要。

续 表

		1.取保候审的期限最长不超过12个月，在此期限内不得中断对案件的侦查、起诉和审理。[考点解读]（1）同一阶段数次适用累计计算：被取保候审人违反规定，被依法没收部分或全部保证金后，人民检察院或者人民法院仍决定对其取保候审的，取保候审的期限应当连续计算，即同一个阶段时间累计计算不超过12个月。（2）跨阶段重新算：公安机关已经对犯罪嫌疑人采取取保候审的，案件移交到人民检察院后，以及检察院、公安适用取保候审，案件起诉到人民法院后，办案机关对于符合取保候审条件的，应当依法对被告人重新办理取保候审，取保候审的期限重新计算。2.跨阶段手续及保证金：受案机关决定继续取保候审的，应当重新作出取保候审决定。对继续采取保证金方式取保候审的，原则上不变更保证金数额，不再重新收取保证金。
	取保候审的期限（《高检规则》第100、103条；《刑诉解释》第158条；《公安规定》第107条）	

进阶考点

一、取保候审期间重新犯罪之处理（《公安规定》第102条）

在取保候审期间涉嫌重新故意犯罪被立案侦查的，负责执行的公安机关应当**暂扣**其交纳的保证金，待人民法院判决生效后，根据有关判决作出处理。

二、没收保证金的决定机关（《公安规定》第97条）

需要没收保证金的，应当经过严格审核后，**报县级以上公安机关负责人批准**，制作没收保证金决定书。

决定没收5万元以上保证金的，应当经设区的市一级以上公安机关负责人批准。

三、保证金的退还及处理

1.在取保候审期间未违反规定的，取保候审结束的时候，凭解除通知或者有关法律文书到银行领取退还的保证金。(《刑诉法》第73条)

2.对被取保候审的被告人的判决、裁定生效后，如果保证金属于其个人财产，且需要用以退赔被害人、履行附带民事赔偿义务或者执行财产刑的，人民法院可以书面通知公安机关移交全部保证金，由人民法院作出处理，剩余部分退还被告人。(《刑诉解释》第159条)

[注意] 要想对保证金作出上述三种实质性的处理，只能是由法院作出，其他任何机关无权作出。

四、取保候审中不同事项的决定主体

1.决定适用保证人还是保证金，保证金的数额由决定机关决定。

2.没收保证金、退还保证金的决定、保证人是否履行了保证义务、对保证人的罚款决定等，都应当由执行机关即县级以上公安机关作出。

五、违反取保候审义务应当逮捕的情形

[考点解读]根据上表第三个知识点即违反义务的后果可知，违反取保候审义务时共有四种措施可供选择，其中第四种为可以逮捕，但是请注意，出现以下情形为应当逮捕，并且法院应当逮捕的情形和检察院应当逮捕的情形并不相同，所以要看清决定的主体。

1.法院应当决定逮捕的情形（《刑诉解释》第164条）

被取保候审的被告人具有下列情形之一的，人民法院应当决定逮捕：

（1）故意实施新的犯罪的；

（2）企图自杀、逃跑的；

（3）毁灭、伪造证据，干扰证人作证或者串供的；

（4）打击报复、恐吓滋扰被害人、证人、鉴定人、举报人、控告人等的；

（5）经传唤，无正当理由不到案，影响审判活动正常进行的；

（6）擅自改变联系方式或者居住地，导致无法传唤，影响审判活动正常进行的；

（7）未经批准，擅自离开所居住的市、县，影响审判活动正常进行，或者两次未经批准，擅自离开所居住的市、县的；

（8）违反规定进入特定场所、与特定人员会见或者通信、从事特定活动，影响审判活动正常进行，或者两次违反有关规定的；

（9）依法应当决定逮捕的其他情形。

2.检察院决定的情形（《高检规则》第101条）

（1）应当逮捕

犯罪嫌疑人有下列违反取保候审规定的行为，人民检察院**应当**对犯罪嫌疑人予以逮捕：

①故意实施新的犯罪；

②企图自杀、逃跑；

③实施毁灭、伪造证据，串供或者干扰证人作证，足以影响侦查、审查起诉工作正常进行；

④对被害人、证人、举报人、控告人及其他人员实施打击报复。

（2）可以逮捕

犯罪嫌疑人有下列违反取保候审规定的行为，人民检察院**可以**对犯罪嫌疑人予以逮捕：

①未经批准，擅自离开所居住的市、县，造成严重后果，或者2次未经批准，擅自离开所居住的市、县；

②经传讯不到案，造成严重后果，或者经2次传讯不到案；

③住址、工作单位和联系方式发生变动，未在24小时以内向公安机关报告，造成严重后果；

④违反规定进入特定场所、与特定人员会见或者通信、从事特定活动，严重妨碍诉讼程序正常进行。

有上述情形，需要对犯罪嫌疑人予以逮捕的，可以先行拘留；已交纳保证金的，同时书面通知公安机关没收保证金。

[注意] 建议考生将取保候审与监视居住的情形对比记忆，两个规定中存在相同的情形。

经典考题：请问甲涉嫌犯罪被公安机关决定取保候审，缴纳保证金1万元，甲未经批准多次离开所居住的市县，公安机关可否决定没收保证金8000元？①

第四节　监视居住

监视居住也是一种限制他人人身自由的手段，简单地来讲它是将犯罪嫌疑人、被告人限制在住宅内的一种手段，未经批准不得走出住宅，与取保候审相比活动范围更小。

［2019、20170268A、20130269、20120268］

概念	指公、检、法，对于符合逮捕条件但具有法定情形的犯罪嫌疑人、被告人，责令在一定期限内不得离开住处或指定的居所，并对其活动予以监视和控制的一种强制措施。 ［考点解读］监视居住和取保候审相同的地方在于都是限制了犯罪嫌疑人、被告人的人身自由，区别在于取保候审活动的范围大，大到市县；而监视居住的活动范围小，小到处所。
适用对象 (《刑诉法》第74条)	公检法对符合逮捕条件，有下列情形之一的犯罪嫌疑人、被告人，可以监视居住： 1.患有严重疾病、生活不能自理的。 2.怀孕或者正在哺乳自己婴儿的妇女。 3.系生活不能自理的人的唯一扶养人。 ［考点解读］这种情况一般指的是犯罪嫌疑人、被告人是年老、年幼、严重残疾人或者患有严重疾病人的唯一扶养人。 根据《高检规则》第107条的规定，此处的"扶养"包括父母、祖父母、外祖父母对子女、孙子女、外孙子女的抚养和子女、孙子女、外孙子女对父母、祖父母、外祖父母的赡养以及配偶、兄弟姐妹之间的相互扶养。 4.因为案件的特殊情况或者办理案件的需要，采取监视居住措施更为适宜的。 5.羁押期限届满，案件尚未办结，需要采取监视居住措施的。 对符合取保候审条件，但犯罪嫌疑人、被告人不能提出保证人，也不交纳保证金的，可以监视居住。 ［注意］监视居住的对象主要针对的是人道主义的情形，或办案机关在法定期限内未办结案件，自身存在错误。
种类★ (《刑诉法》第75条)	在住处执行	监视居住原则上在固定住处执行，固定住处，是指被监视居住人在办案机关所在的市、县内生活的合法住处；指定的居所，是指公安机关根据案件情况，在办案机关所在的市、县内为被监视居住人指定的生活居所。 (《公安规定》第112条)

---

① 【答案】可以，违反规定根据具体情况可以决定没收全部，也可以决定没收部分。

续 表

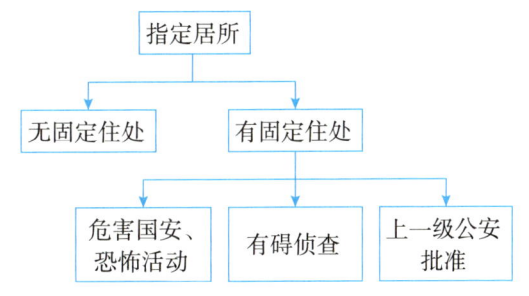

| 在指定居所执行 | [考点解读] 监视居住本质上就是将犯罪嫌疑人、被告人关在一个房子里面，未经批准不能离开房子，未经批准也不得与他人见面、通信。而这个房子在哪一直是考生觉得疑难的地方，考生只需要记住，原则就是有固定住处就住固定住处，没有固定住处就用指定居所监视居住，唯一的例外才是大家要记忆的重点，即有固定住处依然需要指定居所监视居住，其必须三个条件同时符合：一是罪名为危害国安、恐怖活动；二是在固定住处执行有碍侦查；三是报经上一级公安机关批准。<br>指定居所监视居住是指在由公检法指定的居所执行的监视居住，有可能指定在宾馆也有可能指定在出租屋等地。<br>1.可以适用指定居所的条件<br><br>```
         指定居所
        /        \
   无固定住处    有固定住处
                /    |    \
          危害国安、 有碍侦查 上一级公安
          恐怖活动           批准
```<br><br>只有两种情况下可以适用指定居所监视居住：<br>（1）犯罪嫌疑人、被告人无固定住处的；<br>（2）对于涉嫌危害国家安全犯罪、恐怖活动犯罪，在住处执行可能有碍侦查的，经上一级公安机关批准，也可以在指定的居所执行。<br>[考点解读] ①原则上只要无固定住处公检法三机关即可直接决定适用指定居所监视居住，无任何附加条件。<br>②有固定的住处还想适用指定居所监视居住必须同时符合三个条件，考生注意当第一个条件和第三个条件同时符合，可以推测出有固定住处还用指定居所监视居住，只有公安机关在侦查阶段才可以适用，检察院、法院只能因为无固定住处而指定居所监视居住。<br>③有碍侦查的情形（理解记忆无须死记硬背）<br>《公安规定》第111条第2款规定："有下列情形之一的，属于本条规定的'有碍侦查'：（一）可能毁灭、伪造证据，干扰证人作证或者串供的；（二）可能引起犯罪嫌疑人自残、自杀或者逃跑的；（三）可能引起同案犯逃避、妨碍侦查的；（四）犯罪嫌疑人、被告人在住处执行有人身危险的；（五）犯罪嫌疑人、被告人的家属或者所在单位人员与犯罪有牵连的。"<br>2.地点要求（《公安规定》第112条）<br>（1）指定的居所应当符合下列条件：<br>①具备正常的生活、休息条件；<br>②便于监视、管理；<br>③保证安全。<br>（2）公安机关不得在羁押场所、专门的办案场所或者办公场所执行监视居住。<br>3.费用要求（《公安规定》第111条；《高检规则》第108条）<br>指定居所监视居住的，不得要求被监视居住人支付费用。 |
```

续　表

程序★	监视居住的决定与执行	**1.决定与执行的机关** 公检法三机关都可以决定，但需交公安机关执行。（这里的公安机关包括国家安全机关） [考点解读]法院存在特殊规定：对被告人采取、撤销或者变更强制措施的，由院长决定；决定继续取保候审、监视居住的，可以由合议庭或者独任审判员决定。（《刑诉解释》第147条） 也就是说，一般情况下法院决定取保和监视居住都是院长决定，但是当决定同一阶段两次以上采用取保、监视的，第二次即可由合议庭和独任审判员直接决定，而非必须院长。 **2.执行措施** （1）执行机关对被监视居住的犯罪嫌疑人、被告人，可以采取电子监控、不定期检查等监视方法对其遵守监视居住规定的情况进行监督。（《刑诉法》第78条） （2）在侦查期间，可以对被监视居住的犯罪嫌疑人的通信进行监控。 这里的通信包括：电话、传真、信函、邮件、网络等。（《公安规定》第116条） [法条链接]因为检察院决定的案件需要公安机关执行，所以产生以下规定：人民检察院办理直接受理侦查的案件对犯罪嫌疑人采取监视居住的，在侦查期间可以商请公安机关对其通信进行监控。（《高检规则》第110条）
	监视居住的期限（《公安规定》第122条；《高检规则》第113条；《刑诉解释》第162条）	1.监视居住的期限最长不超过6个月，在此期限内不得中断对案件的侦查、起诉和审理。 2.同一阶段数次适用监视居住的时间连续计算。 3.跨阶段重新计算。
指定居所监视居住执行程序的特殊规定		在固定住处执行与指定居所执行监视居住同为执行监视居住的两种方式，但是指定居所是更为严格的一种手段：首先其不能与家属同住；其次一个人被关在一个陌生的地方，没有熟悉感与安全感，心理的恐慌会较为严重，所以针对指定居所监视居住设置了一些特殊的规定。
	通知义务（《刑诉解释》第161条；《高检规则》第117条）	指定居所监视居住的，除无法通知的以外，应当在执行监视居住后24小时以内，通知被监视居住人的家属。 [注意]1.无法通知的具体情形（《公安规定》第113条；《高检规则》第117条）

续 表

		（1）犯罪嫌疑人、被告人不讲真实姓名、住址、身份不明的； （2）没有家属的； （3）提供的家属联系方式无法取得联系的； （4）因自然灾害等不可抗力导致无法通知的。 2.固定住处执行无须通知，因为与家属居住在一起。
	折抵刑期	被判处管制的，指定居所监视居住1日折抵刑期1日；被判处拘役、有期徒刑的，指定居所监视居住2日折抵刑期1日。 [考点解读] 1.只有指定居所可以折抵，固定住处不行。 2.指定居所属于限制别人的人身自由，同剥夺人身自由的羁押期限折抵规定不同，羁押期限折抵管制为1天折抵2天，折抵拘役、有期徒刑为1天折抵1天。
被监视居住人的义务以及违反义务的处理★ （《刑诉法》第77条）	被监视居住人的义务	1.未经执行机关批准不得离开执行监视居住的处所。 [考点解读]（1）所谓"处所"，包括犯罪嫌疑人、被告人的住处，也包括办案机关为其指定的执行监视居住的居所。 （2）被取保候审人是"未经执行机关批准不得离开所居住的市、县"。 （3）一般都是经过执行派出所的负责人同意。 2.未经执行机关批准不得会见他人或者通信。 [考点解读]（1）这里的"他人"是指与被监视居住人共同居住的家庭成员和辩护律师（已聘请）以外的人。被监视居住的犯罪嫌疑人、被告人会见辩护律师不需要经过批准，但危害国家安全犯罪、恐怖活动犯罪除外。被监视居住人如果要会见他人，必须经过执行机关批准方能会见。 （2）被取保候审人是否禁止与特定人员的会见和通信，由办案机关根据具体情况决定，为酌定义务。 3.在传讯的时候及时到案。 4.不得以任何形式干扰证人作证。 5.不得毁灭、伪造证据或者串供。 6.将护照等出入境证件、身份证件、驾驶证件交执行机关保存。 [注意] 此条是被监视居住人的法定义务，而被取保候审人"将护照等出入境证件、驾驶证件交执行机关保存"为酌定义务，只有在办案机关责令被取保候审的犯罪嫌疑人、被告人履行时才适用，并且不包含身份证件。
	违反义务的后果	被监视居住的犯罪嫌疑人、被告人违反前款规定，情节严重的，可以予以逮捕；需要予以逮捕的，可以对犯罪嫌疑人、被告人先行拘留。
取保候审、监视居住的特殊规定	执行机关的权力限制★★★	执行机关作出批准决定前须征得决定机关同意的情形： 1.法、检——取保——离市县（《六机关规定》第13条；《公安规定》第95条） （1）被取保候审、监视居住的犯罪嫌疑人、被告人无正当理由不得离开所居住的市、县或者执行监视居住的处所，有正当理由需要离开所居住的市、县或者执行监视居住的处所，应当经执行机关批准。

续　表

| | （2）如果取保候审、监视居住是由人民检察院、人民法院决定的，执行机关在批准犯罪嫌疑人、被告人离开所居住的市、县或者执行监视居住的处所前，<u>应当征得决定机关同意</u>。
2.法检——监视——离处所、会见、通信（《公安规定》第120条；《高检规则》第109条）
人民法院、人民检察院决定监视居住的，负责执行的派出所在批准被监视居住人离开住处或者指定的居所以及与他人会见或者通信前，应当征得决定监视居住的机关同意。|

⇨ 进阶考点 ⇦

一、检察院对指定居所之监督

人民检察院对指定居所监视居住的决定和执行是否合法实行监督。

［注意］决定机关不同，监督的主体或者部门就不同。（《高检规则》第118、120条）

（一）对指定居所监视居住决定的监督

1.对于公安机关、人民法院决定指定居所监视居住的案件，**由批准或者决定**的公安机关、人民法院的**同级**人民检察院<u>负责捕诉</u>的部门对决定是否合法实行监督。

2.人民检察院决定指定居所监视居住的案件，由<u>负责控告申诉检察</u>的部门对决定是否合法实行监督。

［注意］考生一定注意，公安机关决定的为批准机关的同级检察院，如果A区公安机关因为犯罪嫌疑人无固定住处决定的，那么应当由A区检察院监督；A区公安机关侦办的案件如果是因为犯罪嫌疑人有固定住处有碍侦查而决定的，则应当报上一级即市公安机关批准，此时是市检监督。

（二）对执行的监督

1.对于公安机关、人民法院决定指定居所监视居住的案件，由人民检察院负责刑事执行检察的部门对指定居所监视居住的执行活动是否合法实行监督。

2.人民检察院决定指定居所监视居住的案件，由<u>负责控告申诉检察</u>的部门对指定居所监视居住的执行活动是否合法实行监督。

二、违反监视居住义务需要逮捕的情形

（一）法院应当逮捕的情形（《刑诉解释》第165条）

被监视居住的犯罪嫌疑人、被告人违反前款规定，可以逮捕，以下情形人民法院应当逮捕：

1.故意实施新的犯罪的。

2.企图自杀、逃跑的。

3.毁灭、伪造证据，干扰证人作证或者串供的。

4.打击报复、恐吓滋扰被害人、证人、鉴定人、举报人、控告人等的。

5.经传唤，无正当理由不到案，影响审判活动正常进行的。

6.未经批准，擅自离开执行监视居住的处所，影响审判活动正常进行，或者两次未经批准，擅自离开执行监视居住的处所的。

7.未经批准，擅自会见他人或者通信，影响审判活动正常进行，或者2次未经批准，擅自会见他人或者通信的。

8.对因患有严重疾病、生活不能自理，或者因怀孕、正在哺乳自己婴儿而未予逮捕的被告人，疾病痊愈或者哺乳期已满的。

9.依法应当决定逮捕的其他情形。

(二)检察院应当逮捕的情形(《高检规则》第111条第1款)

犯罪嫌疑人有下列违反监视居住规定的行为，人民检察院应当对犯罪嫌疑人予以逮捕：

1.故意实施新的犯罪行为。

2.企图自杀、逃跑。

3.实施毁灭、伪造证据或者串供、干扰证人作证行为，足以影响侦查、审查起诉工作正常进行。

4.对被害人、证人、鉴定人、举报人、控告人及其他人员实施打击报复。

(三)检察院可以逮捕的情形(《高检规则》第111条第2款)

犯罪嫌疑人有下列违反监视居住规定的行为，人民检察院可以对犯罪嫌疑人予以逮捕：

1.未经批准，擅自离开执行监视居住的处所，造成严重后果，或者两次未经批准，擅自离开执行监视居住的处所的。

2.未经批准，擅自会见他人或者通信，造成严重后果，或者两次未经批准，擅自会见他人或者通信的。

3.经传讯不到案，造成严重后果，或者经两次传讯不到案的。

需要对上述犯罪嫌疑人予以逮捕的，可以先行拘留。

第五节 拘 留

[20160293、20150228、20120239]

概念及特点	概念	刑事诉讼强制措施中的拘留，是指公安机关等侦查机关对直接受理的案件，在侦查过程中遇有紧急情况，依法临时剥夺某些现行犯或者重大嫌疑分子的人身自由的一种强制措施。
	特点	拘留的特点表现在以下三个方面： 1.拘留是在紧急情况下采用的一种处置办法。 2.拘留是一种临时性措施。 [考点解读]其性质更像一种临时的应急手段，通常在特定的时间里办案机关会变更为适当的强制措施。因此拘留的期限较短，随着诉讼的进程，拘留一定要发生变更，或者转为逮捕，或者变更为取保候审或监视居住，或者释放被拘留的人。同时正是因为其是应急手段，所以99%的拘留都发生在侦查阶段，而1%的拘留发生在审查起诉阶段。 3.拘留的决定主体比较特殊。

续　表

拘留的适用情形		[考点解读]公安机关及检察院在侦查阶段都可以决定拘留，但是公安的拘留权限更广，而检察院决定拘留的情形比较窄，只有两种，究其原因是检察院有逮捕的决定权，一般可直接决定逮捕，但是对于异常紧急的情况逮捕来不及，可以采取拘留。 （一）公安机关决定拘留的情形（《刑诉法》第82条） 公安机关对于现行犯或者重大嫌疑分子，如果有下列情形之一的，可以先行拘留： 1.正在预备犯罪、实行犯罪或者在犯罪后即时被发觉的。 2.被害人或者在场亲眼看见的人指认他犯罪的。 3.在身边或者住处发现有犯罪证据的。 4.犯罪后企图自杀、逃跑或者在逃的。 5.有毁灭、伪造证据或者串供可能的。 6.不讲真实姓名、住址，身份不明的。 7.有流窜作案、多次作案、结伙作案重大嫌疑的。 [注意]考生熟悉即可，因为其都围绕现行犯和重大嫌疑分子在作陈述。 （二）检察院决定拘留的情形 1.自侦案件之**侦查阶段**决定拘留（《高检规则》第121条） 人民检察院对于有下列情形之一的犯罪嫌疑人，可以决定拘留： （1）犯罪后企图自杀、逃跑或者在逃的；（2）有毁灭、伪造证据或者串供可能的。 2.**审查起诉阶段之拘留** 对于监察机关移送起诉的已采取留置措施的案件，人民检察院应当对犯罪嫌疑人先行拘留，留置措施自动解除。人民检察院应当在拘留后的10日以内作出是否逮捕、取保候审或者监视居住的决定。在特殊情况下，决定的时间可以延长1日至4日。（《刑诉法》第170条） 人民检察院决定采取强制措施的期间不计入审查起诉期限。（《高检规则》第143条） [注意]（1）并非监察委的案件都应当决定拘留，前提是必须被采取留置措施； （2）此处的拘留为应急手段，必须在10~14天时间里变更为适格的、长期的、稳定的强制措施。 （三）其他 被取保候审、监视居住的犯罪嫌疑人、被告人因违反取保候审、监视居住的规定，需要予以逮捕的，可以先行拘留。（《刑诉法》第71条第4款、第77条第2款） [注意]拘留由公安机关负责执行。
拘留的程序	拘留的证件要求（《公安规定》第125、126条）	证件的制作	由县级以上公安机关负责人批准，制作《拘留证》，然后由提请批准拘留的单位负责执行。
		证件的出示	执行拘留的时候，必须向被拘留人出示《拘留证》，并责令被拘留人在《拘留证》上签名或捺手印。
		异地执行	公安机关在异地执行拘留的时候，<u>应当通知被拘留人所在地的公安机关</u>。被拘留人所在地的公安机关应当在人员、车辆、查找拘留人等方面予以配合。 [注意]非异地机关执行。

续 表

3个24小时★	24小时送看守所★	1.**原则**：对于被拘留的人，公安机关应当在拘留后立即送看守所羁押，至迟不得超过24小时。 2.**异地执行拘留**：无法及时将犯罪嫌疑人押解回管辖地的，应当在宣布拘留后立即将其送抓获地看守所羁押，至迟不得超过24小时。到达管辖地后，应当立即将犯罪嫌疑人送看守所羁押。（《公安规定》第126条）
	24小时讯问	公安机关应当在拘留后24小时以内进行讯问。
	24小时通知家属	1.公安机关的通知义务 除无法通知或者涉嫌危害国家安全犯罪、恐怖活动犯罪通知可能有碍侦查的情形以外，公安机关应当在拘留后24小时以内，通知被拘留人的家属。拘留通知书应当写明拘留原因和羁押处所。（《公安规定》第127条） [考点解读]（1）原则上公安机关必须在24小时内通知其家属，但有两个例外：一是无法通知，二是涉嫌危、恐犯罪通知有碍侦查。 （2）"有碍侦查"的具体情形包括： ①可能毁灭、伪造证据，干扰证人作证或者串供的； ②可能引起同案犯逃避、妨碍侦查的； ③犯罪嫌疑人的家属与犯罪有牵连的。 有碍侦查的情形消失以后，应当立即通知被拘留人的家属。对于没有在24小时以内通知家属的，应当在拘留通知书中注明原因。 （3）通知的内容包括原因和羁押的地点。 2.检察院之通知义务 对犯罪嫌疑人拘留后，除无法通知的以外，人民检察院应当在24小时以内，通知被拘留人的家属。（《高检规则》第123条）
	公安机关的拘留期限	对于公安机关依法决定和执行的刑事拘留，拘留的期限是公安机关请人民检察院批准逮捕期限和人民检察院审查批准逮捕期限的总和。而检察院针对公安机关已经拘留犯罪嫌疑人的情形，审查批捕期限一律为7天。 [注意]注意计算方法："+"号前面的是公安机关提请人民检察院批准逮捕的期限，"+"号后面的"7天"是人民检察院审查批准逮捕期限，公安机关拘留的最长期限是这两者之和。 1.一般为3+7=10天 公安机关对被拘留的人认为需要逮捕的，应当在拘留后3日以内，提请人民检察院审查批准。 2.特殊的时间为3+4+7=14天 在特殊情况下，经县级以上公安机关负责人批准，提请审查批准的时间可以延长1日至4日。 3.针对流多结的情形30+7=37天 对于流窜作案、多次作案、结伙作案的重大嫌疑分子，提请审查批准的时间可以延长至30日。 [法条链接] "流窜作案"，是指跨市、县管辖范围连续作案，或者在居住地作案后逃跑到外市、县继续作案；"多次作案"，是指3次以上作案；"结伙作案"，是指2人以上共同作案。（《公安规定》第129条）

第六节 逮 捕

一、逮捕的概念及分类

逮捕作为一种长期的稳定的羁押手段，一般对罪行比较严重，人身危险性较强的人适用。

[20160293、20110267]

概念		逮捕，是指公检法，为了防止犯罪嫌疑人或者被告人实施妨碍刑事诉讼的行为，逃避侦查、起诉、审判或者发生社会危险性，而依法暂时剥夺其人身自由的一种强制措施。
逮捕的权限（《宪法》第37条第2款；《刑诉法》第80、165条）	决定主体★	逮捕的批准权或者决定权属于人民检察院和人民法院。公安机关无逮捕权。 [考点解读] 检察院批准逮捕主要针对的是公安机关的案件；而检察院决定逮捕则针对的是自侦案件及处于审查起诉阶段发现需要逮捕的人；法院决定逮捕的人主要针对的审理阶段。 [法条链接] 公安机关报请逮捕时漏人时的处理：人民检察院办理公安机关提请批准逮捕的案件，发现遗漏应当逮捕的犯罪嫌疑人的，应当经检察长批准，要求公安机关提请批准逮捕。公安机关不提请批准逮捕或者说明的不提请批准逮捕的理由不成立的，人民检察院可以直接作出逮捕决定，送达公安机关执行。(《高检规则》第288条) [注意] 针对公安机关报请案件漏人时，人民检察院作为法律监督机关首先应当要求公安机关提请，因为公安机关极有可能是工作失误而未报请，但是在提出要求后，公安机关仍不报请则有包庇的嫌疑，检察院作为监督机关可直接作出逮捕的决定。
	执行主体	执行权属于公安机关，法院、检察院决定逮捕的也须交付公安机关执行。
逮捕的种类	一般逮捕（《高检规则》第128条；《公安规定》第133、134条）	须同时具备以下三个条件： **1.有证据证明有犯罪事实。** 有证据证明有犯罪事实是指同时具备下列情形： （1）有证据证明发生了犯罪事实； （2）有证据证明该犯罪事实是犯罪嫌疑人实施的； （3）证明犯罪嫌疑人实施犯罪行为的证据已经查证属实的。 犯罪事实既可以是单一犯罪行为的事实，也可以是数个犯罪行为中任何一个犯罪行为的事实。 **2.可能判处徒刑以上刑罚。** **3.采取取保候审尚不足以防止发生社会危险性。** 社会危险性包括以下五项的一个或多个： （1）可能实施新的犯罪的； （2）有危害国家安全、公共安全或者社会秩序的现实危险的； （3）可能毁灭、伪造证据，干扰证人作证或者串供的； （4）可能对被害人、举报人、控告人实施打击报复的； （5）企图自杀或者逃跑的。 [注意] 上述（1）（2）都可以理解为其具有社会危险性，（3）至（5）主要指的是出现了有碍侦查的情形，所以考生可理解记忆。

	径行逮捕★ （《高检规则》第136条）	符合下列三种具体情形之一的，<u>应当逮捕</u>： 1.重刑犯：对有证据证明有犯罪事实，<u>可能判处10年有期徒刑以上刑罚</u>的。 ［注意］主要包括三种：第一，10年以上有期徒刑；第二，无期徒刑；第三，死刑。 2.有证据证明有犯罪事实，可能判处徒刑以上刑罚，<u>曾经故意犯罪</u>的。 ［注意］这里的故意犯罪没有具体时间范围的限制，即只要曾经故意犯过罪，不管隔了多长时间，且不管后一个犯罪是故意还是过失，一律应当逮捕。 3.有证据证明有犯罪事实，可能判处徒刑以上刑罚，<u>不讲真实姓名、住址，身份不明</u>。
	转化逮捕 （《刑诉法》第81条）	被取保候审、监视居住的犯罪嫌疑人、被告人违反取保候审、监视居住规定，情节严重的，可以予以逮捕。
不应当逮捕的情形 （《高检规则》第139条）		对具有下列情形之一的，人民检察院应当作出不批准逮捕的决定或者不予逮捕： 1.不符合上述应当或可以逮捕条件的。 2.具有《刑诉法》第16条规定的情形之一的。

二、逮捕的批准和决定程序

（一）审查批准逮捕

［20130267、20120226］

人民检察院对公安机关提请逮捕的批准程序	基本程序 （《刑诉法》第87、89条）	1.<u>报请</u> 公安机关要求逮捕犯罪嫌疑人的时候，应当写出提请批准逮捕书，连同案卷材料、证据，一并移送同级人民检察院审查批准。 必要的时候，人民检察院可以派人参加公安机关对于重大案件的讨论。 ［法条链接］（1）犯罪嫌疑人自愿认罪认罚的，应当记录在案，并在提请批准逮捕书中写明有关情况。（《公安规定》第137条） （2）上级公安机关指定下级公安机关立案侦查的案件，需要逮捕，由侦查该案件的公安机关提请同级人民检察院审查批准逮捕。（《高检规则》第283条） 2.<u>检察院内部决定主体</u> （1）审查批准逮捕犯罪嫌疑人一般由检察长决定。 （2）重大案件应当提交检察委员会讨论决定。
	审查批捕的期限 （《高检规则》第282条）	1.<u>已被拘留</u> 对公安机关提请批准逮捕的犯罪嫌疑人，已被拘留的，人民检察院应当在收到提请批准逮捕书后7日内作出是否批准逮捕的决定。 2.<u>未被拘留</u> 未被拘留的，应当在接到提请批准逮捕书后的15日以内作出是否批准逮捕的决定，重大、复杂的案件，不得超过20日。

续　表

	审查批捕中讯问犯罪嫌疑人	1.人民检察院审查批准逮捕，有下列情形之一的，应当讯问犯罪嫌疑人：★（《刑诉法》第88条；《高检规则》第280条） （1）对是否符合逮捕条件有疑问的； （2）犯罪嫌疑人要求向检察人员当面陈述的； （3）侦查活动可能有重大违法行为的； （4）案情重大、疑难、复杂的； （5）犯罪嫌疑人认罪认罚的； （6）犯罪嫌疑人系未成年人的； （7）犯罪嫌疑人是盲、聋、哑人或者是尚未完全丧失辨认或者控制自己行为能力的精神病人的。 [注意] 检察院应当讯问的情形主要针对的是在逮捕与不予逮捕之间检察院产生了疑问：对于（6）（7）三种情形主要是不宜逮捕，一般情形较为严重才会逮捕；对于情形（5）主要是认罪认罚从宽的体现。程序上的从宽表现为一般可以不逮捕，情节严重才逮捕。 2.不予讯问的处理（《高检规则》第280条） 在审查逮捕中对被拘留的犯罪嫌疑人不予讯问的，应当送达听取犯罪嫌疑人意见书，由犯罪嫌疑人填写后及时收回审查并附卷。
	审查批捕中听取律师意见 （《高检规则》第261、465条）	1.对于犯罪嫌疑人、被告人是未成年人的，应当听取辩护律师的意见。 2.成年人的案件为可以听取辩护律师的意见。如果辩护律师提出表达意见的要求的，人民检察院办案人员应当听取辩护律师的意见。 [注意] 辩护律师提出不构成犯罪、无社会危险性、不适宜羁押、侦查活动有违法犯罪情形等书面意见的，办案人员应当审查，并在审查逮捕意见书中说明是否采纳的情况和理由。
审查过后的处理		1.检察院审查批捕阶段，只能作批捕或不批捕的决定，不能决定直接退回补充侦查。人民检察院作出不批准逮捕决定的，应当说明理由，连同案卷材料送达公安机关执行。需要补充侦查的，应当制作补充侦查提纲，送交公安机关。（《刑诉法》第90条；《高检规则》第285条） 2.对于没有犯罪事实或者犯罪嫌疑人具有《刑诉法》第16条规定情形之一，人民检察院作出不批准逮捕决定的，应当同时告知公安机关撤销案件。 对于有犯罪事实需要追究刑事责任，但不是被立案侦查的犯罪嫌疑人实施，或者共同犯罪案件中部分犯罪嫌疑人不负刑事责任，人民检察院作出不批准逮捕决定的，应当同时告知公安机关对有关犯罪嫌疑人终止侦查。（《高检规则》第287条第1、2款）
公安机关的救济权 （《刑诉法》第92条）		**1.同级复议、上级复核** 公安机关对人民检察院不批准逮捕的决定，认为有错误的时候，可以向同级人民检察院要求复议，但是必须将被拘留的犯罪嫌疑人立即释放。如果意见不被接受，可以向上一级人民检察院提请复核。 [法条链接] 应为5日之内申请复议、收到复议决定书后5日之内申请复核，且复核时将复议决定书一并提交。（《公安规定》第141条）

续 表

	2.不作为之监督 公安机关在收到不批准逮捕决定书后超过15日未要求复议、提请复核,也不撤销案件或者终止侦查的,人民检察院应当发出纠正违法通知书。公安机关仍不纠正的,报上一级人民检察院协商同级公安机关处理。(《高检规则》第287条第3款)

(二)检察院自侦案件的审查逮捕及决定逮捕

检察院的自侦案件在侦查阶段可决定逮捕犯罪嫌疑人,考生注意内部经由自侦部门报请捕诉部门,捕诉部门请示检察长即可;到了审查起诉阶段无论是公安侦查终结的案件还是自侦部门侦查终结的案件还是监察委立案调查终结的案件,只要人民检察院觉得需要逮捕,经检察院决定都可以逮捕。

报批	自侦部门需将案件报本院负责捕诉的部门审查。(《高检规则》第296条)
报批及审批之时间 (《高检规则》第297条)	1.报批时间 犯罪嫌疑人已被拘留的,自侦部门应当在拘留后7日以内报请。 2.审查时间 (1)犯罪嫌疑人已被拘留的,负责捕诉的部门应当在收到逮捕意见书后7日以内,报请检察长决定是否逮捕,特殊情况下,决定逮捕的时间可以延长1日至3日; [注意] 通过此条可以发现,检察院自侦案件能够拘留犯罪嫌疑人的时间一般是14日,最长则为17日。 (2)犯罪嫌疑人未被拘留的,应当在收到逮捕意见书后15日以内,报请检察长决定是否逮捕,重大、复杂案件,不得超过20日。
不捕之释放	对犯罪嫌疑人决定不予逮捕的,犯罪嫌疑人已被拘留的,负责侦查的部门应当通知公安机关立即释放。(《高检规则》第299条)
漏人之处理	对应当逮捕而未移送审查逮捕的犯罪嫌疑人,捕诉部门应当向自侦部门提出移送审查逮捕犯罪嫌疑人的建议。建议不被采纳的,应当报请检察长决定。(《高检规则》第300条)
审查起诉阶段	人民检察院在审查起诉阶段认为需要逮捕犯罪嫌疑人的,应当经**检察长**决定。(《高检规则》第337条)

(三)法院决定逮捕

人民法院决定逮捕的程序	人民法院决定逮捕被告人分为两种情况: (1)**自诉案件**:认为需要逮捕被告人时,由院长决定,对于重大、疑难、复杂的案件,提交审判委员会讨论决定。 (2)**公诉案件**:人民法院认为符合逮捕条件应予逮捕的,也可以决定逮捕。 人民法院决定逮捕的,由法院院长签发决定逮捕通知书,通知公安机关执行。如果是公诉案件,还应当通知人民检察院。

（四）逮捕后的程序★（《刑诉法》第93、94条）

[20170272C]

逮捕后的程序	执行	检察院、法院决定逮捕：应当由县级以上公安机关负责人签发逮捕证，立即执行。 [注意] 执行时必须出示逮捕证。（《公安规定》第143条）
	送看守所	逮捕犯罪嫌疑人、被告人后，应当立即送看守所羁押。 [注意] 拘留为24小时送看守所。
	24小时通知	对犯罪嫌疑人执行逮捕后，除无法通知的情形以外，应当在逮捕后24小时以内，制作逮捕通知书，通知被逮捕人的家属。逮捕通知书应当写明逮捕原因和羁押处所。
	24小时讯问	法院、检察院对于各自决定逮捕的人，公安机关对于经检察院批准逮捕的人，都必须在逮捕后的24小时以内进行讯问。（《刑诉法》第94条） [注意] 逮捕过程中的各机关间的权限分配：遵循谁想抓谁通知，谁想抓谁讯问的规则，考生可灵活记忆。即公安机关报请检察院批准逮捕的，由公安机关进行讯问。
	异地逮捕	到异地逮捕的，公安机关应当通知被逮捕人所在地的公安机关，被逮捕人所在地的公安机关应当协助执行。

二、特殊对象强制措施的采取——外国人、无国籍人、危害国安★（《高检规则》第148~150条）

外国人、无国籍人的逮捕 （《高检规则》第294条）	1.需层报最高检的特殊情形	（1）**情形**：外国人、无国籍人涉嫌危害国家安全犯罪的案件或者涉及国与国之间政治、外交关系的案件以及在适用法律上确有疑难的案件，需要逮捕犯罪嫌疑人的，按照刑事诉讼法关于管辖的规定，分别由基层人民检察院或者设区的市级人民检察院审查并提出意见，层报最高人民检察院审查。 （2）**最高检的审查结果**：最高人民检察院认为需要逮捕的，经征求外交部的意见后，作出批准逮捕的批复；认为不需要逮捕的，作出不批准逮捕的批复。基层人民检察院或者设区的市级人民检察院根据最高人民检察院的批复，依法作出批准或者不批准逮捕的决定。 （3）**任何一个必经上级的审核权**：层报过程中，上级人民检察院认为不需要逮捕的，应当作出不批准逮捕的批复。报送的人民检察院根据批复依法作出不批准逮捕的决定。 （4）**不需要逮捕的情形**：基层人民检察院或者设区的市级人民检察院认为不需要逮捕的，可以直接依法作出不批准逮捕的决定。
	2.自行决定的情形	外国人、无国籍人涉嫌其他犯罪案件的，决定批准逮捕的人民检察院应当在作出批准逮捕决定后48小时以内报上一级人民检察院备案，同时向同级人民政府外事部门通报。上一级人民检察院对备案材料经审查发现错误的，应当依法及时纠正。

	续 表
危害国安的特殊规定	人民检察院办理审查逮捕的危害国家安全犯罪案件，<u>应当报上一级人民检察院备案</u>。上一级人民检察院经审查发现错误的，应当依法及时纠正。(《高检规则》第295条)

⇔ 进阶考点 ⇔

一、特殊对象强制措施的采取——人大代表、政协委员

（一）检察院对人大代表采取强制措施 ★（《高检规则》第148~150条）

1.同一行政区划内四级人大代表之报请许可（《高检规则》第148条）

（1）同级人大代表——直接报

人民检察院对担任本级人民代表大会代表的犯罪嫌疑人决定采取强制措施的，应当报请本级人民代表大会主席团或者常务委员会许可。报请许可手续的办理由侦查机关负责。

[考点解读] ①同级人大代表直接报即可。

②开会时报主席团，闭会时报常委会。

③公安机关报请审查逮捕的案件，如果报请的对象是人大代表，检察院也必须报给同级人大主席团或常委会许可，此时所有的手续及书面材料等由公安机关准备。

（2）上级人大代表——层报上级检察院

对担任上级人民代表大会代表的犯罪嫌疑人决定采取强制措施的，应当层报该代表所属的人民代表大会同级的人民检察院报请许可。

[注意] 此处如果是一个县检察院想逮捕担任上级即市人大代表，县检察院要先报市检察院，再由市检察院报给市人大主席团或常委会，切记，县检察院不可直接报市人大主席团或常委会。

（3）下级人大代表——可直接报可委托

对担任下级人民代表大会代表的犯罪嫌疑人决定采取强制措施的，<u>可以直接报请该代表所属的人民代表大会主席团或者常务委员会许可</u>，<u>也可以委托该代表所属的人民代表大会同级的人民检察院报请许可</u>。

对担任乡、民族乡、镇的人民代表大会代表的犯罪嫌疑人决定采取强制措施的，由县级人民检察院向乡、民族乡、镇的人民代表大会报告。

（4）两级以上人大代表

对担任两级以上的人民代表大会代表的犯罪嫌疑人批准或者决定逮捕，<u>分别依照上述三点规定报请许可</u>。

[注意] 两级以上应当遵循先报同级，再报上级、再报下级。

2.异地人大代表之报请

不管是异地的市还是异地的省人大代表，只要互相之间无隶属关系，一律为"应当委托"：

对担任办案单位所在省、市、县（区）以外的其他地区人民代表大会代表的犯罪嫌

疑人决定采取强制措施的，应当委托该代表所属的人民代表大会同级的人民检察院报请许可；担任两级以上人民代表大会代表的，应当分别委托该代表所属的人民代表大会同级的人民检察院报请许可。

3.先行拘留

县级以上人大代表因现行犯被人民检察院拘留的，检察院应当立即向该代表所属的人民代表大会主席团或者常务委员会报告。(《高检规则》第149条)

4.只报一次规则——**拘留报请许可后逮捕无须再报**

担任县级以上人民代表大会代表的犯罪嫌疑人，经报请该代表所属人民代表大会主席团或者常务委员会许可后被刑事拘留的，适用逮捕措施时不需要再次报请许可。

（二）公安机关对人大代表、政协委员采取强制措施★

1.原则上事先报请许可

（1）原则上只要采取强制措施都事先报请许可

公安机关依法对**县级以上各级人民代表大会代表**拘传、取保候审、监视居住、拘留或者提请批准逮捕的，**应当书面**报请该代表所属的人民代表大会主席团或者常务委员会许可。(《公安规定》第164条)

[法条链接] 对于现行犯，应当立即向其所属的人民代表大会主席团或者常务委员会报告。(《公安规定》第165条)

（2）乡级人大代表可以执行后再报告

公安机关依法对乡、民族乡、镇的人民代表大会代表拘传、取保候审、监视居住、拘留或者执行逮捕的，应当在执行后立即报告其所属的人民代表大会。(《公安规定》第166条)

2.执行中发现的处理规则(《公安规定》第165条)

（1）执行时发现——先暂停再报告

公安机关在依法**执行**拘传、取保候审、监视居住、拘留或者逮捕中，发现被执行人是县级以上人民代表大会代表的，应当暂缓执行，并报告决定或者批准机关。

（2）执行后发现——先解除再报告

如果在执行后发现被执行人是县级以上人民代表大会代表的，应当立即解除，并报告决定或者批准机关。

3.政协委员的特殊规则(《公安规定》第167、168条)

（1）公安机关依法对政治协商委员会委员拘传、取保候审、监视居住的，应当将有关情况通报给该委员所属的政协组织。

（2）拘留、逮捕前，应当向该委员所属的政协组织通报情况；情况紧急的，可在**执行的同时或者执行以后及时**通报。

二、强制措施的变更与羁押必要性审查★

（一）强制措施的变更★★★★★

强制措施变更、撤销或解除指的都是被告人被采取了逮捕措施，也就是我们常谈论的被采取了羁押措施，符合条件没有必要继续羁押时要及时变更为较轻的强制措施，例如取保候审或监视居住，也可以直接释放。此处的审查主体是人民法院，针对的时间主要是一审审理期间，有几条是专门针对审理完毕。考生可将此处考点与羁押的必要性审查作对比学习。本考点已经连续考查五年，且2018年与2019年重复考查。

[2019、2018、20170271D、20160226、20160270、20100226]

可以变更的情形（《刑诉解释》第169条）	被逮捕的被告人具有下列情形之一的，人民法院可以变更强制措施： 1.患有严重疾病、生活不能自理的。 2.怀孕或者正在哺乳自己婴儿的。 3.系生活不能自理的人的唯一扶养人。 [考点解读] 此种情形通常称之为人道主义，人道主义通常都是可以。
应当变更的情形（《刑诉解释》第170条）	被逮捕的被告人具有下列情形之一的，人民法院应当立即释放；必要时，可以依法变更强制措施： 1.第一审人民法院判决被告人无罪、不负刑事责任或者免于刑事处罚的。 2.第一审人民法院判处管制、宣告缓刑、单独适用附加刑，判决尚未发生法律效力的。 3.被告人被羁押的时间已到第一审人民法院对其判处的刑期期限的。 4.案件不能在法律规定的期限内审结的。 [注意]（1）以释放作为原则，变更作为例外。 （2）上述裁判结果主要针对的是无须关押的情形。

[活学活用] 乙涉嫌非法拘禁被逮捕，被法院判处有期徒刑2年，缓期2年执行，判决尚未发生法律效力，属于应当变更强制措施还是可以变更？①

（二）羁押必要性审查 ★

羁押必要性审查，是指人民检察院依据《刑诉法》第95条规定，对被逮捕的犯罪嫌疑人、被告人有无继续羁押的必要性进行审查，对不需要继续羁押的，建议办案机关予以释放或者变更强制措施的监督活动。此处的审查主体指的是人民检察院，针对的时间贯穿了侦查、审查起诉、审理整个阶段，即只要是犯罪嫌疑人、被告人被逮捕，处于羁押状态，人民检察院都要进行审查。使羁押措施真正回归到保障性手段，即有必要的时候才使用。

[2020、20170227、20170272D、20160232、20140231]

| 启动方式 | 依申请 | 1.**申请主体及条件**（《高检规则》第574条）
犯罪嫌疑人、被告人及其法定代理人、近亲属或者辩护人可以申请人民检察院进行羁押必要性审查。申请时应当说明不需要继续羁押的理由，有相关证据或者其他材料的应当提供。
看守所根据在押人员身体状况，可以建议人民检察院进行羁押必要性审查。
[考点解读]（1）申请主体当然包括被羁押的犯罪嫌疑人、被告人一方，还包括看守所；（2）申请时必须说明理由。
2.**负责部门**——统一归同级检察院捕诉部门负责（《高检规则》第575条）
3.**找错检察院部门的处理**（《高检规则》第576条） |

---

① 【答案】属于应当变更。

续　表

		办案机关对应的同级人民检察院负责控告申诉检察的部门或者负责案件管理的部门收到羁押必要性审查申请后，应当在当日移送本院负责捕诉的部门。 **4.找错检察院的处理** 其他人民检察院收到羁押必要性审查申请的，应当告知申请人向办案机关对应的同级人民检察院提出申请，或者在2日以内将申请材料移送办案机关对应的同级人民检察院，并告知申请人。 [考点解读]（1）申请人申请时必须说理由，但不是必须提供证据，因为其要求有相关证明材料的，才一并提供。 （2）当部门找错时，错误的部门一定不可以告知申请人自己去找相应的部门，只能移送；而当找错检察院时，可以告知申请人自己去找正确的检察院也可以选择移送。
	依职权	人民检察院在办案过程中可以依职权主动进行羁押必要性审查。
审查 （《高检规则》第577条）	方式	**人民检察院进行羁押必要性审查，可以采取以下方式：** 1.**审查**不需要继续羁押的理由和证明**材料**。 2.**听取**犯罪嫌疑人、被告人及其法定代理人、辩护人的**意见**。 3.**听取**被害人及其法定代理人、诉讼代理人的**意见**，了解是否达成和解协议。 4.**听取**办案机关的**意见**。 5.调查核实犯罪嫌疑人、被告人的**身体健康状况**； 6.需要采取的其他方式。 [注意]羁押必要性审查属于综合性的审查，具体包括审查书面材料；听取三方意见，包括被羁押对象一方、包括被害人一方、还包括现阶段的办案机关；然后是审查身体状况。
	形式★	必要时，可以依照有关规定进行公开审查。
考量因素		人民检察院应当根据犯罪嫌疑人、被告人涉嫌的犯罪事实、主观恶性、悔罪表现、身体状况、案件进展情况、可能判处的刑罚和有无再危害社会的危险等因素，综合评估有无必要继续羁押犯罪嫌疑人、被告人。（《高检规则》第578条）
情形处理	应当建议释放或变更的情形★ （《高检规则》第579条）	人民检察院发现犯罪嫌疑人、被告人具有下列情形之一的，应当向办案机关提出释放或者变更强制措施的建议： 1.案件证据发生重大变化，没有证据证明有犯罪事实或者犯罪行为系犯罪嫌疑人、被告人所为的。 [注意]无罪的人不应当被逮捕羁押。 2.案件事实或者情节发生变化，犯罪嫌疑人、被告人**可能被判处**拘役、管制、独立适用附加刑、免予刑事处罚或者判决无罪的。 [注意]（1）此处用的是可能被判处，指的是检察院对于侦查阶段、审查起诉阶段、审理阶段被逮捕的犯罪嫌疑人、被告人采取预先估算其可能的定罪量刑而后给出的判断；（2）此处的刑罚都是本来就不需要逮捕的情形，没有羁押的必要。 3.继续羁押犯罪嫌疑人、被告人，羁押期限**将超过依法可能判处**的刑期的。 [注意]继续羁押会形成超期羁押的状态。 4.案件事实基本查清，证据已经收集固定，符合取保候审或者监视居住条件的。

续 表

	可以建议释放或变更的情形（《高检规则》第580条）	经羁押必要性审查，发现犯罪嫌疑人、被告人具有下列情形之一，且具有悔罪表现，不予羁押不致发生社会危险性的，可以向办案机关提出释放或者变更强制措施的建议： 1.预备犯或者中止犯。 2.共同犯罪中的从犯或者胁从犯。 3.过失犯罪的。 4.防卫过当或者避险过当的。 5.主观恶性较小的初犯。 6.系未成年人或者已满75周岁的人。 7.与被害方依法自愿达成和解协议，且已经履行或提供担保。 8.认罪认罚的。 9.患有严重疾病、生活不能自理的。 10.怀孕或者正在哺乳自己婴儿的妇女。 11.系生活不能自理的人的唯一扶养人。 12.可能被判处1年以下有期徒刑或者宣告缓刑的。 13.其他不需要继续羁押的情形。 [注意]（1）一定要注意可以的情形必须附加悔罪条件。 （2）考生记忆的时候可分为：第一类1~6的情形为刑法的法定减轻、从轻情节；第二类9~11的情形为人道主义的情形；第三类为第12种情形属于情节比较轻微的及第7、8种情形可以从宽的情形。 （3）注意情形7中不仅要与被害方达成和解协议，而且和解协议必须要履行完毕，或者没有履行完但是一定要提供担保，此种情形主要是为了防止犯罪嫌疑人、被告人反悔。 经典考题：年满65周岁且身体虚弱是否属于检察院可以建议变更强制措施的情形？①
强制措施的变更与羁押必要性审查之对比		强制措施的变更与羁押必要性审查实际上解决的是同一个问题，但是法律依据不同，在变更的细节方面有所不同： 1.较为复杂的就是在应当变更的情形，二者规定最大的不同在"时间上"，司法解释规定的强制措施应当变更时间一定是在一审审理程序中或者宣判完毕，而羁押必要性审查在时间上用的是"可能被判处"，此处就包含了侦查阶段、审查起诉阶段、审判阶段，时间相比较而言提前了一大步。 2.二者具体的适用的情形不一样，羁押必要性审查在"应当"中多了拘役、少了缓刑，这是考生也要关注的一个点。

---

① 【答案】不属于，本题干扰性较强，因为从年龄条件而言，必须满足年满75周岁；从身体角度而言，必须满足有严重疾病或者生活不能自理。

三、强制措施的转换与解除

升格无须解除	取保候审变更为监视居住,或者取保候审、监视居住变更为拘留、逮捕的,在变更的同时原强制措施自动解除,不再办理解除法律手续。(《高检规则》第154条)
阶段转换无须解除	1.侦查阶段——审查起诉阶段 案件在取保候审、监视居住期间移送审查起诉后,人民检察院决定重新取保候审、监视居住或者变更强制措施的,对原强制措施不再办理解除法律手续。(《公安规定》第163条) 2.审查起诉阶段——审理阶段 人民检察院已经对犯罪嫌疑人取保候审、监视居住,案件起诉至人民法院后,人民法院决定取保候审、监视居住或者变更强制措施的,原强制措施自动解除,不再办理解除法律手续。(《高检规则》第155条)
强制措施的自动解除	被采取强制措施的被告人,被判处管制、缓刑的,在社区矫正开始后,强制措施自动解除;被单处附加刑的,在判决、裁定发生法律效力后,强制措施自动解除;被判处监禁刑的,在刑罚开始执行后,强制措施自动解除。(《刑诉解释》第172条) [注意] 为了防止出现生效后交付前的时间空白,对强制措施的解除时间作出了续延。

四、监察机关的留置措施(《监察法》第22、43、44条)

留置情形	被调查人涉嫌贪污贿赂、失职渎职等严重职务违法或者职务犯罪,监察机关已经掌握其部分违法犯罪事实及证据,仍有重要问题需要进一步调查,并有下列情形之一的,经监察机关依法审批,可以将其留置在特定场所: 1.涉及案情重大、复杂的。 2.可能逃跑、自杀的。 3.可能串供或者伪造、隐匿、毁灭证据的。 4.可能有其他妨碍调查行为的。
留置对象	1.职务犯罪或者职务违法的被调查人。 2.对涉嫌行贿犯罪或者共同职务犯罪的涉案人员。
批准机关★	1.监察机关采取留置措施,应当由监察机关领导人员集体研究决定。 2.设区的市级以下监察机关采取留置措施,应当报上一级监察机关批准。 3.省级监察机关采取留置措施,应当报国家监察委员会备案。 [注意] 省级监察委可自行决定留置。
期限★	1.留置时间不得超过3个月。在特殊情况下,可以延长一次,延长时间不得超过3个月。 2.省级以下监察机关采取留置措施的,延长留置时间应当报上一级监察机关批准。 [注意] 省监察委第一次自行决定留置;延长的时候省级监察委也必须报上一级监察机关;而市级以下无论第一次还是申请延长都需报上一级批准。

续 表

提起协助	监察机关采取留置措施，可以根据工作需要提请公安机关配合。公安机关应当依法予以协助。
通知义务★	对被调查人采取留置措施后，应当在24小时以内，通知被留置人员所在单位和家属，但有可能毁灭、伪造证据，干扰证人作证或者串供等有碍调查情形的除外。有碍调查的情形消失后，应当立即通知被留置人员所在单位和家属。 ［注意］应当保障被留置人员的饮食、休息和安全，提供医疗服务。讯问被留置人员应当合理安排讯问时间和时长，讯问笔录由被讯问人阅看后签名。
折抵刑期★	被留置人员涉嫌犯罪移送司法机关后，被依法判处管制、拘役和有期徒刑的，留置1日折抵管制2日，折抵拘役、有期徒刑1日。

第三编　程序编

专题九　附带民事诉讼

知识体系图

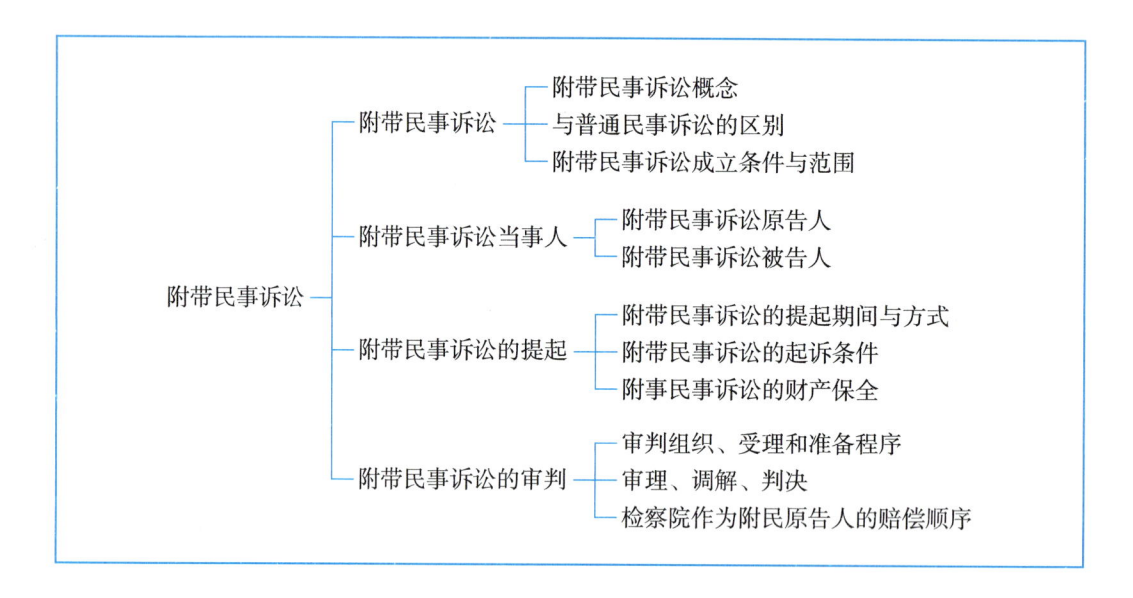

```
                         ┌─ 附带民事诉讼概念
              ┌ 附带民事诉讼 ─┼─ 与普通民事诉讼的区别
              │            └─ 附带民事诉讼成立条件与范围
              │
              │              ┌─ 附带民事诉讼原告人
              ├ 附带民事诉讼当事人 ─┤
附带民事诉讼 ─┤              └─ 附带民事诉讼被告人
              │
              │              ┌─ 附带民事诉讼的提起期间与方式
              ├ 附带民事诉讼的提起 ─┼─ 附带民事诉讼的起诉条件
              │              └─ 附事民事诉讼的财产保全
              │
              │              ┌─ 审判组织、受理和准备程序
              └ 附带民事诉讼的审判 ─┼─ 审理、调解、判决
                             └─ 检察院作为附民原告人的赔偿顺序
```

第一节　附带民事诉讼概述

［20170293C、20150230、20140232C、20100276A］

概念	附带民事诉讼是指司法机关在刑事诉讼过程中，在解决被告人刑事责任的同时，附带解决因被告人的犯罪行为所造成的物质损失的赔偿问题而进行的诉讼活动。
与普通民事诉讼的区别	附带民事诉讼解决的是物质损失赔偿问题，与民事诉讼解决的损害赔偿性质相同。但是，附带民事诉讼又与通常的民事诉讼有所不同。 1.从实体上说，这种赔偿是由犯罪行为所引起的。 2.从程序上说，它是在刑事诉讼的过程中提起的，通常由审判刑事案件的审判组织一并审判。 3.附带民事诉讼适用的法律具有复合性特点： （1）就实体法而言，对损害事实的认定，不仅要遵循刑法关于具体罪名犯罪构成要件的规定，而且要受民事法律规范调整； （2）就程序法而言，除刑诉法有特殊规定的以外，应当适用民事诉讼法的规定，如证据、先行给付、保全、调解、和解、撤诉、反诉等。例如：《刑诉解释》第201条规定："人民法院审理附带民事诉讼案件，除刑法、刑事诉讼法以及刑事司法解释已有规定的以外，适用民事法律的有关规定。" ［注意］关于财产保全的知识点就是参照民事诉讼的规则进行处理。

续 表

附带民事诉讼提起范围★	被害人遭受的物质损失必须符合法律的规定。(《刑诉解释》第175~177条) 1.附带民事诉讼的受理或赔偿范围仅限于被害人因人身权利受到犯罪侵犯或者财物被犯罪分子毁坏而遭受的物质损失。(《刑诉解释》第175条) [注意](1)被害人因为人身权利受到犯罪侵犯,注意,这里所指的"犯罪行为"是指被告人在刑事诉讼过程中被指控的涉嫌犯罪的行为,而不要求是人民法院生效裁判确定构成犯罪的行为。 (2)财物被犯罪分子毁坏才可以,如果是被告人非法占有、处置被害人财产的,被害人提起附带民事诉讼的,人民法院不予受理。但人民法院应当依法予以追缴或者责令退赔,追缴、退赔的情况,可以作为量刑情节考虑。(此处包括被告人非法占有、处置国家财产、集体财产的)(《刑诉解释》第176条) 2.附带民事诉讼中不予赔偿的事项 (1)因受到犯罪侵犯,提起附民或者单独提起民诉要求赔偿精神损失的,人民法院不予受理。(《刑诉解释》第175条第2款) [注意] 因为附民中只赔实际损失,不赔带有惩罚性的赔偿。 (2)国家机关工作人员在行使职权时,侵犯他人人身、财产权利构成犯罪,被害人或者其法定代理人、近亲属提起附带民事诉讼的,人民法院不予受理,但应当告知其可以依法申请国家赔偿。(《刑诉解释》第177条)
附带民事诉讼的成立条件	附带民事诉讼成立的前提是刑事诉讼已经成立。 1.附带民事诉讼必须以刑事诉讼的成立为前提,如果刑事诉讼不能成立,附带民事诉讼也不能成立,因为附民没有可附的对象,其只能另行提起独立的民事诉讼。例如:人民法院准许人民检察院撤回起诉的公诉案件,对已经提起的附带民事诉讼,可以进行调解;不宜调解或者经调解不能达成协议的,应当裁定驳回起诉,并告知附带民事诉讼原告人可以另行提起民事诉讼。(《刑诉解释》第197条第2款) 2.考生一定要注意成立与有罪是两个概念。例如:人民法院认定公诉案件被告人的行为不构成犯罪,对已经提起的附带民事诉讼,经调解不能达成协议的,可以一并作出刑事附带民事判决,也可以告知附带民事原告人另行提起民事诉讼。(《刑诉解释》第197条第1款)即不构成犯罪并不影响附民案件的审理。

第二节 附带民事诉讼当事人★

[20170228、20160271AB、20150230、20140232AB、20130295]

附带民事诉讼原告人	概念	是指以自己的名义向司法机关提起附带民事诉讼赔偿请求的人。
	范围★	原则上谁遭受损失谁可以提起附带民事诉讼。 具体而言,有权提起附带民事诉讼的主体有: 1.因犯罪行为遭受物质损失的公民。 2.因犯罪行为遭受物质损失的企业、事业单位、机关、团体等。 3.被害人死亡或者丧失行为能力的,其法定代理人、近亲属有权提起附带民事诉讼。

续 表

		[考点解读]根据《刑诉法》第108条的规定，法定代理人是指代理人的父母、养父母、监护人和负有保护责任的机关、团体的代表；近亲属是指夫、妻、父、母、子、女、同胞兄弟姊妹。当被害人死亡或者丧失行为能力时，由其法定代理人或近亲属提起附带民事诉讼，有利于保障被害人获得赔偿的权利。 4.当被害人是未成年人或限制行为能力人时，其法定代理人可以代为提起附带民事诉讼。 5.国家财产、集体财产遭受损失的，受损失的单位未提起附带民事诉讼，人民检察院可以在提起公诉时提起附带民事诉讼。人民检察院提起附带民事诉讼的，应当列为附带民事诉讼原告人。(《刑诉解释》第179条) [注意]因为检察院是以附民原告人的身份提起的诉讼，所以检察院提起的附民可以调解。
附带民事诉讼被告人	概念	是指对被害人因犯罪行为所造成的物质损失负有赔偿责任的人。附带民事诉讼被告人通常是刑事诉讼的被告人。
	范围★ (《刑诉解释》第180条)	附带民事诉讼中依法负有赔偿责任的人包括以下几种： 1.刑事案件的被告人以及未被追究刑事责任的其他共同侵害人。 [考点解读]未被追究刑事责任的其他共同侵害人，是指与被告人共同实施致使被害人遭受物质损失的行为，但是没有被追究刑事责任的人，例如被酌定不起诉。 2.刑事被告人的监护人。具体是指未成年人或限制刑事责任能力被告人的监护人。 3.死刑罪犯的遗产继承人。其应当在所继承的遗产范围内承担赔偿责任。 4.共同犯罪案件中，案件审结前死亡的被告人的遗产继承人。同样应当在所继承的遗产范围内承担赔偿责任。 [注意]附带民事诉讼被告人的亲友自愿代为赔偿的，可以准许。 [考点解读]同案犯在逃不可以提： (1)被害人或者其法定代理人、近亲属仅对部分共同侵害人提起附带民事诉讼的，人民法院应当告知其可以对其他共同侵害人，包括没有被追究刑事责任的共同侵害人，一并提起附带民事诉讼，但共同犯罪案件中同案犯在逃的除外。(《刑诉解释》第181条) (2)共同犯罪案件，同案犯在逃的，不应列为附带民事诉讼被告人。逃跑的同案犯到案后，被害人或者其法定代理人、近亲属可以对其提起附带民事诉讼，但已经从其他共同犯罪人处获得足额赔偿的除外。(《刑诉解释》第183条) 以上内容应做如下理解：被告人在逃的，关于其刑事案件的处理会中止，即暂时不会继续，导致附民没有可附的对象，因而对在逃的人不可以提起附民，等到其到案刑事案件继续才可以提起。但请注意，附民赔偿的是实际损失，如果其已经获得足额赔偿不可以再提。

第三节　附带民事诉讼的提起

[20110228、20120230、20130232]

提起附民的期间、方式、条件	提起附带民事诉讼的期间	**1.时间** 附带民事诉讼应当在刑事案件立案以后及时提起。（《刑诉解释》第184条） **2.调解对附民的阻隔** 在侦查、审查起诉期间，经公安机关、人民检察院调解，当事人双方已经达成协议并全部履行，被害人或者其法定代理人、近亲属又提起附带民事诉讼的，人民法院不予受理，但有证据证明调解违反自愿、合法原则的除外。（《刑诉解释》第185条） **3.二审期间提起的处理程序** 第一审期间未提起附带民事诉讼，在第二审期间提起的，第二审人民法院可以依法进行调解；调解不成的，告知当事人可以在刑事判决、裁定生效后另行提起民事诉讼。（《刑诉解释》第198条） [注意]二审提起的可以调解但是不能直接裁判，否则会造成一审终审。
	提起附带民事诉讼的方式	1.提起附带民事诉讼应当提交附带民事起诉状，写清有关当事人的情况、案发详细经过及具体的诉讼请求，并提出相应的证据。——附民原告人提起诉讼需承担举证责任 2.有权提起附民的人放弃诉讼权利的，应当准许，并记录在案。
	提起附带民事诉讼的条件	提起附带民事诉讼必须符合以下条件：（《刑诉解释》第182条） 1.起诉人符合法定条件。 2.有明确的被告人。 3.有请求赔偿的**具体**要求和事实、理由。 4.属于人民法院受理附带民事诉讼的范围。 主观题链接：甲提起附带民事诉讼，并提出了要求乙赔偿其殴打行为造成的医疗费、营养费、误工费，甲的主张是否可得支持？答案显然是不能，因为原告人的诉讼请求必须具体而明确，也就是说，需要赔偿多少医疗费、误工费等必须有具体而明确的数额。
附带民事诉讼的财产保全★（《刑诉解释》第189条）	概念	附带民事诉讼的财产保全是指在刑事诉讼过程中，在可能因被告人或其他人的行为导致将来发生法律效力的附带民事诉讼判决不能或难以得到执行时，司法机关对被告人的财产采取一定的保全措施，从而保证附带民事判决能够得到执行。
	诉中财产保全	其主要指的是在提起附民的同时，提出保全申请或者是先提附民后提起保全申请。 **1.启动方式** 可以依申请启动；法院也可以依职权启动。 **2.程序** 法院可以责令申请人提供担保，申请人不提供担保的，裁定驳回申请。

续　表

诉前财产保全	先提起保全的申请，再提出附带民事诉讼，称为诉前保全，其会对他人的生产生活造成较大的影响。 1.启动——只能依申请 申请人在人民法院受理刑事案件后15日以内未提起附带民事诉讼的，人民法院应当解除保全措施。 2.程序 （1）对于诉前财产保全，申请人应当提供担保，不提供担保的，裁定驳回申请。 （2）人民法院保全财产后，应当立即通知被保全财产的人。被申请人提供担保的，人民法院应当裁定解除保全。

第四节　附带民事诉讼的审判

［2020、2019、20160271CD、20140232D、20130296、20100276BCD］

附带民诉的审判组织、受理和准备程序	1.附带民事诉讼的审判组织 附带民事诉讼应当同刑事案件一并审判，只有为了防止刑事案件审判的过分迟延，才可以在刑事案件审判后，由同一审判组织继续审理附带民事诉讼。（《刑诉法》第104条） ［考点解读］原则上一并处理，例外"先刑后民"： （1）一般只能先审理刑事部分，后审理附带民事部分； （2）必须由审理刑事案件的同一审判组织继续审理附带民事部分，不得另行组成合议庭。如果同一审判组织的成员确实不能继续参加审判的，可以更换审判组织成员； （3）附带民事诉讼部分的判决对案件事实的认定不得同刑事判决相抵触； （4）附带民事诉讼部分的延期审理，一般不影响刑事判决的生效。 2.附带民事诉讼的受理和准备程序 （1）审查 被害人或者其法定代理人、近亲属提起附带民事诉讼的，人民法院应当在7日以内决定是否受理。符合规定的，应当受理；不符合的，裁定不予受理。（《刑诉解释》第186条） （2）诉状的送达 人民法院受理附带民事诉讼后，应当在5日以内将附带民事起诉状副本送达附带民事诉讼被告人及其法定代理人，或者将口头起诉的内容及时通知附带民事诉讼被告人及其法定代理人，并制作笔录。 人民法院送达附带民事起诉状副本时，应当根据刑事案件的审理期限，确定被告人及其法定代理人的答辩准备时间。（《刑诉解释》第187条）

续 表

附带民事诉讼审理 ★	在审理刑事附带民事案件过程中还应当遵守以下特殊规定： **1.原告人缺席的处理** 附带民事诉讼的原告人经传唤，无正当理由拒不到庭，或者未经法庭许可中途退庭的，应当按撤诉处理。(《刑诉解释》第195条第1款) **2.被告人无正当理由的缺席处理** 刑事被告人以外的附带民事诉讼被告人经传唤，无正当理由拒不到庭，或者未经法庭许可中途退庭的，附带民事部分可以缺席判决。(《刑诉解释》第195条第2款) [注意] 一定是刑事被告人以外的附民被告人不出庭才可以缺席判，例如共同犯罪案件中，一个被提起公诉，另一个被酌定不起诉，当被害人同时对他们提起附带民诉时，被酌定不起诉的不到庭，可以缺席判，但是被依法公诉的人则不行。 **3.非因无正当理由可以另诉** 刑事被告人以外的附带民事诉讼被告人下落不明，或者用公告送达以外的其他方式无法送达，可能导致刑事案件审判过分迟延的，可以不将其列为附带民事诉讼被告人，告知附带民事诉讼原告人另行提起民事诉讼。(《刑诉解释》第195条第3款)
调解 (《刑诉解释》 第190、191条)	**1.调解** 审理附带民事诉讼案件，可以进行调解。调解应当根据自愿、合法的原则进行。 **2.调解书** 经调解达成协议的，审判人员应当制作调解书。调解书经双方当事人签收后即发生法律效力。调解达成协议并即时履行完毕的，可以不制作调解书，但应当制作笔录，经双方当事人、审判人员、书记员签名或者盖章即发生法律效力。 经调解无法达成协议或者调解书签收前当事人一方反悔的，附带民事诉讼应当同刑事诉讼一并判决。 [考点解读](1)附带民事诉讼都可以进行调解，不管在哪个阶段，包括庭前会议、二审当中等，所以考生可不必特殊记忆。 (2)附民中调解结案的，只要当庭执行完毕的，就可以不制作调解书。
判决 ★	**1.具体赔偿范围** 犯罪行为造成被害人人身损害的，应当赔偿医疗费、护理费、交通费等为治疗和康复支付的合理费用，以及因误工减少的收入。造成被害人残疾的，还应当赔偿残疾生活辅助具费等费用；造成被害人死亡的，还应当赔偿丧葬费等费用。(《刑诉解释》第192条第2款) [注意] 一定要注意，这里只赔偿实际发生的损失，不赔带有惩罚性的金额，这里的残疾人赔偿金、死亡赔偿金不在赔偿的范围之内，所以记忆的时候注意具体赔偿内容都是以"费用"结尾。

续 表

	2.另行起诉的处理 被害人或者其法定代理人、近亲属在刑事诉讼过程中未提起附带民事诉讼,另行提起民事诉讼的,人民法院可以进行调解,或者根据《刑诉解释》第192条第2款、第3款的规定作出判决。(《刑诉解释》第200条) [注意] 裁判时依然受刑诉法实际损失的限制。 **3.调解、和解可多赔** 附带民事诉讼当事人就民事赔偿问题达成调解、和解协议的,赔偿范围、数额不受《刑诉解释》第192条第2款、第3款的限制。(《刑诉解释》第192条第4款) 4.审理刑事附带民事诉讼案件,人民法院应当结合被告人赔偿被害人物质损失的情况认定其悔罪表现,并在量刑时予以考虑。(《刑诉解释》第194条)
检察院作为附民原告人的赔偿顺序 (《刑诉解释》第193条)	1.应当判令附带民事诉讼被告人直接向遭受损失的单位作出赔偿。 2.遭受损失的单位已经终止,有权利义务继受人的,应当判令其向继受人赔偿。 3.没有权利义务继受人的,应当判令其向检察院交付赔偿款,由检察院上缴国库。

进阶考点

1.**附民中赔偿范围之特殊规定**:驾驶机动车致人伤亡或者造成公私财产重大损失,构成犯罪的,依照《道路交通安全法》第76条的规定确定赔偿责任。(《刑诉解释》第192条第3款)

[注意] 在交通肇事的案件中,按照道交法的规定,赔偿相应的带有惩罚性的赔偿金。

2.**费用**:法院审理附带民事诉讼案件,不收取诉讼费。(《刑诉解释》第199条)

3.**审限**:法院在受理刑事附带民事诉讼案件后3个月内无法审结的,经上一级人民法院批准,可以延长3个月的审理期限。(《刑诉法》第208条)

专题十 期间、送达

知识体系图

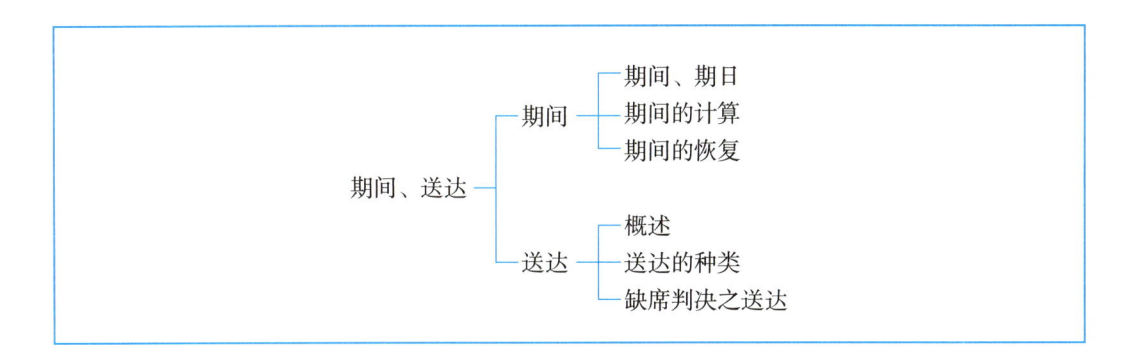

```
                     ┌── 期间、期日
              ┌ 期间 ┼── 期间的计算
              │      └── 期间的恢复
期间、送达 ──┤
              │      ┌── 概述
              └ 送达 ┼── 送达的种类
                     └── 缺席判决之送达
```

第一节 期 间

［20170229、20150231、20150238、20140233、20130233、20110229］

期间、期日	期间	**1.概念** 刑诉的期间，是指公安司法机关和诉讼参与人完成某项刑诉行为必须遵守的法定期限，例如公诉案件一审的审限原则上为3个月，人民法院需要在3个月内将案件审理结束。 **2.分类** 刑事诉讼期间分为法定期间和指定期间两种。 **所谓法定期间**，是指由法律明确规定的期间，例如一审、二审、逮捕的时间规定，都属于法律明确规定。 **所谓指定期间**，是指由公安司法机关指定的期间，例如被告人拒绝辩护人辩护时，法院需要指定一段时间给被告人再委托辩护人并进行辩护的准备。
	期日	**1.概念** 期日是指公安司法机关和诉讼参与人共同进行刑事诉讼活动的特定时间。例如3月5日上午9点开庭。 **2.期间与期日的区别** （1）期日是一个特定的时间单位，如某日、某时；期间则是指一个期日起至另一个期日止的一段时间。

		（2）期日是公安司法机关和诉讼参与人共同进行某项刑事诉讼活动的时间；期间则是指公安司法机关和诉讼参与人各自单独进行某项诉讼活动的时间。 （3）期日由公安司法机关指定，遇有重大理由时，可以另行指定期日；期间原则上由法律规定，不得任意变更。 （4）期日只规定开始的时间，不规定终止的时间，以诉讼行为的开始为开始，以诉讼行为的实行完毕为结束；期间在具体案件中一旦确定开始时间，终止的时间也随之确定。 （5）期日开始后，必须立即实施某项诉讼行为或开始某项诉讼活动；期间开始后不要求立即实施诉讼行为，只要在期间届满前，任何时候实施都是有效的。
期间的计算（《刑诉法》第105、106条；《刑诉解释》第202、203条）	计算单位	期间以时、日、月计算。
	计算方法 ★	**1. 期间开始的时和日不算在期间以内——去头不去尾** （1）以时为计算单位的期间，从期间开始的下一时起算，期间开始的时不计算在期间以内。它的届满以法定期间时数的最后一时完了为止。 （2）以日为计算单位的期间，从期间开始的次日起算，期间开始的日不计算在期间以内。它的届满以法定期间日数的最后一日完了为止。 [例如] 6月1日收到刑事判决书，其上诉期限为10日，那么具体的计算为6月2日至6月11日为法定上诉期。 **2. 以月为计算单位的期间** 以月计算的期间，自本月某日至下月同日为1个月；期限起算日为本月最后一日的，至下月最后一日为1个月；下月同日不存在的，自本月某日至下月最后一日为1个月；半个月一律按15日计算。 [注意] 1个月不一定是30天，有可能多也有可能少；但是半个月固定15日。 **3. 特殊情形下期间的计算** （1）期间的最后一日为节假日的，以节假日后的第一日为期满日期，但犯罪嫌疑人、被告人或者罪犯在押期间，应当至期满之日为止，不得因节假日而延长。节假日包括公休日（星期六、星期日）和法定假日（如元旦、春节等）。如果节假日不是期间的最后一日，而是在期间的开始或中间则均应计算在期间以内。 [例如] 假设上诉期为6月2日至6月11日，但是6月11日是周六，则应当顺延至第一个工作日，即周一6月13日。 （2）上诉状或者其他文件在期满前已经交邮的，即使司法机关收到时已过法定期限，也不算过期。上诉状或其他文件是否在法定期限内交邮以当地邮局所盖邮戳为准。 [注意] 非投递邮筒就可以。 （3）法定期间不包括路途上的时间。 [注意] 有关诉讼文书材料在公安司法机关之间传递过程中的时间，也应当在法定期间内予以扣除。

续 表

刑期的计算（《刑诉解释》第202条）	考生注意，刑期的计算遵循一个最基本的原则即宁可少关不能多关，所以其基本规则都是找到对应日的前一日： 1.按年计算 以年计算的刑期，自本年本月某日至次年同月同日的前一日为1年；次年同月同日不存在的，自本年本月某日至次年同月最后一日的前一日为1年。 ［例如］如2016年3月31日至2017年3月30日为一年；"次年同月同日不存在的，自本年本月某日至次年同月最后一日的前一日为一年"，如2016年2月29日至2017年2月27日为一年。 2.按月计算 以月计算的刑期，自本月某日至下月同日的前一日为1个月；刑期起算日为本月最后一日的，至下月最后一日的前一日为1个月；下月同日不存在的，自本月某日至下月最后一日的前一日为1个月；半个月一律按15日计算。 ［例如］如4月15日至5月14日为一个月（30天），5月15日至6月14日也为一个月（31天）；刑期起算日为本月最后一日的，至下月最后一日的前一日为一个月，如4月30日至5月29日为一个月（30天）；下月同日不存在的，自本月某日至下月最后一日的前一日为一个月，如5月31日至6月29日为一个月（30天），平年的1月31日至2月27日为一个月（28天），闰年的1月31日至2月28日为一个月（29天）。
期间的恢复（《刑诉法》第106条）	期间的恢复是指当事人由于不能抗拒的原因或者有其他正当理由而耽误期限的，在障碍消除后5日以内，可以申请继续进行应当在期满以前完成的诉讼活动的一种补救措施。 ［考点解读］期间的恢复必须具备以下条件： （1）当事人提出恢复期间的申请。 （2）期间的耽误是由于不能抗拒的原因或有其他正当理由。例如，发生地震、洪水、战争、大火等当事人本身无法抗拒的自然和社会现象或者是当事人发生车祸、突患严重疾病等情况，使当事人无法进行诉讼行为。 （3）当事人的申请应当在障碍消除后的5日以内提出。 （4）期间恢复的申请经人民法院裁定批准。当事人只有申请权，而人民法院有批准权。

第二节 送 达

［20130270］

概述	概念	刑事诉讼中的送达，是指公、检、法依照法定程序和方式，将诉讼文件送交诉讼参与人、有关机关和单位的诉讼活动。 送达实质上是公安司法机关的告知行为。
	特点	1.送达是公、检、法机关所进行的诉讼活动，即是公对私的活动。 ［注意］私对公的行为不属于送达，即诉讼参与人向司法机关送交的自诉状、上诉状、答辩状等诉讼文件的行为，不属于法定的送达。 2.送达必须依照法定的程序和方式进行。 3.送达的内容是各种诉讼文件，如传票、不起诉决定书、裁定书、判决书等。 4.送达的收件人可以是公民个人，也可以是机关、单位。

续 表

送达的种类★	直接送达★	1.概念 是指公安司法机关派员将诉讼文件直接交给收件人或代收人。 2.程序 送达人员将诉讼文件交给收件人，收件人在送达回证上记明收到日期，并且签名或者盖章。如果收件人不在，由他的成年家属或所在单位的负责收件的人员代收，代收人也应当在送达回证上记明收到日期，并且签名或者盖章。收件人或者代收人在送达回证上签收的日期为送达的日期。 ［注意］收件人本人不在的时候，他的成年家属或单位代收时也是直接送达而不是留置送达，代收的手续是代收人在回证上签名或盖章。
	留置送达★	1.概念——拒收的前提下发生 是指收件人本人或者代收人拒绝接收诉讼文件或者拒绝签名、盖章时，送达人员将诉讼文件放置在收件人或代收人的住处的一种送达方式。找不到收件人，同时也找不到代收人时，不能采用留置送达。 2.程序 收件人或者代收人拒绝签收的： （1）送达人可以邀请见证人到场，说明情况，在送达回证上记明拒收的事由和日期，由送达人、见证人签名或者盖章，并将诉讼文书留在收件人或者代收人住处或者单位； （2）也可以把诉讼文书留在受送达人的住处，并采用拍照、录像等方式记录送达过程，即视为送达。 诉讼文件的留置送达与交给收件人或代收人具有同样的法律效力。 ［考点解读］留置送达分为两类：一是邀请见证人，此时可留置在收件人或者代收人住处或者单位两个地方；二是采用拍照、录像等方式记录送达过程，但注意此时只能留置在受送达人的住处。
	委托送达	委托送达是指承办案件的公安司法机关委托收件人所在地的公安司法机关代为送达的一种方式。委托送达一般针对的是异地送达且直接送达有困难的情况下所采用的。
	邮寄送达	1.概念：公安司法机关将诉讼文件挂号邮寄给收件人的一种送达方式。邮寄送达一般是在直接送达有困难的情况下采用的送达方式。 2.程序：公安司法机关将诉讼文件、送达回证挂号邮寄给收件人，收件人签收挂号邮寄的诉讼文件后即认为已经送达。挂号回执上注明的日期为送达的日期。
	转交送达	1.概念：是指对特殊的收件人由有关部门转交诉讼文件的送达方式。 2.转交送达的对象及程序 （1）诉讼文书的收件人是军人的，可以通过其所在部队团级以上单位的政治部门转交。 （2）收件人正在服刑的，可以通过执行机关转交。 （3）收件人正在接受专门矫治教育等的，可以通过相关机构转交。 由有关部门、单位代为转交诉讼文书的，应当请有关部门、单位收到后立即交收件人签收，并将送达回证及时寄送人民法院。
缺席判决之送达		人民法院应当通过有关国际条约规定的或者外交途径提出的司法协助方式，或者被告人所在地法律允许的其他方式，将传票和人民检察院的起诉书副本送达被告人。（《刑诉法》第292条）

专题十一 立 案

命题点拨

立案是刑事诉讼开始、启动的标志，也意味着有关机关正式开始收集固定证据追究犯罪嫌疑人、被告人的刑事责任，立案是刑事诉讼所必经的环节。例如，吴某涉嫌抢劫，只要公安机关一天不立案，吴某就可以逍遥法外，但是只要公安机关立了案，就可以对吴某采取强制措施限制其人身自由，并且收集固定证据证明其罪行。

知识体系图

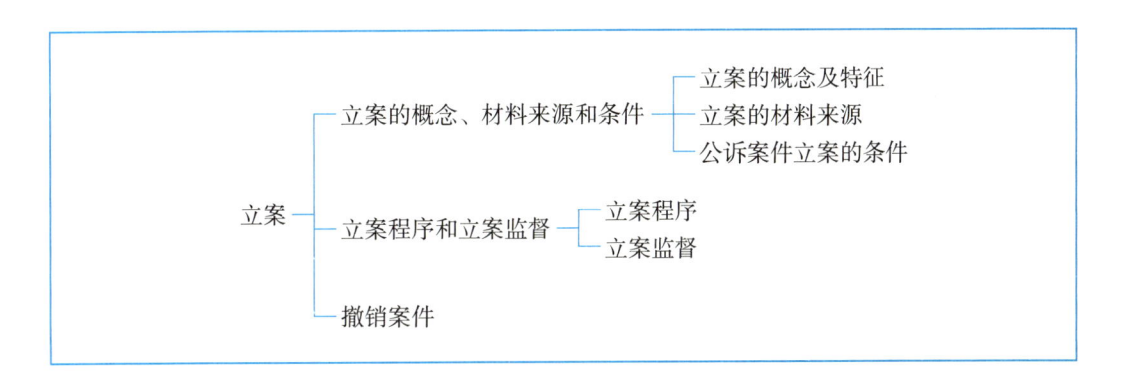

```
        ┌─ 立案的概念、材料来源和条件 ─┬─ 立案的概念及特征
        │                              ├─ 立案的材料来源
        │                              └─ 公诉案件立案的条件
  立案 ─┤
        ├─ 立案程序和立案监督 ─┬─ 立案程序
        │                      └─ 立案监督
        └─ 撤销案件
```

第一节 立案的概念、材料来源和条件

[2018、20170230AC]

立案的概念及特征	概念	刑事诉讼中的立案，是指侦查机关发现犯罪事实或者犯罪嫌疑人，或者侦查机关、人民法院对于报案、控告、举报和自首的材料，以及自诉人起诉的材料，按照各自的管辖范围进行审查后，决定作为刑事案件进行侦查或者审判的一种诉讼活动。 [注意] 公诉案件由公安或检察院立案侦查，或由监察委立案调查；自诉案件由人民法院立案审理。
	特征	立案作为一个独立的诉讼阶段，具有以下特征： 1.立案是刑事诉讼的起始程序。 2.立案是刑事诉讼的必经程序。

续 表

		公安司法机关进行刑事诉讼，必须先立案。但是，由于刑事案件的具体情况不同，不是每一个刑事案件都必须经过五个诉讼阶段。例如，自诉案件不需要经过侦查阶段；还有些案件，在人民检察院作出不起诉决定后，即告终结，就不需要经过审判和执行程序等等。 **3.立案是法定机关的专门活动** 立案法律赋予公安机关（广义）、人民检察院和人民法院的一种职权，其他任何单位或个人都无权立案。
立案的材料来源	1.侦查机关自行发现的犯罪事实或者获得的犯罪线索。 2.单位和个人的报案或者举报。 3.被害人的报案或者控告。 4.犯罪人的自首。 [总结] 报案、举报和控告的区别：	

	报案	举报	控告
主体	一切单位和个人	被害人以外	只能是被害人
内容	有犯罪事实发生	事实+人（即既要知道发生什么行为又要知道是谁实施的）	事实+人（即既要知道发生什么行为又要知道是谁实施的）

立案的材料来源	例如，甲发现单位的乙为国外的间谍组织刺探国家秘密，遂向司法机关陈述，此行为属于举报，因为在本案中甲并非直接的受害人，但是同时知道什么人干了什么事。 [考点解读]（1）必要时，应当对接受过程录音录像。（《公安规定》第169条） （2）公安机关接受案件时，应当制作受案登记表和受案回执，并将受案回执交扭送人、报案人、控告人、举报人。（《公安规定》第171条） （3）与诬告进行区分（《公安规定》第172条） 公安机关接受控告、举报的工作人员，应当向控告人、举报人说明诬告应负的法律责任。但是，只要不是捏造事实、伪造证据，即使控告、举报的事实有出入，甚至是错告的，也要和诬告严格加以区别。
公诉案件立案的条件（《刑诉法》第112条）	1.有犯罪事实。 [注意] 要有一定的事实材料证明犯罪事实确已发生。并不要求在立案时就全部弄清楚具体案件事实。 2.需要追究刑事责任。

第二节 立案程序和立案监督

根据《刑诉法》的规定，立案程序包括对于立案材料的接受和审查处理两个部分。

[2019、2018、20170230BD、20160233、20160272、20150232、20130224]

立案程序	对立案材料的接受（《刑诉法》第110、111条）	1.公、检、法对于报案、控告、举报和自首，都应当接受下来，然后依法处理，而不得以任何理由拒绝或推诿。 受理后分两种情况处理： 第一，对于不属于自己管辖的，应当移送主管机关处理； [注意] 案件变更管辖或者移送其他公安机关并案侦查时，与案件有关的法律文书、证据、财物及其孳息等应当随案移交。（《公安规定》第185条） 第二，对于不属于自己管辖而又必须采取紧急措施的，应当先采取紧急措施，然后移送主管机关。 2.公安司法机关应当为报案人、控告人、举报人保密，并保障他们及其近亲属的安全。其如果不愿公开自己的姓名和报案、控告、举报的行为，应当为他保守秘密。
	初步调查核实制度 概念	初查指的是立案之前进行的初步调查，顾名思义，尚未立案即进行初步的调查，说明初查主体的权力都比较少，受到法律的限制。 而初查又分为公安机关的初查和人民检察院之初查，请考生注意，无论是公安机关的初查还是检察院的初查，关于绝对禁止即绝对不能采取的手段是一样的。所以考生直接以检察院作为记忆标准即可，但是请注意检察院的初查多了一个相对禁止的手段，即不能直接接触被调查人。
	公安机关的调查核实制度（《公安规定》第174条）	1.调查核实的决定主体 对于接受的案件，发现案件事实或者线索不明的，必要时，经办案部门负责人批准，可以进行调查核实。 2.调查核实的程序 调查核实过程中，公安机关可以依照有关法律和规定采取询问、查询、勘验、鉴定和调取证据材料等不限制被调查对象人身、财产权利的措施。 [注意] 调查核实中不得对调查的对象采取拘传、取保、监视居住、拘留、逮捕这五种强制措施；不得对财产进行查封、扣押、冻结；也不得采取技术侦查措施。 经典考题：请问初查中可否对通话实施监听？[①]
	检察院之调查核实制度（《高检规则》第166~169条）	1.决定主体 自侦案件需要进一步调查核实，应当报检察长决定。 2.相对禁止事项 调查核实一般不得接触被调查对象。必须接触被调查对象的，应当经检察长批准。

---

① 【答案】不可以，监听通话属于技术侦查的手段之一，只有在立案之后才能采取。

续　表

		3.绝对禁止事项 进行调查核实，可以采取询问、查询、勘验、检查、鉴定、调取证据材料等不限制被调查对象人身、财产权利的措施。不得对被调查对象采取强制措施，不得查封、扣押、冻结被调查对象的财产，不得采取技术侦查措施。 [考点解读]公安机关可以接触调查的对象，但是检察院的自侦案件，检察院不可以直接接触调查对象，必须经过许可才可以。因为检察院调查的对象属于司法机关的工作人员，轻易解除容易打草惊蛇。
立案监督	概念	狭义的立案监督，是指检察机关对公安机关的立案活动进行的监督。 [考点解读]检察院的监督主要针对两个方面：第一是应当立案而不立案，第二是不应当立案而立了案，考生其实不用死记硬背，因为无论是应立而不立，还是不应当立而立，其实监督都分为两步走，第一步说理由，第二通知作对应的整改，即应立不立通知公安机关说理由，理由不成立再通知公安机关立案。 广义的立案监督还包括其他单位和个人对立案活动进行的监督。
	人民检察院的监督★ (《刑诉法》第113条)	人民检察院对公安机关立案活动的监督（《六机关规定》第18条；《高检规则》第557~565条；《公安规定》第182条）	1.针对应当立案而不立案的监督：先说理由再通知立案。 检察院应当要求公安说明不立案的理由，公安应当在7天内说明理由。检察院认为理由不能成立的，应当通知其立案，公安应当在15日内决定立案。人民检察院认为公安机关不立案理由不能成立，发出通知立案书时，应当将有关证明和立案的材料同时移送公安机关。 2.针对不应当立案而立案：先说理由再通知撤销案件。 公安机关救济权：同级复议上级复核 公安机关认为检察院撤销案件通知有错误可以要求同级人民检察院复议，对于公安机关不接受复议决定可提请上一级检察院复核。 3.跟踪监督：——针对公安机关不作为的监督（《高检规则》第564条） 第一步：公安机关在收到通知立案书或者通知撤销案件书后超过15日不予立案或者未要求复议、提请复核也不撤销案件的，人民检察院应当发出纠正违法通知书。 第二步：公安机关仍不纠正的，报上一级人民检察院协商同级公安机关处理。
	不立案之控告人的监督（《公安规定》第179条）	控告人的监督：对公安机关的不立案决定为同级复议、上级复核。 [注意]在公安机关不立案时控告人的救济途径主要有三种：一为同级复议、上级复核；二为向检察院申诉，目的为希望引起检察院的立案监督；三为公诉案件转自诉案件。
	不立案之行政机关的监督	行政执法机关可向作出决定的机关申请复议（《公安规定》第180、182条） 移送案件的行政执法机关对不予立案决定不服的，可以在收到不予立案通知书后3日以内向作出决定的公安机关申请复议；公安机关应当在收到行政执法机关的复议申请后3日以内作出决定，并书面通知移送案件的行政执法机关。

[总结] 监察机关之立案程序（《监察法》第35~39条）

立案	1.经过初步核实，对监察对象涉嫌职务违法犯罪，需要追究法律责任的，监察机关应当按照规定的权限和程序办理立案手续。 2.监察机关主要负责人依法批准立案后，应当主持召开专题会议，研究确定调查方案，决定需要采取的调查措施。 3.通知及通报： 立案调查决定应当向被调查人宣布，并通报相关组织。涉嫌严重职务违法或者职务犯罪的，应当通知被调查人家属，并向社会公开发布。

第三节 撤销案件

撤销案件的 具体情形★	法定撤销之 情形 （《公安规定》 第186条）	1.经过侦查，**发现没有犯罪事实的或16条的情形**，应当撤销案件。 2.对于经过侦查，发现有犯罪事实需要追究刑事责任，但不是被立案侦查的犯罪嫌疑人实施的，或者共同犯罪案件中部分犯罪嫌疑人不够刑事处罚的，应当对有关犯罪嫌疑人终止侦查，并对该案件继续侦查。 [考点解读]（1）这里的情形为无犯罪事实加上《刑诉法》第16条的法定情形，考生一定要注意并没有"犯罪事实非犯罪嫌疑人所为"这一情形，因为这一情形中事实是存在的仅仅是人被抓错了，所以其适用的程序是对被抓错的犯罪嫌疑人终止，但是刑事案件本身并不终止，需要继续侦查。 （2）共同犯罪案件中部分犯罪嫌疑人不够刑事处罚的，应当对有关犯罪嫌疑人终止侦查，而对其中构成犯罪的嫌疑人继续侦查。 （3）需要撤销案件或对犯罪嫌疑人终止侦查的，办案部门应当制作撤销案件或者对犯罪嫌疑人终止侦查报告书，报县级以上公安机关负责人批准。
	酌定撤销之 情形★ （《刑诉法》第 182条）	1.犯罪嫌疑人自愿如实供述涉嫌犯罪的事实，有重大立功或者案件涉及国家重大利益的，经最高人民检察院核准，公安机关可以撤销案件。 [考点解读] 犯罪嫌疑人自愿如实供述涉嫌犯罪的事实，有重大立功或者案件涉及国家重大利益，需要撤销案件的，应当层报公安部，由公安部商请最高人民检察院核准后撤销案件。报请撤销案件的公安机关应当同时将相关情况通报同级人民检察院。（《公安规定》第188条） 对于此种情形撤销案件公安机关内部必须先报至公安部，而后必须经过最高检核准才可以对案件进行撤销。 2.涉案财物之处理：公安机关根据上述规定撤销案件的，应当对查封、扣押、冻结的财物及其孳息作出处理。 [注意] 案件撤销只是不解决定罪量刑之刑事责任，但是涉案采取需要按照法律规定作出适当的处置，并非不予处理。

续 表

撤销后的程序 ★ (《公安规定》第187、189、190条)	公安机关决定撤销案件或者对犯罪嫌疑人终止侦查时： **1. 对犯罪嫌疑人的处理** (1) 原犯罪嫌疑人在押的，应当立即释放，发给释放证明书。 (2) 原犯罪嫌疑人被逮捕的，应当通知原批准逮捕的人民检察院。 (3) 对原犯罪嫌疑人采取其他强制措施的，应当立即解除强制措施；需要行政处理的，依法予以处理或者移交有关部门。 **2. 涉案财物的处理** 对查封、扣押的财物及其孳息、文件，或者冻结的财产，除按照法律和有关规定另行处理的以外，应当解除查封、扣押、冻结，并及时返还或者通知当事人。 **3. 发现新事实新证据的处理** ★ (1) **撤销案件**以后又发现新的事实或者证据，或者发现原认定事实错误，认为有犯罪事实需要追究刑事责任的，应当重新立案侦查。 (2) **终止侦查后**又发现新的事实或者证据，或者发现原认定事实错误，需要对其追究刑事责任的，应当继续侦查。
检察院撤销案件之特殊规定 (《高检规则》第242~246条)	1. 内部须报检察长。 2. 报请上一级检察院审查： (1) 上一级人民检察院同意撤销案件的，下级人民检察院应当作出撤销案件决定，并制作撤销案件决定书。撤销案件的决定，应当分别送达犯罪嫌疑人所在单位和犯罪嫌疑人。犯罪嫌疑人死亡的，应当送达犯罪嫌疑人原所在单位。 [注意] 检察院的自侦案件侦查的对象为司法工作人员，为了防止官官相护、权权交易，无论是作撤销案件的决定还是不起诉的决定，都应当报上一级检察院。 (2) 上一级检察院不同意撤销案件的，下级检察院应当执行上一级检察院的决定。

专题十二　侦　查

知识体系图

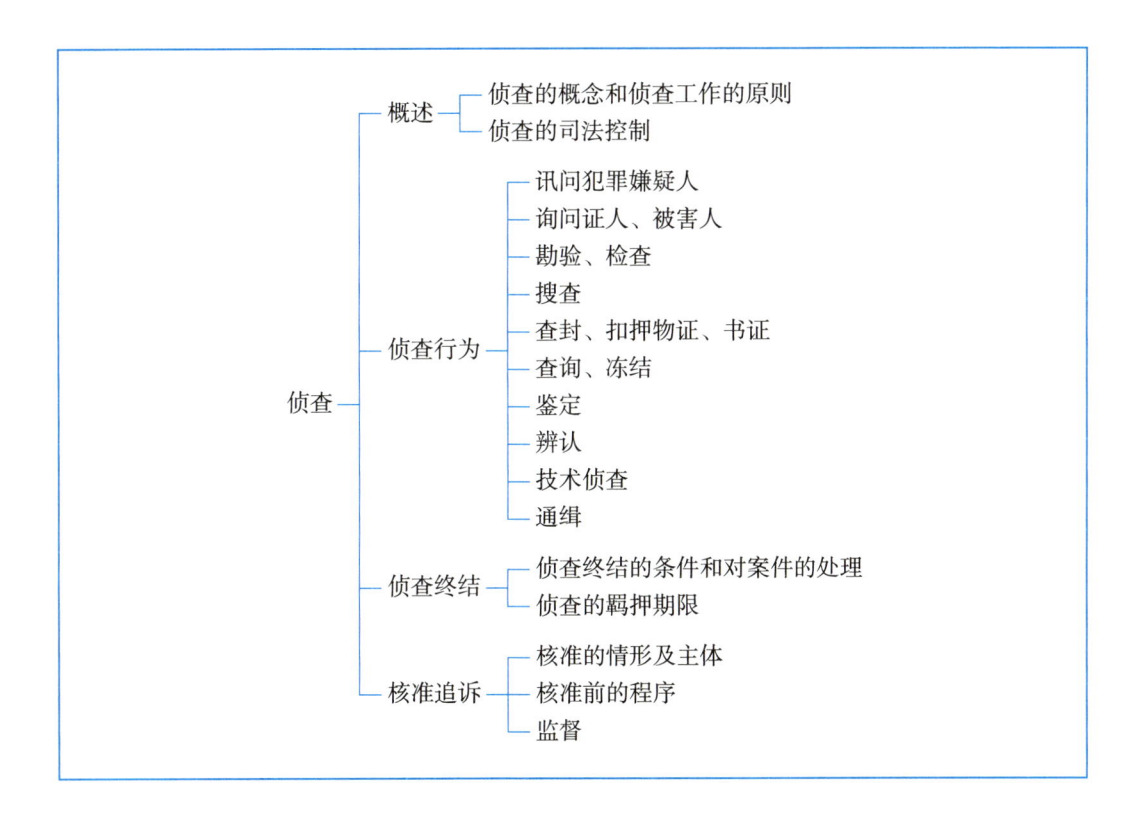

```
                ┌─ 概述 ─┬─ 侦查的概念和侦查工作的原则
                │        └─ 侦查的司法控制
                │
                │         ┌─ 讯问犯罪嫌疑人
                │         ├─ 询问证人、被害人
                │         ├─ 勘验、检查
                │         ├─ 搜查
                ├─ 侦查行为 ┼─ 查封、扣押物证、书证
  侦查 ─────────┤         ├─ 查询、冻结
                │         ├─ 鉴定
                │         ├─ 辨认
                │         ├─ 技术侦查
                │         └─ 通缉
                │
                ├─ 侦查终结 ┬─ 侦查终结的条件和对案件的处理
                │          └─ 侦查的羁押期限
                │
                └─ 核准追诉 ┬─ 核准的情形及主体
                           ├─ 核准前的程序
                           └─ 监督
```

第一节　概　述

侦查的概念	侦查是指公安机关、人民检察院对于刑事案件，依照法律进行的收集证据、查明案情的工作和有关的强制性措施。（《刑诉法》第108条） 侦查是刑事诉讼的一个基本的、独立的诉讼阶段，是公诉案件的必经程序。
侦查工作的原则	1.迅速及时原则。 2.客观全面原则。 所谓客观，就是指一切从实际情况出发，尊重客观事实、按照客观事实的本来面目去认识它并如实反映它。所谓全面，就是要全面地调查了解和反映案件的情况。既要收集能够证明犯罪嫌疑人有罪、罪重的证据，又要收集能够证明犯罪嫌疑人无罪、罪轻的证据。

续 表

	3.深入细致原则。 4.依靠群众原则。 5.程序法制原则。 ［考点解读］旨在将刑事诉讼活动纳入法制的轨道，以防止国家专门机关滥用职权，恣意妄为，保证刑事诉讼的民主性、公开性，从而顺利实现刑事诉讼的目的和任务。因此，在侦查工作中，侦查人员必须增强法制观念，严格依照刑诉法的规定收集证据。严禁刑讯逼供，严禁以威胁、引诱、欺骗以及其他非法方法收集证据。采取逮捕、拘留等强制措施，也必须依照法定的条件和程序进行。 根据《公安规定》第193条规定，公安机关侦查犯罪，应当严格依照法律规定的条件和程序采取强制措施和侦查措施，严禁在没有证据的情况下，仅凭怀疑就对犯罪嫌疑人采取强制措施和侦查措施。 6.保守秘密原则。 严厉禁止将案情、证据、当事人及诉讼参与人的情况向无关人员泄露，以保证侦查活动的顺利进行。 7.比例原则。（可作主观题备考） 是指侦查权在侵犯公民权利时，必须在法律规定范围内选择侵害公民权利最小的方式。
侦查的 司法控制 ★	1.原因 一方面，由于侦查行为的实施大都涉及公民权益，对其进行合理制约显得尤为重要；另一方面，侦查是为了查清案件事实真相，为最终将犯罪嫌疑人交付法院审判做好准备工作。因此侦查权的运行应主动适应司法的要求，司法权也应介入侦查程序中，对侦查行为进行适当约束。 2.存在问题 侦查活动存在的主要问题：一是侦查手段的滥用；二是违法行为的存在和缺乏制裁。而现行立法体制对侦查权缺乏有效的规制，法院、检察院无从对侦查程序实施实质性的控制。 3.应对方法 （1）针对前者，应当实施事前审查，在侦查机关作出影响公民基本权利的侦查行为之前，应由裁判主体也就是法官来进行司法审查，由其作出决定。这里要指出的是，并非对所有的侦查行为都进行事前审查，要接受事前审查的侦查行为主要应包括逮捕、羁押、搜查这样一些较严厉的措施，有的学者将其称之为强行性侦查措施，而与之相对应的任意性侦查措施的采用则可由侦查机关独立地作出决定。 （2）针对侦查过程中违法行为的存在和缺乏制裁的问题，则应对其进行事后审查。具体而言，公民对于侦查机关在侦查过程中对其合法权益的侵害，可以寻求司法途径进行救济，也就是采取提起行政诉讼的方式进行。这样，通过事前审查和事后审查双管齐下，来保障侦查活动依法进行，既可以控制犯罪的发生又可以保护公民的合法权益。

第二节 侦查行为★

侦查行为，是指侦查机关在办理案件过程中，依照法律进行的各种专门调查活动。《刑诉法》规定的侦查行为，从最大程度上分类有9种，但是将查封扣押、查询冻结分开则有10种。

［2020、2018、20170231、20170273、20170295AC、20160234、20160294、20150294、20140234、20140270、20140293、20140294、20130230、20130293、20120227、20120271、20120292、20120293、20120294、20110230、20110269、20100228、20100229、20100267］

讯问犯罪嫌疑人★	讯问的主体（《公安规定》第202条）		讯问犯罪嫌疑人必须侦查人员负责且侦查人员不得少于2人。 ［注意］此处可以不必记忆，因为凡是公权力机关出去活动人数一定不得少于2个人。
	讯问的地点★（《刑诉法》第119条；《公安规定》第198条）	已被羁押	只要讯问的对象在看守所内被羁押，讯问时只能在看守所内进行。 ［考点解读］（1）犯罪嫌疑人被送交看守所羁押后，检察人员对其进行讯问，应当填写提讯、提解证，在看守所讯问室进行。（《高检规则》第186条） （2）因侦查工作需要，需提押犯罪嫌疑人出所辨认或追缴犯罪有关财物的，经检察长批准，可以提押犯罪嫌疑人出所，并应当由2名以上司法警察押解。 （3）不得以讯问为目的将犯罪嫌疑人提押出所进行讯问。
		未被羁押	1.讯问的地点 讯问对象未被羁押时，讯问地点为犯罪嫌疑人所在市、县内的指定地点或者到他的住处。 ［考点解读］★★★（《公安规定》第198条） 1.讯问犯罪嫌疑人原则上应当在公安机关执法办案场所的讯问室进行；对于不需要拘留、逮捕的犯罪嫌疑人，经办案部门负责人批准，可以传唤到犯罪嫌疑人所在市、县公安机关执法办案场所或者到他的住处进行讯问。 2.紧急情况下可以在现场进行讯问的。 3.对有严重伤病或者残疾、行动不便的，以及正在怀孕的犯罪嫌疑人，可以在其住处或者就诊的医疗机构进行讯问。 4.对于正在被执行行政拘留、强制隔离戒毒的人员以及正在监狱服刑的罪犯，可以在其执行场所进行讯问。 经典考题：在拘留之前可否讯问犯罪嫌疑人？①

---

① 【答案】可以。考生注意立案后可以随时讯问犯罪嫌疑人，无论是拘留前还是拘留后，都可以实施讯问。只不过讯问的时间不同，会导致讯问的地点不同，例如拘留之前讯问的地点为办公地点或住处，但是拘留之后讯问的地点只能是看守所。

续 表

		2.传唤时的手续（《公安规定》第199条） （1）传唤犯罪嫌疑人时，应当出示传唤证和侦查人员的人民警察证，并责令其在传唤证上签名、捺指印。 （2）对在现场发现的犯罪嫌疑人，侦查人员经出示人民警察证，可以口头传唤，并将传唤的原因和依据告知被传唤人。 [注意] 原则上传唤应当制作书面的传唤证，而紧急情况之下进行的口头传唤来不及制作书面的传唤证，可以口头进行，只需要出示工作证件即可。
	讯问的时间	1.传唤持续的时间不得超过12小时。案情特别重大、复杂，需要采取拘留、逮捕措施的，经办案部门负责人批准，传唤持续的时间不得超过24小时。 2.传唤、拘传、讯问犯罪嫌疑人，应当保证犯罪嫌疑人的饮食和必要的休息时间，并记录在案。（《公安规定》第200、201条）
	讯问的步骤和方法	1.讯问时，应当首先讯问犯罪嫌疑人是否有犯罪行为。 2.告知内容：讯问时应当告知犯罪嫌疑人享有的诉讼权利，如实供述自己罪行可以从宽处理和认罪认罚的法律规定。（《刑诉法》第120条） 3.如实回答之义务：犯罪嫌疑人对侦查人员的提问，应当如实回答。但是对与本案无关的问题，有权拒绝回答。（《公安规定》第203条） 4.讯问同案的犯罪嫌疑人，应当个别进行。（《公安规定》第202条）
	讯问录音、录像★	**1.公安机关讯问时应当录音录像**（《公安规定》第208条） 讯问犯罪嫌疑人，在文字记录的同时，可以对讯问过程进行录音录像。**对于可能判处无期徒刑、死刑的案件或者其他重大犯罪案件，应当对讯问过程进行录音录像。** [考点解读] 第一，"可能判处无期徒刑、死刑的案件"，是指应当适用的法定刑或者量刑档次包含无期徒刑、死刑的案件。 第二，"其他重大犯罪案件"，是指致人重伤、死亡的严重危害公共安全犯罪、严重侵犯公民人身权利犯罪，以及黑社会性质组织犯罪、严重毒品犯罪等重大故意犯罪案件。 **2.检察院自侦案件**（《高检规则》第190条） 人民检察院办理直接受理侦查的案件，应当在每次讯问犯罪嫌疑人时，对讯问过程实行全程录音、录像，并在讯问笔录中注明。
	笔录要求 （《公安规定》第206、207条）	1.**核对规则**：讯问笔录应当交犯罪嫌疑人核对；对于没有阅读能力的，应当向他宣读。如果记录有遗漏或者差错，应当允许犯罪嫌疑人补充或者更正，并捺指印。 2.**书写规则**：犯罪嫌疑人请求自行书写供述的，应当准许；必要时，侦查人员也可以要求犯罪嫌疑人亲笔书写供词。

续表

		经典考题：犯罪嫌疑人要求自行书写供述，侦查人员拒绝，是否符合法律规定？①
询问证人、被害人★（《公安规定》第210、212、323条；《高检规则》第193条）	询问的地点	1.询问证人、被害人，可以在①现场进行，也可以到②证人、被害人所在单位、③住处或者④证人、被害人提出的地点进行。在必要的时候，可以书面、电话或者当场通知证人、被害人到⑤公安机关提供证言。 2.在现场询问证人、被害人，侦查人员应当出示人民警察证。其他情形侦查人员应当出示询问通知书和人民警察证。 [注意] 第一，询问证人的地点当然包括了现场。 第二，这里指定地点的主体是证人本人非侦查机关。 第三，现场询问出示的是工作证件，而其他地方询问出示的是侦查机关的证明文件及工作证。
	询问的步骤和方法	1.应当个别进行。 2.询问时，应当告知其如实地提供证据、证言和有意作伪证或者隐匿罪证要负的法律责任。 3.制作笔录，交证人核对或者向他宣读。如果记载有遗漏或者差错，证人可以提出补充或者改正。 4.证人请求自行书写证言的，应当允许。必要时，侦查人员也可以要求证人写出书面证言。 [注意] 此规则同犯罪嫌疑人的笔录制作。
	对特殊对象的询问	1.询问聋、哑人，应当有通晓聋、哑手势的人参加。 2.对于未成年人证人，在询问的时候，同讯问未成年人犯罪嫌疑人的规则。 3.询问女性未成年证人，应当有女工作人员在场。 [注意] 询问被害人适用询问证人的程序。 [总结] 此处可与讯问犯罪嫌疑人对比记忆，考点相同。
勘验、检查	概述	1.**概念**：是侦查人员对场所、物品、尸体、人身进行勘查和检验的一种侦查行为。 2.**区别**：勘验和检查对象不同。勘验是现场、物品和尸体，而检查是活人的身体。 3.**分类**：现场勘验、物证检验、尸体检验、人身检查和侦查实验五种。

---

① 【答案】不符合，因为书写供述是犯罪嫌疑人的权利。

续 表

	勘验的程序规定	1.**证件要求**（《公安规定》第214条） 侦查人员勘验现场，必须持有公安机关的证明文件即刑事犯罪现场勘查证。 2.**见证人要求**（《公安规定》第194、216条；《高检规则》第197条） （1）公安机关开展**勘验、检查、搜查、辨认、查封、扣押**等侦查活动，应当邀请有关公民作为见证人。 （2）勘验时，人民检察院应当邀请2名与案件无关的见证人在场。 [注意] 公安机关、检察院组织的勘验都应当邀请见证人，但是公安机关无具体人数要求可以1名、也可以2名，但是检察院为应当邀请2名。 3.**程序及形式要求**（《公安规定》第216条） 勘查现场，应当拍摄现场照片、绘制现场图，制作笔录，由参加勘查的人和见证人签名。对重大案件的现场，应当录音录像。
	尸体检验	1.**应当通知家属**（《公安规定》第218条；《高检规则》第198条） 公安机关和人民检察院解剖死因不明的尸体，应当通知死者家属到场，并让其在解剖通知书上签名或者盖章。 2.对于身份不明的尸体，无法通知死者家属的，应当记明笔录。 [注意] 解剖尸体并不要求死者家属同意，家属不同意侦查机关可以强制解剖。 3.**尸体的处置**（《公安规定》第219条） 对已查明死因，没有继续保存必要的尸体，应当通知家属领回处理，对于无法通知或者通知后家属拒绝领回的，经县级以上公安机关负责人批准，可以及时处理。
	人身检查 （《公安规定》第217条；《高检规则》第199条）	1.**概念** 人身检查是指为了确定被害人、犯罪嫌疑人的某些特征、伤害情况或者生理状态，可以对人身进行检查，依法提取、采集肖像、指纹等人体生物识别信息，采集血液、尿液等生物样本的侦查行为。 2.**主体**（《公安规定》第213条） 在必要的时候，可以指派或者聘请具有专门知识的人，在侦查人员的主持下进行勘验、检查。 3.**可否强制的规定** （1）对犯罪嫌疑人进行人身检查，如果有必要，可以强制进行。 （2）但对于被害人的人身检查，应征求本人的同意，不得强制进行。 [注意] 被害人死亡的，应当通过被害人近亲属辨认、提取生物样本鉴定等方式确定被害人身份。 4.**检查妇女的特殊规定** 检查妇女的身体，应当由女工作人员或者医师进行。

续 表

	侦查实验 （《公安规定》 第221条；《高 检规则》第 200、201条）	**1.概念** 侦查实验是指侦查人员为了确定与案件有关的某一事实在某种情况下能否发生或者是怎样发生的，而按当时的情况和条件进行试验的一种侦查活动。 **2.程序** 为了查明案情，在必要的时候，经一把手批准，可以进行侦查实验。侦查实验，禁止一切足以造成危险、侮辱人格或者有伤风化的行为。 [考点解读] 真题曾经考查过，在猥亵儿童案件中一名女童说自己躲在柱子后面听到被害人陈述被猥亵的事实，办案机关可否作侦查实验，看其是否能在此种条件下听到。答案为可以，因为具体的实验活动并没有有伤风化。 **3.形式要求** 进行侦查实验，应当全程录音录像，并制作侦查实验笔录，由参加实验的人签名。
	复验、复查	人民检察院审查案件时，对公安机关的勘验、检查，认为需要复验、复查时，可以要求公安机关复验、复查，并且可以派检察人员参加。（《刑诉法》第134条） [考点解读] 此为检察院监督权的体现，具体而言复验、复查可以要求公安机关进行，也可以由人民检察院自己进行。对于退回公安机关的，人民检察院也可以派员参加。
搜查★	搜查的主体和对象	搜查是一种强制性的侦查措施，主要是对犯罪嫌疑人以及可能隐藏罪犯或者犯罪证据的人的身体、物品、住处和其他有关的地方进行搜查。 **1.搜查的主体**：只能由侦查人员进行。 **2.搜查的对象** （1）可以是犯罪嫌疑人，也可以是其他可能隐藏罪犯或者犯罪证据的人。 （2）可以对人身进行，也可以对被搜查人的住处、物品和其他有关场所进行。
	搜查的步骤和方式 （《公安规定》 第222~226条； 《高检规则》 第202~207条）	**1.原则上应当有搜查证，例外可无证进行搜查**（《高检规则》第205条） 搜查时，必须向被搜查人出示搜查证，否则被搜查人有权拒绝搜查。执行拘留、逮捕的时候，遇有下列紧急情况之一的，不用搜查证也可以进行搜查： （1）可能随身携带凶器的； （2）可能隐藏爆炸、剧毒等危险物品的； （3）可能隐匿、毁弃、转移犯罪证据的； （4）可能隐匿其他犯罪嫌疑人的； （5）其他突然发生的紧急情况。

续 表

		搜查结束后，搜查人员应当在24小时以内补办有关手续。 [考点解读] 上述"紧急情况"主要是指出现藏东西的情形，包括藏凶器、藏危险品、藏证据、藏人。 2.搜查的时候，应当有被搜查人或者他的家属，邻居或者其他见证人在场。 [注意] 此处侦查人员搜查时，现场应当有两方人员在场，一方为当事人方即被搜查人或其家属，另一方为见证人，这里的邻居扮演的就是见证人的角色，考生要学会区分，不可混为一谈。 3.搜查妇女的身体，应当由女工作人员进行。 [注意] 没有医师。 4.检察院组织搜查之主体：搜查应当在检察人员的主持下进行，可以有司法警察参加。必要时，可以指派检察技术人员参加或者邀请当地公安机关、有关单位协助进行。 5.搜查的情况应当写成笔录，由侦查人员和被搜查人或者他的家属、邻居或者其他见证人签名或者盖章。如果被搜查人或者他的家属在逃或者拒绝签名、盖章，应当在笔录上注明。
查封、扣押物证、书证	查封、扣押的时间	查封、扣押物证、书证通常是在勘验、搜查时进行的。 [注意] 查封、扣押也可以独立进行，并非必须在勘验、搜查中进行。 经典考题：查封、扣押犯罪嫌疑人与案件有关的各种财物、文件只能在勘验、搜查中实施是否正确？①
	查封、扣押的对象 (《公安规定》第227条；《高检规则》第210条)	1.对象 在侦查活动中发现的可用以证明犯罪嫌疑人有罪或者无罪的各种财物、文件，应当查封、扣押；与案件无关的财物、文件，不得查封、扣押。 [考点解读]（1）无罪的需要扣押，无关的才不需要查封、扣押；（2）持有人拒绝交出应当查封、扣押的财物、文件，公安机关可强制查封、扣押。 2.范围（《公安规定》第230条） 执行查封、扣押时，应当为犯罪嫌疑人及其所扶养的亲属保留必需的生活费用和物品。 能够保证侦查活动正常进行的，可以允许有关当事人继续合理使用有关涉案财物，但应当采取必要的保值、保管措施。

---

① 【答案】错误，因为查封、扣押可以独立进行。

续　表

	查封、扣押的证件要求（《公安规定》第228条）	1.原则：应当经办案部门负责人批准，制作扣押决定书。 2.例外：在现场勘查或者搜查中需要扣押财物、文件的，由现场指挥人员决定。 3.须经县级以上负责人批注制作扣押决定的情形： （1）扣押财物、文件价值较高或者可能严重影响正常生产经营的； （2）查封土地、房屋等不动产，或者船舶、航空器以及其他不宜移动的大型机器、设备等特定动产的。
	不同对象的不同程序	1.对邮件、电报、电子邮件的扣押（《公安规定》第232条） 扣押犯罪嫌疑人的邮件、电子邮件、电报，应当经县级以上公安机关负责人批准，制作扣押邮件、电报通知书，通知邮电部门或者网络服务单位检交扣押。 不需要继续扣押的时候，应当经县级以上公安机关负责人批准，制作解除扣押邮件、电报通知书，立即通知邮电部门或者网络服务单位。 2.容易腐坏物品的处理（《公安规定》第236条第1款） 对于易损毁、灭失、腐烂、变质而不宜长期保存，或者难以保管的物品，经县级以上公安机关主要负责人批准，可以在拍照或者录音录像后委托有关部门变卖、拍卖，变卖、拍卖的价款暂予保存，待诉讼终结后一并处理。 3.违禁品（《公安规定》第236条第2款） 对于违禁品，应当依照国家有关规定处理；需要作为证据使用的，应当在诉讼终结后处理。 ［注意］例如毒品一般按照国家规定直接销毁。
	查封、扣押后的处理	1.解除（《公安规定》第233条） 对查封、扣押或者冻结的财物，经查明确实与案件无关的，应当在3日以内解除查封、扣押、冻结，予以退还。 2.权属明确的被害人财产之返还（《公安规定》第234条） 领取人应当是涉案财物的合法权利人或者其委托的人；委托他人领取的，应当出具委托书。侦查人员或者公安机关其他工作人员不得代为领取。 ［注意］查找不到被害人，或者通知被害人后，无人领取的，应当将有关财产及其孳息随案移送。 3.保管（《公安规定》第235条） （1）原则上，县级以上公安机关应当指定一个内设部门作为涉案财物管理部门，统一管理。 （2）对价值较低、易于保管，或者需要作为证据继续使用，以及需要先行返还被害人的涉案财物，可以由办案部门设置专门的场所进行保管。 ［考点解读］第一，不能指定承担办案工作的民警负责本部门涉案财物的接收、保管、移交等管理工作；第二，严禁由侦查人员自行保管涉案财物。

续　表

查询、冻结 （《公安规定》第237~247条；《高检规则》第212~214条）	无形财产的查询、冻结	1.查询、冻结的对象 （1）犯罪嫌疑人的存款、汇款、证券交易结算资金、期货保证金等资金； （2）债券、股票、基金份额和其他证券； （3）以及股权、保单权益和其他投资权益等财产。 [注意]不得划转、转账或者以其他方式变相扣押。也就是说不得对财产作出实质性的处理。 2.冻结的规则：财产已被冻结的，不得重复冻结。只能轮候冻结。 3.冻结的批准机关（《公安规定》第239条） （1）原则上：应当经县级以上公安机关负责人批准，制作协助冻结财产通知书，通知金融机构等单位协助办理。 （2）冻结股权、保单权益的，应当经设区的市一级以上公安机关负责人批准。 （3）冻结上市公司股权的，应当经省级以上公安机关负责人批准。 4.续冻的规定：需要延长冻结期限的，应当按照原批准权限和程序，在冻结期限届满前办理继续冻结手续。逾期不办理继续冻结手续的，视为自动解除冻结。
	时间要求	1.存款、汇款等财产期限（《公安规定》第243条） 冻结存款、汇款、证券交易结算资金、期货保证金等财产的期限为6个月。每次续冻期限最长不得超过6个月。 对于重大、复杂案件，经设区的市一级以上公安机关负责人批准，冻结期限可以为1年。每次续冻期限最长不得超过1年。 2.冻结证券的期限（《公安规定》第244条） 冻结债券、股票、基金份额等证券的期限为2年。每次续冻期限最长不得超过2年。 3.冻结股权、保单权益或者投资权益的期限为6个月。每次续冻期限最长不得超过6个月。（《公安规定》第245条）
	特殊规定（《刑事财产执行规定》①第5条）	1.刑事审判或者执行中，对于侦查机关已经采取的查封、扣押、冻结，人民法院应当在期限届满前及时续行查封、扣押、冻结。 2.人民法院续行查封、扣押、冻结的顺位与侦查机关查封、扣押、冻结的顺位相同。——为了保证执行 3.对侦查机关查封、扣押、冻结的财产，人民法院执行中可以直接裁定处置，无需侦查机关出具解除手续，但裁定中应当指明侦查机关查封、扣押、冻结的事实。

---

① 《最高人民法院关于刑事裁判涉财产部分执行的若干规定》，本书简称《刑事财产执行规定》。

续 表

	判决、裁定生效前财物的提前处置（《高检规则》第214条）	审判期间，对不宜长期保存、易贬值或者市场价格波动大的财产，或者有效期即将届满的票据等，经权利人申请或者同意，并经院长批准，可以依法先行处置，所得款项由人民法院保管。（《刑诉解释》第439条） [考点解读] 1.一般处置财物都必须等到判决裁定生效后，只能依权利人申请；对于票据必须有效期即将届满。 2.权利人书面申请出售被冻结的债券、股票、基金份额等财产，不损害国家利益、被害人、其他权利人利益，不影响诉讼正常进行的，以及冻结的汇票、本票、支票的有效期即将届满的，经县级以上公安机关负责人批准，可以依法出售或者变现，所得价款应当继续冻结在其对应的银行账户中；没有对应的银行账户的，所得价款由公安机关在银行指定专门账户保管，并及时告知当事人或者其近亲属。（《公安规定》第246条）
鉴定（《公安规定》第248~257条；《高检规则》第218~222条）	**基本规则**	**1.概念** 鉴定是指公安机关、人民检察院为了查明案情，指派或者聘请具有专门知识的人对案件中的某些专门性问题进行鉴别和判断的一种侦查活动。 鉴定人的选定有两种方式： （1）指派，即由侦查机关指派其内部的刑事技术鉴定部门具有鉴定资格的人进行； （2）聘请，即由侦查机关聘请其他部门的专业人员进行鉴定。 [考点解读]《高检规则》第218条将两种方式作了排序——鉴定由人民检察院有鉴定资格的人员进行。必要时，也可以聘请其他有鉴定资格的人员进行，但是应当征得鉴定人所在单位同意。也就是说公安机关是自由的二选一，但是检察院的自侦案件优先采用内部指派。 **2.范围** 鉴定适用的范围十分广泛，凡是与案件有关的物品、文件、痕迹、人身、尸体，都可以进行鉴定。 **3.出具书面鉴定意见** 鉴定后，应当出具鉴定意见，并在鉴定意见书上签名，同时附上鉴定机构和鉴定人的资质证明或者其他证明文件。 多人参加鉴定，鉴定人有不同意见的，应当注明。 [注意] 多人鉴定意见不一致时，分别记录。 经典考题：鉴定人刘某、廖某、徐某共同对被告人的精神状况进行了鉴定，刘某和廖某意见一致，但徐某有不同意见，应当按照刘某和廖某的意见作出结论是否正确？[①]

---

① 【答案】不正确，因为鉴定人鉴定意见不一致时应当分别记录，不得按照少数服从多数进行处理，少数服从多数是合议庭的评议规则。

续 表

		4.期限 对犯罪嫌疑人作精神病鉴定的时间不计入办案期限，其他鉴定时间都应当计入办案期限。
	二次鉴定	**1.依职权对鉴定意见的审查而启动** 侦查人员有主动审查鉴定意见的义务，审查后可以自行启动二次鉴定即补充或者重新鉴定。 **2.依申请——犯罪嫌疑人、被害人的异议** 侦查机关应当将用作证据的鉴定意见告知犯罪嫌疑人、被害人。如果他们提出申请，可以补充鉴定或者重新鉴定。（《刑诉法》第148条） **3.补充鉴定与重新鉴定之区分**（《公安规定》第254、255条） **第一，应当补充鉴定：——针对新+漏** （1）鉴定内容有明显遗漏的； （2）发现新的有鉴定意义的证物的； （3）对鉴定证物有新的鉴定要求的； （4）鉴定意见不完整，委托事项无法确定的； （5）其他需要补充鉴定的情形。 **第二，应当重新鉴定：——针对有错** （1）鉴定程序违法或者违反相关专业技术要求的； （2）鉴定机构、鉴定人不具备鉴定资质和条件的； （3）鉴定人故意作虚假鉴定或者违反回避规定的； （4）鉴定意见依据明显不足的； （5）检材虚假或者被损坏的； （6）其他应当重新鉴定的情形。 重新鉴定，应当另行指派或者聘请鉴定人。 [注意] 原有鉴定内容有遗漏或者有新的需求时，则主要适用补充鉴定；而原有鉴定内容有错误时则适用重新鉴定。补充鉴定时不更换鉴定人，重新鉴定时则更换鉴定人。 [考点解读]（1）不符合补充或重新鉴定情形的，经县级以上公安机关负责人批准，作出不准予补充、重新鉴定的决定，并在作出决定后3日以内书面通知申请人。 （2）检察院二次鉴定费用之规定（《高检规则》第221条） 犯罪嫌疑人、被害人或被害人的法定代理人、近亲属、诉讼代理人提出申请，可以补充鉴定或者重新鉴定，鉴定费用由请求方承担。但原鉴定违反法定程序的，由人民检察院承担。 犯罪嫌疑人的辩护人或者近亲属以犯罪嫌疑人有患精神病可能而申请对犯罪嫌疑人进行鉴定的，鉴定费用由申请方承担。

续 表

辨认 (《公安规定》第258~262条;《高检规则》第223~226条)	概念	辨认,是指侦查人员为了查明案情,在必要时让被害人、证人以及犯罪嫌疑人对与犯罪有关的物品、文件、场所或者犯罪嫌疑人进行辨认的一种侦查行为。 **经典考题**:侦查机关组织犯罪嫌疑人对证人进行辨认是否正确?①
	基本规则	**1.单独辨认** 几名辨认人对同一辨认对象进行辨认时,应当由辨认人个别进行。 **2.秘密辨认** 对犯罪嫌疑人的辨认,辨认人不愿意公开进行时,可以在不暴露辨认人的情况下进行,并应当为其保守秘密。 **3.见证人** 公安机关组织辨认应当有见证人,但检察院自侦案件组织辨认,必要的时候,可以有见证人在场。(《公安规定》第194条;《高检规则》第225条) 4.必要时应当对辨认过程进行录音或者录像。
	对象数量的限制	**1.公安辨认之人数**(《公安规定》第260条) 辨认犯罪嫌疑人时,被辨认的人数不得少于7人;对犯罪嫌疑人照片进行辨认的,不得少于10人的照片。 辨认物品时,混杂的同类物品不得少于5件;对物品的照片进行辨认的,不得少于10个物品的照片。 对场所、尸体等特定辨认对象进行辨认,或者辨认人能够准确描述物品独有特征的,陪衬物不受数量的限制。 **2.检察院辨认之人数**(《高检规则》第226条) 辨认犯罪嫌疑人时,被辨认的人数不得少于7人,照片不得少于10张。 辨认物品时,同类物品不得少于5件,照片不得少于5张。 [考点解读]第一,考生注意公安机关及检察院组织辨认时规则、数量基本一致,不同的地方在于辨认物品时,二者对照片的数量不一致,公安机关为10张以上,检察院为5张以上,所以在做题时须看清楚是谁的案件。 第二,公安机关辨认物品时一般都有数量要求,但是如果能准确描述物品独有特征的,例如祖传的皇冠被盗,被害人说出宝石具体的颜色、数量等,可以不受陪衬物的限制。
技术侦查 (《公安规定》第263~273条;《高检规则》第227~231条)	概述	**1.决定和执行机关** (1)**决定机关**:公安机关、国安机关和人民检察院(监察委可决定采取技术调查手段)。 (2)**执行机关**:公安机关。 **2.执行的手段**:记录监控、行踪监控、通信监控、场所监控等措施。 **3.执行的对象**:犯罪嫌疑人、被告人以及与犯罪活动直接关联的人。

---

① 【答案】错误,应当是组织证人对犯罪嫌疑人进行辨认,本题混淆了基本概念,说反了。

续　表

	公安机关决定的情形	**1.适用情形**（《公安规定》第263条） ［考点解读］公安机关决定的情形较多，考生熟悉即可无须识记，只需要记住针对的是严重危害社会犯罪的案件，严重的程度为7年以上即可。 公安机关在立案后，根据侦查犯罪的需要，可以对下列严重危害社会的犯罪案件采取技术侦查措施： （1）危害国家安全犯罪、恐怖活动犯罪、黑社会性质的组织犯罪、重大毒品犯罪案件； （2）故意杀人、故意伤害致人重伤或者死亡、强奸、抢劫、绑架、放火、爆炸、投放危险物质等严重暴力犯罪案件； （3）集团性、系列性、跨区域性重大犯罪案件； （4）利用电信、计算机网络、寄递渠道等实施的重大犯罪案件，以及针对计算机网络实施的重大犯罪案件； （5）其他严重危害社会的犯罪案件，依法可能判处7年以上有期徒刑的。 **2.具体手段**（《公安规定》第264条） 技术侦查措施是指由设区的市一级以上公安机关负责技术侦查的部门实施的记录监控、行踪监控、通信监控、场所监控等措施。
	检察院决定的情形	人民检察院在立案后，对于利用职权实施的严重侵犯公民人身权利的重大犯罪案件，根据侦查犯罪的需要，经过严格的批准手续，可以采取技术侦查措施，按照规定交有关机关执行。（《刑诉法》第150条） ［注意］检察院主要针对严重的自侦案件，但需交公安机关执行。
	在逃等情形★	**1.对被通缉、在逃人员的适用** 公安机关、人民检察院追捕被通缉或者批准、决定逮捕的在逃的犯罪嫌疑人、被告人，可以采取追捕所必需的技术侦查措施。 ［注意］在逃的案件公安、检察院可以当然决定适用技术侦查，无程度要求。 2.对计算机信息系统进行网络远程勘验，需要采取技术侦查措施的，应当依法经过严格的批准手续。（《电子数据审查规定》[①]第9条）
	具体程序	**1.决定主体**（《公安规定》第265条） （1）公安机关：应当制作呈请采取技术侦查措施报告书，报设区的市一级以上公安机关负责人批准，制作采取技术侦查措施决定书。 （2）检察院等部门：交公安机关执行的，由设区的市一级以上公安机关按照规定办理相关手续后，交负责技术侦查的部门执行。

[①] 《最高人民法院、最高人民检察院、公安部关于办理刑事案件收集提取和审查判断电子数据若干问题的规定》，本书简称《电子数据审查规定》

续　表

		2. **时间限制**（《公安规定》第266条） 批准决定自签发之日起3个月以内有效。 对于复杂、疑难案件，期限届满仍有必要继续采取技术侦查措施的，报批准机关负责人批准，有效期可以延长，每次不得超过3个月。 3. **重新报批**（《公安规定》第267条） 在有效期限内，需要变更技术侦查措施种类或者适用对象的，应当按照《公安规定》第265条规定重新办理批准手续。
	隐匿身份 （《公安规定》 第271条）	1. 经县级以上公安机关负责人决定，可以由侦查人员或者公安机关指定的其他人员隐匿身份实施侦查。 2. 隐匿身份实施侦查时，**不得使用促使他人产生犯罪意图的方法诱使他人犯罪**，不得采用可能危害公共安全或者发生重大人身危险的方法。 经典考题：请问侦查人员王某卧底到贩毒集团可否从事以下行为： 1. 怀疑李某贩卖毒品，以高价购买的方式引诱李某售卖？ 2. 在公安机关查明张三确有毒品准备出售时，侦查人员可否向张三表示希望购买毒品，以便更好地获取犯罪证据？①
	控制下交付 （《公安规定》 第272条）	对涉及**给付毒品等违禁品或者财物**的犯罪活动，根据侦查需要，经县级以上公安机关负责人决定，可以实施控制下交付。
	技术侦查措施 获得的证据的 使用	依法采取技术侦查措施收集的材料可以在刑事诉讼中作为证据使用。如果使用该证据可能危及有关人员的人身安全，或者可能产生其他严重后果的，应当采取不暴露有关人员身份、技术方法等保护措施，必要的时候，可以由审判人员在庭外对证据进行核实。 [注意] 1. 此种证据可直接使用，不需要任何转化。 2. 此处是证据裁判原则的例外，即唯一一种特殊情况下可以不在法庭上当庭接受质证的证据。
通缉 （《公安 规定》第 274~282条； 《高检规则》 第232~236 条）	决定主体	公安机关、检察院（监察委）都可以决定。
	发布主体	只有公安机关有权发布通缉令。
	发布范围	1. **检察院决定通缉范围**：各级人民检察院需要在本辖区内通缉的，可以直接决定通缉；需要在本辖区外通缉犯罪嫌疑人的，由有决定权的上级人民检察院决定。 2. **公安发布范围**：各级公安机关在自己管辖的地区以内，可以直接发布通缉令；超出自己管辖的地区，应当报请有权决定的上级机关发布。通缉令的发送范围，由签发通缉令的公安机关负责人决定。

---

① 【答案】1. 不可以，属于引诱他人产生犯罪意图。2. 可以，因为已经明知犯罪嫌疑人正在实施犯罪，不属于引诱他人犯罪。

续　表

	通缉对象	应当逮捕而在逃的犯罪嫌疑人；包括已被逮捕而在羁押期间逃跑的。
	通缉令	1.**内容**：通缉令中应当附被通缉人近期照片，可以附指纹及其他物证的照片。除了必须保密的事项以外，应当写明发案的时间、地点和简要案情。 2.**补发**：通缉令发出后，如果发现新的重要情况，可以补发通报。通报必须注明原通缉令的编号和日期。 3.**悬赏公告**（《公安规定》第279、280条） 为发现重大犯罪线索，追缴涉案财物、证据，查获犯罪嫌疑人，必要时，经县级以上公安机关负责人批准，可以发布悬赏通告。 悬赏通告应当写明悬赏对象的基本情况和赏金的具体数额。 通缉令、悬赏通告应当广泛张贴，并可以通过广播、电视、报刊、计算机网络等方式发布。
	边控措施 （《公安规定》 第278条）	1.需要对犯罪嫌疑人在口岸采取边控措施的，应当按照有关规定制作边控对象通知书，并附有关法律文书，经县级以上公安机关负责人审核后，层报省级公安机关批准，办理全国范围内的边控措施。需要限制犯罪嫌疑人人身自由的，应当附有关限制人身自由的法律文书。 2.紧急情况下，需要采取边控措施的，县级以上公安机关可以出具公函，先向有关口岸所在地出入境边防检查机关交控，但应当在7日以内按照规定程序办理全国范围内的边控措施。 ［注意］原则上要采取边控即口岸采取措施应当报省级公安机关批准才可以，但是如果遇到紧急状况可以先采取边控措施，后办理手续。

⇨ 进阶考点 ⇦ 监察机关调查权（《监察法》第18~30条）

考生注意，监察委的调查权是参照公安机关的侦查权在施行，所以无须单独记忆，只需要记住其独有的地方及与公安机关不一致的地方即可。主要有：监察委搜查必须有搜查证，因为其不可能出现执行逮捕、拘留；监察机关可以决定技术调查及通缉，但是都必须交给公安机关执行。

概述	1.监察机关行使监督、调查职权，有权依法向有关单位和个人了解情况，收集、调取证据。有关单位和个人应当如实提供。 2.对可能发生职务违法的监察对象，监察机关按照管理权限，可以直接或者委托有关机关、人员进行谈话或者要求说明情况。
讯问	在调查过程中，对涉嫌贪污贿赂、失职渎职等职务犯罪的被调查人，监察机关可以进行讯问，要求其如实供述涉嫌犯罪的情况。 对涉嫌职务违法的被调查人，监察机关可以要求其就涉嫌违法行为作出陈述，必要时向被调查人出具书面通知。

续 表

询问证人	在调查过程中，监察机关可以询问证人等人员。
查询、冻结	监察机关调查涉嫌贪污贿赂、失职渎职等严重职务违法或者职务犯罪，根据工作需要，可以依照规定查询、冻结涉案单位和个人的存款、汇款、债券、股票、基金份额等财产。 冻结的财产经查明与案件无关的，应当在查明后3日内解除冻结，予以退还。
搜查	1.监察机关可以对涉嫌职务犯罪的被调查人以及可能隐藏被调查人或者犯罪证据的人的身体、物品、住处和其他有关的地方进行搜查。 2.在搜查时，应当出具搜查证，并有被搜查人或者其家属等见证人在场。 3.搜查女性的身体，应当由女性工作人员进行。 4.监察机关进行搜查时，可以根据工作需要提请公安机关配合。公安机关应当依法予以协助。
调取、查封、扣押	1.监察机关在调查过程中，可以调取、查封、扣押用以证明被调查人涉嫌违法犯罪的财物、文件和电子数据等信息。 [注意] 应当收集原物原件，会同持有人或者保管人、见证人，当面逐一拍照、登记、编号，开列清单，由在场人员当场核对、签名，并将清单副本交财物、文件的持有人或者保管人。 2.专户、专地、专人：对调取、查封、扣押的财物、文件，监察机关应当设立专用账户、专门场所，确定专门人员妥善保管，严格履行交接、调取手续，定期对账核实，不得毁损或者用于其他目的。对价值不明物品应当及时鉴定，专门封存保管。 3.经查明与案件无关的，应当在查明后3日内解除查封、扣押，予以退还。
勘验、检查	监察机关在调查过程中，可以直接或者指派、聘请具有专门知识、资格的人员在调查人员主持下进行勘验检查。勘验检查的情况应当制作笔录，由参加勘验检查的人员和见证人签名或者盖章。
鉴定	对于案件中的专门性问题，可以指派、聘请有专门知识的人进行鉴定。鉴定人进行鉴定后，应当出具鉴定意见，并且签名。
技术调查	1.监察机关调查职务犯罪，根据需要，经过严格的批准手续，可以采取技术调查措施，按照规定交有关机关执行。 2.时限：签发之日起3个月以内有效；对于复杂、疑难案件，期限届满仍有必要采取技术调查措施的，经过批准，有效期可以延长，每次不得超过3个月。
通缉	依法应当留置的被调查人如果在逃，监察机关可以决定在本行政区域内通缉，由公安机关发布通缉令，追捕归案。通缉范围超出本行政区域的，应当报请有权决定的上级监察机关决定。
限制出境	为防止被调查人员及相关人员逃匿境外，经省级以上监察机关批准，可以对被调查人及相关人员采取限制出境措施，由公安机关依法执行。

第三节 侦查终结

侦查终结条件		1.侦查终结应当同时符合以下条件：(《公安规定》第283条) （1）案件事实清楚； （2）证据确实、充分； （3）犯罪性质和罪名认定正确； （4）法律手续完备； （5）依法应当追究刑事责任。 2.**对律师意见的听取**（《刑诉法》第161条） 在案件侦查终结前，辩护律师提出要求的，侦查机关<u>应当听取辩护律师的意见，并记录在案</u>。辩护律师提出书面意见的，<u>应当附卷</u>。 3.**处理**（《公安规定》第286条） 侦查终结案件的处理，由<u>县级以上公安机关负责人批准</u>；重大、复杂、疑难的案件，<u>应当经过集体讨论</u>。 4.向人民检察院移送案件，只移送诉讼卷，侦查卷由公安存档备查。
侦查终结的处理	侦查终结后对案件的处理（《公安规定》第288~294条）	1.**公安机关之移送**（《公安规定》第289条） （1）文书制作与移送 对侦查终结的案件，应当制作起诉意见书，经县级以上公安机关负责人批准后，<u>连同全部案卷材料、证据，以及辩护律师提出的意见，一并移送同级人民检察院审查决定</u>；同时将案件移送情况告知犯罪嫌疑人及其辩护律师。 [考点解读]①侦查终结制作的是起诉意见书，起诉书是由检察院公诉时制作。 ②共同犯罪案件的起诉意见书，应当写明每个犯罪嫌疑人在共同犯罪中的地位、作用、具体罪责和认罪态度，并分别提出处理意见。 （2）认罪认罚 犯罪嫌疑人自愿认罪的，<u>应当记录在案，随案移送</u>，并在起诉意见书中写明有关情况；认为案件符合速裁程序适用条件的，可以向人民检察院提出适用速裁程序的建议。 （3）对涉案财物的处理 第一，以移送人民检察院为原则、不移送为例外。对于实物不宜移送的，应当将其清单、照片或者其他证明文件随案移送。 第二，待人民法院作出<u>生效判决</u>后，按照人民法院送达的生效判决书、裁定书依法作出处理，并向人民法院送交回执。人民法院在判决、裁定中未对涉案财物作出处理的，公安机关应当征求人民法院意见，并根据人民法院的决定依法作出处理。

续 表

		2.**检察院自侦案件之移送**(《高检规则》第238条) (1)负责侦查的部门<u>应当将起诉意见书或者不起诉意见书,查封、扣押、冻结的犯罪嫌疑人的财物及其孳息、文件清单以及对查封、扣押、冻结的涉案财物的处理意见和其他案卷材料,一并移送本院负责捕诉的部门审查。</u> (2)<u>上级人民检察院侦查终结的案件,依照刑事诉讼法的规定应当由下级人民检察院提起公诉或者不起诉的</u>,应当将有关决定、侦查终结报告连同案卷材料交由下级人民检察院审查。 下级人民检察院认为上级人民检察院的决定有错误的,可以向上级人民检察院报告。上级人民检察院维持原决定的,下级人民检察院应当执行。
侦查的羁押期限 ★	一般羁押期限 (《刑诉法》第156条;《高检规则》第305条)	1.侦查羁押期限,是指犯罪嫌疑人在侦查中被**逮捕以后**到侦查终结的期限。侦查中的羁押期限可以分为一般羁押期限、特殊羁押期限和重新计算羁押期限三种。总的而言遵行2+1+2+2的规则。 2.一般羁押期限:对犯罪嫌疑人逮捕后的侦查羁押期限<u>不得超过2个月</u>。 [注意]如果犯罪嫌疑人在逮捕以前已被拘留的,虽然拘留的对象也处于被羁押的状态,但是拘留的期限不包括在侦查羁押期限内,因为侦查羁押期限是特有的概念,仅仅指逮捕以后的时间。
	特殊羁押期限 (《刑诉法》第156~159条;《高检规则》第306~319条)	1.案情复杂、期限届满不能终结的案件,可以<u>经上一级人民检察院批准延长1个月</u>。 2.下列案件在《刑诉法》第156条规定的期限仍不能侦查终结的,<u>经省、自治区、直辖市人民检察院批准或者决定,可以延长2个月</u>:——交集流广、重大复杂 (1)**交**通十分不便的边远地区的重大复杂案件; (2)重大的犯罪**集**团案件; (3)**流**窜作案的重大复杂案件; (4)犯罪涉及面**广**,取证困难的重大犯罪案件。 3.对犯罪嫌疑人可能判处10年有期徒刑以上刑罚,依照《刑诉法》第158条规定延长期限届满,仍不能侦查终结的,<u>经省、自治区、直辖市人民检察院</u>批准或者决定,可以再延长2个月。 [例如]甲省乙市A区公安机关立案侦查张某涉嫌抢劫一案,侦查中如果A区公安机关想要逮捕张某,报请A区检察院批准即可,只要A区检察院批准即可关押张某2个月,两个月满不能终结,如想延长须报乙市检察院批准,可延长1个月;如果期满仍然不能终结,又符合交集流重大复杂,则应当报省级检察院批准再延长两个月;五个月仍然不能终结,刑期又较重在10年以上,则经省级检察院批准可再延长两个月,即原则上最长可关押至7个月。

续 表

	[注意] 如果是省检自侦案件，有上述情形即交集流广、重大复杂和10年以上重刑案件的，可以直接决定延长2个月。 最高人民检察院办理直接受理侦查的案件，依照刑事诉讼法的规定需要延长侦查羁押期限的，直接决定延长侦查羁押期限。（《高检规则》第307、308条） 4.因为特殊原因，在较长时间内不宜交付审判的特别重大复杂的案件，由最高人民检察院报请全国人大常委会批准延期审理。 [总结] | 侦查羁押期限	适用情形	批准或决定机关
2	一般情形	
2+1	案情复杂、届满不能终结	上一级检察院
2+1+2	案情复杂、届满不能终结，交集流广案件	省级检察院
2+1+2+2	案情复杂、届满不能终结，交集流广案件，且可能判10年以上	省级检察院
无限延长	特殊原因	最高检报请全国人大常委会 | [考点解读]（1）部门：批准或者决定延长侦查羁押期限，由捕诉的部门负责。 （2）提前报请（《高检规则》第309条） 公安机关需要延长侦查羁押期限的（自侦案件移送捕诉部门），应当在侦查羁押期限届满7日前提请批准延长侦查羁押期限。对于超过法定羁押期限提请延长侦查羁押期限的，不予受理。 （3）检察院之监督（《高检规则》第312条） ①犯罪嫌疑人虽然符合逮捕条件，但经审查，公安机关在对犯罪嫌疑人执行逮捕后2个月以内未有效开展侦查工作或者侦查取证工作没有实质进展的，人民检察院可以作出不批准延长侦查羁押期限的决定。 ②犯罪嫌疑人不符合逮捕条件，需要撤销下级人民检察院逮捕决定的，上级人民检察院在作出不批准延长侦查羁押期限决定的同时，应当作出撤销逮捕的决定，或者通知下级人民检察院撤销逮捕决定。

进阶考点

一、重新计算羁押期限★（《刑诉法》第158~160条；《六机关规定》第22条）

（一）另有重要罪行

在侦查期间，发现犯罪嫌疑人另有重要罪行的，自发现之日起依照《刑诉法》第156条的规定（即"2+1"）重新计算侦查羁押期限。

但是公安机关在侦查羁押期间，发现犯罪嫌疑人另有重要罪行，重新计算侦查羁押期限的，由公安机关决定，不再经人民检察院批准。但须报人民检察院备案，并受人民检察院监督。

[法条链接] 另有重要罪行是指与逮捕时的罪行不同种的重大犯罪和同种的影响罪名认定、量刑档次的重大犯罪。（《高检规则》第315条）

经典考题：请问公安机关在实施抢劫的时候发现犯罪嫌疑人涉嫌重婚，是否可以重新计算羁押期限？①

（二）真实身份不明

犯罪嫌疑人不讲真实姓名、住址，身份不明的，应当对其身份进行调查，侦查羁押期限自查清其身份之日起计算，但不得停止对犯罪行为的侦查取证。对于犯罪事实清楚，证据确实、充分的，确实无法查明其身份的，也可以按其自报的姓名起诉、审判。

二、核准追诉（《高检规则》第320~327条）[20170223]

（一）核准的情形及主体

1. 必须追诉情形

法定最高刑为无期徒刑、死刑的犯罪，已过20年追诉期限的，不再追诉。如果认为必须追诉的，须报请最高人民检察院核准。

2. **报请**

侦查机关报请核准追诉的案件，由同级人民检察院受理并层报最高人民检察院审查决定。

3. 地方检察院之处理

地方各级人民检察院对公安机关报请核准追诉的案件，应当及时进行审查并开展必要的调查。经检察委员会审议提出是否同意核准追诉的意见，制作报请核准追诉案件报告书，连同案卷材料一并层报最高人民检察院。

4. 最高检处理

最高人民检察院收到省级人民检察院报送材料后，应当及时审查，必要时指派检察人员到案发地了解案件有关情况。经检察长批准，作出是否核准追诉的决定，并制作决定书，逐级下达至最初受理案件的人民检察院，由其送达报请核准追诉的公安机关。

---

① 【答案】不可以，因为"另有重要罪行"虽然原则上指的是不同种类的犯罪，但是并不是所有不同种类的犯罪都属于，因为法律要求的"另有重要罪行"必须是重要罪行，即相对比较严重的罪行，而重婚罪属于轻微的刑事案件，不符合要求。

（二）核准前的程序

1.强制措施的采取：须报请最高人民检察院核准追诉的案件，侦查机关在核准之前可以依法对犯罪嫌疑人采取强制措施。

[注意] 对已经批准逮捕的案件，侦查羁押期限届满不能作出是否核准追诉决定的，应当对犯罪嫌疑人变更强制措施或者延长侦查羁押期限。

2.侦查机关报请核准追诉并提请逮捕犯罪嫌疑人，人民检察院经审查认为必须追诉而且符合法定逮捕条件的，可以依法批准逮捕，同时要求侦查机关在报请核准追诉期间不得停止对案件的侦查。

3.未经最高人民检察院核准，不得对案件提起公诉。

[考点解读] 在正式核准追诉之前，公安机关可以采取正常的侦查手段，包括讯问、勘验检查等，因为不侦查公安机关就无法了解案件的真实状况，不侦查就无法找到犯罪嫌疑人，也无法判断案件是否已过追诉时效。同时为了防止犯罪嫌疑人自杀、逃跑可采取拘留、逮捕等强制措施，但是如果要将案件依法公诉至法院必须经过最高检核准才可以。

（三）监督

1.最高检决定核准追诉的案件，最初受理案件的人民检察院应当监督侦查机关的侦查工作。

2.最高人民检察院决定不予核准追诉，公安机关未及时撤销案件的，同级人民检察院应当提出纠正意见。犯罪嫌疑人在押的，应当立即释放。

专题十三　审查起诉

知识体系图

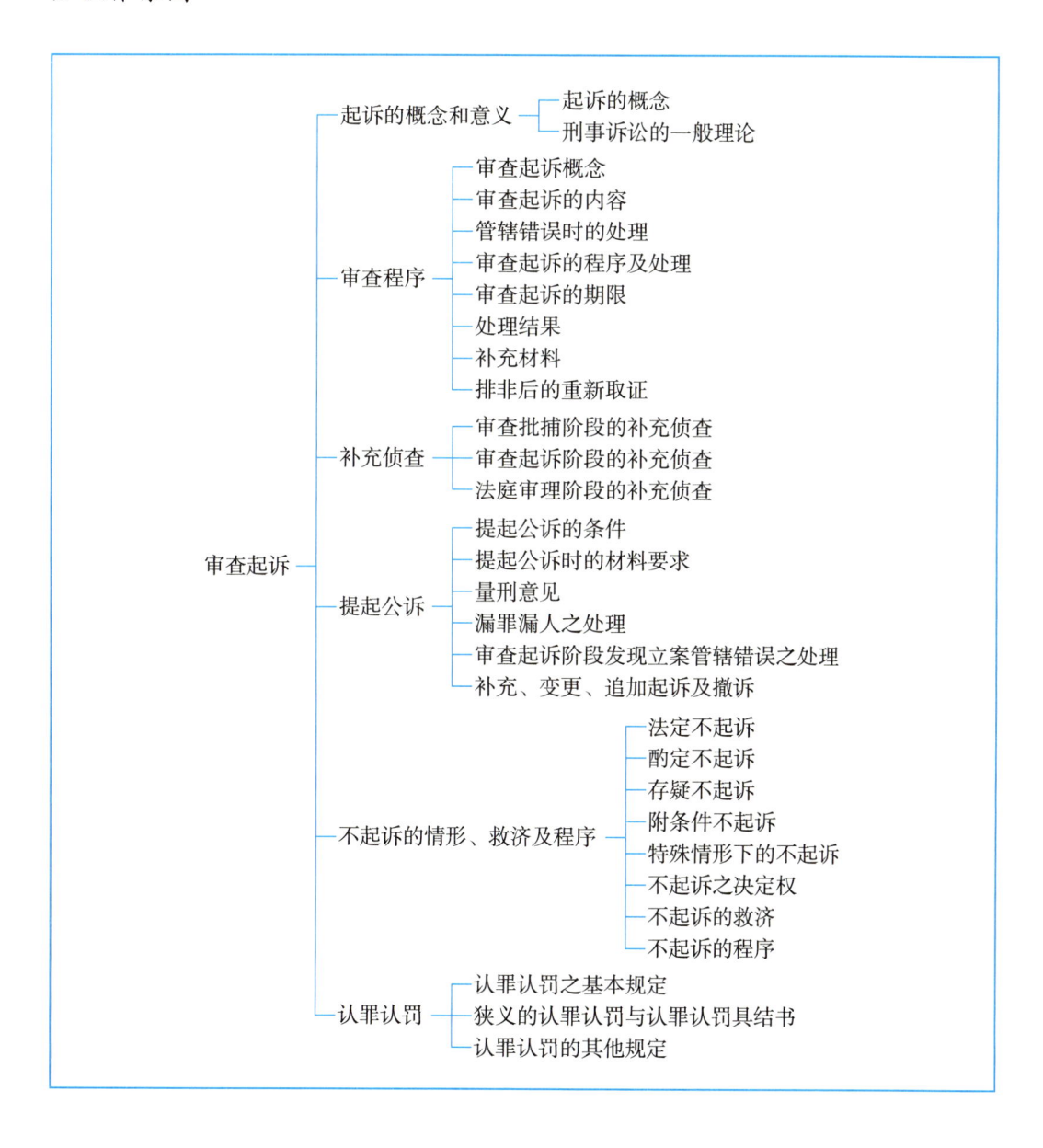

```
                    ┌─ 起诉的概念和意义 ─┬─ 起诉的概念
                    │                    └─ 刑事诉讼的一般理论
                    │
                    │                   ┌─ 审查起诉概念
                    │                   ├─ 审查起诉的内容
                    │                   ├─ 管辖错误时的处理
                    │                   ├─ 审查起诉的程序及处理
                    ├─ 审查程序 ────────┼─ 审查起诉的期限
                    │                   ├─ 处理结果
                    │                   ├─ 补充材料
                    │                   └─ 排非后的重新取证
                    │
                    │                   ┌─ 审查批捕阶段的补充侦查
                    ├─ 补充侦查 ────────┼─ 审查起诉阶段的补充侦查
                    │                   └─ 法庭审理阶段的补充侦查
                    │
                    │                   ┌─ 提起公诉的条件
          审查起诉 ─┤                   ├─ 提起公诉时的材料要求
                    ├─ 提起公诉 ────────┼─ 量刑意见
                    │                   ├─ 漏罪漏人之处理
                    │                   ├─ 审查起诉阶段发现立案管辖错误之处理
                    │                   └─ 补充、变更、追加起诉及撤诉
                    │
                    │                            ┌─ 法定不起诉
                    │                            ├─ 酌定不起诉
                    │                            ├─ 存疑不起诉
                    ├─ 不起诉的情形、救济及程序 ─┼─ 附条件不起诉
                    │                            ├─ 特殊情形下的不起诉
                    │                            ├─ 不起诉之决定权
                    │                            ├─ 不起诉的救济
                    │                            └─ 不起诉的程序
                    │
                    │                   ┌─ 认罪认罚之基本规定
                    └─ 认罪认罚 ────────┼─ 狭义的认罪认罚与认罪认罚具结书
                                        └─ 认罪认罚的其他规定
```

第一节　起诉的概念

[20130236、20100270]

起诉的概念		1.**刑事起诉**，是指享有控诉权的国家机关和公民依法向法院提起诉讼，请求法院对指控的内容进行审判，以确定被告人刑事责任并依法予以刑事制裁的诉讼活动。 2.根据我国刑诉法的有关规定，刑事起诉可分为两种，即自诉和公诉。 （1）**公诉**：指依法享有刑事起诉权的国家专门机关代表国家向法院提起诉讼，要求法院通过审判确定被告人犯有被指控的罪行并给予相应的刑事制裁的诉讼活动。 （2）**自诉**：指刑事被害人及其法定代理人、近亲属等，以个人的名义向法院起诉，要求保护被害人的合法权益，追究被告人刑事责任的诉讼活动。
刑事公诉的一般理论★		人类社会最早的起诉方式是自诉。犯罪发生后，一般由被害人及其近亲属等直接向有管辖权的司法机关控告犯罪人。随着社会的发展和进步，国家开始设立专门的机构和官员来承担起诉职能，这就促使刑事公诉制度逐步形成。
	起诉类型	现代各国的刑事公诉制度主要分两种类型： 1.**刑事公诉独占主义**：即刑事案件的起诉权被国家垄断，排除被害人自诉。 2.**刑事公诉兼自诉制度**：即较为严重的刑事案件的起诉权由检察机关代表国家行使，而少数轻微的刑事案件允许公民自诉。
	起诉原则	对于符合起诉条件的刑事公诉案件是否必须向审判机关起诉的问题，也存在两种不同的原则： 1.**起诉法定主义或起诉合法主义**：即只要被告人的行为符合法定起诉条件，公诉机关就必须起诉，不享有自由裁量的权力，且不论具体情节。 2.**起诉便宜主义或起诉合理主义**：即被告人的行为在具备起诉条件时，是否起诉，由检察官根据被告人及其行为的具体情况以及刑事政策等因素自由裁量。 [注意] 现代刑事诉讼普遍强调起诉法定主义与起诉便宜主义的二元并存、相互补充的起诉原则。
	我国制度	1.我国刑事诉讼实行以公诉为主、自诉为辅的犯罪追诉机制，即在对刑事犯罪实行国家追诉的同时，兼采被害人追诉主义。绝大多数刑事案件由人民检察院代表国家向人民法院提起公诉，只有部分刑事案件由被害人及其法定代理人、近亲属直接向人民法院提起自诉，由人民法院直接受理。 2.在起诉原则上，我国采用以起诉法定主义为主，兼采起诉便宜主义，检察官的起诉裁量权受到严格限制。

第二节　审查程序

[2019、20170232A、20100232]

审查起诉的概念	审查起诉，是指人民检察院在提起公诉阶段，为了确定经侦查终结的刑事案件是否应当提起公诉，而对侦查机关确认的犯罪事实和证据、犯罪性质和罪名进行审查核实，并作出处理决定的一项诉讼活动。 [考点解读] 其实审查起诉环节既是一个配合的环节，也是一个监督与制约的环节，当公安机关侦查终结、自侦部门侦查终结、监察委调查终结将案件移送检察院捕诉部门审查，检察院审查后如果也认为案件事实清楚、证据确实充分则应当依法公诉，如果认为不符合公诉的条件，则可以全盘否定移送机关的工作，作出不起诉的决定，也可以再给移送机关补救的机会，即将案件退回补充侦查。
审查起诉的内容 (《刑诉法》第171条；《高检规则》第363条)	1. 人民检察院应当审查以下内容： (1) 犯罪事实、情节是否清楚，证据是否确实充分，犯罪性质和罪名的认定是否正确，有无法定量刑情节； (2) 有无遗漏罪行和其他应当追究刑事责任的人； (3) 是否属于不应追究刑事责任的； (4) 有无附带民事诉讼； (5) 侦查活动是否合法。 2. 发现遗漏罪行或犯罪嫌疑人的 ★★★ (《高检规则》第356条) (1) 人民检察院在办理公安机关移送起诉的案件中，发现遗漏罪行或者依法应当移送起诉的同案犯罪嫌疑人未移送起诉的，应当要求公安机关补充侦查或者补充移送起诉。 (2) 对于犯罪事实清楚、证据确实、充分的，也可以直接提起公诉。 [考点解读] 原则上存在漏罪、漏人的情形应当要求公安机关补充移送起诉或者补充侦查，当事实、证据的状态较为清晰时，通常要求补充移送起诉；而当事实不清、证据不足时通常要求其补充侦查。但是根据现有的材料事实很清楚，证据也充分，此时说明公安机关存在包庇之嫌疑，因而作为监督机关的检察院可基于监督权直接提起公诉。 经典考题：公安机关移送审查起诉后，检察院在审查时如果认为本案系单位犯罪，事实清楚，证据确实充分，可以直接增加佳绩公司为犯罪嫌疑人是否正确①。
管辖错误时的处理 ★ (《高检规则》第328条)	基本原则	法院与法院的关系：级别及地域应当一一对应。 [例如] A区法院受理的公诉案件必须是A区检察院公诉的；甲市中级人民法院受理的案件必须是甲市市检公诉的。而在我国找对一审人民法院时检察院的职责与义务，所以请注意，整个审查起诉阶段只要发现案件的管辖权有错，一律由检察院内部完成管辖权的调整，前不可以退给公安机关，后不可以移送人民法院，只能由检察院自行完成管辖权的调整。

---

① 【答案】正确，因为对于公安移送的案件，出现漏人，只要事实清楚、证据确实充分是可以直接起诉的。本规则体现了检察院的监督属性。

续　表

	具体移送程序	**1. 归上级管辖时的处理——应当报送上一级检察院** 人民检察院受理同级公安机关移送审查起诉的案件，经审查认为属于上级人民法院管辖的第一审案件时，应当报送上一级人民检察院，同时通知移送起诉的公安机关； [例如] 杭州市市检查发现案件应当归浙江省高院受理，其指的是本案应当归省检公诉，即下级检察院拿了上级检察院的案件，而检察院内部上下级又是领导和被领导的关系，所以下级检察院应当报送上一级。 **2. 同级管辖错误的处理** 认为属于同级其他人民法院管辖的第一审案件时，移送有管辖权的人民检察院或者报送共同的上级人民检察院指定管辖，同时通知移送审查起诉的公安机关。 [注意] 即同级别的管辖错误的时候，既可以直接移送也可以报共同的上级。 **3. 归下级管辖时的处理——可交下级** 上级人民检察院受理同级公安机关移送审查起诉的案件，认为属于下级人民法院管辖时，可以直接交由下级人民检察院审查，由下级人民检察院向同级人民法院提起公诉，同时通知移送审查起诉的公安机关。 **4. 就高不就低的处理原则** 一人犯数罪、共同犯罪和其他需要并案审理的案件，只要其中一人或一罪属于上级人民检察院管辖的，全案由上级人民检察院审查起诉。
	监察委之指定管辖	监察机关移送起诉的案件，需要依照刑事诉讼法的规定指定审判管辖的，人民检察院应当在监察机关移送起诉20日前协商同级人民法院办理指定管辖有关事宜。（《高检规则》第329条）
审查起诉阶段发现立案管辖错误之处理★（《高检规则》第357条）		[考点解读] 此考点主要强调的是检察院在审查案件时发现移送机关对所移送的案件是没有管辖权的，例如公安机关移送了一起贪污案件，监察委移送了盗窃案件等，具体而言，此时检察院的处理规则最好分为两个层面：第一，如果是自侦部门移送则自有一套规则；第二，如果是公安机关或者监察委移送则又有一套规则。 **1. 检察院自侦部门移送之错误管辖的处理** （1）错拿监察委之案件——协商 人民检察院立案侦查时认为属于直接受理侦查的案件，在审查起诉阶段发现属于监察机关管辖的，应当及时商请监察机关办理。 （2）检察院错拿公安——只看事实证据的状态 属于公安机关管辖，案件事实清楚、证据确实、充分，符合起诉条件的，可以直接起诉；事实不清、证据不足的，应当及时移送有管辖权的机关办理。

续 表

	2.公安与监察委移送之错误管辖的处理 [总结] 第一步看事实证据的状态，事实不清、证据不足直接退回移送机关；如果事实清楚证据确实充分再看第二步，即听取对方的意见。 在审查起诉阶段，发现公安机关移送起诉的案件属于监察机关管辖，或者监察机关移送起诉的案件属于公安机关管辖： （1）如果事实不清、证据不足，应当将案件退回移送案件的机关并说明理由，建议其移送有管辖权的机关办理。 （2）案件事实清楚，证据确实、充分，符合起诉条件的，经征求监察机关、公安机关意见后，没有不同意见的，可以直接起诉。有不同意见的，应当将案件退回移送案件的机关并说明理由，建议其移送有管辖权的机关办理。
审查起诉的期限 （《刑诉法》第172条）	**原则上一个半月，特殊为10~15日。** 人民检察院对于监察机关、公安机关移送起诉的案件，应当在1个月以内作出决定，重大、复杂的案件，可以延长15日；犯罪嫌疑人认罪认罚，符合速裁程序适用条件的，应当在10日以内作出决定，对可能判处的有期徒刑超过1年的，可以延长至15日。 [注意] 此外，如果在审查起诉过程中犯罪嫌疑人在逃的，人民检察院应当中止审查。共同犯罪中的部分犯罪嫌疑人在逃的，对在逃犯罪嫌疑人应当中止审查，对其他犯罪嫌疑人的审查起诉应当照常进行。中止审查应当由审查起诉部门负责人提出意见报请检察长决定。中止审查的时间不计入审查起诉的期限。

进阶考点

一、审查起诉决定的特殊程序及处理（《高检规则》第331~341条）

1.人民检察院办理审查起诉案件应当讯问犯罪嫌疑人。

2.特定程序的采取

（1）移送机关遗漏鉴定的处理（《高检规则》第332条）

人民检察院认为需要对案件中某些专门性问题进行鉴定而监察机关或者公安机关没有鉴定的：

①应当要求监察机关或者公安机关进行鉴定。

②必要时，也可以由人民检察院进行鉴定，或者由人民检察院聘请有鉴定资格的人进行鉴定。人民检察院自行进行鉴定的，可以商请监察机关或者公安机关派员参加，必要时可以聘请有鉴定资格或者有专门知识的人参加。

（2）对已作出的鉴定意见有疑问的处理（《高检规则》第334条）

人民检察院对鉴定意见有疑问的，可以询问鉴定人并制作笔录附卷，也可以指派检察技术人员或者聘请有鉴定资格的人对案件中的某些专门性问题进行补充鉴定或者重新鉴定。

（3）发现精神病的处理（《高检规则》第333条）

①依职权鉴定：在审查起诉中，发现犯罪嫌疑人可能患有精神病的，人民检察院应当依照有关规定对犯罪嫌疑人进行鉴定。

②依申请：犯罪嫌疑人的辩护人或者近亲属以犯罪嫌疑人可能患有精神病而申请对犯罪嫌疑人进行鉴定的，人民检察院也可以依照《高检规则》的有关规定对犯罪嫌疑人进行鉴定，鉴定费用由申请方承担。

[注意] 费用的承担主体不同，如果检察院依职权启动则由检察院承担，后者由申请方承担。

二、审查后的处理结果

人民检察院对案件进行审查后，应当依法作出起诉或者不起诉以及是否提起附带民事诉讼、附带民事公益诉讼的决定。（《高检规则》第339条）

三、排非后的重新取证

人民检察院在审查起诉中发现有应当排除的非法证据，应当依法排除，同时可以要求监察机关或者公安机关另行指派调查人员或者侦查人员重新取证。必要时，人民检察院也可以自行调查取证。（《高检规则》第341条）

第三节　审查结果

一、补充侦查★

补充侦查，是指公安机关或者人民检察院依照法定程序，在原有侦查工作的基础上进行补充收集证据的一种侦查活动。

补充侦查并不是每个案件都必须进行的活动，它只适用于事实不清、证据不足或者遗漏罪行、遗漏同案犯罪嫌疑人的案件。

根据《刑诉法》第90、175、204条的规定，补充侦查在程序上有三种，即审查批捕时的补充侦查、审查起诉时的补充侦查和法庭审理时的补充侦查。

[20160235、20150270、20130225]

审查批捕阶段的补充侦查	人民检察院对于公安机关提请批准逮捕的案件进行审查后，应当根据情况分别作出批准逮捕或者不批准逮捕的决定。对公安机关提请批准逮捕的犯罪嫌疑人，具有法定情形，人民检察院作出不批准逮捕决定的，应当说明理由，连同案卷材料送达公安机关执行。需要补充侦查的，应当制作补充侦查提纲，送交公安机关。（《高检规则》第285条） [考点解读] 1.审查批捕阶段检察院只能做出批准逮捕或者不予批准逮捕的决定，不能直接作出退回补充侦查的决定，因为目前案件还处于公安机关侦查阶段，公安机关并未将整个案件移送人民检察院，没有移送就没有退回一说，公安机关只是担心犯罪嫌疑人妨碍侦查，因而报请检察院逮捕而已。 2.作出不予批准逮捕的决定时，可以在理由中说明案件需要补充侦查。

续 表

审查起诉阶段的补充侦查（《高检规则》第342~351条）	公安机关移送的案件	[考点解读] 考生请注意在审查起诉阶段是检察院捕诉部门当家做主说了算的阶段，在审查起诉阶段检察院可以决定补充侦查，但是补充侦查的形式有两种，一种为自行侦查，另一种为退回移送机关补充侦查或补充调查。对于公安机关移送的案件自行补侦与退回检察院可以当然地二选一，但是对于检察院及监察委移送的案件已退回作为原则，自行补侦作为例外。且考生可记住但凡退回补侦都可以退2次，每次退回时间不能超过1个月。 **既可以选择退回补侦又可以选择自行补侦。** 人民检察院认为犯罪事实不清、证据不足或者存在遗漏罪行、遗漏同案犯罪嫌疑人等情形需要补充侦查的，应当制作补充侦查提纲，连同案卷材料一并退回公安机关补充侦查。人民检察院也可以自行侦查，必要时可以要求公安机关提供协助。（《高检规则》第342条）
	监察委移送的案件（《刑诉法》第170条；《高检规则》第343、344条）	1.形式：原则上退回必要时自侦 人民检察院对于监察机关移送起诉的案件，依照本法和监察法的有关规定进行审查。人民检察院经审查，认为需要补充核实的，应当退回监察机关补充调查，必要时可以自行补充侦查。 **2.人民检察院可以自行补充侦查的情形——有瑕疵** （1）证人证言、犯罪嫌疑人供述和辩解、被害人陈述的内容主要情节一致，个别情节不一致的； （2）物证、书证等证据材料需要补充鉴定的； （3）其他由人民检察院查证更为便利、更有效率、更有利于查清案件事实的情形。 自行补充侦查完毕后，应当将相关证据材料入卷，同时抄送监察机关。人民检察院自行补充侦查的，可以商请监察机关提供协助。 3.程序 人民检察院决定退回补充调查的案件，犯罪嫌疑人已被采取强制措施的，应当将退回补充调查情况书面通知强制措施执行机关。监察机关需要讯问的，人民检察院应当予以配合。
	自侦案件之处理	**原则上退回必要时自侦** 原则上应当制作补充侦查提纲，连同案卷材料一并退回负责侦查的部门补充侦查。必要时，也可以自行侦查，可以要求负责侦查的部门予以协助。
	补充侦查的期限和次数	1.对于退回补侦或调查，应当在1个月以内补充侦（调）查完毕。以2次为限。 2.自行侦查的，应在审查起诉期限内侦查完毕。一般为1.5个月。 3.补充侦（调）查完毕移送人民检察院后，人民检察院重新计算审查起诉期限。

续表

		[例如]假如A区公安机关移送一起案件给A区检察院，审查中检察院发现案件属于事实不清、证据不足，A区的检察院可决定自行补充侦查，即在原有的审查起诉期限中同步完成补侦工作，但是检察院也可以决定退回，退回时A区的公安机关需要在一个月内完成补侦工作，并且再次将案件移送检察院重新审查，检察院审查后如果依然觉得事实不清、证据不足可以再退回一次，公安机关又取得1个月的补侦时间，补侦后应当再次移送。此时检察院认为没问题则应当公诉，有问题只能作不起诉之决定。
	发现新事实的处理	人民检察院对已经退回监察机关二次补充调查或者退回公安机关二次补充侦查的案件，在审查起诉中又发现新的犯罪事实，应当将线索移送监察机关或者公安机关。对已经查清的犯罪事实，应当依法提起公诉。（《高检规则》第349条） [注意]一起刑事案件只能退回两次，遇有新的事实应分案处理，即如果张某涉及抢劫罪，抢劫罪退回两次后才发现其还涉嫌诈骗，那么诈骗应当移送公安，此时出现的情况就是张某两个罪一个在法院，一个在公安，分案进行处理。
	改变管辖的处理（《高检规则》第350条）	1.对于在审查起诉期间改变管辖的案件，改变后的人民检察院对于符合补充侦查规定的案件，可以经原受理案件的人民检察院协助，直接退回原侦查案件的公安机关补充侦查，也可以自行侦查。 2.改变管辖前后退回补充侦查的次数总共不得超过2次。 [注意]此处改变管辖后的检察院既可退回补侦又可自行侦查，且如果是A区公安机关移送A区检察院后，A区检察院发现案件管辖权错误后将案件移送B区检察院的，B区检察院可以将案件直接退回A区公安，此种处理可提升诉讼的效率。
法庭审理阶段的补充侦查		1.补充侦查的形式 （1）审判期间，公诉人发现案件需要补充侦查，建议延期审理的，合议庭可以同意，但建议延期审理不得超过两次。（《刑诉解释》第274条） （2）在法庭审理过程中，人民法院建议人民检察院补充侦查，人民检察院应当审查有关理由，并作出是否补充侦查，人民检察院不同意的，可以要求人民法院就起诉指控的犯罪事实依法作出裁判。（《高检规则》第425条） 2.补充侦查的主体 在审判过程中，对于需要补充提供法庭审判所必需的证据或者补充侦查的，人民检察院应当自行收集证据和进行侦查，必要时可以要求监察机关或者公安机关提供协助；也可以书面要求监察机关或者公安机关补充提供证据。（《高检规则》第422条） [注意]法庭审理阶段的退回补侦，检察院只能自行侦查，不可以再将案件退回。 3.补充侦查的期限次数——2次为限，每次1个月 4.缺少量刑情节的处理 审判期间，合议庭发现被告人可能有自首、坦白、立功等法定量刑情节，而人民检察院移送的案卷中没有相关证据材料的，应当通知人民检察院移送。审判期间，被告人提出新的立功线索的，人民法院可以建议人民检察院补充侦查。（《刑诉解释》第277条） [注意]只有出现新的立功线索法院才能建议检察院补侦，其他缺自首、坦白及普通立功线索的都按缺材料处理，直接通知检察院移送即可。

二、不起诉★

不起诉，是指人民检察院对公安机关侦查终结移送起诉的案件或者对自行侦查终结的案件，经过审查后，认为犯罪嫌疑人没有犯罪事实或者具有《刑诉法》第16条规定的不追究刑事责任的情形，或者犯罪嫌疑人犯罪情节轻微依法不需要判处刑罚或免除刑罚，或者经两次补充侦查尚未达到起诉条件，而作出的不将案件移送人民法院进行审判的决定。

根据《刑诉法》第175、177、282条的规定，不起诉分为法定不起诉、酌定不起诉、存疑不起诉和附条件不起诉四类。

（一）情形及救济

［2020、2019、2018、20170232D、20170239、20160275、20150233、20150271、20140235、20140294、20140295、20140296、20130272、20110231、20080224］

法定不起诉（又称绝对不起诉或应当不起诉）（《高检规则》第365、402条）	1.法定不起诉，即只能依法作出不起诉决定，检察院没有自由裁量的余地。 （1）人民检察院对于监察机关或者公安机关移送起诉的案件，发现犯罪嫌疑人没有犯罪事实，或者符合《刑诉法》第16条规定的情形之一的，经检察长批准，应当作出不起诉决定。 ［注意］如果是自侦案件则——应当退回本院负责侦查的部门，建议撤销案件。——非直接作出不起诉的决定 ［考点解读］法定不起诉的情形主要针对16条及没有犯罪事实，但是移送机关不同处理的方式就不同，如果是检察院的自侦案件有种自我保护的意味，并非直接作不起诉的决定，而是退回自侦部门建议作撤销案件处理，但是公安机关、监察委移送的案件则应当作出不起诉的决定。 （2）对于犯罪事实并非犯罪嫌疑人所为，需要重新调查或者侦查的，应当在作出不起诉决定后书面说明理由，将案卷材料退回监察机关或者公安机关并建议重新调查或者侦查。 ［注意］考生一定要注意，如果连犯罪事实都没有的话，需要直接作出不起诉的决定，案件的处理即终结；但是如果是案件事实还在，只是抓错人了，需要对抓错的人作出不起诉的决定，对案件本身需要退回重新侦查或者调查。 经典考题：叶某涉嫌飞车抢夺行人财物被立案侦查。移送审查起诉后，检察院认为实施该抢夺行为的另有其人。检察院可将案卷材料退回公安机关并建议公安机关撤销案件，是否正确？①
酌定不起诉（又称相对不起诉）（《高检规则》第370条）	酌定不起诉，是指人民检察院认为犯罪嫌疑人的犯罪情节轻微，依照刑法规定不需要判处刑罚或者免除刑罚的案件，经检察长批准，可以作出的不起诉决定。 ［考点解读］酌定不起诉必须同时具备两个条件：一是犯罪嫌疑人实施的行为触犯了刑法，符合犯罪构成的要件，已经构成犯罪；二是犯罪行为情节轻微，依照刑法规定不需要判处刑罚或者免除刑罚。 ［注意］对于是否作出酌定不起诉，检察院有一定的自由裁量权。

---

① 【答案】不正确，应当作出不起诉决定的同时将案件退回公安机关建议重新侦查，非撤销案件。

续　表

存疑不起诉（又称证据不足的不起诉）（《高检规则》第367~369条）		存疑不起诉是指人民检察院对于经过补充侦查的案件，仍然认为证据不足，不符合起诉条件的，可以作出不起诉决定。 1.**存疑不起诉的情形**（《高检规则》第367条） （1）**应当作的情形**：人民检察院对于二次退回补充调查或者补充侦查的案件，仍然认为证据不足，不符合起诉条件的，经检察长批准，依法作出不起诉决定。 （2）**可以作的情形**：人民检察院对于经过一次退回补充调查或者补充侦查的案件，认为证据不足，不符合起诉条件，且没有再次退回补充调查或者补充侦查必要的，经检察长批准，可以作出不起诉决定。 2.**无须经退回补侦可直接作的情形** 检察院经审查发现存在非法取证行为，依法对该证据予以排除后，其他证据不能证明犯罪嫌疑人实施犯罪行为的，应当不批准或者决定逮捕。已经移送审查起诉的，可以将案件退回侦查机关补充侦查或者作出不起诉决定。 [考点解读] 原则上作出证据不足不起诉决定的前提是至少经过了一次退回补侦或补调，退回一次仍然认为证据不足检察院可以作出不起诉的决定也可以再次选择将案件退回，此两种选择按照上述规定更倾向于检察院选择再退一次；退回两次时仍然认为证据不足为应当作出。 例外是在审查起诉阶段检察院作出排除非法证据的决定，可以直接作出不起诉的决定，这也是唯一一种不经退回补侦、补调直接作出不起诉决定的情形。 3.**证据不足的认定** 具有下列情形之一，不能确定犯罪嫌疑人构成犯罪和需要追究刑事责任的，属于证据不足，不符合起诉条件： （1）犯罪构成要件事实缺乏必要的证据予以证明的； （2）据以定罪的证据存在疑问，无法查证属实的； （3）据以定罪的证据之间、证据与案件事实之间的矛盾不能合理排除的； （4）根据证据得出的结论具有其他可能性，不能排除合理怀疑的； （5）根据证据认定案件事实不符合逻辑和经验法则，得出的结论明显不符合常理的。 4.人民检察院在发现新的证据，符合起诉条件时，可以提起公诉。
附条件不起诉（又称暂缓起诉）★	情形（《刑诉法》第282条）	附条件不起诉是指检察机关在审查起诉时，对于未成年人涉嫌刑法分则第四章、第五章、第六章规定的侵犯人身权利、民主权利、侵犯财产、妨害社会管理秩序犯罪，可能判处1年有期徒刑以下刑罚，符合起诉条件，但有悔罪表现的，人民检察院可以作出附条件不起诉的决定。 [注意]（1）此种不起诉只针对未成年人适用。 （2）并非所有的未成年人涉嫌犯罪都可以用，必须满足三个条件即：第一，涉嫌侵犯人身权利、民主权利、侵犯财产、妨害社会管理秩序犯罪；第二，可能判处一年有期徒刑以下刑罚；第三，有悔罪表现。

续　表

意见听取	1.听取意见：人民检察院在作出附条件不起诉的决定以前，应当听取①公安机关、②被害人、③未成年犯罪嫌疑人的法定代理人、④辩护人的意见，并制作笔录附卷。（《高检规则》第469条） 2.**附条件不起诉之异议权** 未成年犯罪嫌疑人及其法定代理人对拟作出附条件不起诉决定提出异议的，人民检察院应当提起公诉。（《高检规则》第470条）
考验期及考察机关	1.**考验期的确定**（《高检规则》第473条） 人民检察院作出附条件不起诉决定的，应当确定考验期。考验期为6个月以上1年以下，从人民检察院作出附条件不起诉的决定之日起计算。 [注意] 考验期可以在法定期限范围内适当缩短或者延长。 经典考题：请问小甲被决定附条件不起诉，决定的考验期为9个月，在前三个月中小甲表现特别好，可否将小甲的考验期缩短为5个月？① 2.**监督考察**（《高检规则》第474条） （1）在附条件不起诉的考验期内，由人民检察院对被附条件不起诉的未成年犯罪嫌疑人进行监督考察。 [注意] 哪个检察院作出的决定就由哪个检察院考察，不可以委托其他检察院进行！ （2）会同其他部门：人民检察院可以会同未成年犯罪嫌疑人的监护人、所在学校、单位、居住地的村民委员会、居民委员会、未成年人保护组织等的有关人员，定期对未成年犯罪嫌疑人进行考察、教育，实施跟踪帮教。
义务	按照《高检规则》的规定可知，当未成年人被决定附条件不起诉时，有一些义务是其必须要遵守的义务，与案件的性质等本身无关，这类义务称之为法定义务；另一类义务是检察院决定不起诉时根据案件的不同情况要求未成年成遵守的，这类义务称之为酌定义务。 1.**法定义务**（《高检规则》第475条） 检察院对于被附条件不起诉的未成年犯罪嫌疑人，应当监督考察其是否遵守下列规定： （1）遵守法律法规，服从监督； （2）按照规定报告自己的活动情况； （3）离开所居住的市、县或者迁居，应当报经批准； （4）按照要求接受矫治和教育。 [注意] 考生需要注意第（2）（4）项，会灵活考查。

---

① 【答案】不可以，因为考验期必须在法定范围内缩短，即最低不能低于6个月。

		2.酌定义务（《高检规则》第476条） 检察院可以要求被附条件不起诉的未成年犯罪嫌疑人接受下列矫治和教育： （1）完成戒瘾治疗、心理辅导或者其他适当的处遇措施； （2）向社区或者公益团体提供公益劳动； （3）不得进入特定场所，与特定的人员会见或者通信，从事特定的活动； （4）向被害人赔偿损失、赔礼道歉等； （5）接受相关教育； （6）遵守其他保护被害人安全以及预防再犯的禁止性规定。 **经典考题**：未成年人小天因涉嫌盗窃被检察院适用附条件不起诉。关于附条件不起诉可以附带的条件，下列哪些选项是正确的？① A.完成一个疗程四次的心理辅导 B.每周参加一次公益劳动 C.每个月向检察官报告日常花销和交友情况 D.不得离开所居住的县
	考察后之处理 （《高检规则》第479、480条）	**应当撤销不起诉，依法公诉的情形** 在考验期内发现有下列情形之一的，人民检察院应当撤销附条件不起诉的决定，提起公诉： （1）实施**新的犯罪**的； （2）**漏罪**：发现决定附条件不起诉以前还有其他犯罪需要追诉的； （3）违反治安管理规定，造成严重后果，或者多次违反治安管理规定的； （4）违反有关附条件不起诉的监督管理规定，造成严重后果，或者多次违反有关附条件不起诉的监督管理规定的。 [注意]①考生注意，此处新罪及漏罪都应当撤销，无严重程度要求；违反规定或情节严重或多次违反。 ②考验期满的，人民检察院应当作出不起诉的决定。 ③考验期满作出不起诉的决定以前，应当听取被害人意见。
特殊情形下的不起诉 （《刑诉法》第182条）		1.犯罪嫌疑人自愿如实供述涉嫌犯罪的事实，有重大立功或者案件涉及国家重大利益的，经最高人民检察院核准，人民检察院可以作出不起诉决定，也可以对涉嫌数罪中的一项或者多项不起诉。 2.根据前款规定不起诉的，人民检察院、公安机关应当及时对查封、扣押、冻结的财物及其孳息作出处理。

---

① 【答案】ABC。

续 表

不起诉之决定权	自侦案件，以及监察机关移送起诉的案件，拟作不起诉决定的，应当报请上一级人民检察院批准。（《高检规则》第371条） [例如] A区监察委移送A区检察院的案件，如果A区检察院要想作不起诉的决定内部必须先报检察长批准，检察院批准后需要再将案件报上一级批准，才可以作出不起诉的决定。检察院的自侦案件操作规则也是如此。但考生注意，A区公安机关移送的案件，只要报A区检察院决定即可直接作出不起诉的决定。
不起诉的救济	**移送机关之救济权**
	公安的救济权：同级复议、上级复核（《刑诉法》第179条；《高检规则》第379条） [注意] 考生对此可理解记忆不必识记，因为只要公安机关的案件被检察院作出否定性的处理决定，包括：不批捕决定、撤销案件、不起诉的决定，公安机关的救济权都是先向作出决定的检察院申请复议，对复议结果不服的，再向上一级公安机关申请复核。 1.同级复议 公安机关认为不起诉决定有错误要求复议的，人民检察院负责捕诉的部门应当另行指派检察官或者检察官办案组进行审查，并在收到要求复议意见书后30日以内，经检察长批准，作出复议决定，通知公安机关。 2.上级复核 公安机关对不起诉决定提请复核的，上一级人民检察院应当在收到提请复核意见书后30日以内，经检察长批准，作出复核决定，通知提请复核的公安机关和下级人民检察院。
	监察委之上一级复议权 监察机关认为不起诉的决定有错误，向上一级人民检察院提请复议的，上一级人民检察院应当在收到提请复议意见书后30日以内，经检察长批准，作出复议决定，通知监察机关。 [注意] 监察委移送的案件都是报上一级检察院批准才可以作出不起诉的决定，所以监察委的救济权都是直接找上一级申请复议。
	被害人的救济权★ 1. 7天向上一级检察院申诉（《刑诉法》第180条；《高检规则》第377、381、382、472条） 被害人或者其近亲属及其诉讼代理人，如果对不起诉决定不服，可以自收到不起诉决定书后7日以内向上一级人民检察院申诉。 2.提起公诉转自诉：也可以不经申诉，直接向人民法院起诉。 [考点解读]（1）上述两种救济方式被害人可以自由选择，无必然的先后关系。 （2）并不是所有不起诉都可以提公诉转自诉：被害人对人民检察院对未成年犯罪嫌疑人作出的附条件不起诉的决定和不起诉的决定，可以向上一级人民检察院申诉，不适用《刑诉法》第180条关于被害人可以向人民法院起诉的规定。即附条件不起诉中，被害人无权提公诉转自诉。原因非常简单，考生需理解记忆，因为四种不起诉只有附条件不起诉后，检察院需要给未成年人考验期对其定向处置，所以如果被害人再次自诉会冲撞检察院的做法，也不利于对未成年人的保护。

续　表

	（3）人民检察院复查不服不起诉决定的申诉，应当在立案后3个月以内报经检察长批准作出复查决定。案情复杂的，不得超过6个月。 **3.申诉的时间不同负责的检察院及部门则不同** （1）被害人在收到决定书后7日以内提出申诉的，由作出不起诉决定的检察院的上一级人民检察院负责捕诉的部门进行复查。 （2）被害人在收到不起诉决定书7日以后提出申诉的，由作出不起诉决定的人民检察院负责控告申诉检察的部门进行审查。经审查认为不起诉决定可能存在错误的，移送负责捕诉的部门进行复查。
被不起诉人的救济权★（《刑诉法》第181条；《高检规则》第377条）	**1.酌定不起诉之7天申诉** 酌定不起诉被不起诉人不服，可以自收到决定书后7日以内向检察院申诉。 [注意] 被害人可以针对法定不起诉、酌定不起诉和存疑不起诉决定向上一级人民检察院申诉；而被不起诉人只能针对酌定不起诉决定向原人民检察院进行申诉。 **2.附条件不起诉之异议权**（《高检规则》第470条） （1）对决定本身有异议：未成年犯罪嫌疑人及其法定代理人对拟作出附条件不起诉决定提出异议的，人民检察院应当提起公诉。 [考点解读] 四种不起诉只有这两种不起诉允许被不起诉人救济，因为这两种不起诉的前提都是被不起诉人构成了犯罪，只是检察院宽大处理不追究而已，而他们回归社会依然会被别人戴有色眼镜看待。 （2）无罪变更为法定不起诉之处理 未成年犯罪嫌疑人及其法定代理人提出无罪辩解，人民检察院经审查认为无罪辩解理由成立的，应当作出法定不起诉的决定。 （3）对内容提出异议的处理 如果对不起诉决定没有异议，仅对所附条件及考验期有异议的，人民检察院可以依法采纳其合理的意见，对考察的内容、方式、时间等进行调整；其意见不利于对未成年犯罪嫌疑人帮教，人民检察院不采纳的，应当进行释法说理。 **3.撤回异议** 人民检察院作出起诉决定前，未成年犯罪嫌疑人及其法定代理人撤回异议的，人民检察院可以依法作出附条件不起诉决定。

（二）不起诉的程序（《刑诉法》第177~181条；《高检规则》第373、376、377条）

[20170232D]

制作决定书	凡是不起诉的案件，人民检察院都应当制作《不起诉决定书》。
不起诉决定书的宣布和送达	不起诉的决定书应当公开宣布，同时应当将不起诉决定书分别送达下列机关和人员： 1.被不起诉人及其辩护人以及被不起诉人所在单位。如果被不起诉人在押的，应当立即释放。 2.被害人或者其近亲属及其诉讼代理人。 3.对于监察机关或公安机关移送起诉的案件，应当将不起诉决定书送达监察机关或公安机关
不起诉的附带处罚★	人民检察院决定不起诉的案件，可以根据案件的不同情况，对被不起诉人予以训诫或者责令具结悔过、赔礼道歉、赔偿损失。（《高检规则》第373条） [注意] 不起诉只是表明检察院不再追究定罪量刑之刑事责任，并不意味着对犯罪嫌疑人不作任何处理，例如故意伤害致人轻伤案件，可以作出定不起诉的决定，但是可以同时要求被不起诉人赔礼道歉、赔偿经济损失。
检察院的监督	最高人民检察院对地方各级人民检察院的起诉、不起诉决定，上级人民检察院对下级人民检察院的起诉、不起诉决定，发现确有错误的，应当予以撤销或者指令下级人民检察院纠正。（《高检规则》第389条）

三、提起公诉

依法公诉表明检察院捕诉部门认可了移送机关的工作，认为案件事实清楚、证据确实充分，可以直接公诉至人民法院接受法院的审理。

[2019]

提起公诉的条件（《高检规则》第355条）	人民检察院对案件进行审查后，认为犯罪嫌疑人的犯罪事实已经查清，证据确实、充分，依法应当追究刑事责任的，应当作出起诉决定。 [考点解读] 具有下列情形之一的，可以认为犯罪事实已经查清： 1.属于单一罪行的案件，查清的事实足以定罪量刑或者与定罪量刑有关的事实已经查清，不影响定罪量刑的事实无法查清的。 2.属于数个罪行的案件，部分罪行已经查清并符合起诉条件，其他罪行无法查清的。 3.无法查清作案工具、赃物去向，但有其他证据足以对被告人定罪量刑的。 4.证人证言、犯罪嫌疑人供述和辩解、被害人陈述的内容主要情节一致，个别情节不一致，但不影响定罪的。 对于符合上述第2项情形的，应当以已经查清的罪行起诉。
提起公诉时的材料要求	1.人民检察院提起公诉的案件，应当向人民法院移送起诉书、案卷材料和证据。 2.起诉书应当一式8份，每增加一名被告人增加起诉书5份。（《高检规则》第359条）

续 表

量刑意见 (《高检规则》 第364条)	1.人民检察院对提起公诉的案件，可以向人民法院提出量刑建议。除有减轻处罚或者免除处罚情节外，量刑建议应当在法定量刑幅度内提出。建议判处有期徒刑、管制、拘役的，可以具有一定的幅度，也可以提出具体确定的建议。 [注意]（1）此处是"可以"提出量刑建议非"应当"。 （2）原则上量刑意见都得具有一定的幅度，但是有减轻处罚或免除情节的除外。 2.对提起公诉的案件提出量刑建议的，可以制作量刑建议书，与起诉书一并移送人民法院。
补充、追加、变更起诉及撤诉★ (《高检规则》 第423~426条)	在案件依法公诉后，可能存在检察院起诉的情形与案件实际的情形不一致，此时会出现补充起诉、追加起诉、变更起诉的情况，考生注意如果存在遗漏情形的人民检察院可以建议法院作补充起诉，法院发现法院也可以主动建议检察院补充起诉，如果发现漏人还可以建议追加起诉，即漏人既可以适用补充起诉又可以适用追加起诉；但如果是原有起诉内容有错误，例如抢劫罪被公诉成盗窃罪，则适用变更起诉的规则。 1.补充、追加、变更的区别 （1）补充起诉：针对公诉存在漏罪、漏人； （2）追加起诉：针对存在漏人； （3）变更起诉：针对有错——人民法院宣告判决前，人民检察院发现被告人的真实身份或者犯罪事实与起诉书中叙述的身份或者指控犯罪事实不符的，或者事实、证据没有变化，但罪名、适用法律与起诉书不一致的，可以变更起诉。 [注意]法院发现漏罪漏人建议检察院补充起诉，检察院不同意，人民法院不可以自行追加，加了就违反了不告不理的原则，只能就公诉内容作出判决。 2.撤诉的情形：主要针对的是无罪或者不予追究刑事责任的情形（《高检规则》第424条） 在人民法院宣告判决前，人民检察院发现具有下列情形之一的，可以撤回起诉： （1）不存在犯罪事实的； （2）犯罪事实并非被告人所为的； （3）情节显著轻微、危害不大，不认为是犯罪的； （4）证据不足或证据发生变化，不符合起诉条件的； （5）被告人因未达到刑事责任年龄，不负刑事责任的； （6）法律、司法解释发生变化导致不应当追究被告人刑事责任的； （7）其他不应当追究被告人刑事责任的。 对于撤回起诉的案件，人民检察院应当在撤回起诉后30日以内作出不起诉决定。需要重新调查或者侦查的，应当在作出不起诉决定后将案卷材料退回监察机关或者公安机关，建议监察机关或者公安机关重新调查或者侦查，并书面说明理由。 [注意]原则上检察院公诉后案件就应当接受人民法院的审理，因而一般不得起诉，只有在特定的情形下检察院才可以申请撤诉，但是必须接受法院审查，法院有可能同意，也有可能不同意。 3.撤诉之后果（《高检规则》第424条） 对于撤回起诉的案件，没有新的事实或者新的证据，人民检察院不得再行起诉。新的事实是指原起诉书中未指控的犯罪事实。该犯罪事实触犯的罪名既可以是原指控罪名的同一罪名，也可以是其他罪名。

续 表

	4.审查(《高检规则》第425条) 在法庭审理过程中，人民法院建议人民检察院补充侦查、补充起诉、追加起诉或者变更起诉的，人民检察院应当审查有关理由，并作出是否补充侦查、补充起诉、追加起诉或者变更起诉的决定。人民检察院不同意的，可以要求人民法院就起诉指控的犯罪事实依法作出裁判。 **5.形式** 变更、追加、补充或者撤回起诉应当报经检察长或者检察委员会决定，并以书面方式在人民法院宣告判决前向人民法院提出。

第四节　认罪认罚制度

一、认罪认罚之基本规定(《刑诉法》第15、176条)

[2020]

原则	犯罪嫌疑人、被告人自愿如实供述自己的罪行，承认指控的犯罪事实愿意接受处罚的，可以依法从宽处理。 [考点解读]考生注意，广义的认罪认罚指的是在三个阶段的认罪认罚，即侦查阶段犯罪嫌疑人与侦查机关的协商；审查起诉阶段犯罪嫌疑人与检察院之协商；审理阶段被告人与法院之协商。而狭义的认罪认罚主要指的是犯罪嫌疑人与检察院的协商。因为侦查阶段与审理阶段更多考量的是犯罪嫌疑人、被告人是否承认犯罪事实、是否愿意接受刑事处罚；而在审查起诉阶段检察院会与犯罪嫌疑人协商具体的事实、罪名、量刑建议。 **适用范围及规则**：认罪认罚从宽制度没有适用罪名和可能判处刑罚的限定，所有刑事案件都可以适用，不能因罪轻、罪重或者罪名特殊等原因而剥夺犯罪嫌疑人、被告人自愿认罪认罚获得从宽处理的机会。但"可以"适用不是一律适用，犯罪嫌疑人、被告人认罪认罚后是否从宽，由司法机关根据案件具体情况决定。(《认罪认罚指导意见》①第5条)
适用阶段	认罪认罚从宽制度贯穿刑事诉讼全过程，适用于侦查、起诉、审判各个阶段。 [考点解读]不同阶段从宽的幅度不同——认得越早从宽的幅度越大 1.犯罪嫌疑人在侦查阶段认罪认罚的，主刑从宽的幅度可以在前款基础上适当放宽。 2.被告人在审判阶段认罪认罚的，在前款基础上可以适当缩减。建议判处罚金刑的，参照主刑的从宽幅度提出确定的数额。 3.二审认罪认罚：一审中未认二审中认——第二审人民法院应当根据其认罪认罚的价值、作用决定是否从宽，并依法作出裁判。确定从宽幅度时应当与第一审程序认罪认罚有所区别。(《认罪认罚指导意见》第50条)

---

① 最高人民法院、最高人民检察院、公安部、国家安全部、司法部《关于适用认罪认罚从宽制度的指导意见》，本书简称《认罪认罚指导意见》。

续表

认罪之把握	1. "认罪"：是指犯罪嫌疑人、被告人自愿如实供述自己的罪行，对指控的犯罪事实没有异议。 承认指控的主要犯罪事实，仅对个别事实情节提出异议，或者虽然对行为性质提出辩解但表示接受司法机关认定意见的，不影响"认罪"的认定。 2. 数罪的处理——所有罪都得认！ 犯罪嫌疑人、被告人犯数罪，仅如实供述其中一罪或部分罪名事实的，全案不作"认罪"的认定，不适用认罪认罚从宽制度，但对如实供述的部分，人民检察院可以提出从宽处罚的建议，人民法院可以从宽处罚。（《认罪认罚指导意见》第6条） 经典考题：甲犯数罪，但只认一罪，对其全案不得适用认罪认罚从宽，法院也不得对其从宽，是否正确？①
认罚之把握	1. 主观表现 （1）在侦查阶段表现为表示愿意接受处罚； （2）在审查起诉阶段表现为接受人民检察院拟作出的起诉或不起诉决定，认可人民检察院的量刑建议，签署认罪认罚具结书； （3）在审判阶段表现为当庭确认自愿签署具结书，愿意接受刑罚处罚。 2. 客观表现★ [考点解读] 认罚应当结合退赃退赔、赔偿损失、赔礼道歉等因素来考量。 如果虽然表示"认罚"，却暗中串供、干扰证人作证、毁灭、伪造证据或者隐匿、转移财产，有赔偿能力而不赔偿损失，则不能适用认罪认罚从宽制度。 [注意] 因为客观没有赔偿能力而未赔偿，不影响认罪认罚的适用，只不过从宽的幅度会适当酌减；但如果有赔偿能力而不赔偿，则不得适用认罪认罚从宽。
从宽之规定	1. 范围 从宽处罚包括实体结果的从宽也包括程序上的从宽，例如作为综合判断因素可以不予逮捕；对认罪认罚后没有争议，不需要判处刑罚的轻微刑事案件，人民检察院可以依法作出不起诉决定。 2. 性质 可以从宽不是一律从宽，对犯罪性质和危害后果特别严重、犯罪手段特别残忍、社会影响特别恶劣的犯罪嫌疑人、被告人，认罪认罚不足以从轻处罚的，依法不予从宽处罚。 [注意] 在刑罚评价上，主动认罪优于被动认罪，早认罪优于晚认罪，彻底认罪优于不彻底认罪，稳定认罪优于不稳定认罪。（《认罪认罚指导意见》第8、9条） 3. 与坦白等量刑情节的区分 （1）认罪认罚的从宽幅度一般应当大于仅有坦白，或者虽认罪但不认罚的从宽幅度。 （2）有自首、坦白情节，同时认罪认罚的，应当在法定刑幅度内给予相对更大的从宽幅度。认罪认罚与自首、坦白不作重复评价。

---

① 【答案】不正确，数罪未全认确实不得适用认罪认罚制度，但是对于认的部分会适当从宽。本考点属于叠加考点，考生一定要仔细读题。

被害方异议之处理	1.原则：被害人及其诉讼代理人不同意对认罪认罚的犯罪嫌疑人、被告人从宽处理的，不影响认罪认罚从宽制度的适用。 2.犯罪嫌疑人、被告人自愿认罪并且愿意积极赔偿损失，但由于被害方赔偿请求明显不合理，未能达成调解或者和解协议的，一般不影响对犯罪嫌疑人、被告人从宽处理。 经典考题：甲涉嫌交通肇事认罪，没钱赔偿，被害人家属不谅解，不能对他认罪认罚，是否正确？①
公诉时的量刑建议 （《高检规则》第274、275条）	1.形式：量刑建议书可以另行制作，也可以在起诉书中写明。 2.听取意见：犯罪嫌疑人认罪认罚的，人民检察院应当就主刑、附加刑、是否适用缓刑等提出量刑建议。人民检察院提出量刑建议前，应当充分听取犯罪嫌疑人、辩护人或者值班律师的意见，尽量协商一致。 3.原则应确定、例外可幅度内：人民检察院一般应当提出确定刑量刑建议。对新类型、不常见犯罪案件，量刑情节复杂的重罪案件等，也可以提出幅度刑量刑建议。 [注意] 在审查起诉阶段检察院需要与犯罪嫌疑人协商具体的量刑建议，如果量刑建议不够具体而明确存在诱骗的可能性，例如检察院给出的量刑建议如果是1年至3年有期徒刑，犯罪嫌疑人期待的可能是1年，而最后公诉时适用的可能是3年，不利于保障犯罪嫌疑人的权利。

二、狭义的认罪认罚与认罪认罚具结书

狭义的认罪认罚 （《刑诉法》第173条、《高检规则》第269条）	犯罪嫌疑人认罪认罚的，人民检察院应当告知其享有的诉讼权利和认罪认罚的法律规定，听取犯罪嫌疑人、辩护人或者值班律师、被害人及其诉讼代理人对下列事项的意见，并记录在案： 1.定罪：涉嫌的犯罪事实、罪名及适用的法律规定； 2.量刑：从轻、减轻或者免除处罚等从宽处罚的建议； 3.程序：认罪认罚后案件审理适用的程序； 4.其他需要听取意见的事项。 人民检察院依照规定听取值班律师意见的，应当提前为值班律师了解案件有关情况提供必要的便利。 [考点解读] 考生注意审查起诉阶段的认罪认罚协商的内容主要有三个层面： 一为定罪，定罪层面既要协商事实本身，还有协商具体的罪名及适用的法律规定； 二为量刑，量刑层面要协商具体的从宽建议； 三为程序，此处考生须理解后面的一审程序，同为一审程序根据其繁简程度的不同可将其分为一审普通程序、简易程序、速裁程序，而根据法律规定简易程序及速裁程序都简化了被告人的程序权利，所以适用的前提是必须经被告人同意，严格来说程序的协商只是为了保障后面的诉讼效率，同意简易、速裁则记录在案，法院直接适用，不同意便意味着其选择了普通程序，记录在案即可，所以根据《认罪认罚指导意见》第7条，犯罪嫌疑人、被告人享有程序选择权，不同意适用速裁程序、简易程序的，不影响"认罚"的认定。

---

① 【答案】不正确，确实赔不起可以不赔，只是适用认罪认罚时的从宽幅度予以酌减。被害人的异议并不当然影响认罪认罚的适用。

续表

认罪认罚之具结书（《刑诉法》第174条）	原则上应当签	犯罪嫌疑人自愿认罪，同意量刑建议和程序适用的，应当在辩护人或者值班律师在场的情况下签署认罪认罚具结书。 [考点解读]（1）三个层面协商一致原则上需要签署认罪认罚具结书；（2）签署时须有一个懂法的人在场，以维护犯罪嫌疑人的合法权益，此处一定要注意有辩护人则应当辩护人在场，没有辩护人则由值班律师在场，并且在场的辩护人或者值班律师需要在认罪认罚具结书上签字。（《高检规则》第272条）
	例外可不签	犯罪嫌疑人认罪认罚，有下列情形之一的，不需要签署认罪认罚具结书： 1. 犯罪嫌疑人是盲、聋、哑人，或是尚未完全丧失辨认或控制自己行为能力的精神病人的。 2. 未成年犯罪嫌疑人的法定代理人、辩护人对未成年人认罪认罚有异议的。 3. 其他不需要签署认罪认罚具结书的情形。
	未成年人案件之特殊规定（《高检规则》第476条）	**1. 应当听取辩护人、法定代理人的意见** 未成年犯罪嫌疑人认罪认罚的，人民检察院应当听取、记录未成年犯罪嫌疑人及其法定代理人、辩护人、被害人及其诉讼代理人的意见。 **2. 签署时须在场，不签也适用认罪认罚从宽** 未成年犯罪嫌疑人认罪认罚的，应当在法定代理人、辩护人在场的情况下签署认罪认罚具结书。法定代理人、辩护人对认罪认罚有异议的，不需要签署具结书。 未成年嫌疑人的法定代理人、辩护人对认罪认罚有异议而不签署具结书的，不影响从宽处理。 3. 未成年犯罪嫌疑人签署认罪认罚具结书时，其法定代理人应当到场并签字确认。法定代理人无法到场的，合适成年人应当到场签字确认。（《认罪认罚指导意见》第56条）
移送材料		犯罪嫌疑人认罪认罚的，人民检察院应当就主刑、附加刑、是否适用缓刑等提出量刑建议，并随案移送认罪认罚具结书等材料。

三、认罪认罚的其他规定

[2020]

调查评估	犯罪嫌疑人认罪认罚，可能判处管制、宣告缓刑的，可进行调查评估： **1. 侦查阶段**：公安机关可以委托其居住地的社区矫正机构进行调查评估。 社区矫正机构在公安机关移送审查起诉后完成调查评估的，应当及时将评估意见提交受理案件的人民检察院或者人民法院，并抄送公安机关。 **2. 审查起诉阶段、审判阶段**：人民检察院、人民法院可以及时委托其居住地的社区矫正机构进行调查评估，也可以自行调查评估。 **3. 评估意见属于非必须事项**：对没有委托社区矫正机构进行调查评估或判决前未收到社区矫正机构调查评估报告的认罪认罚案件，人民法院经审理认为符合管制、缓刑适用条件的，可以判处管制、宣告缓刑。

续　表

反悔	**1.酌定不起诉后之反悔** 犯罪嫌疑人否认指控的犯罪事实或者不积极履行赔礼道歉、退赃退赔、赔偿损失等义务的，人民检察院应当进行审查，区分下列情形依法作出处理： （1）酌定改为法定不起诉 发现犯罪嫌疑人没有犯罪事实，或者符合《刑诉法》第16条规定的情形之一的，应当撤销原不起诉决定，依法重新作出不起诉决定。 （2）维持酌定 认为犯罪嫌疑人仍属于犯罪情节轻微，依照刑法规定不需要判处刑罚或者免除刑罚的，可以维持原不起诉决定。 （3）撤销并公诉 排除认罪认罚因素后，符合起诉条件的，应当根据案件具体情况撤销原不起诉决定，依法提起公诉。 **2.公诉前反悔** 具结书失效，检察院应当在全面审查事实证据的基础上，依法公诉。 **3.审判阶段反悔** 人民法院应当根据审理查明的事实，依法作出裁判。需要转换程序的，依照本意见的相关规定处理。

专题十四　刑事审判概述

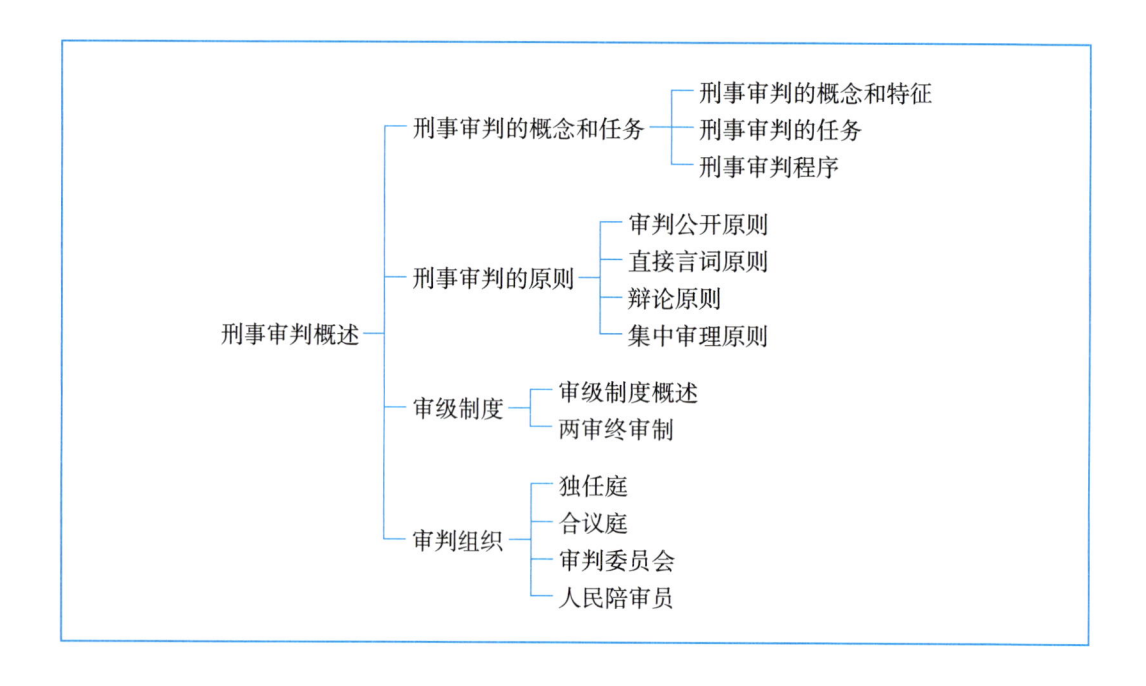

知识体系图

```
                        ┌─ 刑事审判的概念和任务 ─┬─ 刑事审判的概念和特征
                        │                       ├─ 刑事审判的任务
                        │                       └─ 刑事审判程序
                        │
                        │                       ┌─ 审判公开原则
                        │                       ├─ 直接言词原则
            刑事审判概述 ─┼─ 刑事审判的原则 ──────┤
                        │                       ├─ 辩论原则
                        │                       └─ 集中审理原则
                        │
                        │                       ┌─ 审级制度概述
                        ├─ 审级制度 ────────────┤
                        │                       └─ 两审终审制
                        │
                        │                       ┌─ 独任庭
                        │                       ├─ 合议庭
                        └─ 审判组织 ────────────┤
                                                ├─ 审判委员会
                                                └─ 人民陪审员
```

第一节　刑事审判的概念和任务

[20170274、20140236]

概念	刑事审判是指人民法院在控辩双方和其他诉讼参与人的参加下，依照法定的程序对于提交审判的刑事案件进行审理并作出裁判的活动。也就说刑事审判活动由审理和裁判两部分活动所组成。 1.**所谓审理**：是指人民法院在控辩双方和其他诉讼参与人的参加下，调查核实证据、查明案件事实并确定如何适用法律的活动。 2.**所谓裁判**：是指人民法院依据认定的证据、查明的案件事实和有关法律，对案件的实体和程序问题作出处理结论的活动。 **审理是裁判的前提和基础，裁判是审理的目的和结果。**

续 表

特征	1. **审判程序启动的被动性**。是指人民法院审判案件奉行"不告不理"原则，即没有起诉，就没有审判，公诉案件严格遵循检察院不告不理，自诉案件严格遵循自诉人不告不理。除了一审程序的启动遵循不告不理之被动性的规则以外，二审程序也遵循被动性的规则即必须有主体上诉或检察院抗诉才能启动二审。但考生注意不告不理只适用于法院的审理活动，公安、检察机关行使追诉权则具有主动性。 2. 独立性。 3. 中立性。 4. **职权性**。指刑事案件一经起诉到法院，就产生诉讼系属的法律效力，法院就有义务、有权力进行审理并作出裁判。 5. 程序性。 6. **亲历性**。是指案件的裁判者必须自始至终参与审理，审查所有证据，对案件作出判决须以充分听取控辩双方的意见为前提。 7. 公开性。 8. 公正性。 9. **终局性**。是指法院的生效裁判对于案件的解决具有最终决定意义，是否有罪、是否要量刑、量什么样的刑罚都是由法院裁量，法院的裁量即为最终之裁量。
刑事审判的任务	刑事审判的任务包括以下三个方面： 1. 审查判断证据与案件事实。 2. 审查有关程序性事项。 3. 适用法律，对案件作出裁判。 [考点解读] 刑事审判的三项任务紧密联系。法律适用是审查判断证据与犯罪事实以及进行程序性审查的结果，而在审查判断事实和证据以及进行程序性审查的过程中，同样存在法律适用问题。
刑事审判程序	刑事审判程序是指人民法院审判刑事案件的步骤和方式、方法的总和。《刑诉法》规定了以下几种基本的审判程序： **1. 第一审程序** 这是指人民法院根据审判管辖的规定，对人民检察院提起公诉和自诉人自诉的案件进行初次审判的程序。 [考点解读] 一审程序最重要的任务就是实现对被告人的定罪量刑，因而原则上被告人必须到庭接受讯问、进行辩护，其审判结果要么为无罪，要么为有罪，有罪又分为需要承担刑事责任及不需要承担刑事责任。 **2. 第二审程序** 指法院对上诉、抗诉案件进行审判的程序。其性质是一种审判监督程序，对一审的判决裁定进行监督。 [注意] 二审的任务主要是监督一审的裁判是否正确，所以从结果上而言二审法院觉得对则裁定维持原判，二审法院觉得不对则或者改判或者发回重审。 **3. 特殊案件的复核程序** 包括死刑复核程序以及法定刑以下判处刑罚的案件的复核程序，从本质上而言也是作为监督限制的程序而存在。

续　表

	4.审判监督程序
	这是对已经发生法律效力的判决、裁定，在发现确有错误时，进行重新审判的程序。也是一种法律监督程序，主要是纠正已生效判决裁定的错误。
[注意] 再审也是一种监督程序，与二审不同的是二审纠正的是一审未生效的裁判，而再审纠正的是已生效的裁判，因为性质相似，所以再审的裁判结果与二审非常相似，正确即维持，错误则改判或发回重审。

第二节　刑事审判的原则 ★

[2018、20160222、20140236、20130237、20110232、20100230]

审判公开原则 ★	概述	1.含义：审判公开原则是指人民法院审理案件和宣告判决，都公开进行，允许公民到法庭旁听，允许新闻记者采访和报道，即把法庭审判的全部过程，除休庭评议案件外，都公之于众。
[考点解读] 公开审理的核心为开庭审理的过程允许与案件无关的人进行旁听。
2.对象：就公开的对象而言，审判公开包括向当事人公开和向社会公开。
（1）向当事人公开要求法庭开庭审理，而不得进行书面审理，案件事实与证据的调查应当在当事人的参加下进行。
（2）向社会公开就是允许公民到场旁听审判过程，允许新闻记者向社会公开报道审判活动和审判结果。
3.旁听人员的限制：原则上公开审理任何人都能旁听，但是精神病人、醉酒的人、未经人民法院批准的未成年人以及其他不宜旁听的人不得旁听案件审理。（《刑诉解释》第223条）
[注意] 前两类是绝对不能旁听案件，除此以外证人、鉴定人也不得旁听案件的审理；而未成年人相对不能旁听，经过批准就可以，未经批准则不行。
	例外（《刑诉法》第188、285条）	1.绝对不公开的案件
（1）有关国家秘密的案件。
（2）有关个人隐私的案件。
[注意] 如强奸案件等，其目的是保护被害人或者其他人的名誉，防止对社会产生不利影响。
（3）开庭审理时被告人不满18周岁的案件，一律不公开审理。
2.相对不公开的案件：
涉及商业秘密的案件，当事人申请不公开审理的，可以不公开审理。
[注意] 尽管案件涉及商业秘密，法庭也可以决定开庭审理。
3.不公开审理的相关要求：
（1）不公开审理的案件，应当当庭宣布不公开审理的理由。
（2）不公开审理的案件，**任何人不得旁听，但法律另有规定的除外**。★（《刑诉解释》第220条）

续　表

		例外为未成年人案件，《刑诉法》第285条规定，经未成年被告人及其法定代理人同意，未成年被告人所在学校和未成年人保护组织可以派代表到场。 [注意] 允许学校和未成年保护组织到场是为了教育未成年人。 （3）不公开审理的案件，宣告判决一律公开进行。★
直接言词原则	概述	1.概念 直接言词原则，是指法官必须在法庭上亲自听取当事人、证人及其他诉讼参与人的口头陈述，案件事实和证据必须由控辩双方当庭口头提出并以口头辩论和质证的方式进行调查。 直接言词原则，包括**直接原则**和**言词原则**，因二者均以有关诉讼主体出席法庭为先决条件，理论上合称为直接言词原则。 2.内容 （1）所谓直接原则，是指法官必须与诉讼当事人和诉讼参与人直接接触，直接审查案件事实材料和证据。直接原则又可分为直接审理原则和直接采证原则。前者的含义是，法官审理案件时，公诉人、当事人及其他诉讼参与人应当在场，除法律另有特别规定外，如果上述人员不在场，不得进行法庭审理，否则，审判活动无效。在这一意义上，直接审理原则也称为在场原则。直接采证原则是指法官对证据的调查必须亲自进行，不能由他人代为实施，而且必须当庭直接听证和直接查证，不得将未经当庭亲自听证和查证的证据加以采纳，不得以书面审查方式采信证据，因为法官的自由心证必须建立在法庭对证据的调查以及法庭辩论的基础上。 （2）所谓言词原则，是指法庭审理须以口头陈述的方式进行。包括控辩双方要以口头进行陈述、举证和辩论，证人、鉴定人要口头作证或陈述，法官要以口头的形式进行询问调查。除非法律有特别规定，凡是未经口头调查之证据，不得作为定案的依据采纳。 3.意义 （1）有利于实现程序公正。 （2）有利于查明案件事实真相。
	适用	1.我国《刑诉法》虽然没有明确规定直接言词原则，但第一审程序和第二审程序中关于通知证人、鉴定人出庭的规定，关于控辩双方和被害人当庭质证的规定，关于公诉人、被害人、被告人、辩护人经审判长许可可以直接向证人、鉴定人发问的规定以及控辩双方当庭进行辩论和被告人有权进行最后陈述的规定等，都体现了审理的直接性和言词性原则。 2.直接言词原则在按普通程序审理的过程中应当严格遵循，而按简易程序审理时可有例外。
辩论原则	概述	1.概念 辩论原则是指在法庭审理中，控辩双方应以口头的方式进行辩论，法院裁判的作出应以充分的辩论为必经程序。 2.内容 （1）辩论的主体是控辩双方和其他当事人。处于对抗地位的控诉方和辩护方、附带民事诉讼的原告方和被告方是辩论的主体，都享有辩论的权利。 （2）辩论的内容包括证据问题、事实问题、程序问题和法律适用问题。

续　表

		3.意义 （1）保障被告人的辩护权。在侦查和审查起诉阶段，被告人的辩护缺乏有效的形式和手段。法庭审理是刑事诉讼的中心，贯彻公开原则，最利于辩论。辩论原则保障被告人及其辩护人能够充分地表达辩护意见。 （2）有利于准确认定事实和证据，适用法律，作出公正的判决。通过法庭充分的辩论，法官可以充分听取关于案件事实和法律适用的不同意见，作出公正的判决。
	在我国的适用	1.除了在法庭辩论阶段集中进行辩论以外，在法庭调查过程中，控辩双方也可以围绕某一证据的合法性、相关性问题进行辩论。 2.法庭应当保障控辩双方有平等、充分的辩论机会。法庭应当引导辩论双方围绕案件争议焦点进行辩论。
集中审理原则	概述	1.概念 集中审理原则，又称不中断审理原则，是指法院开庭审理案件，应在不更换审判人员的条件下连续进行，不得中断审理的诉讼原则。该原则要求法庭对每个刑事案件的审理，除了必要的休息时间外，原则上应当是不中断地连续进行。 2.内容 （1）一个案件组成一个审判庭进行审理，每起案件自始至终亦应由同一法庭进行审判，而且在案件审理已经开始尚未结束以前不允许法庭再审理任何其他案件。 （2）法庭成员不可更换。法庭成员（包括法官和陪审员）必须始终在场参加审理。对于法庭成员因故不能继续参加审理的，应由始终在场的候补法官、候补陪审员替换之。 （3）集中证据调查与法庭辩论。证据调查必须在法庭成员与控辩双方以及有关诉讼参与人均在场的情况下进行，证据调查与辩论应在法庭内集中完成。 （4）庭审不中断并迅速作出裁判。 3.意义 （1）通过以上系统的保障措施保证法庭审理顺利、迅速、公正地进行，有利于实现刑事审判公正与效率的双重价值目标。 （2）有利于实现被告人的辩护权以及迅速审判权。为防止案件久拖不决，切实维护被告人的利益，我国也应赋予被告人迅速审判权，而集中审理原则通过实现案件的快速审结，为被告人迅速审判权的实现提供保障。 （3）能让法官、陪审员通过集中、全面地接触证据对案件形成全面、准确的认识从而作出正确的裁判。 （4）有利于实现审判监督，防止司法不公。
	适用	《最高人民法院关于人民法院合议庭工作的若干规定》第3条关于合议庭成员不得更换的规定、第9条关于合议庭评议案件时限的规定以及第14条关于裁判文书制作期限的规定，体现了集中审理原则的精神。但上述规定与集中审理原则的要求仍有一定的距离。为充分发挥合议庭的作用，进一步强化庭审功能，应确立并贯彻集中审理原则。

> 进阶考点

一、审判公开的特殊规定——未成年人案件

1.对依法公开审理，但可能需要封存犯罪记录的案件，不得组织人员旁听；有旁听人员的，应当告知其不得传播案件信息。（《刑诉解释》第557条）

[考点解读] 即便是公开审理的案件，只要需要封存犯罪记录，也不能组织人员旁听，封存犯罪记录是保护未成年人的一种手段，针对犯罪时不满18周岁，判处的刑罚在5年以下的，需要将其刑事犯罪记录封存，不跟进其个人档案，保证其能融入社会，所以审理时发现可能需要封存的一律不得组织旁听，否则无法达到封存的目的。

2.未成年案件之判决的特殊限制

对未成年人刑事案件宣告判决应当公开进行。对依法应当封存犯罪记录的案件，宣判时，不得组织人员旁听；有旁听人员的，应当告知其不得传播案件信息。（《刑诉解释》第578条）

二、公开审理转不公开的情形（《刑诉解释》第81条）

1.公开审理案件时，公诉人、诉讼参与人提出涉及国家秘密、商业秘密或者个人隐私的证据的，法庭应当制止。

2.有关证据确与本案有关的，可以根据具体情况，①决定将案件转为不公开审理，或者②对相关证据的法庭调查不公开进行。

三、直接言词原则在我国的运用

1.庭审结束后、评议前，部分合议庭成员不能继续履行审判职责的，人民法院应当依法更换合议庭组成人员，重新开庭审理。（《刑诉解释》第301条第1款）

2.评议后、宣判前，部分合议庭成员因调动、退休等正常原因不能参加宣判，在不改变原评议结论的情况下，可以由审判本案的其他审判员宣判，裁判文书上仍署审判本案的合议庭成员的姓名。（《刑诉解释》第301条第2款）

第三节 审级制度与审判组织

一、审级制度

[20170233]

概述	审级制度是指法律规定案件起诉后最多经过几级法院审判必须终结的诉讼制度。我国人民法院分为四级，即最高人民法院、高级人民法院、中级人民法院和基层人民法院。我国实行两审终审制的审级制度。
两审终审制★	概念（《刑诉法》第10条）	两审终审制，是指一个案件至多经过两级人民法院审判即告终结的制度，对于一审的判决裁定不服可上诉、抗诉引起二审，但是对于第二审人民法院作出的终审判决、裁定，当事人等不得再提出上诉，人民检察院不得按照上诉审程序提出抗诉，其属于终局性的判决裁定。

续 表

	[考点解读] 两审终审从被告人的角度理解也可以理解为被告人的权利，即被告人有获得国家两级法院审理的权利，对一审的裁判结果其有权利选择上诉启动二审程序，当然也可以选择放弃上诉；但是考生注意被告人也只能对一审的结果选择上诉启动二审，二审的结果为终审即生效的裁判结果，被告人不可以再次上诉。 经典考题：两审终审制指的是每个刑事案件都需要经历二审法院的审理才能生效是否正确？①
例外★	我国的两审终审制有以下三种例外： 1.最高人民法院审理的第一审案件为一审终审，其判决、裁定一经作出，立即发生法律效力，不存在启动二审程序的问题。 [考点解读] 级别越高法官的专业素养原则上也越高，所以最高院一审原则上都推定其结果为正确。 2.判处死刑的案件，必须依法经过死刑复核程序核准后，才能发生法律效力，交付执行。 [注意] 例如死立即的案件必须报经最高院核准才能生效，即某中院判处的死立即，即便高院二审裁定维持也不生效，必须报经最高院核准才能生效。这是我国对死刑案件慎杀的体现。 3.地方各级人民法院根据《刑法》第63条第2款规定在法定刑以下判处刑罚的案件，必须经最高人民法院的核准，其判决、裁定才能发生法律效力并交付执行。 [考点解读] 法定刑以下量刑的案件，主要针对的是从案件的量刑情节上看本身没有可以减轻处罚的情节，但是因为案件的性质特殊，所以降低刑格量刑，严格来说裁判结果突破了法律的规定，因而必须报请最高院核准才能生效。

二、审判组织

审判组织是指人民法院审判案件的组织形式。根据《刑诉法》和《人民法院组织法》的规定，人民法院审判刑事案件的组织形式有三种，即独任庭、合议庭和审判委员会。

[2020、20170236、20130226、20130273、20110235、20100270]

独任庭 (《刑诉法》 第183条)	1.独任审，是指由审判员1人独任审判的制度。 2.基层人民法院适用简易程序、速裁程序的案件可以由审判员一人独任审判。由此可知： （1）独任审判由一名审判员进行，不能由人民陪审员进行； （2）独任审判仅适用于基层人民法院，其他三级人民法院不能适用； （3）独任审判仅适用于简易程序和速裁程序，普通程序和其他审判程序均不能适用。 3.审判员依法独任审判时，行使与审判长相同的职权。(《刑诉解释》第212条)

---

① 【答案】不正确。第一，普通的刑事案件被告人可以选择是否上诉，不上诉的，过了法定的上诉期也生效；第二，最高院一审的案件一审即终审。

续　表

合议庭 （《刑诉法》 第183、249 条）	合议庭的 组成方式	合议庭是人民法院的基本审判组织。合议庭的组成方式： **1.基层、中院一审程序** 应当由审判员3人或者由审判员和人民陪审员共3人或者7人组成合议庭。 **2.高院一审程序** 应当由审判员3人至7人或者由审判员和人民陪审员共3人或者7人组成合议庭。 **3.最高院一审程序** 最高人民法院审判第一审案件，应当由审判员3人至7人组成合议庭进行。 [注意] 第一，最高院一审的案件再无人民陪审员；第二，基层、中院、高院一审合议庭都分为两种，一种是不吸收人民陪审员，而一种是吸收人民陪审员，但凡吸收只能组成3人或7人的合议庭。 **4.二审程序** 人民法院审判上诉和抗诉案件，由审判员3人或者5人组成合议庭进行。 [注意] 人民陪审员毕竟是非专业的法律人员，我们称之为门外汉，而二审程序最重要的任务是纠错，对专业性要求较高，所以不可以吸收人民陪审员。 **5.死刑复核** 应当由审判员3人组成合议庭进行。
	吸收人民 陪审员的 相关规定	**1.人数组成**（《人民陪审员法》第14条） 人民陪审员和法官组成合议庭审判案件，由法官担任审判长，可以组成三人合议庭，也可以由法官3人与人民陪审员4人组成七人合议庭。 [注意] 三人合议庭可以是1名法官加2名陪审员，也可以是2名法官加1名陪审员；而七人合议庭只能是3名法官加4名陪审员。 **2.管辖的案件范围**（《刑诉解释》第213条） （1）一般的案件可以组成3人也可以组成7人合议庭。 （2）特殊的案件吸收陪审员只能组成7人合议庭：★ 可能判处10年以上有期徒刑、无期徒刑、死刑，且社会影响重大的。 [注意] 刑事诉讼中主要针对的是重刑案件。 **3.陪审员在合议庭中的职责**（《刑诉解释》第215条） （1）三人合议庭与审判员相同 人民陪审员参加三人合议庭审判案件，应当对事实认定、法律适用独立发表意见，行使表决权。 （2）七人合议庭中只能参与表决事实、不能参与法律表决 人民陪审员参加七人合议庭审判案件，应当对事实认定独立发表意见，并与审判员共同表决；对法律适用可以发表意见，但不参加表决。 [考点解读] 一般的刑事案件吸收人民陪审员都可以吸收组成三人或者七人合议庭，但是重大的案件只能吸收陪审员组成七人合议庭，七人合议庭中，人民陪审员的组成为3名法官加上4名陪审员，且陪审员只能对事实问题参与表决，不可以对法律问题进行表决，更能保证其处理结果的公正性。

		续 表
		经典考题：请问中院审理的重大贪污案可以由五名审判员和两名陪审员组成合议庭进行审理，是否正确？① 4.事实问题与法律问题的界定 七人合议庭开庭前，应当事先列明事实问题和法律为。事实认定问题和法律适用问题难以区分的，视为事实认定问题。
	合议庭的组成原则	1.合议庭的成员人数应当是单数。 2.合议庭由审判员担任审判长。院长或者庭长参加审理案件时，由其本人担任审判长。（《刑诉解释》第212条）
审判委员会	组成	审判委员会由院长、庭长和资深审判员组成，参加审判委员会的成员称审判委员会委员。
	具体情形及程序★	1.提交审委会讨论案件的特殊规定（《刑诉法》第183条；《刑诉解释》第216条） （1）应当提交审委会的情形★ 对下列案件，合议庭应当提请院长决定提交审判委员会讨论决定： ①高级人民法院、中级人民法院拟判处死刑立即执行的案件，以及中级人民法院拟判处死刑缓期执行的案件； [考点解读] 因为高院、中院判处的死立即案件都需要报往最高院复核，所以非常谨慎，而审委会代表了一个法院最高的审判水平，所以应当报请，最高院自己判的死立即则一审即终审，所以无需提交。中院判处的死缓需要提交高院复核，因而也应当提交。 ②本院已经发生法律效力的判决、裁定确有错误需要再审的案件； ③人民检察院依照审判监督程序提出抗诉的案件。 （2）可以提交的情形 对合议庭成员意见有重大分歧的案件、新类型案件、社会影响重大的案件以及其他疑难、复杂、重大的案件。 （3）申请主体 合议庭的组成人员、人民陪审员、独任审判员都可以要求合议庭将案件提请院长决定是否提交审判委员会讨论决定。 （4）程序 对提请院长决定提交审判委员会讨论决定的案件，院长认为不必要的，可以建议合议庭复议一次。 [注意] 考生一定要注意，合议庭不可以直接接触审委会，要想提交审委会必须先经院长同意，而院长有不同意的权利，但院长不同意时只能建议合议庭复议一次。
	效力	审判委员会的决定，合议庭、独任审判员应当执行；有不同意见的，可以建议院长提交审判委员会复议。复议后作出的决定，合议庭必须执行。（《刑诉解释》第217条）

---

① 【答案】不正确，中院审理的贪污案说明可能判处无期死刑，吸收人民陪审员只能组成七人合议庭，但是其组成应当是3名审判员与4名人民陪审员。

> **进阶考点**　合议庭成员不承担责任的情形

《最高法院关于进一步加强合议庭职责的若干规定》第10条规定："合议庭审理案件有下列情形之一，导致案件被改判或者发回重审的，合议庭成员不承担责任：（一）因对法律理解和认识上的偏差；（二）因对案件事实和证据认识上的偏差；（三）因新的证据；（四）因法律修订或者政策调整；（五）因裁判所依据的其他法律文书被撤销或变更；（六）其他依法履行审判职责不应当承担责任的情形。"

[注意] 主要针对的是主观上没有过错，更多的是水平不够或者是客观情况出现变更。

三、人民陪审员

制定目的	为了保障公民依法参加审判活动，促进司法公正，提升司法公信，制定本法。（《人民陪审员法》第1条）	
选任	**正面条件**（《人民陪审员法》第5条）	公民担任人民陪审员，应当具备下列条件： 1. 拥护中华人民共和国宪法。 2. 年满28周岁。 3. 遵纪守法、品行良好、公道正派。 4. 具有正常履行职责的身体条件。 担任人民陪审员，一般应当具有高中以上文化程度。	
	反面条件★	**任职禁止**（《人民陪审员法》第6条） 下列人员不能担任人民陪审员： 1. 人民代表大会常务委员会的组成人员，监察委员会、人民法院、人民检察院、公安机关、国家安全机关、司法行政机关的工作人员。 2. 律师、公证员、仲裁员、基层法律服务工作者。 3. 其他因职务原因不适宜担任人民陪审员的人员。 [考点解读] 上述第1种情形针对的主要是公权力机关的工作人员，他们会直接影响案件的处理，考生记忆时可主要记忆公检法国安以外的三个机关的工作人员；上述第2种情形没有公权，但是通常与案件的处理有经济利益关系，如果让他们成为陪审员，会影响案件的公正。	**违法违纪禁止**（《人民陪审员法》第7条） 有下列情形之一的，不得担任人民陪审员： 1. 受过刑事处罚的。 2. 被开除公职的。 3. 被吊销律师、公证员执业证书的。 4. 被纳入失信被执行人名单的。 5. 因受惩戒被免除人民陪审员职务的。 6. 其他有严重违法违纪行为，可能影响司法公信的。

		续 表
人员储备	人员数额	人民陪审员的名额，由基层人民法院根据审判案件的需要，提请同级人民代表大会常务委员会确定。 人民陪审员的名额数不低于本院法官数的3倍。（《人民陪审员法》第8条）
	抽选及审查	司法行政机关会同基层人民法院、公安机关，从辖区内的常住居民名单中随机抽选拟任命人民陪审员数5倍以上的人员作为人民陪审员候选人，对人民陪审员候选人进行资格审查，征求候选人意见。（《人民陪审员法》第9条）
	任命	司法行政机关会同基层人民法院，从通过资格审查的人民陪审员候选人名单中随机抽选确定人民陪审员人选，由基层人民法院院长提请同级人民代表大会常务委员会任命。（《人民陪审员法》第10条） 经典考题：人民陪审员应当由法院院长任命是否正确？①
	申请及推荐	主动申请及推荐产生的人选： 因审判活动需要，可以通过个人申请和所在单位、户籍所在地或者经常居住地的基层群众性自治组织、人民团体推荐的方式产生人民陪审员候选人，经司法行政机关会同基层人民法院、公安机关进行资格审查，确定人民陪审员人选，由基层人民法院院长提请同级人民代表大会常务委员会任命。 依照前款规定产生的人民陪审员，不得超过人民陪审员名额数的1/5。（《人民陪审员法》第11条）
任期		人民陪审员的任期为5年，一般不得连任。（《人民陪审员法》第13条）
法官之释明义务		审判长应当履行与案件审判相关的指引、提示义务，但不得妨碍人民陪审员对案件的独立判断。 合议庭评议案件，审判长应当对本案中涉及的事实认定、证据规则、法律规定等事项及应当注意的问题，向人民陪审员进行必要的解释和说明。（《人民陪审员法》第20条）
具体人员选择		基层法院需要由人民陪审员参加合议庭审判的，应当在人民陪审员名单中随机抽取确定。中院、高院应当在其辖区内的基层人民法院的人民陪审员名单中随机抽取确定。（《人民陪审员法》第19条）
评议规则		合议庭评议案件，实行少数服从多数的原则。人民陪审员同合议庭其他组成人员意见有分歧的，应当将其意见写入笔录。 合议庭组成人员意见有重大分歧的，人民陪审员或者法官可以要求合议庭将案件提请院长决定是否提交审判委员会讨论决定。（《人民陪审员法》第23条）
费用及补助		人民陪审员参加审判活动期间，所在单位不得克扣或者变相克扣其工资、奖金及其他福利待遇。（《人民陪审员法》第29条） 参加审判活动期间，由人民法院依照有关规定按实际工作日给予补助。人民陪审员因参加审判活动而支出的交通、就餐等费用，由人民法院依照有关规定给予补助。（《人民陪审员法》第30条）

---

① 【答案】不正确，应当由人大常委会任命。

专题十五　第一审程序

命题点拨

第一审程序，是指人民法院对人民检察院提起公诉、自诉人提起自诉的案件进行初次审判时应当遵循的步骤和方式、方法。

依据起诉主体的不同，第一审刑事案件可划分为公诉案件和自诉案件。公诉案件是指由人民检察院向人民法院提起公诉的案件；自诉案件是指由被害人或其法定代理人、近亲属等向人民法院起诉并由人民法院直接受理的案件。

第一审程序按照繁简程度不同又可以划分为第一审普通程序、简易程序、速裁程序三大类。其中，第一审普通程序包括公诉案件第一审程序和自诉案件第一审程序的内容。而简易程序则是简化的第一审程序，适用于基层人民法院审判符合法定条件的公诉案件和自诉案件，速裁程序是更为简化的程序。

知识体系图

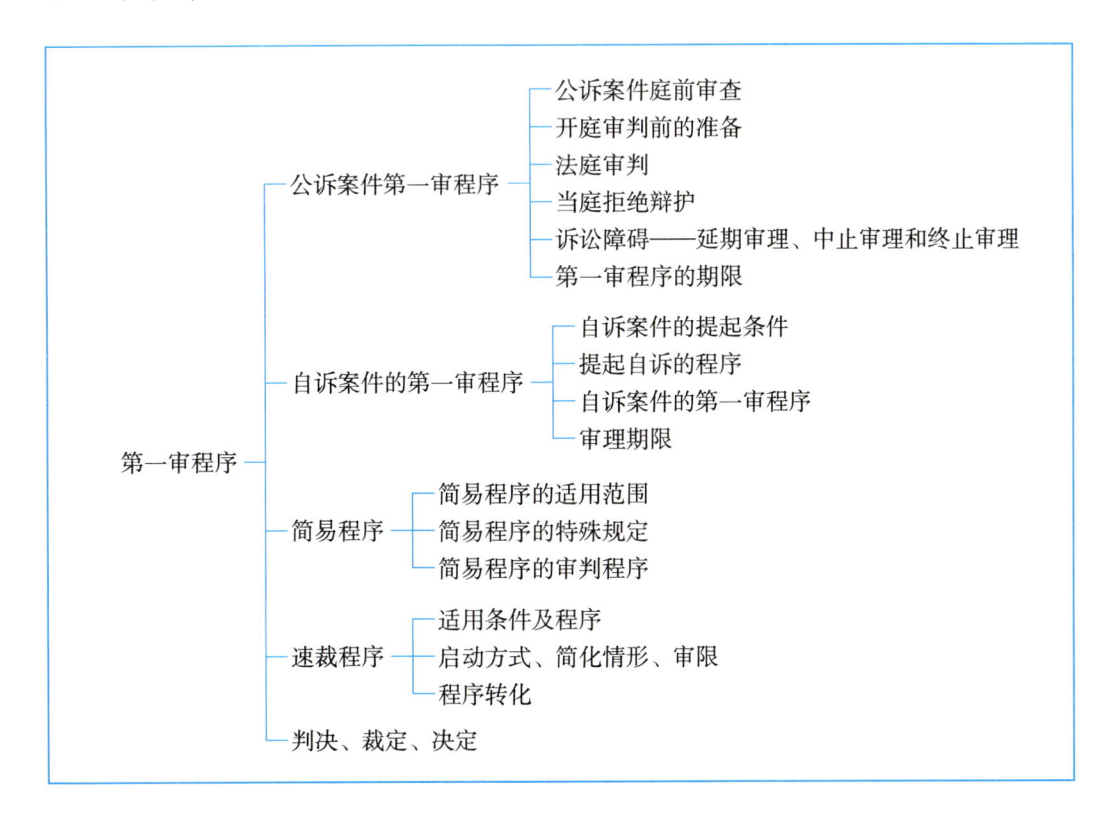

```
                  ┌─ 公诉案件第一审程序 ─┬─ 公诉案件庭前审查
                  │                    ├─ 开庭审判前的准备
                  │                    ├─ 法庭审判
                  │                    ├─ 当庭拒绝辩护
                  │                    ├─ 诉讼障碍——延期审理、中止审理和终止审理
                  │                    └─ 第一审程序的期限
                  │
                  │                    ┌─ 自诉案件的提起条件
                  ├─ 自诉案件的第一审程序 ┼─ 提起自诉的程序
                  │                    ├─ 自诉案件的第一审程序
第一审程序 ──────┤                    └─ 审理期限
                  │
                  │                    ┌─ 简易程序的适用范围
                  ├─ 简易程序 ─────────┼─ 简易程序的特殊规定
                  │                    └─ 简易程序的审判程序
                  │
                  │                    ┌─ 适用条件及程序
                  ├─ 速裁程序 ─────────┼─ 启动方式、简化情形、审限
                  │                    └─ 程序转化
                  │
                  └─ 判决、裁定、决定
```

第一节　公诉案件第一审程序

公诉案件第一审程序，是指人民法院对人民检察院提起公诉的案件进行初次审判时应遵循的步骤和方式、方法。

公诉案件第一审程序会遵循以下的基本流程：第一，当检察院将案件公诉至人民法院时，会经历第一个阶段即7日的庭前审查，即人民法院会首先审查案件是否符合自己的受理条件，如果符合则会决定数日之后正式开庭审理，例如9月1日审查没问题，法院决定9月25日上午9点正式开庭审理；而如果庭前审查决定案件有问题法院可以决定将案件退回人民检察院。第二，也就是说正常的流程是庭前审查后进入法庭审理，但是在正式审理之前，如果发现案件较为复杂或证据材料较多，可以选择召开庭前会议，也即庭前会议非必经的常规程序，人民法院可以选择开也可以选择不开。

一、公诉案件庭前审查★（《刑诉解释》第219条）

［20100271、20070225］

审查后的处理	1.决定开庭	人民法院审查后，对于起诉书中有明确的指控犯罪事实的，应当决定开庭审判。
	2.应当退回人民检察院★★	（1）不属于本院管辖； ［注意］管辖错误包括级别管辖错误和地域管辖错误。 （2）被告人不在案的； ［注意］一审的审理对象原则上是活着的被告人，所以其必须在案且到庭，而庭前审查人不在就说明其是在检察院的手里逃跑，所以应当退检，但是请注意对人民检察院按照缺席审判程序提起公诉的，应当依照缺席审判程序规定作出处理——即依法受理并审理。 （3）法院准许人民检察院撤诉的案件，没有新的事实、证据，人民检察院重新起诉的； （4）属于《刑诉法》第16条第2项至第6项规定情形的，应当退回人民检察院；属于告诉才处理的案件，应当同时告知被害人有权提起自诉； ［注意］如果是第16条的第一种情形即情节显著轻微危害不大，不认为是犯罪的，法院应当依法受理作出无罪判决，因为庭前审查为程序性的审查。 ［总结］考生一定要注意，法院只可以在庭前审查阶段才可以将案件退回检察院，决定受理过后直至整个庭审原则上都不可以再将案件退回检察院；同时还要注意在庭前审查这一阶段也必须符合上述情形才能退。
	3.补送材料	需要补充材料的，应当通知检察院在3日内补送。法院不得以材料不充足为由而不开庭审判。
	4.应当依法受理	（1）依证据不足宣告无罪后，检察院根据新的事实、证据重新起诉，应当依法受理； （2）被告人真实身份不明，但符合起诉条件的，应当依法受理。 ［注意］对于检察院提起公诉的案件，人民法院都应当受理。主要指的是案件材料的受理，不可混同。（《六机关规定》第25条）

续表

分案与并案（《刑诉解释》第220条）	1.分案 对一案起诉的共同犯罪或者关联犯罪案件，被告人人数众多、案情复杂，人民法院经审查认为，分案审理更有利于保障庭审质量和效率的，可以分案审理。分案审理不得影响当事人质证权等诉讼权利的行使。 2.并案 对分案起诉的共同犯罪或者关联犯罪案件，人民法院经审查认为，合并审理更有利于查明案件事实、保障诉讼权利、准确定罪量刑的，可以并案审理。

经典考题：1.请问法院裁定准许撤诉的抢劫案，检察院因被害人范某不断上访重新起诉的，应该受理是否正确？

2.某被告人被抓获后始终一言不发，也没有任何有关姓名、年龄、住址、单位等方面的信息或线索的，不予受理，是否正确？①

二、开庭审判前的准备

[20150237、20150272、20140271]

基本程序（《刑诉解释》第221条）	开庭审理前，人民法院应当进行下列工作： 1.确定审判长及合议庭组成人员。 2.开庭10日前将起诉书副本送达被告人、辩护人。 3.通知当事人、法定代理人、辩护人、诉讼代理人在开庭5日前提供证人、鉴定人名单，以及拟当庭出示的证据。申请证人、鉴定人、有专门知识的人出庭的，应当列明有关人员的姓名、性别、年龄、职业、住址、联系方式。 4.开庭3日前将开庭的时间、地点通知人民检察院。 5.开庭3日以前将传唤当事人的传票和通知辩护人、诉讼代理人、法定代理人、证人、鉴定人等出庭的通知书送达。通知有关人员出庭，也可以采取电话、短信、传真、电子邮件、即时通讯等能够确认对方收悉的方式。**对被害人人数众多的涉众型犯罪案件，可以通过互联网公布相关文书，通知有关人员出庭。** [注意] 改变了以往所有被害人都要直接送达的规则，有利于对涉众型案件的处理，提升司法的效率。 6.公开审理的案件，在开庭3日前公布案由、被告人姓名、开庭时间和地点。 上述工作情况应当记录在案。
庭前会议	（一）可以召开的情形及程序 1.**具体情形**（《刑诉解释》第226条） 案件具有下列情形之一的，人民法院可以决定召开庭前会议： （1）证据材料较多、案情重大复杂的； （2）控辩双方对事实、证据存在较大争议的；

---

① 【答案】1.不正确，因为撤诉后只能因为新事实、新证据再行起诉。2.只要符合条件，应当起诉，有自报姓名按自报姓名，没有的按编号。

（3）社会影响重大的；
（4）需要召开庭前会议的其他情形。
[注意] 主要针对程序及证据材料问题。

2.启动方式：可以依职权也可以依申请（《刑诉解释》第227条）
控辩双方可以申请人民法院召开庭前会议，提出申请应当说明理由。人民法院经审查认为有必要的，应当召开庭前会议；决定不召开的，应当告知申请人。

（二）解决的问题
[注意] 考生注意在庭前会议中解决的都是程序及材料问题，理解即可，可以不必识记。

1.就一般的程序及材料问题了解情况，听取意见：（《刑诉解释》第228条第1款）
庭前会议可以就下列事项向控辩双方了解情况，听取意见：
（1）是否对案件管辖有异议；
（2）是否申请有关人员回避；
（3）是否申请不公开审理；
（4）是否申请排除非法证据；
（5）是否提供新的证据材料；
（6）是否申请重新鉴定或者勘验；
（7）是否申请收集、调取证明被告人无罪或者罪轻的证据材料；
（8）是否申请证人、鉴定人、有专门知识的人、调查人员、侦查人员或者其他人员出庭，是否对出庭人员名单有异议；
（9）是否对涉案财物的权属情况和人民检察院的处理建议有异议；
（10）与审判相关的其他问题。

2.会议中对证据材料的处理（《刑诉解释》第229条）
庭前会议中，审判人员可以询问控辩双方对证据材料有无异议，对有异议的证据，应当在庭审时重点调查；无异议的，庭审时举证、质证可以简化。
[注意]（1）在庭前会议中双方当事人可以出示相关证据；
（2）无异议的证据庭审的时候只能简化举证、质证的程序，不可省略。

3.庭前会议后的实质性处理：（《刑诉解释》第228条第3款）
对上述第一点规定中可能导致庭审中断的程序性事项，人民法院可以**庭前会议后**依法作出处理，并在庭审中说明处理决定和理由。控辩双方没有新的理由，在庭审中再次提出有关申请或者异议的，法庭可以在说明庭前会议情况和处理决定理由后，依法予以驳回。
[注意] 庭前会议并非正式庭审的组成部分，所以只能核实情况、听取意见，于可能影响庭审的程序性事项也不可以在会议中进行处理，只能在会议后正式庭审前进行处理。

4庭前会议中，人民法院可以开展附带民事调解。
[注意] 附民在任何一个阶段都可以调解，理解记忆。

续 表

（三）参加庭前会议的主体（《刑诉解释》第230条）

1. **审判人员**：庭前会议由审判长主持，合议庭其他审判员也可以主持庭前会议。
2. 召开庭前会议应当通知公诉人、辩护人到场。

[法条链接] 人民法院通知人民检察院派员参加庭前会议的，由出席法庭的公诉人参加。（《高检规则》第394条）

3. **被告人**：庭前会议准备就非法证据排除了解情况、听取意见，或者准备询问控辩双方对证据材料的意见的，应当通知被告人到场。有多名被告人的案件，可以根据情况确定参加庭前会议的被告人。

[注意] 庭前会议原则上公诉人与辩护人是应当到庭，而被告人原则上不参加，但是涉及证据问题则应当参加，当然请注意有多人，则讨论的证据材料和谁有关就应当通知谁出庭，其他无关的同案犯无须出庭。

（四）其他

1. **形式**（《刑诉解释》第231条）

庭前会议一般不公开进行。根据案件情况，庭前会议可以采用视频等方式进行。

2. **发现事实不清、证据不足之处理**（《刑诉解释》第232条）

人民法院在庭前会议中听取控辩双方对案件事实、证据材料的意见后，对明显事实不清、证据不足的案件，可以建议人民检察院补充材料或者撤回起诉。建议撤回起诉的案件，人民检察院不同意的，开庭审理后，没有新的事实和理由，一般不准许撤回起诉。

[注意] 此处仅仅是建议，并未作出实质性的处理。

3. **对庭审的影响**（《刑诉解释》第233条）

对召开庭前会议的案件，可以在开庭时告知庭前会议情况。对庭前会议中达成一致意见的事项，法庭在向控辩双方核实后，可以当庭予以确认；未达成一致意见的事项，法庭可以归纳控辩双方争议焦点，听取控辩双方意见，依法作出处理。控辩双方在庭前会议中就有关事项达成一致意见，在庭审中反悔的，除有正当理由外，法庭一般不再进行处理。

经典考题：1. 请问参加庭前会议是被告人的权利，是否正确？
2. 庭前会议上出示过的证据，庭审时举证、质证可简化，是否正确？[①]

三、法庭审判

法庭审判由合议庭的审判长主持。法庭审判程序大体可分为开庭、法庭调查、法庭辩论、被告人最后陈述、评议和宣判五个阶段。开庭准备部分考生作一般性掌握就可以。

[①]【答案】1. 不正确，因为只有涉证据的案件，被告人才是应当出庭，其他都可以不通知其出庭。2. 不正确，考生注意这属于简单但是杀伤力较强的考法，考查是否粗心，因为出示过的证据分为控辩双方有异议和没有异议两种，只有双方没有异议的证据才可以简化。

[2019、20170274、20170293B、20160236、20150236、20130239、20130266、20120241、20110265、20110270、20100233]

开庭准备	书记员作庭前准备	[注意] 了解即可，不必识记 开庭审理前，由**书记员**依次进行下列工作：(《刑诉解释》第234条) 1. 受审判长委托，查明公诉人、当事人、辩护人、诉讼代理人、证人及其他诉讼参与人是否到庭。 2. 核实旁听人员中是否有证人、鉴定人、有专门知识的人。 3. 请公诉人、辩护人、诉讼代理人及其他诉讼参与人入庭。 4. 宣读法庭规则。 5. 请审判长、审判员、人民陪审员入庭。 6. 审判人员就座后，向审判长报告开庭前的准备工作已经就绪。
	开庭后查明被告人情况	审判长宣布开庭，应当**查明被告人的下列情况**：(《刑诉解释》第235条) 1. 个人信息。 2. 过往处罚：包括刑事处罚、行政处罚。 3. 被采取强制措施的情况。 4. 文书送达情况。 被告人较多的，可以在开庭前查明上述情况，但开庭时审判长应当作出说明。
	审判长作程序性事项告知	1. **告知案件由来及是否公开**(《刑诉解释》第236条) 不公开审理的，应当宣布理由。 2. **审判长宣布到庭人员**(《刑诉解释》第237条) 审判长宣布合议庭组成人员、法官助理、书记员、公诉人的名单，以及辩护人、诉讼代理人、鉴定人、翻译人员等诉讼参与人的名单。 3. **被告人的诉讼权利告知**(《刑诉解释》第238条) 审判长应当告知当事人及其法定代理人、辩护人、诉讼代理人在法庭审理过程中依法享有下列诉讼权利： （1）可**申请**合议庭组成人员、法官助理、书记员、公诉人、鉴定人和翻译人员**回避**； （2）可提出证据，申请通知新的证人到庭、调取新的证据，申请重新鉴定或者勘验； （3）被告人可以自行辩护； （4）被告人可以在法庭辩论终结后作最后陈述。
	告知回避及处理	1. 审判长应当询问当事人及其法定代理人、辩护人、诉讼代理人是否申请回避，申请何人回避和申请回避的理由。 2. 同意或者驳回申请的决定及复议决定，由审判长宣布，并说明理由。必要时，也可以由院长到庭宣布。(《刑诉解释》第239条) [注意] 审判长只有宣布的权利，没有决定的权利。

续　表

法庭调查 （《刑诉法》 第 191~197 条）★	参与庭审人员的特殊规定★	1.被害人、诉讼代理人经传唤或者通知未到庭，不影响开庭审理的，人民法院可以开庭审理。 2.辩护人经通知未到庭，被告人同意的，人民法院可以开庭审理，但被告人属于应当提供法律援助情形的除外。（《刑诉解释》第225条） 3.提起公诉的案件，人民检察院应当派员以国家公诉人的身份出席第一审法庭，支持公诉。（《高检规则》第390条） [考点解读]（1）开庭审理时被害人、诉讼代理人都可以不到庭。即尊重其基本意愿，愿意来就可以来，不愿来不会强制，注意，被害人人数众多，且案件不属于附带民事诉讼范围的，被害人可以推选若干代表人参加庭审。（《刑诉解释》第224条） （2）辩护人可以不到庭，但前提必须要经过被告人同意才可以，但是请注意并不是所有的辩护人经过被告人同意都可以不参加庭审，属于应当提供法律援助的辩护人必须要到庭参加庭审。 （3）切记被告人本人必须要到庭，因为一审的审理对象就是活着的被告人，普通的刑事案件没有缺席判决，特殊程序中的缺席判决是例外程序。 （4）公诉案件普通程序及简易程序、还是速裁程序，检察院都必须派员出席法庭，因为公诉案件是由检察院启动的。 经典考题：请问在案件一审的过程中，辩护人经过被告人同意可以不到庭，是否正确？①
	宣读诉讼文书	1.审判长宣布法庭调查开始后，应当先由公诉人宣读起诉书；公诉人宣读起诉书后，审判长应当询问被告人对起诉书指控的犯罪事实和罪名有无异议。 有附带民事诉讼的，公诉人宣读起诉书后，由附带民事诉讼原告人或者其法定代理人、诉讼代理人宣读附带民事起诉状。（《刑诉解释》第240条） 2.公诉人宣读起诉书后，在审判长主持下，被告人、被害人可以就起诉书指控的犯罪事实分别进行陈述。
	举证、质证之基本规则	法庭调查在合议庭主持下对案件事实和证据进行调查核对的诉讼活动。既要查明定罪方面的事实，又要查明具体的量刑情节。具体而言事实的认定依靠证据，所以法庭调查主要表现为举证、质证之活动。 **1.举证的基本规则** **先控方后辩方；举证时先举言词证据后举实物证据。** 在公诉案件中，人民检察院负有举证证明被告人有罪的责任。因此，核查证据应从控方向法庭举证开始。 （1）**控方**：公诉人可以提请法庭通知证人、鉴定人、有专门知识的人、调查人员、侦查人员或者其他人员出庭，或者出示证据。被害人及其法定代理人、诉讼代理人，附带民事诉讼原告人及其诉讼代理人也可以提出申请。

---

① 【答案】不正确，因为只有自己委托的辩护人经过同意才可以不再到庭，但是法律援助的辩护人必须到庭。

续 表

	[考点解读] 检察院单独或分组举证的规则（《高检规则》第399条） （1）按照审判长要求，或者经审判长同意，公诉人可以按照以下方式举证、质证： ①对于可能影响定罪量刑的关键证据和控辩双方存在争议的证据，一般应当单独举证、质证； ②对于不影响定罪量刑且控辩双方无异议的证据，可以仅就证据的名称及其证明的事项、内容作出说明； ③对于证明方向一致、证明内容相近或者证据种类相同，存在内在逻辑关系的证据，可以归纳、分组示证、质证。 公诉人出示证据时，可以借助多媒体设备等方式出示、播放或者演示证据内容。 定罪证据与量刑证据需要分开的，应当分别出示。 （2）举证的顺序（《高检规则》第400条） 公诉人讯问被告人，询问证人、被害人、鉴定人，出示物证，宣读书证、未出庭证人的证言笔录等。 （2）辩方：在控诉方举证后，被告人及其法定代理人、辩护人可以提请法庭通知证人、鉴定人、有专门知识的人、调查人员、侦查人员或者其他人员出庭，或者出示证据。（《刑诉解释》第246条） 2.已经移送证据的出示（《刑诉解释》第248条） （1）已经移送人民法院的案卷和证据材料，控辩双方需要出示的，可以向法庭提出申请，法庭可以准许。案卷和证据材料应当在质证后当庭归还。 （2）需要播放录音录像或者需要将证据材料交由法庭、公诉人或者诉讼参与人查看的，法庭可以指令值庭法警或者相关人员予以协助。
对当事人的发问规则★	1.发问被告人的顺序及规则（《刑诉解释》第242条） （1）在审判长主持下，公诉人可以就起诉书指控的犯罪事实讯问被告人。 （2）经审判长准许，被害人一方（包括被害人及其法定代理人、诉讼代理人）、附民原告人一方（包括附带民事诉讼原告人及其法定代理人、诉讼代理人）、被告人一方（包括被告人的法定代理人、辩护人）、附民被告人一方（附带民事诉讼被告人及其法定代理人、诉讼代理人）可以向被告人发问，但是附民原告人只能就附带民事部分的事实向被告人发问。 根据案件情况，就证据问题对被告人的讯问、发问可以在举证、质证环节进行。 [考点解读] ①公诉人可以直接讯问被告人不需要经审判长准许； ②除了公诉人以外的所有人，发问必须经过审判长准许； ③发问的顺序主要是公诉人——被害人一方——附民原告人一方——被告人一方； ④附民原告人一方仅可以针对附民部分进行发问，不可以对刑事部分进行发问。

续　表

		2.**向被害人、附民原告人发问**（《刑诉解释》第244条） 经审判长准许，控辩双方可以向被害人、附带民事诉讼原告人发问。 3.**审判人员的发问**（《刑诉解释》第245条） 必要时，审判人员可以讯问被告人，也可以向被害人、附带民事诉讼当事人发问。 4.**共犯的讯问规则**（《刑诉解释》第243、269条；《高检规则》第402条） （1）原则讯问共同犯罪案件的被告人、证人，应当分别进行。 （2）审理过程中，法庭认为有必要的，可以传唤同案被告人、分案审理的共同犯罪或者关联犯罪案件的被告人等到庭对质。 被告人、证人、被害人对同一事实的陈述存在矛盾的，公诉人可以建议法庭传唤有关被告人、通知有关证人同时到庭对质，必要时可以建议法庭询问被害人。
对证人的发问★	证人出庭作证	1.证人、鉴定人作证前，应当保证向法庭如实提供证言、说明鉴定意见，并在保证书上签名。（《刑诉解释》第258条） 2.强制证人出庭的，应当由院长签发强制证人出庭令，由法警执行。必要时，可以商请公安机关协助。（《刑诉解释》第255条）
	可以不予出庭的情形（《刑诉解释》第253条）	证人具有下列情形之一，无法出庭作证的，人民法院可以准许其不出庭： 1.在庭审期间身患严重疾病或者行动极为不便的。 2.居所远离开庭地点且交通极为不便的。 3.身处国外短期无法回国的。 4.有其他客观原因，确实无法出庭的。 具有上述情形的，可以通过视频等方式作证。 [考点解读] 原则上证人只要符合三个条件即有异议、有影响、有必要，则其就负有强制出庭作证的义务，如果没有正当理由不到庭可强制其到庭。而此条说的是证人有正当理由可以不用出庭的情形，即正当理由，此处的正当理由可以总结为三个不便：行动不便、交通不便、距离不便！
	发问规则	1.**证人的发问顺序**（《刑诉解释》第259条） 证人出庭后，一般先向法庭陈述证言；其后，经审判长许可，由申请通知证人出庭的一方发问，发问完毕后，对方也可以发问。 法庭依职权通知证人出庭的，发问顺序由审判长根据案件情况确定。 [考点解读] 对证人的发问不同于讯问被告人，此处公诉人没有优先的发问权，而是谁提请通知谁优先发问，并且注意另一方想发问必须经审判长准许。此点考过主观题改错。对于法院通知的证人，则具体顺序由审判长决定。

续　表

		2.证人保护（《刑诉解释》第256条） **第一，使用化名等代替个人信息** 证人、鉴定人、被害人因出庭作证，本人或者其近亲属的人身安全面临危险的，人民法院应当采取不公开其真实姓名、住址和工作单位等个人信息，或者不暴露其外貌、真实声音等保护措施。辩护律师经法庭许可，查阅对证人、鉴定人、被害人使用化名情况的，应当签署保密承诺书。 **第二，庭前核实身份**（《刑诉解释》第257条） 决定对出庭作证的证人、鉴定人、被害人采取不公开个人信息的保护措施的，审判人员应当在开庭前核实其身份，对证人、鉴定人如实作证的保证书不得公开，在判决书、裁定书等法律文书中可以使用化名等代替其个人信息。 3.**审判人员的发问**（《刑诉解释》第263条） 审判人员认为必要时，可以询问证人、鉴定人、有专门知识的人、调查人员、侦查人员或者其他人员。 4.**分别发问**（《刑诉解释》第264条） 向证人、调查人员、侦查人员发问应当分别进行。 5.**不得旁听对本案的审理**（《刑诉解释》第265条） 证人、鉴定人、有专门知识的人、调查人员、侦查人员或者其他人员不得旁听对本案的审理。有关人员作证或者发表意见后，审判长应当告知其退庭。 [注意] 无论是作证前还是作证后都不可以旁听案件的审理，防止影响证人证言的真实性。
询问鉴定人、专家证人	询问鉴定人	同询问证人的规则。
	有专门知识的人出庭作证	1.**申请主体——控辩双方都可以**（《刑诉法》第197条） 公诉人、当事人和辩护人、诉讼代理人可以申请法庭通知有专门知识的人出庭，就鉴定人作出的鉴定意见提出意见。法庭对于上述申请，应当作出是否同意的决定。 2.**人数**（《刑诉解释》第250条） 申请有专门知识的人出庭，不得超过2人。有多种类鉴定意见的，可以相应增加人数。 3.有专门知识的人出庭，适用鉴定人的有关规定。 [考点解读]（1）申请主体：公诉人、当事人和辩护人、诉讼代理人。 （2）决定主体：法院。 （3）任务：就鉴定意见提出意见的，不可对其他事项发表意见。 （4）人数：每种鉴定意见可以申请两个人，一定要注意非整个案件。 （5）专门知识的人也不可以旁听案件的庭审。 （6）一定要注意专家证人给出的专家意见并非八大证据种类之一，不得作为定案的根据，只能供办案人员参考。

续 表

法庭辩论	概述	合议庭认为案件事实已经调查清楚的，应当由审判长宣布法庭调查结束，开始就定罪、量刑的事实、证据和适用法律等问题进行法庭辩论。（《刑诉解释》第280条） [注意] 法庭辩论阶段只辩有争议的问题。
	基本顺序	法庭辩论应当在审判长的主持下，按照下列顺序进行：——**先控后辩**（《刑诉解释》第281、284条） 1.公诉人发言。 2.被害人及其诉讼代理人发言。 3.被告人自行辩护。 4.辩护人辩护。 5.控辩双方进行辩论。 6.附民部分的辩论应当在刑事部分的辩论结束后进行，其辩论顺序是：先由附带民事诉讼原告人及其诉讼代理人发言，后由附带民事诉讼被告人及其诉讼代理人答辩。 [考点解读] 法庭辩论阶段的顺序是先辩刑事部分再辩附民部分，与法庭调查的顺序不同，因为法庭调查主要调查的是事实和证据，而刑事与附民部分依据的是同一事实，但法庭辩论则不同，其辩的是有争议的内容，所以先辩刑事部分后辩附民部分。
	量刑意见	1.**量刑建议**（《关于规范量刑程序若干问题的意见》第5条） 原则上检察院提起公诉时可以提出量刑建议；**被告人认罪认罚的，应当提出量刑建议**。 2.**量刑的幅度**（《关于规范量刑程序若干问题的意见》第6条） 量刑建议包括主刑、附加刑、是否适用缓刑等。主刑可以具有一定的幅度，也可以是确定的刑期。建议判处财产刑的，可以提出确定的数额。 [注意] 认罪认罚的案件，原则上检察院的量刑建议必须具体而明确；普通的刑事案件则既可以具体而明确，也可以带有一定的幅度。 3.**数罪数人案件提出**（《关于规范量刑程序若干问题的意见》第8条） 数罪应当分别提出，并提出数罪并罚后的决定执行的刑罚的量刑建议。共犯案件应当分别提出。 4.**量刑建议书的提出**（《关于规范量刑程序若干问题的意见》第9条） 量刑建议一般单独制作量刑建议书；适用速裁程序的案件，也可以在起诉书中写明量刑建议。 5.**法庭辩论中量刑辩论**（《关于规范量刑程序若干问题的意见》第21条） （1）公诉人发表量刑建议，或者自诉人及其诉讼代理人发表量刑意见； （2）被害人及其诉讼代理人发表量刑意见； （3）被告人及其辩护人发表量刑意见。

	辩论与认罪的关系	对被告人认罪的案件，法庭辩论时，应当指引控辩双方主要围绕量刑和其他有争议的问题进行。 对被告人不认罪或者辩护人作无罪辩护的案件，法庭辩论时，可以指引控辩双方先辩论定罪问题，后辩论量刑和其他问题。（《刑诉解释》第283条） [注意] 法庭辩论主要针对的是有争议的内容，所以针对认罪的案件，辩论的时候可以不辩定罪问题，而针对不认罪和辩护人做无罪辩护的情形，说明双方对定罪问题有较大争议，法院先辩定罪后辩量刑。
	公诉词与辩护词	1. 公诉词是公诉人根据控诉职能，对案件事实、证据和适用法律发表的总结性意见。辩护人的首轮发言被称作发表辩护词。辩护词是辩护人以法庭调查查明的案情为基础，提出的维护被告人合法权益的总结性意见。 2. 人民检察院向人民法院提出量刑建议的，公诉人应当在发表公诉意见时提出。（《高检规则》第418条）
	程序的回溯	法庭辩论过程中，合议庭发现与定罪、量刑有关的新的事实，有必要调查的，审判长可以宣布恢复法庭调查，在对新的事实调查后，继续法庭辩论。（《刑诉解释》第286条）
	程序之简化	适用普通程序审理的认罪认罚案件，公诉人可以建议适当简化法庭调查、辩论程序。（《高检规则》第419条）
被告人最后陈述（《刑诉法》第198条）		1. 审判长在宣布辩论终结后，被告人有最后陈述的权利。被告人最后陈述是法庭审判中一个独立的阶段，审判长应当告知被告人享有此项权利。 [注意] 简易程序可以简化法庭调查、法庭辩论，但是不得省略被告人的最后陈述；对于速裁程序，可以省略法庭调查、法庭辩论，但是不得省略被告人的最后陈述。 2. 审判长制止的情形（《刑诉解释》第287条） 审判长宣布法庭辩论终结后，合议庭应当保证被告人充分行使最后陈述的权利。 （1）被告人在最后陈述中多次重复自己的意见，审判长可以制止。 （2）陈述内容蔑视法庭、公诉人，损害他人及社会公共利益，或者与本案无关的，应当制止。 （3）在公开审理的案件中，被告人最后陈述的内容涉及国家秘密、个人隐私或者商业秘密，也应当制止。 3. 程序之回溯（《刑诉解释》第288条） 被告人在最后陈述中提出新的事实、证据，合议庭认为可能影响正确裁判的，应当恢复法庭调查；被告人提出新的辩解理由，合议庭认为可能影响正确裁判的，应当恢复法庭辩论。 4. 未成年被告人陈述过后，其法定代理人可以代为补充陈述。
评议及宣判	评议及笔录	1. 被告人最后陈述后，审判长应当宣布休庭，由合议庭进行评议。（《刑诉解释》第291条） 2. 笔录的形式要求（《刑诉解释》第292条） 开庭审理的全部活动，应当由书记员制作笔录；笔录经审判长审阅后，分别由审判长和书记员签名。

续 表

		3.笔录的宣读（《刑诉解释》第293条） 法庭笔录应当在庭审后交由当事人、法定代理人、辩护人、诉讼代理人阅读或者向其宣读。 法庭笔录中的出庭证人、鉴定人、有专门知识的人、调查人员、侦查人员或者其他人员的证言、意见部分，应当在庭审后分别交由有关人员阅读或者向其宣读。 前述人员认为记录有遗漏或者差错的，可以请求补充或者改正；确认无误后，应当签名；拒绝签名的，应当记录在案；要求改变庭审中陈述的，不予准许。
判决、裁定★		[考点解读] 因为一审的审理对象是被告人本身，其任务是要对被告人进行定罪量刑，所以从定罪层面审理后被告人或有罪或无罪；而只有有罪才强调量刑，因而又分为有罪且需要承担刑事责任及有罪不需要承担刑事责任。所以一审审理过后的结果主要有三种：一为有罪有责，即下列（1）（2）；二为无罪即下列（3）（4）（5）；三为有罪但不负刑事责任即下列（6）（7）。 （《刑诉解释》第295条） 对第一审公诉案件，人民法院审理后，应当按照下列情形分别作出判决、裁定：
	有罪有责	（1）起诉指控的事实清楚，证据确实、充分，依据法律认定指控被告人的罪名成立的，应当作出有罪判决。 （2）起诉指控的事实清楚，证据确实、充分，但指控的罪名不当的，应当依据法律和审理认定的事实作出有罪判决。——法院可以变更检察院公诉的罪名 [注意] 具有情形（2）的（有罪的），人民法院应当在判决前听取控辩双方的意见，保障被告人、辩护人充分行使辩护权。必要时，可以再次开庭，组织控辩双方围绕被告人的行为构成何罪及如何量刑进行辩论。
	无罪	（3）案件事实清楚，证据确实、充分，依据法律认定被告人无罪的，应当判决宣告被告人无罪。 （4）证据不足，不能认定被告人有罪的，应当以证据不足、指控的犯罪不能成立，判决宣告被告人无罪。 [注意] 此为疑罪从无原则的体现，即存疑时有利于被告人，因而宣告无罪。 （5）案件部分事实清楚，证据确实、充分的，应当作出有罪或者无罪的判决；对事实不清、证据不足的部分，不予认定。
	有罪无责	（6）被告人因未达到刑事责任年龄，不予刑事处罚，应当判决宣告被告人不负刑事责任。 （7）被告人是精神病人，在不能辨认或者不能控制自己行为时造成危害结果，不予刑事处罚的，应当判决宣告被告人不负刑事责任；被告人符合强制医疗条件的，应当依照强制医疗程序规定进行审理并作出判决。

续　表

		[注意] 例如15岁的孩子涉嫌盗窃，客观层面上已经构成犯罪，但是其存在主观阻却事由即年龄不够不能罚，因而法院不会宣告无罪，仅仅会宣告其不负刑事责任。同理，精神病人通常也是宣告不负刑事责任。
	终止处理	（8）犯罪已过追诉时效期限且不是必须追诉，或者经特赦令免除刑罚的，应当裁定终止审理； （9）属于告诉才处理的案件，应当裁定终止审理，并告知被害人有权提起自诉； （10）被告人死亡的，应当裁定终止审理；但有证据证明被告人无罪，经缺席审理确认无罪的，应当判决宣告被告人无罪。 对涉案财物，人民法院应当根据审理查明的情况，依照《刑诉解释》第18章涉案财物处理规定作出处理。
		[考点解读] 第一，上述第（4）项情形不是直接宣告无罪，必须在判决书中写明"证据不足，指控的犯罪不能成立"，因为宣判完毕之后如果检方收集到了新的证据重新起诉的法院还是要受理，受理后作出的判决时也要在判决书中体现"曾经被提起过公诉，以证据不足而被宣告过无罪。" 第二，上述第（6）（7）项情形相似作了相同的判决，不是宣告无罪而是宣告不负刑事责任，此处与刑法理论客观层次的犯罪相印证，也就是客观上依然认为其为犯罪，因为存在主观阻却事由才宣告不负刑事责任。 第三，上述第（8）（9）（10）项属于《刑诉法》第16条的考点，学习时可以相互串联。

进阶考点

一、法庭调查阶段

（一）特殊程序性规定

1.法院庭外调查核实的证据原则上依然应当质证（《刑诉解释》第271条）

法庭对证据有疑问的，可以告知公诉人、当事人及其法定代理人、辩护人、诉讼代理人补充证据或者作出说明；必要时，可以宣布休庭，对证据进行调查核实。

对公诉人、当事人及其法定代理人、辩护人、诉讼代理人补充的和审判人员庭外调查核实取得的证据，应当经过**当庭质证才能作为定案的根据**。

但是，对不影响定罪量刑的非关键证据、有利于被告人的量刑证据以及认定被告人有犯罪前科的裁判文书等证据，经庭外征求意见，控辩双方没有异议的除外。

2.对开庭前未移送法院证据的处理（《刑诉解释》第272条）

（1）控方：公诉人申请出示开庭前未移送或者提交人民法院的证据，辩护方提出异议的，审判长应当要求公诉人说明理由；理由成立并确有出示必要的，应当准许。

辩护方提出需要对新的证据作辩护准备的，法庭可以宣布休庭，并确定准备辩护的时间。

（2）辩方：辩护方申请出示开庭前未提交的证据，参照适用上述规定。

3.当庭出示的证据（《刑诉解释》第270条）

当庭出示的证据，尚未移送人民法院的，应当在质证后当庭移交。

4.被告人认罪与否对调查的影响（《刑诉解释》第278条）

（1）对被告人认罪的案件，在确认被告人了解起诉书指控的犯罪事实和罪名，自愿认罪且知悉认罪的法律后果后，法庭调查可以主要围绕量刑和其他有争议的问题进行。

（2）对被告人不认罪或者辩护人作无罪辩护的案件，法庭调查应当在查明定罪事实的基础上，查明有关量刑事实。

[注意] 即使被告人认罪，只有辩护人作无罪辩护的，法庭调查也必须先调查犯罪事实，再调查量刑事实。

（二）调取新证据程序要求（《刑诉解释》第273条）

1.法庭审理过程中，控辩双方申请通知新的证人到庭，调取新的证据，申请重新鉴定或者勘验的，应当提供证人的基本信息、证据的存放地点，说明拟证明的事项，申请重新鉴定或者勘验的理由。

2.法庭认为有必要的，应当同意，并宣布休庭；根据案件情况，可以决定延期审理。

3.人民法院决定重新鉴定的，应当及时委托鉴定，并将鉴定意见告知人民检察院、当事人及其辩护人、诉讼代理人。

（三）量刑情节的调查（《刑诉解释》第276条）

法庭审理过程中，对与量刑有关的事实、证据，应当进行调查。

人民法院除应当审查被告人是否具有法定量刑情节外，还应当根据案件情况审查以下影响量刑的情节：

1.案件起因。

2.被害人有无过错及过错程度，是否对矛盾激化负有责任及责任大小。

3.被告人的近亲属是否协助抓获被告人。

4.被告人平时表现，有无悔罪态度。

5.退赃、退赔及赔偿情况。

6.被告人是否取得被害人或者其近亲属谅解。

7.影响量刑的其他情节。

（四）涉案财物的调查（《刑诉解释》第279条）

1.一般调查规则

法庭审理过程中，应当对查封、扣押、冻结财物及其孳息的权属、来源等情况，是否属于违法所得或者依法应当追缴的其他涉案财物进行调查，由**公诉人说明情况、出示证据、提出处理建议，并听取被告人、辩护人等诉讼参与人的意见**。

2.案外人异议权

案外人对查封、扣押、冻结的财物及其孳息提出权属异议的，人民法院应当听取案外人的意见；必要时，可以通知案外人出庭。

3. 没收的标准——须确认

经审查,不能确认查封、扣押、冻结的财物及其孳息属于违法所得或者依法应当追缴的其他涉案财物的,不得没收。

二、审理中特殊情形的处理★

(一)发现新事实的处理(《刑诉解释》第297条)

审判期间,人民法院发现新的事实,可能影响定罪量刑的,或者需要补查补证的,应当通知人民检察院,由其决定是否补充、变更、追加起诉或者补充侦查。

人民检察院不同意或者在指定时间内未回复书面意见的,人民法院应当就起诉指控的事实,依照《刑诉解释》第295条的规定作出判决、裁定。

[注意] 第一,此处发现的新事实可能是审理盗窃案的过程中发现了诈骗的事实,即导致遗漏罪名的则使用补充起诉;而如果审理盗窃案的时候,发现被告人使用暴力压制别人反抗则会导致罪名认定错误,此时则用变更起诉,所以考生在适用的时候要具体问题具体分析。

第二,发现新事实,法院是通知检察院自己作出决定,不再给出具体建议。

(二)检察院发表意见与起诉书不一致的处理(《刑诉解释》第289条)

公诉人当庭发表与起诉书不同的意见,属于变更、追加、补充或者撤回起诉的,人民法院应当要求人民检察院在指定时间内以书面方式提出;必要时,可以宣布休庭。人民检察院在指定时间内未提出的,人民法院应当根据法庭审理情况,就起诉书指控的犯罪事实依法作出判决、裁定。

人民检察院变更、追加、补充起诉的,人民法院应当给予被告人及其辩护人必要的准备时间。

(三)检察院撤诉(《刑诉解释》第296条)

在开庭后、宣告判决前,人民检察院要求撤回起诉的,人民法院应当审查撤回起诉的理由,作出是否准许的裁定。

[注意] 法院可以同意也可以不同意。

(四)证据不足宣告无罪的特殊处理(《刑诉解释》第298条)

对证据不足宣告被告人无罪后,检察院因为新证据再次公诉,人民法院应当在判决中写明被告人曾被人民检察院提起公诉,因证据不足,指控的犯罪不能成立,被人民法院依法判决宣告无罪的情况;前案证据不足之无罪判决不予撤销。

(五)裁判文书的制作与说理(《刑诉解释》第299、300条)

1.合议庭成员、法官助理、书记员应当在评议笔录上签名,在判决书、裁定书等法律文书上署名。

2.裁判文书应当写明裁判依据,阐释裁判理由,反映控辩双方的意见并说明采纳或者不予采纳的理由。

适用普通程序审理的被告人认罪的案件,裁判文书可以适当简化。

三、宣判

(一)宣判有当庭宣判和定期宣判两种形式(《刑诉解释》第302条)

1.当庭宣告判决的,应当在5日内送达判决书。

2.定期宣告判决的,应当在宣判前,先公告宣判的时间和地点,传唤当事人并通知公诉人、法定代理人、辩护人和诉讼代理人;判决宣告后,应当立即送达判决书。

(二)判决书应当送达的对象

1.判决书应当送达人民检察院、当事人、法定代理人、辩护人、诉讼代理人,并可以送达被告人的近亲属。被害人死亡,其近亲属申请领取判决书的,人民法院应当及时提供。

[注意]原则上被害人活着应当直接送达被害人自己,不会送达近亲属,但是当被害人死亡时,只要近亲属申请则应当送达,未申请依然无需提供。

2.判决生效后,还应当送达被告人的所在单位或者户籍地的公安派出所,或者被告单位的注册登记机关。

3.被告人系外国人,且在境内有居住地的,应当送达居住地的公安派出所。

[注意]如果是中国人应当送达派出所,只不过可以选择单位或户籍地的派出所,但是对于外国仅限在境内有居住地的,才是应当送达。

(三)形式及到庭人员(《刑诉解释》第304条)

宣告判决,一律公开进行。宣告判决结果时,法庭内全体人员应当起立。

公诉人、辩护人、诉讼代理人、被害人、自诉人或者附带民事诉讼原告人未到庭的,不影响宣判的进行。

[注意]缺席人员无被告人。

主观题链接:请简要叙述在法庭审理中检察院应当如何举证、质证。

考生注意这是一道综合性较强的题目,不可以仅仅停留在两条高检规则的内容上。根据证据裁判原则的内容要求,所有的事实必须要有证据加以证明,所有定案的证据必须经过查证属实,为了保证司法的公正,防止冤假错案的发生,检察院作为公诉机关必须对自己提交的证据进行举证,对辩护方提出的证据进行质证。《高检规则》第399条规定,在法庭审理中,公诉人应当客观、全面、公正地向法庭出示与定罪、量刑有关的证明被告人有罪、罪重或者罪轻的证据。

首先就举证的规则而言,在法庭调查中检察院应当围绕自己的诉讼主张提出证据加以证明,说服法官支持其诉讼主张,根据《高检规则》400条规定,诉讼主张应当主要围绕定罪量刑的事实,具体而言主要包括:(1)主体:被告人的身份;(2)行为:指控的犯罪事实是否存在,是否为被告人所实施;实施犯罪行为的时间、地点、方法、手段、结果,被告人犯罪后的表现等;(3)不同主体的地位:犯罪集团或者其他共同犯罪案件中参与犯罪人员的各自地位和应负的责任;(4)主观表现:被告人有无刑事责任能力,有无故意或者过失,行为的动机、目的;(5)具体的量刑情节:有无依法不应当追究刑事责任的情况,有无法定的从重或者从轻、减轻以及免除处罚的情节;(6)与定罪、量刑有关的其他事实。

其次,就举证的顺序来看,应当遵循先出示到庭主体的言辞证据,再出示其他证据。例如在庭审当中公诉人应当先讯问被告人、再询问证人、被害人、鉴定人,出示物证,宣读书证、未出庭证人的证言笔录。

最后,关于是一一举证、质证还是合并举证、质证应当遵循以下规定,《高检规则》

第399条规定，按照审判长要求，或者经审判长同意，公诉人可以按照以下方式举证、质证：（1）对于可能影响定罪量刑的关键证据和控辩双方存在争议的证据，一般应当单独举证、质证；（2）对于不影响定罪量刑且控辩双方无异议的证据，可以仅就证据的名称及其证明的事项、内容作出说明；（3）对于证明方向一致、证明内容相近或者证据种类相同，存在内在逻辑关系的证据，可以归纳、分组示证、质证。定罪证据与量刑证据需要分开的，应当分别出示。

质证主要是对辩护方提出的证据提出合理怀疑，除了遵循上述原则，注意是质证据的三性即客观性、合法性、关联性。

考生注意无论是举证还是质证一定要结合具体的案情，例如案例中出现物证，要强调出示物证的时候一般要出示原物、出现书证的时候一般强调出示原件，鉴定意见一般强调鉴定人要出庭接受询问，没有理由不出庭所得鉴定意见不得作为定案根据；例如电子数据被删除、修改说明其真实性出问题，则不得作为定案根据。

三、认罪认罚案件之处理（《认罪认罚指导意见》第39、40、47条；《刑诉解释》第347~358条）

一、告知审查

1.被告人认罪认罚的，审判长应当告知被告人享有的诉讼权利和认罪认罚的法律规定，审查认罪认罚的自愿性和认罪认罚具结书内容的真实性、合法性。

2.审查的内容（《刑诉解释》第349条）

对人民检察院提起公诉的认罪认罚案件，人民法院应当重点审查以下内容：

（1）人民检察院讯问犯罪嫌疑人时，是否告知其诉讼权利和认罪认罚的法律规定；

（2）是否随案移送听取犯罪嫌疑人、辩护人或者值班律师、被害人及其诉讼代理人意见的笔录；

（3）被告人与被害人达成调解、和解协议或者取得被害人谅解的，是否随案移送调解、和解协议、被害人谅解书等相关材料；

（4）需要签署认罪认罚具结书的，是否随案移送具结书。

未随案移送前款规定的材料的，应当要求人民检察院补充。

[注意] 注意审查起诉阶段认罪认罚的案件，人民法院依然要审理及监督。从内容上而言主要审查认罪认罚的自愿性和认罪认罚具结书内容的真实性、合法性。从程序主要审查是否符合告知规则及听取意见的规则。

二、程序之简化

适用普通程序办理认罪认罚案件，可以适当简化法庭调查、辩论程序。

1.调查之简化：对控辩双方无异议的证据，可以仅就证据名称及内容进行说明；对控辩双方有异议，或者法庭认为有必要调查核实的证据，应当出示并进行质证。

2.辩论之简化：法庭辩论主要围绕有争议的问题进行，裁判文书可以适当简化。

三、量刑建议的采纳（《刑诉法》第201条）★

1.定罪层面有错即不采纳

对于认罪认罚案件，人民法院依法作出判决时，一般应当采纳人民检察院指控的罪名和量刑建议，但有下列情形的除外：

（1）被告人的行为不构成犯罪或者不应当追究其刑事责任的；

（2）被告人违背意愿认罪认罚的；

（3）被告人否认指控的犯罪事实的；

（4）起诉指控的罪名与审理认定的罪名不一致的；

[注意] 对认罪认罚案件，人民检察院起诉指控的事实清楚，但指控的罪名与审理认定的罪名不一致的，人民法院应当听取人民检察院、被告人及其辩护人对审理认定罪名的意见，依法作出判决。（《刑诉解释》第352条）

（5）其他可能影响公正审判的情形。

[考点解读] 法院作为审判机关，拥有定罪量刑的权利，对于认罪认罚的案件本身无争议所以原则上法院应当采纳检察院之定罪量刑的建议，但是法院一定是在审查了案件的事实、证据，及认罪认罚的自愿性与合法性过后才能采纳，也就是说法院审查后发现上述（1）（4）两种定性明显错误的应当按照法院审理认定的处理，发现上述（2）（3）两种情形，属于不符合认罪认罚条件，也不采纳检察院的主张。

2. 量刑层面可建议调整

（1）人民法院经审理认为量刑建议明显不当，或者被告人、辩护人对量刑建议提出异议的，人民检察院可以调整量刑建议人民检察院不调整量刑建议或者调整量刑建议后仍然明显不当的，人民法院应当依法作出判决。

（2）**适用速裁程序**审理认罪认罚案件，需要调整量刑建议的，应当在庭前或者当庭作出调整；调整量刑建议后，仍然符合速裁程序适用条件的，继续适用速裁程序审理。（《刑诉解释》第352条）

[注意] 根据《刑诉解释》第353条规定，对认罪认罚案件，应当根据案件情况，依法适用速裁程序、简易程序或者普通程序审理。但只有轻微的刑事案件，即可能判处3年以下的刑事案件才可以适用速裁程序，如果调整量刑建议后超过3年，则只能升格为简易程序或者是普通程序。

四、从宽处理★

1. 从宽的内容（《刑诉解释》第347条）

被告人认罪认罚的，可以依照《刑诉法》第15条的规定，在程序上从简、实体上从宽处理。

2. 程序从宽之表现（《刑诉解释》第350条）

人民法院应当将被告人认罪认罚作为其是否具有社会危险性的重要考虑因素。被告人罪行较轻，采用非羁押性强制措施足以防止发生社会危险性的，应当依法适用非羁押性强制措施。

3. 从宽幅度的把控（《刑诉解释》第355条）

对认罪认罚案件，人民法院**一般应当**对被告人从轻处罚；符合非监禁刑适用条件的，**应当**适用非监禁刑；具有法定减轻处罚情节的，可以减轻处罚。

对认罪认罚案件，应当根据被告人认罪认罚的阶段早晚以及认罪认罚的主动性、稳定性、彻底性等，在从宽幅度上体现差异。

共同犯罪案件，部分被告人认罪认罚的，可以依法对该部分被告人从宽处罚，但应当注意全案的量刑平衡。

4. 审理阶段认罪认罚法院把控（《刑诉解释》第356条）

被告人在人民检察院提起公诉前未认罪认罚，在审判阶段认罪认罚的，人民法院可以不再通知人民检察院提出或者调整量刑建议。

对前述案件，人民法院应当就定罪量刑听取控辩双方意见，根据《刑诉法》第15条和《刑诉解释》第355条的规定作出判决。

[考点解读] 一般的刑事案件，检察院在公诉时都会提出具体的量刑建议，但是如果此案件在审查起诉阶段为认罪认罚，到了审理阶段才认罪认罚，量刑幅度可以由法院综合把控，非必须让检察院提出具体建议，但是请注意，提出建议与发表意见是两个不同的知识点，对于定罪量刑而言，必须听取检察院的意见。

5. 二审中认罪认罚

对被告人在第一审程序中未认罪认罚，在第二审程序中认罪认罚的案件，应当根据其认罪认罚的具体情况决定是否从宽，并依法作出裁判。确定从宽幅度时应当与第一审程序认罪认罚有所区别。（《刑诉解释》第357条）

6. 反悔则依法判决——无从宽处理

案件审理过程中，被告人不再认罪认罚的，人民法院应当根据审理查明的事实，依法作出裁判。需要转换程序的，依照本解释的相关规定处理。（《刑诉解释》第358条）

四、其他规定

[2019、2018、20150237、20130238、20130292、20130294、20120270、201020231]

单位犯罪（《刑诉解释》第335~346条）	诉讼代表人的遴选与更换★	1. 遴选诉讼代表人（《刑诉解释》第336条）	单位犯罪一般惩罚的是双罚，即既罚直接的责任人员，也罚单位，而追究单位被告人刑事责任时，单位不会说话，所以必须要找一个人让其代表单位说话，称之为诉讼代表人。 （1）原则上**应当是对单位附有义务的人**：包括法定代表人、实际控制人或者主要负责人。 （2）**对单位附有义务的人出问题委托单位的其他人** 法定代表人、实际控制人或者主要负责人被指控为单位犯罪直接责任人员或者因客观原因无法出庭的，应当由被告单位委托其他负责人或者职工作为诉讼代表人。但是，有关人员被指控为单位犯罪直接责任人员或者知道案件情况、负有作证义务的除外。 （3）**特殊情况可以委托单位以外的人** 依据上述规定难以确定诉讼代表人的，可以由被告单位委托律师等单位以外的人员作为诉讼代表人。 诉讼代表人**不得同时**担任被告单位或者被指控为单位犯罪直接责任人员的有关人员的辩护人。

续　表

		[考点解读]①诉讼代表人是代表单位参加刑事诉讼的人，不可以同时是自然人被告人，也不可以是案件中的证人。证人优先于诉讼代表人。 ②法定代表人和主要负责人、实际控制人对单位承担了一定的义务，所以原则上由他们作为单位的诉讼代表人，且无需委托，而除了这三种人以外的人要成为诉讼代表人必须经过委托，因为一般的职工对单位并不承担义务。 ③这里的主要负责人不同于公司法的概念，即包括董、监、高三类主体，但是高管中并不包括副经理，在之前的客观题真题中考查过，单位的副经理作诉讼代表人需要单位出具委托。 ④诉讼代表人与辩护人身份不能重合，因为其担任的职能不同。
	2.诉讼代表人的更换（《刑诉解释》第337条）	被告单位的诉讼代表人不出庭的，应按照下列情形分别处理： （1）诉讼代表人系被告单位的**法定代表人、实际控制人或者主要负责人**，无正当理由拒不出庭的，**可以拘传其到庭**；因客观原因无法出庭，或者下落不明的，**应当要求人民检察院另行确定诉讼代表人**； （2）诉讼代表人系被告单位的**其他人员**的，**应当要求人民检察院另行确定诉讼代表人出庭**。 [考点解读]①在审理的过程中，另行确定的主体只能是检察院，而检察院在具体确定的过程中，如果找的是法定代表人和主要负责人以外的人，依然必须要求单位出具委托。 ②法定代表人或者主要负责人对单位负有义务，其不出庭可以拘传，但是其他经过委托的人不承担义务，不出庭一定不可以拘传。且注意这里的拘传仅是强制手段不是强制措施，因为强制措施只能针对犯罪嫌疑人、被告人适用，而法定代表人不可以成为犯罪嫌疑人、被告人。
	3.权利（《刑诉解释》第338条）	（1）**地位与被告人相同**：享有法律规定的被告人的诉讼权利。 （2）**法庭的列席位置不同**：开庭时，诉讼代表人席位于审判台**左侧**，与辩护人席并列。被告单位委托辩护人的，参照有关规定办理。
遗漏单位作为被告的处理★（《刑诉解释》第340条）		对应当认定为单位犯罪的案件，人民检察院只作为自然人犯罪起诉的： 第一，法院应当建议检察院对犯罪单位**追加起诉**。 第二，人民检察院仍以自然人犯罪起诉的，人民法院**应当依法审理**，按照单位犯罪中的直接负责的主管人员或者其他直接责任人员追究刑事责任，即**不可以自行追加单位作为被告**。 [注意]如果法院自行增加，则违反了不告不理的原则。

续 表

法庭秩序	**（一）应当遵守的纪律**——无需识记，理解即可（《刑诉解释》第306条） 庭审期间，全体人员应当服从法庭指挥，遵守法庭纪律，不得实施下列行为： 1.鼓掌、喧哗、随意走动。 2.吸烟、进食。 3.拨打、接听电话，或者使用即时通讯工具。 4.对庭审活动进行录音、录像、拍照或者使用即时通讯工具等传播庭审活动。 5.其他危害法庭安全或者扰乱法庭秩序的行为。 旁听人员不得进入审判活动区，不得随意站立、走动，不得发言和提问。 记者经许可实施上述第4项规定的行为，应当在指定的时间及区域进行，不得干扰庭审活动。 **（二）违反法庭秩序的处理**（《刑诉法》第199条；《刑诉解释》第307条） 有关人员危害法庭安全或者扰乱法庭秩序的，审判长应当按照下列情形分别处理： 1.情节较轻的，应当警告制止；根据具体情况，也可以进行训诫。 2.训诫无效的，责令退出法庭；拒不退出的，指令法警强行带出法庭。 3.情节严重的，报经院长批准后，可以对行为人处1000元以下的罚款或者15日以下的拘留。 [注意]（1）训诫和强行带出法庭由审判长决定，而拘留、罚款由院长决定。 （2）注意与证人违反出庭义务的处罚相比较。 4.未经许可对庭审活动进行录音、录像、拍照或者使用即时通讯工具等传播庭审活动的，可以暂扣相关设备及存储介质，删除相关内容。 5.救济权——申请复议 有关人员对罚款、拘留的决定不服的，可以直接向上一级人民法院申请复议，也可以通过决定罚款、拘留的人民法院向上一级人民法院申请复议。通过决定罚款、拘留的人民法院申请复议的，该人民法院应当自收到复议申请之日起3日以内，将复议申请、罚款或者拘留决定书和有关事实、证据材料一并报上一级人民法院复议。复议期间，不停止决定的执行。 **（三）辩护人扰乱法庭秩序的处理**（《刑诉解释》第308条）★ 1.处罚内容 担任辩护人、诉讼代理人的律师严重扰乱法庭秩序，被强行带出法庭或者被处以罚款、拘留的，人民法院应当通报司法行政机关，并可以建议依法给予相应处罚。 2.可能承担丧失辩护权的后果（《刑诉解释》第311条） （1）辩护人严重扰乱法庭秩序，被责令退出法庭、强行带出法庭或者被处以罚款、拘留，被告人自行辩护的，庭审继续进行；被告人要求另行委托辩护人，或者被告人属于应当提供法律援助情形的，应当宣布休庭。 （2）辩护人、诉讼代理人被责令退出法庭、强行带出法庭或者被处以罚款后，具结保证书，保证服从法庭指挥、不再扰乱法庭秩序的，经法庭许可，可以继续担任辩护人、诉讼代理人。

续 表

		[考点解读] ①辩护人作为懂法的人还扰乱法庭秩序，除了对其处罚以外，还会承担额外的后果，即当被处以责令退出法庭、强行带出法庭或者被处以罚款后，其签署保证书则可以继续辩护，不签署则不得继续为这一案件进行辩护。 ②拘留没有反悔的机会，必然丧失辩护权；而前三种情形可以反悔，但是只有一次机会。 **3.辩护人丧失辩护权的具体情形**（《刑诉解释》第310条） 辩护人、诉讼代理人具有下列情形，**不得继续担任同一案件的辩护人、诉讼代理人**： （1）擅自退庭的； （2）无正当理由不出庭或者不按时出庭，严重影响审判顺利进行的； （3）被拘留或者具结保证书后再次被责令退出法庭、强行带出法庭的。
诉讼障碍——延期审理、中止审理和终止审理★	休庭	[考点解读] 休庭严格来说不算诉讼障碍，而是应急处置手段，在正常的审理活动中如果遇到突发情况，合议庭往往先休庭，休庭讨论后再决定延期或者是中止。 **法院应当休庭的情形**（《关于依法保障律师执业权利的规定》第38条） 法庭审理过程中，律师就回避、案件管辖、非法证据排除、申请通知证人、鉴定人、有专门知识的人出庭，申请通知新的证人到庭、调取新的证据，申请重新鉴定、勘验等问题当庭提出申请，或者对法庭审理程序提出异议的，法庭原则上应当休庭进行审查，依照法定程序作出决定。
	延期审理	延期审理是指在法庭审判过程中，遇有足以影响审判进行的情形时，法庭决定延期审理，待影响审判进行的原因消失后，再行开庭审理。 **1.延期审理的具体情形——主要针对诉讼本身出现障碍**（《刑诉法》第204条、《刑诉解释》第273、274条） （1）**新证据**：需要通知新的证人到庭，调取新的物证，重新鉴定或者勘验的（符合《刑诉法》第208条第1款规定的，可以报请上级人民法院批准延长审理期限）； （2）**补充侦查**：检察人员发现提起公诉的案件需要补充侦查，提出建议的； （3）**回避**：由于当事人申请回避而不能进行审判的； （4）**补充、追加、变更起诉**：发现漏罪、漏人，虽不需要补充侦查和补充提供证据，但需要补充、追加或者变更起诉的。 **2.检察院可以建议延期审理的情形——了解即可，不必识记**（《高检规则》第420条） 在法庭审判过程中，遇有下列情形之一的，公诉人可以建议法庭延期审理： （1）发现事实不清、证据不足，或者遗漏罪行、遗漏同案犯罪嫌疑人，需要补充侦查或者补充提供证据的； （2）被告人揭发他人犯罪行为或者提供重要线索，需要补充侦查进行查证的； （3）发现遗漏罪行或者遗漏同案犯罪嫌疑人，虽不需要补充侦查和补充提供证据，但需要补充、追加起诉的；

	（4）申请人民法院通知证人、鉴定人出庭作证或者有专门知识的人出庭提出意见的； （5）需要调取新的证据，重新鉴定或者勘验的； （6）公诉人出示、宣读开庭前移送人民法院的证据以外的证据，或者补充、追加、变更起诉，需要给予被告人、辩护人必要时间进行辩护准备的； （7）被告人、辩护人向法庭出示公诉人不掌握的与定罪量刑有关的证据，需要调查核实的； （8）公诉人对证据收集的合法性进行证明，需要调查核实的。 在人民法院开庭审理前发现具有上述情形之一的，人民检察院可以建议人民法院延期审理。 [注意] 公诉人在法庭审理过程中建议延期审理的次数不得超过2次，每次不得超过1个月。（《高检规则》第421条） 3.日期的确定 延期审理的开庭日期，可以当庭确定，也可以另行确定。当庭确定的，应公开宣布下次开庭的时间。当庭不能确定的，可以另行确定并通知公诉人、当事人和其他诉讼参与人。
中止审理	中止审理是指人民法院在审判案件过程中，因发生某种情况影响了审判的正常进行，而裁定暂停审理，待其消失后，再行开庭审理。 1.**具体情形**——主要是人出问题（《刑诉法》第206条） 在审判过程中，有下列情形之一，致使案件在较长时间内无法继续审理的，可以中止审理： （1）被告人患有严重疾病，无法出庭的； （2）被告人脱逃的； （3）自诉人患有严重疾病，无法出庭，未委托诉讼代理人出庭的； （4）由于不能抗拒的原因。中止审理的原因消失后，应恢复审理。 2.**有多名被告人的处理**（《刑诉解释》第314条） 有多名被告人的案件，部分被告人具有《刑诉法》第206条规定情形的，人民法院可以对全案中止审理；根据案件情况，也可以对该部分被告人中止审理，对其他被告人继续审理。对中止审理的部分被告人，可以根据案件情况另案处理。 3.中止审理的期间不计入审理期限。
中止审理与延期审理的主要区别	1.时间不同。延期审理仅适用于法庭审理过程中，而中止审理适用于人民法院受理案件后至作出判决前。 2.**原因不同**。导致延期审理的原因是诉讼自身出现了障碍，其消失依赖于某种诉讼活动的完成，因此延期审理不能停止法庭审理以外的诉讼活动，而导致中止审理的原因是出现了不能抗拒的情况，其消除与诉讼本身无关，因此中止审理将暂停一切诉讼活动。 3.**再行开庭的可预见性不同**。延期审理的案件，再行开庭的时间可以预见，甚至当庭即可决定，但中止审理的案件，再行开庭的时间往往无法预见。 4.中止审理用裁定，而延期审理用决定。

续 表

终止审理	终止审理是指人民法院在审判案件过程中，遇有法律规定的情形致使审判不应当或者不需要继续进行时终结案件的诉讼活动。 1.情形（《刑诉法》第16条） 终止审理的法定情形是指《刑诉法》第16条第2~6项所规定的内容。 [注意] 第16条第1项情节显著轻微、危害不大，不认为是犯罪在审理的过程中应该宣告无罪。 2.终止审理与中止审理的主要区别 （1）原因不同。终止审理是因为审理中出现不应当或者不需要继续进行的情形，而中止审理则是因为出现了使得案件无法继续审理的情形。 （2）法律后果不同。终止审理后，诉讼即告终结，不再恢复，而中止审理只是暂停诉讼活动，一旦中止原因消失，即应恢复审理。
第一审程序的期限	1.公诉案件第一审普通程序审限：3+3+N（《刑诉解释》第210条） （1）人民法院审理公诉案件，应当在受理后2个月以内宣判，至迟不得超过3个月。 （2）对可能判处死刑的案件或者附带民事诉讼的案件，以及有交集流广重大复杂的情形，上一级人民法院可以批准延长审理期限1次，期限为3个月。因特殊情况还需要延长的，应当报请最高人民法院批准。 （3）申请批准延长审理期限的，应当在期限届满15日以前层报。有权决定的人民法院不同意的，应当在审理期限届满五日以前作出决定。 因特殊情况报请最高院，经审查，予以批准的，可以延长审理期限1至3个月。期限届满案件仍然不能审结的，可以再次提出申请。 [注意] 最高院每次可延长1至3个月，但是延长的次数不限 2.人民法院改变管辖的案件，从改变后的人民法院收到案件之日起计算审理期限。 3.人民检察院补充侦查的案件，补充侦查完毕移送人民法院后，人民法院重新计算审理期限。

进阶考点

一、单位犯罪

（一）法院追缴或者查封、扣押、冻结相关财物

1.违法所得之处理（《刑诉解释》第341条）

被告单位的违法所得及其他涉案财物，尚未被依法追缴或者查封、扣押、冻结的，人民法院应当决定追缴或者查封、扣押、冻结。

[注意] 此处的查封、扣押、冻结属于强制手段，只针对违法所得。无论是自然人犯罪还是单位犯罪中都会出现。

采取查封、扣押、冻结等措施，应当严格依照法定程序进行，最大限度降低对被告单位正常生产经营活动的影响。

2.可以先行保全单位财产(《刑诉解释》第342条)

人民法院为了保证判决的执行,根据案件具体情况,可以先行查封、扣押、冻结被告单位的财产或者由被告单位提供担保。

[注意]此处的查封、扣押、冻结属于保全手段,此种手段在民事诉讼中多有出现,在刑事诉讼中极少出现,因为其针对的是他人的合法财产,民事诉讼面临的最大问题就是执行他人财产,而刑事诉讼中主要是对被告人定罪量刑,一般对被害人造成损失法院会责令被告人积极退赔,是否退赔会作为量刑情节考量,所以在一般的自然人犯罪的刑事案件中不会出现保全手段。

但是单位犯罪中会出现因为单位犯罪涉及的刑罚主要是罚金这种财产刑,而财产刑又归第一审人民法院执行,所以允许法院先行保全被告单位的财产,但注意保全的目的是怕执行不能,所以只要被告单位提供了担保就不可能出现执行不能,所以二者效果相同,适用时二选一。

(二)审理中的障碍处理

1.单位彻底消失不追究

审判期间,被告单位被吊销营业执照、宣告破产但尚未完成清算、注销登记的,应当继续审理;被告单位被撤销、注销的,对单位犯罪直接负责的主管人员和其他直接责任人员应当继续审理。(《刑诉解释》第344条)

2.单位的变更

审判期间,被告单位合并、分立的,应当将原单位列为被告单位,并注明合并、分立情况。对被告单位所判处的罚金以其在新单位的财产及收益为限。(《刑诉解释》第345条)

二、当庭拒绝辩护★(《刑诉解释》第311、312、313条)

[法条链接]《刑诉解释》第311条 被告人在一个审判程序中更换辩护人一般不得超过两次。

被告人当庭拒绝辩护人辩护,要求另行委托辩护人或者指派律师的,合议庭应当准许。被告人拒绝辩护人辩护后,没有辩护人的,应当宣布休庭;仍有辩护人的,庭审可以继续进行。

有多名被告人的案件,部分被告人拒绝辩护人辩护后,没有辩护人的,根据案件情况,可以对该部分被告人另案处理,对其他被告人的庭审继续进行。

重新开庭后,被告人再次当庭拒绝辩护人辩护的,可以准许,但被告人不得再次另行委托辩护人或者要求另行指派律师,由其自行辩护。

被告人属于应当提供法律援助的情形,重新开庭后再次当庭拒绝辩护人辩护的,不予准许。

《刑诉解释》第312条 法庭审理过程中,辩护人拒绝为被告人辩护,有正当理由的,应当准许;是否继续庭审,参照适用前条规定。

《刑诉解释》第313条 依照前两条规定另行委托辩护人或者通知法律援助机构指派律师的,自案件宣布休庭之日起至第十五日止,由辩护人准备辩护,但被告人及其辩护人自愿缩短时间的除外。

庭审结束后、判决宣告前另行委托辩护人的，可以不重新开庭；辩护人提交书面辩护意见的，应当接受。

（一）被告人拒绝辩护

1.当被告人第一次拒绝辩护人辩护的时候，合议庭一律应当准许，这里的辩护人包括被告方委托的辩护人，也包括法律援助机构指派的辩护人；当被告人第二次当庭拒绝辩护时要对其拒绝的对象作出区分，如果是非应当指定法律援助即包括自己委托也包括可以指定法律援助的情形，则法院可以准许，准许过后被告人只能自行辩护，但如果拒绝的辩护人为应当提供法律援助的，则不管是否有理由一律不予准许。

2.当被告人委托两位辩护人时，如果其只拒绝了其中的一位，则庭审可以继续进行。

3.有多名被告人的时候，如果只有一个或者几个人拒绝辩护的话，则可以对拒绝的这部分人另案处理（触发的程序为延期审理），但对其他被告人继续审理，注意也可以整个案件延期审理。

[法条链接]《刑诉解释》第572条　未成年被告人或者其法定代理人当庭拒绝辩护人辩护的，适用本解释第三百一十一条第二款、第三款的规定。

重新开庭后，未成年被告人或者其法定代理人再次当庭拒绝辩护人辩护的，不予准许。重新开庭时被告人已满十八周岁的，可以准许，但不得再另行委托辩护人或者要求另行指派律师，由其自行辩护。

[注意]第一次都准许，但是请注意因为未成年人的年龄是一直不同的，所以第二次拒绝看其年龄是否满18周岁，未满说明其依然属于应当法律援助，则不予准许，已满则说明不再属于应当法援，可以准许，但后果是只能自行辩护。

（二）辩护人拒绝辩护

辩护人当庭拒绝为被告人辩护的，一律应当准许。

（三）准备辩护的时间

在处理程序上法院应当延期审理以便被告人另行委托辩护人或者指派律师，根据上述规定的，延期的时间一般为15日，但被告人及其辩护人可以自愿缩短这一时间，注意法院无权主动缩短。

[注意]准备辩护的时间按照法律规定不得少于15日，也就是说法院依职权指定时不得少于15日，但是如果被告人一方自愿缩短，则可以短于15日。

第二节　自诉案件第一审程序

[2020、2018、20150236、20140237、20140272、20110272、20100231、20100274]

自诉案件的提起条件	1.**有适格的自诉人**（《刑诉解释》第317条》） （1）原则上只有遭受犯罪行为直接侵害的被害人有权向人民法院提起自诉。 （2）被害人死亡、丧失行为能力或者因受强制威吓等原因无法告诉，或者是限制行为能力以及由于年老、患病、盲、聋、哑等原因不能亲自告诉的，被害人的法定代理人、近亲属有权向人民法院起诉。 2.**有明确的被告人和具体的诉讼请求** 具体的起诉请求，包括指明控诉的罪名和要求人民法院追究被告人何种刑事责任。如果提起刑事自诉附带民事诉讼，还应提出具体的赔偿请求。 3.**属于自诉案件范围**（三类自诉案件的一类）。 4.**被害人有证据证明**。 [注意]公诉案件举证责任由检察院承担；自诉案件的举证责任应当由自诉人承担。 5.**属于受诉人民法院管辖**。
提起自诉的程序	1.**原则上书面诉状**（《刑诉解释》第318条） 自诉应当向人民法院提交刑事自诉状。提起附带民事诉讼的，还应当提交刑事附带民事自诉状。 2.**例外可以口头** 自诉人书写自诉状确有困难的，可以口头告诉，由人民法院工作人员作出告诉笔录，向自诉人宣读，自诉人确认无误后，应当签名或者盖章。
自诉案件 第一审程序 ★	1.**审查** 对自诉案件，人民法院应当在15日内审查完毕。经审查，符合受理条件的，应当决定立案，并书面通知自诉人或者代为告诉人。 2.**审查时不符合自诉受理条件的处理**（《刑诉解释》第320条） 具有下列情形之一，应当说服自诉人撤回起诉；自诉人不撤回起诉，裁定不予受理： （1）不属于《刑诉解释》第1条规定的案件的。 （2）缺乏罪证的。 [注意]自诉案件当事人因客观原因不能取得的证据，申请人民法院调取的，应当说明理由，并提供相关线索或者材料。人民法院认为有必要的，应当及时调取。对通过信息网络实施的侮辱、诽谤行为，被害人向人民法院告诉，但提供证据确有困难的，人民法院可以要求公安机关提供协助。（《刑诉解释》第325条） 即自诉案件的举证责任原则上是自诉人自己承担，但是遇有特殊情况可申请法院协助。 （3）犯罪已过追诉时效期限的。 （4）被告人死亡的。 （5）被告人下落不明的。

续　表

[注意] 被告人在自诉案件审判期间下落不明的，人民法院可以裁定中止审理；符合条件的，可以对被告人依法决定逮捕。(《刑诉解释》第332条)
即在审查是否受理时就不在案，法院会不予受理，但是受理后才下落不明，法院只能中止审理。
(6) 除因证据不足而撤诉的以外，自诉人撤诉后，就同一事实又告诉的。
(7) 经人民法院调解结案后，自诉人反悔，就同一事实再行告诉的。
(8) 属于《刑诉解释》第1条第2项规定的案件，公安机关正在立案侦查或者人民检察院正在审查起诉的。
(9) 不服人民检察院对未成年犯罪嫌疑人作出的附条件不起诉决定或者附条件不起诉考验期满后作出的不起诉决定，向人民法院起诉的。

3. 立案后不符合条件的处理（《刑诉解释》第321条）
对已经立案，经审查缺乏罪证的自诉案件，自诉人提不出补充证据，人民法院应当说服其撤回自诉或者裁定驳回起诉。自诉人撤回起诉或者被驳回起诉后，又提出了新的足以证明被告人有罪的证据，再次提起自诉的，人民法院应当受理。

[考点解读] 审查的时间不同给出的处理就不同：刚起诉后审查不符合条件除了说服自诉人撤回自诉外，应当裁定不予受理，因为法院初步审查的目的就是看其是否符合受理的条件；而如果初步审查后受理了案件并立了案，则除了说服自诉人撤回自诉外，应当裁定驳回起诉，因为只要立了案诉就存在了，所以最为简单的记忆规则就是找对应的时间，立案之前为裁定不予受理，立案之后为裁定驳回起诉。并且考生注意这两种裁定都可以提起上诉。

4. 不服裁定的上诉及处理（《刑诉解释》第322条）
(1) 自诉人对不予受理或者驳回起诉的裁定不服的，可以提起上诉。
(2) 第二审人民法院查明第一审人民法院作出的不予受理裁定有错误的，应当在撤销原裁定的同时，指令第一审人民法院立案受理。
(3) 查明第一审人民法院驳回起诉裁定有错误的，应当在撤销原裁定的同时，指令第一审人民法院进行审理。

[注意] 此处考生请理解记忆，请勿死记硬背，上级法院发现下级法院的裁定有错，首先会撤回下级法院的裁定，然后作出相应的变更，不予受理的裁定错则指令下级法院受理，驳回起诉的裁定错误，则指令其继续审理。

5. 当事人未参与自诉案件的处理
自诉案件原则上不管遗漏哪一方主体——自诉人或被告人，只要是自愿放弃，则提起自诉案件的机会只有一次，但附民除外，即能够追究刑事责任的机会只有一次，但民事责任不受限制。

(1) 遗漏侵害人的处理（《刑诉解释》第323条）
自诉人明知有其他共同侵害人，但只对部分侵害人提起自诉的，人民法院应当受理，并告知其放弃告诉的法律后果；自诉人放弃告诉，判决宣告后又对其他共同侵害人就同一事实提起自诉的，人民法院不予受理。

续　表

	[例如] 云云和涛涛一起殴打波波致其轻伤，波波向人民法院提起自诉，但是只针对涛涛提起，法院会告知波波可以对云云提，并告知其后果，如果波波不对云云提起，此案件结束后其不可以再次对云云提起自诉案件。究其原因主要是案件的事实是同一个事实，如果允许其再次提起则会浪费司法的资源。 （2）**遗漏被害人的处理** 共同被害人中只有部分人告诉的，人民法院应当通知其他被害人参加诉讼，并告知其不参加诉讼的法律后果。被通知人接到通知后表示不参加诉讼或者不出庭的，视为放弃告诉。第一审宣判后，被通知人就同一事实又提起自诉的，人民法院不予受理。但是，当事人另行提起民事诉讼的，不受《刑诉解释》限制。 [注意] 追究他人刑事责任的机会只有一次，但是民事责任不受限制，即就民事诉讼而言，可以与刑事案件一起提附民，也可以单独另行提起民事诉讼。 经典考题：请问方某涉嫌在公众场合侮辱高某和任某，高某向法院提起自诉，法院通知任某参加诉讼并告知其不参加的法律后果，任某仍未到庭，视为放弃告诉，该案宣判后，任某不得再行自诉，是否正确？① 6.**申请法院调取证据**（《刑诉解释》第325条） 自诉案件当事人因客观原因不能取得的证据，申请人民法院调取的，应当说明理由，并提供相关线索或者材料。人民法院认为有必要的，应当及时调取。 7.**其他规定** （1）被告人实施两个以上犯罪行为，分别属于公诉案件和自诉案件，人民法院可以一并审理。对自诉部分的审理，适用自诉的规定。 [注意] 审理公诉案件的时候遇到自诉案件人民法院可以合并审理，因为自诉案件的管辖权本来就归法院，而法院在审理自诉案件时遇到公诉案件不可以当然合并，因为公诉案件必须是检察院依法公诉至法院，法院才能审理。 （2）被告人在自诉案件审判期间，下落不明的，人民法院应当裁定中止审理。被告人到案后，应当恢复审理，必要时应当对被告人依法采取强制措施。 （3）人民法院对依法宣告无罪的案件，其附带民事部分应当依法进行调解或者一并作出判决。 [注意] 只要刑事案件成立就可以提附带民事诉讼，所以虽然刑事案件不构成犯罪，对附带民事诉讼依然需要一并处理。
自诉案件第一审程序的特点★	1.**可以适用简易程序**（《刑诉解释》第327条） 三类自诉案件只要符合简易程序的适用条件都可以适用简易程序。 [注意] 自诉案件可以采用普通程序，也可以采用简易程序。 2.**可以调解**（《刑诉解释》第328条） （1）只有前两类可以调解，公诉转自诉案件不可以； （2）调解达成协议的，应当制作刑事调解书，由审判人员、助理审判员和书记员署名，并加盖人民法院印章。调解书经双方当事人签收后，即发生法律效力。调解没有达成协议，或者调解书签收前当事人反悔的，应当及时作出判决。

---

① 【答案】正确。

续　表

[注意] 其不存在不制作调解书的情况，不可与附带民事诉讼混淆。

3.可以和解与撤诉（《刑诉解释》第329、330条）

（1）对于已经审理的自诉案件，当事人自行和解的，应当记录在卷。人民法院经审查，认为和解、撤回自诉确属自愿的，应当裁定准许；认为系被强迫、威吓等，并非出于自愿的，不予准许。

[注意] 自愿和解后的撤诉为自诉人主动撤诉。

经典考题：和解和调解应当制作调解书、和解协议，由审判人员和书记员署名并加盖法院印章，是否正确？①

（2）裁定准许撤诉或者当事人自行和解的自诉案件，被告人被采取强制措施的，人民法院应当立即解除。

4.按撤诉处理的情形（《刑诉解释》第331条）

自诉人经2次依法传唤，无正当理由拒不到庭的，或者未经法庭准许中途退庭的，人民法院应当决定按自诉人撤诉处理。自诉人是2人以上的，其中部分人撤诉的，不影响案件的继续审理。

[考点解读] 按撤诉处理带有一定的惩罚性，一般针对的是没有正当理由不到庭或未经许可离庭；对于自诉案件需两次才能按撤诉处理，而对于附带民事诉讼的原告人而言则是一次上述情形发生即按撤诉处理。

5.可以提起反诉（《刑诉解释》第334条）

（1）范围：告诉才处理和被害人有证据证明的轻微刑事案件，可以提起反诉。

（2）反诉必须符合下列条件：

①反诉的对象必须是本案自诉人；

②反诉的内容必须是与本案有关的行为；

③反诉的案件属于告诉才处理和轻微的刑事案件；

④反诉应在诉讼过程中即最迟在自诉案件宣告判决以前提出。

（3）审理

①反诉案件适用自诉的规定，即在反诉的审理和处理程序上，适用自诉的所有规定。反诉人的诉讼地位、诉讼权利、诉讼义务等与自诉人完全相同。反诉案件应当与自诉案件一并审理。

②由于反诉又是一个相对独立的诉，自诉人撤诉的，不影响反诉案件的继续审理。

③如果对双方当事人都必须判处刑罚，应根据各自应负的罪责分别判处，不能互相抵消刑罚。

[注意] 三类自诉案件中，只有告诉才处理和被害人有证据证明的轻微刑事案件两类自诉案件可以进行调解、提起反诉。

6.宣告无罪时附民的处理（《刑诉解释》第333条）

对自诉案件，应当参照《刑诉法》第200条和《刑诉解释》第295条的有关规定作出判决。对依法宣告无罪的案件，有附带民事诉讼的，其附带民事部分可以依法进行调解或者一并作出判决，也可以告知附带民事诉讼原告人另行提起民事诉讼。

---

① 【答案】不正确，只有调解是应当制作调解书，加盖法院的印章，而和解结案，通常会制作和解协议书，也可以不制作和解协议书，和解协议书人民法院不加盖印章。

审理期限 (《刑诉法》第212条)	自诉案件的审理期限要区分被告人是否被羁押： 1.如果被告人被羁押的，与普通公诉案件第一审的审理期限相同3+3+N。 2.如果被告人未被羁押的，人民法院应当在受理后6个月以内宣判。

第三节　简易程序★

简易程序主要是针对普通程序而言的，普通程序必须按照法律的规定按部就班进行，而简易程序可以对一些程序性的事项进行简化例如送达、通知等，且在具体审理的过程中可以对法庭调查、法庭辩论环节进行简化。其实简易程序的适用也是追求诉讼效率的体现，但是考生需要理解，简化处理在一定程度上是在牺牲被告人程序权的基础上实现的，因而简易程序的适用必须经过被告人同意。

［2018、20170234、20170293D、20160237、20140273、20120232、20110271］

适用范围★	正面条件 (《刑诉法》第214条)	基层人民法院一审的案件： 1.案件事实清楚、证据充分的。 2.被告人承认自己所犯罪行，对指控的犯罪事实没有异议的。 3.被告人对适用简易程序没有异议的。 ［考点解读］上述三种情形是适用简易程序的前提条件，任何一个条件不符合都不得适用；而上述第二种情形可以简化为"认罪"记忆，但此处的认罪主要认的是事实，不需要被告人也认可罪名，例如被告人承认抢人财物的事实即可，至于其属于抢劫还是抢夺允许存在争议；上述第三种情形可以简化为"同意适用"。 经典考题：甲为境外非法提供国家秘密案，情节较轻，可能判处3年以下有期徒刑，可否适用简易程序？①
	反面条件 (《刑诉法》第215条；《刑诉解释》第360条)	具有下列情形之一的，不适用简易程序： 1.被告人是盲、聋、哑人。 ［注意］盲聋哑在审理中必须提供翻译且其属于应当法律援助的对象，不宜简化。 2.被告人是尚未完全丧失辨认或者控制自己行为能力的精神病人。 ［注意］半疯傻须提供法律援助辩护，且有可能被采取强制医疗，不宜简化。 3.有重大社会影响的。 4.共同犯罪案件中部分被告人不认罪或对适用简易程序有异议的。 ［注意］共犯需所有人都认罪、都同意适用。

---

① 【答案】不可以，因为危害国家安全的犯罪属于中院一审的案件，非基层法院一审。

续　表

		5.辩护人作无罪辩护的。 [注意]有罪无罪属于事实本身是否存在争议，作无罪辩护的不能适用简易程序，但是作此罪彼罪辩护的则可以，例如公诉的罪名是盗窃，辩护人作诈骗辩护可以适用。 6.被告人认罪但经审查认为可能不构成犯罪的。 [注意]此种情形不符合事实清楚、证据确实充分的前提。 7.不宜适用简易程序审理的其他情形。 [注意]对未成年人刑事案件，人民法院决定适用简易程序审理的，应当征求未成年被告人及其法定代理人、辩护人的意见。上述人员提出异议的，不适用简易程序。（《刑诉解释》第566条）也就是说，只要三方同意即可以适用。
	简易程序转为普通程序（《刑诉解释》第368条）	[考点解读]考生可不必死记硬背，理解记忆即可。简易程序转为普通程序的情形，要么是不符合简易程序的适用前提，要么是出现了简易程序的禁止条件。 适用简易程序审理案件，在法庭审理过程中，有下列情形之一的，应当转为普通程序审理： 1.被告人的行为可能不构成犯罪的。 2.被告人可能不负刑事责任的。 3.被告人当庭对起诉指控的犯罪事实予以否认的。 4.案件事实不清、证据不足的。 5.不应当或者不宜适用简易程序的其他情形。 决定转为普通程序审理的案件，审理期限应当从作出决定之日起计算。 [注意]转为普通程序用决定；简易程序已经进行的时间不算入普通程序的审限。 经典考题：1.自诉案件由简易程序转化为普通程序时原起诉仍然有效，自诉人不必另行起诉，是否正确？① 2.在法庭审理中，被告人对被指控的犯罪事实无异议，但认为本案构成诈骗罪，而非合同诈骗罪，是否需要转化为普通程序审理？
特殊规定		简易程序作为第一审普通程序的简化程序，具有以下特点： **1.审判组织形式的简化**（《刑诉法》第216条） 适用简易程序审理案件，对可能判处3年有期徒刑以下刑罚的，可以组成合议庭进行审判，也可以由审判员一人独任审判；对可能判处的有期徒刑超过3年的，应当组成合议庭进行审判。

---

① 【答案】1.正确。2.不需要，简易程序的适用前提是承认犯罪事实即可以，非一定要承认罪名，即罪名本身允许存在争议。

续 表

	[考点解读]（1）可能判处3年以上有期徒刑的案件也可以适用简易程序。也就是说，只要是基层法院一审的案件，即便是相对比较严重（例如可能判处18年有期徒刑的案件）也可以适用，其并没有限制轻微的案件才能适用。 （2）3年有期徒刑以下刑罚的（包含3年），既可以适用合议庭也可以独任审，超过3年的只能合议庭。注意，采用合议庭审理可以吸收人民陪审员，但是独任审只能由审判员进行。 （3）适用简易程序独任审判过程中，发现对被告人可能判处的有期徒刑超过3年，应当转由合议庭审理。（《刑诉解释》第366条） 2.公诉案件中，人民检察院应当派员出庭。（《高检规则》第433条） [注意] 只要是一审公诉案件，无论适用普通程序、简易程序、还是速裁程序，检察院都应当派员出席法庭。 3.简化法庭调查和法庭辩论程序。但注意，被告人的最后陈述不能省。 4.审理期限短。 适用简易程序审理案件，人民法院应当在受理后20日以内审结；对可能判处的有期徒刑超过3年的，可以延长至一个半月。 5.只适用于第一审程序。 不适用于第二审程序、死刑复核程序和审判监督程序。因为二审、再审等都属于监督程序、纠错程序比较复杂，不宜简化。 6.只适用于基层人民法院。 中院、高院、最高院作一审的案件都不可以适用。
审判程序	1.适用简易程序审理案件，被告人有辩护人的，应当通知其出庭。（《刑诉解释》第359条） [注意] 这里强调的是法院有义务通知辩护人出庭，但是并非通知辩护人就必须来，因为辩护人原则上经过委托人同意可以不出庭，除非属于应当提供法律援助的情形。 2.适用简易程序审理案件，可以对庭审作如下简化：（《刑诉解释》第365、367条） （1）公诉人可以摘要宣读起诉书。 （2）公诉人、辩护人、审判人员对被告人的讯问、发问可以简化或者省略。 （3）对控辩双方无异议的证据，可以仅就证据的名称及所证明的事项作出说明；对控辩双方有异议，或者法庭认为有必要调查核实的证据，应当出示，并进行质证。 （4）控辩双方对与定罪量刑有关的事实、证据没有异议的，法庭审理可以直接围绕罪名确定和量刑问题进行。 （5）适用简易程序审理案件，裁判文书可以简化。 适用简易程序审理案件，判决宣告前应当听取被告人的最后陈述。 [注意] 原则上法庭调查、法庭辩论都可以简化，但是被告人的最后陈述不能省略。 3.宣判：适用简易程序审理案件，一般应当当庭宣判。

第四节 速裁程序

相比于简易程序之简化法庭调查、法庭辩论而言，速裁程序省略了这两个环节，因而速度更快，时间更短。

[2020、2019]

	一般条件	禁止条件
适用的条件及程序 ★	基层人民法院管辖的可能判处3年有期徒刑以下刑罚的案件，案件事实清楚，证据确实、充分，被告人认罪认罚并同意适用速裁程序的，可以适用速裁程序，由审判员一人独任审判。人民检察院在提起公诉的时候，可以建议人民法院适用速裁程序。[考点解读] 1.前提必须符合：（1）简单：事实清楚证据确实充分；（2）轻微：刑期必须为3年有期徒刑以下的案件，即轻微的刑事案件，与简易程序不同，简易程序并未要求是轻微的刑事案件，其既可以是3年以下，也可以是3年以上。（3）被告人认罪认罚；（4）被告人要同意适用。共同犯罪案件中需都同意适用且都认罪认罚。2.只能在基层人民法院适用。	具有下列情形之一的，不适用速裁程序：1.被告人是盲、聋、哑人的。2.被告人是尚未完全丧失辨认或者控制自己行为能力的精神病人的。3.被告人是**未成年人**的。4.案件有重大社会影响的。5.共同犯罪案件中部分被告人对指控的犯罪事实、罪名、量刑建议或者适用速裁程序有异议的。6.被告人与被害人或者其法定代理人**没有就附带民事诉讼赔偿等事项达成调解、和解协议**的。7.辩护人作无罪辩护的。8.其他不宜适用速裁程序的情形。[考点解读]（1）不能适用简易程序的盲聋哑、半疯傻、影响重大、辩护人作无罪辩护同样也不能适用速裁程序，理解记忆；共犯需所有人对事实、罪名、量刑建议、程序适用都同意。（2）未成年人案件绝对不能适用速裁程序，但是三方同意可以适用简易程序。（3）速裁程序可以提起附带民事诉讼，但是必须通过协商一致的方式解决，如果无法协商一致必须升格为简易程序或普通程序。[活学活用] 请问速裁程序中被告人能否提起附带民事诉讼？①
启动方式（《刑诉解释》第369条）	1.依检察院的建议 对人民检察院在提起公诉时建议适用速裁程序的案件，基层人民法院经审查认为案件事实清楚，证据确实、充分，可能判处3年有期徒刑以下刑罚的，在将起诉书副本送达被告人时，应当告知被告人适用速裁程序的法律规定，询问其是否同意适用速裁程序。被告人同意适用速裁程序的，可以决定适用速裁程序，并在开庭前通知人民检察院和辩护人。	

---

① 【答案】可以，只要刑事案件成立，不管其适用的是普通程序还是简易程序、速裁程序都可以提起附带民事诉讼，但是注意必须通过调解或和解的方式解决。

续表

	2.法院依职权启动 对人民检察院未建议适用速裁程序的案件，人民法院经审查认为符合速裁程序适用条件的，可以决定适用速裁程序，并在开庭前通知人民检察院和辩护人。 **3.依辩护方申请** 被告人及其辩护人可以向人民法院提出适用速裁程序的申请。
简化情形	**1.简化** （1）适用速裁程序审理案件，不受法律规定的送达期限的限制，<u>一般不进行法庭调查、法庭辩论</u>，但在判决宣告前应当听取辩护人的意见和被告人的最后陈述意见。 （2）公诉人一般不再讯问被告人。(《高检规则》第442条） **2.通知对象** 适用速裁程序审理案件，人民法院**应当**在开庭前将开庭的时间、地点通知人民检察院、被告人、辩护人，也**可以**通知其他诉讼参与人。(《刑诉解释》第371条） 3.适用速裁程序审理案件，**可以集中开庭，逐案审理**。(《刑诉解释》第372条） 4.**宣判**：适用速裁程序审理案件，应当当庭宣判。 5.检察院应当派员出席法庭。(《高检规则》第441条）
审限	适用速裁程序审理案件，人民法院应当在受理后10日以内审结；对可能判处的有期徒刑超过1年的，可以延长至15日。
程序转化 (《刑诉解释》第375、376条）	适用速裁程序审理案件，在法庭审理过程中，具有下列情形之一的，应当转为普通程序或者简易程序审理： 1.被告人的行为可能不构成犯罪或者不应当追究刑事责任的。 2.被告人违背意愿认罪认罚的。 3.被告人否认指控的犯罪事实的。 4.案件疑难、复杂或者对适用法律有重大争议的。 5.其他不宜适用速裁程序的情形。 决定转为普通程序或者简易程序审理的案件，审理期限应当从作出决定之日起计算。 [考点解读] 当出现不适用速裁程序的情形，则应当转为普通程序或者简易程序；具体转为哪一种需要具体问题具体分析，例如速裁程序中发现被告人是未成年人，应当先正确未成年人、法定代理人、辩护人的意见，三方同意的则可以适用简易程序，如果有一方有异议的则应当转化为普通程序。

经典考题：请问法院在受理余周涉嫌危险驾驶罪一案后，应当在10日内审结，是否正确？[1]

---

[1]【答案】正确，因为危险驾驶罪一般处拘役，并处罚金，属于将判处一年以下的案件，所以法院应当在10日内审结。

进阶考点　判决、裁定和决定

[20170235、20100235]

	判决	裁定	决定
示例	审理阶段A区人民法院判决宣告张三构成盗窃罪，有期徒刑5年。	审理中二审人民法院觉得一审裁判结果正确裁定维持原判；执行中裁定减刑。	申请公安机关的侦查人员回避，公安机关负责人决定其回避；审理阶段遇有诉讼障碍，法院决定延期审理。
适用对象	实体问题	程序问题和部分实体问题（终止审理、中止审理、维持原判、撤销原判发回重审、驳回自诉、核准死刑、减刑、假释、撤销缓刑、减免罚金）	程序问题（回避、是否立案、有关强制措施、实施侦查行为、撤销案件、延长羁押期限、起诉或不起诉、开庭审判、延期审理、抗诉、提起再审程序）
适用阶段	审判阶段	审判、执行阶段	侦查、起诉、审判、执行阶段
适用机关	法院	法院	侦查、检察、审判、执行机关
表现形式	书面	书面、口头	书面、口头
排他性	一个案件只有一个生效判决	一个案件可以有多个裁定	一个案件可以有多项决定
法律效力	不服未生效的判决，可以上诉、抗诉	部分未生效的裁定，可以上诉、抗诉	一经作出立即生效，不得上诉、抗诉，部分决定可以申请复议一次（如回避、司法拘留、罚款）

专题十六　第二审程序

命题点拨

本专题为历年考查重点章节，且经常进入主观题大题的考查，但考试内容主要为二审的特有原则及特殊程序，所以考生备考需把精力放至对应考点处。

二审程序的性质为监督程序，即监督一审的裁判是否正确，如果正确，二审法院应当裁定维持原判；如果错误则或者改判或者将案件发回重审。一审程序审理的对象主要是活着的被告人，法院要对被告人定罪量刑，所以一审中被告人原则上必须到庭且开庭审理；二审审理的对象为一审的案卷（裁判结果），所以二审更多的时候会采用不开庭审理，特殊情况下才一定要开庭，且在二审中部分被告人可以不到庭参加审理。

知识体系图

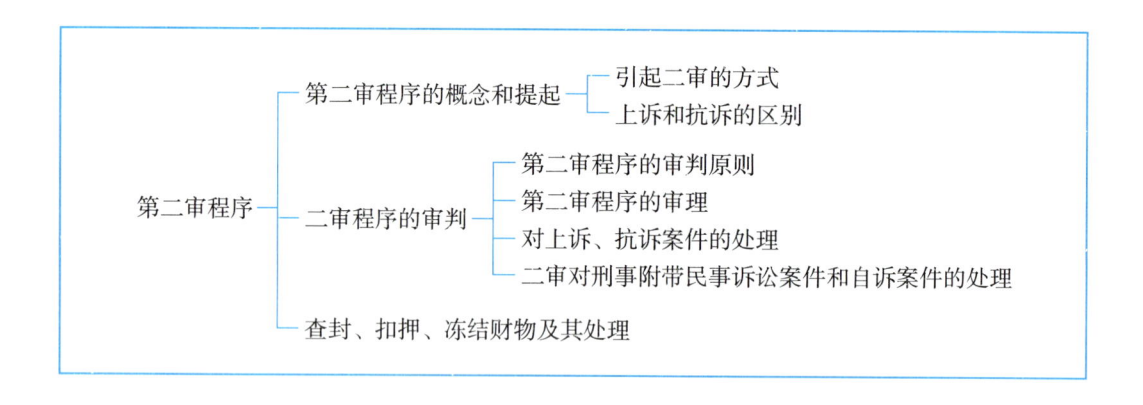

```
                    ┌─ 第二审程序的概念和提起 ─┬─ 引起二审的方式
                    │                          └─ 上诉和抗诉的区别
                    │                          ┌─ 第二审程序的审判原则
第二审程序 ─────────┼─ 二审程序的审判 ─────────┼─ 第二审程序的审理
                    │                          ├─ 对上诉、抗诉案件的处理
                    │                          └─ 二审对刑事附带民事诉讼案件和自诉案件的处理
                    └─ 查封、扣押、冻结财物及其处理
```

第一节　第二审程序的概念和提起

第二审程序，又称上诉审程序，是指第二审人民法院根据上诉人的上诉或者人民检察院的抗诉，对第一审人民法院尚未发生法律效力的判决或裁定进行审判所应遵循的程序，也就是说二审的启动遵循不告不理，且是审理的对象是一审未生效的裁判。

一、引起二审的方式

基本方式	上诉和抗诉。 **1.上诉**：指上诉权主体不服地方各级人民法院尚未发生法律效力的第一审判决或者裁定，要求上一级人民法院对案件重新进行审判的诉讼活动。 **2.抗诉**：指地方各级人民检察院认为同级人民法院第一审尚未发生法律效力的判决或者裁定确有错误时，提请上一级人民法院进行第二次审判的诉讼活动。
判决、裁定的范围	一审的判决和**准许撤回起诉、终止审理**等裁定。（《刑诉解释》第378条）

二、上诉和抗诉的区别★

［2020、2019、20050232、20050234、20050276］

	上 诉	抗 诉
主体	**1.有独立上诉权的主体**（《刑诉解释》第378条） 被告人、自诉人和他们的法定代理人，附民当事人及法定代理人可以对附带民事诉讼部分上诉。 ［注意］在三类诉讼中六类当事人除了被害人没有独立的上诉权，其他主体都有独立的上诉权。而当事人自己有独立上诉权的，其法定代理人也都有。 **2.无独立上诉权的主体** 被告人的辩护人和近亲属，经被告人同意，可以提出上诉。 ［注意］一般的刑事案件中近亲属都没有独立的上诉权，其上诉必须经过被告人同意。	1.检察院。 2.被害人及其法定代理人没有抗诉权，只能自收到判决书5日内请求检察机关抗诉。 ［注意］被害人及其法定代理人只对未生效的第一审判决享有请求抗诉权，而对未生效的第一审裁定则不享有这项权利。
方式	口头或者书面	书面
理由	无需特定理由，当然有理由也可以。 ［注意］只要被告人表示不服要上诉，就可以启动二审，因为上诉是其法定的诉讼权利。	地方各级人民检察院认为本级人民法院第一审的判决、裁定确有错误的。 ［注意］检察院抗诉必须有理由，因为抗诉是检察院的监督手段，所以其必须认为一审的判决、裁定有错才可以启动。根据《高检规则》第584条的规定可知主要包括：事实证据、定罪量刑及程序有错。
期限 （《刑诉解释》第380条）	1.不服判决的上诉期限为10日，不服裁定的上诉期限为5日。 2.附民部分不管是合并审还是另行判决都按照刑事部分计算期限。	同上诉期限。

续　表

	上　诉	抗　诉
程序 （《刑诉解释》第381、382条）	上诉可以直接向第一审人民法院提出也可以向第二审人民法院提出。	抗诉只能通过原审人民法院提出抗诉书。
申请撤回	（《刑诉解释》第383条） 1.法定期限内撤回都可以 上诉期限内申请撤回上诉，法院应当准许；上诉主体是否提出上诉，以其在上诉期满前最后一次的意思表示为准。 2.期满后撤回须经审查 上诉期限后申请撤回上诉，二审法院应当审查，经审查，认为一审事实、法律、量刑正确，准许撤回，否则不准许。 ［注意］（1）上诉期限内上诉人可以随意撤回上诉请求，撤回过后也可以再行提起上诉； （2）上诉期满后，上诉人撤回上诉必须经过审查，第一审判决正确则准许，不正确则不予准许。	（《刑诉解释》第385条） 1.法定抗诉期限内都可以 人民检察院在抗诉期限内要求撤回抗诉的，人民法院应当准许。 2.期满后须审查 人民检察院在抗诉期满后要求撤回抗诉的，第二审人民法院可以裁定准许，但是认为原判存在将无罪判为有罪、轻罪重判等情形的，应当不予准许，继续审理。 ［注意］法院不予准许主要针对的是一审的裁判结果对被告人不利。
一审判决效力 （《刑诉解释》第386条）	在上诉、抗诉期满前撤回上诉、抗诉的，第一审判决、裁定在上诉、抗诉期满之日起生效。 ［例如］张三6月1号收到判决书，6月3号上诉，5号撤回，判决应当在12号生效，注意11号是法定上诉期的最后一日，不能生效。	
	在上诉、抗诉期满后要求撤回上诉、抗诉，第二审人民法院裁定准许的，第一审判决、裁定应当自第二审裁定书送达上诉人或者抗诉机关之日起生效。 ［例如］张三6月1号收到判决书，6月3号上诉，13号撤回，二审法院15号裁定准许，19号送达裁定，则19号生效。	
二审抗诉★ （《高检规则》第584~590条）	1.决定主体：对于需要提出抗诉的案件，应当报请检察长决定。 2.抗诉时间：法定期限内。 3.抗诉的形式及程序（《高检规则》第587条）★ 人民检察院对同级人民法院第一审判决、裁定的抗诉，应当制作抗诉书，通过原审人民法院向上一级人民法院提出，并将抗诉书副本连同案卷材料报送上一级人民检察院。 4.上一级检察院的监督权 （1）支持：上一级检察院对下级检察院按照第二审程序提出抗诉的案件，认为抗诉正确的，应当支持抗诉。 （2）不支持必须先听取意见：★上一级检察院认为抗诉不当的，应当听取下级检察院的意见。听取意见后，仍然认为抗诉不当的，应当向同级人民法院撤回抗诉，并且通知下级人民检察院。	

续 表

上 诉	抗 诉

（3）上一级之监督：上一级人民检察院在上诉、抗诉期限内，发现下级人民检察院应当提出抗诉而没有提出抗诉的案件，可以指令下级人民检察院依法提出抗诉。

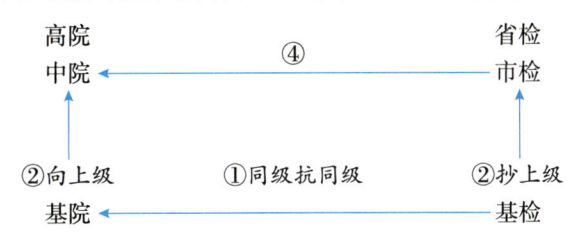

```
高院                    ④              省检
中院 ←─────────────────────── 市检


②向上级      ①同级抗同级      ②抄上级
基院 ──────────────────────→ 基检
```

[例如] 张三因为盗窃罪被甲市A区法院判决有期徒刑5年，6月1号判决书送达了A区检察院，关于本案的抗诉应当遵循以下规则：A区检察院如果认为裁判不正确应当在2号至11号之间提起抗诉；具体而言，A区检察院应书写抗诉书递交A区法院，而后A区法院连同一审的案卷移送上一级即甲市中级人民法院，甲市中级人民法院审理此案时，甲市检察院应当派员出庭支持诉讼。也就是说二审的抗诉对象为一审未生效的裁判，遵循同级检察院对同级法院的裁判进行抗诉，向上一级提起，但是必须通过原审法院提交抗诉书。

5. 总结

第一，二审抗诉为同级检察院抗诉同级法院，所以为同级抗同级。
第二，向上级人民法院抗，但必须通过原审人民法院递交抗诉书。
第三，因为其抗诉的对象是未生效的判决裁定，所以四级检察院最高检无二审抗诉权，因为最高人民法院一审终审。

[活学活用] 请判断下列说法的正误：[①]
1. 自诉人高某的法定代理人有独立上诉权。
2. 被告人李某的法定代理人有独立上诉权。
3. 被害人方某的法定代理人有独立上诉权。
4. 附带民事诉讼当事人吴某的法定代理人对附带民事部分有独立上诉权。

⇨ 进阶考点 ⇦

一、上诉的提起

上诉既可以向一审法院提起也可以向二审法院提起：

1. 上诉人通过一审法院提出上诉的，一审法院应当审查。符合规定的，应当在上诉期满后3日内将上诉状连同案卷、证据移送上一级人民法院，并将上诉状副本送交同级人民检察院和对方当事人。

2. 上诉人直接向二审法院提出的，二审法院应当在收到上诉状后3日内将上诉状交

[①] 【答案】1正确。2正确。3错误，被害人没有上诉的权利，因而其法定代理人也没有独立的上诉权。4正确。

一审法院。一审法院应当审查上诉是否符合规定。符合规定的，应当在接到上诉状后3日内将上诉状连同案卷、证据移送上一级人民法院，并将上诉状副本送交同级人民检察院和对方当事人。

二、上诉申请之撤回

被判处死刑立即执行的被告人提出上诉，在第二审开庭后宣告裁判前申请撤回上诉的，应当不予准许，继续按照上诉案件审理。

[注意] 一般的刑事案件只分为期限内和期满后，但是针对死刑立即执行案件的被告人，其时间分为三个阶段：第一，上诉期限内随意撤回；第二，上诉期满至二审开庭前需要审查；第三，二审开庭后一律不予准许。

第二节　二审程序的审判

一、第二审程序的审判原则★

（一）全面审查原则

[20040233、20040266]

概念 （《刑诉法》 第233条）	第二审人民法院应当就第一审判决认定的事实和适用法律进行全面审查，不受上诉或者抗诉范围的限制。共犯案件只有部分被告人上诉的，应当对全案进行审查，一并处理。
主要内容	[注意] 考生理解记忆，勿死记硬背，只需记住只要一审审理过的内容、审理过的人都在二审的审查范围之内，无论对哪一部分或哪一个人上诉，不受限制！ 1.共犯案件，只有部分被告人提出上诉，或者自诉人只对部分被告人的判决提出上诉，或者人民检察院只对部分被告人的判决提出抗诉的，第二审人民法院应当对全案进行审查，一并处理。既要对已上诉的被告人的问题进行审查，又要对未上诉的被告人的问题进行审查；既要对被提起上诉或抗诉的被告人的问题进行审查，又要对未被提起上诉或抗诉的被告人的问题进行审查。 2.上诉人死亡案件之处理★ 共同犯罪案件，上诉的被告人死亡，其他被告人未上诉的，第二审人民法院仍应对全案进行审查。经审查，死亡的被告人不构成犯罪的，应当宣告无罪；认为构成犯罪的，应当终止审理。对其他同案被告人仍应当作出判决、裁定。（《刑诉解释》第390条） [考点解读]（1）二审中针对共同犯罪案件上诉人死亡的，法院需要继续审查，因为二审的审理对象是一审的判决裁定，而非上诉人本人；而因为全面审查其既要审查死亡的人，又要审查未提起上诉的人； （2）审查后对死亡的人会得出两种结果即有罪或无罪，一定要注意一审中轻罪被重判也属于有罪，此时不可以改判，只能裁定终止审理。对其他人按照二审的正常审理程序处理。

> **进阶考点** 全面审查之二审刑附民的处理（《刑诉解释》第407、409条）

刑事附带民事诉讼案件，只有附带民事诉讼当事人及其法定代理人上诉的，第二审人民法院应当对全案进行审查。

[注意] 考生必须厘清思路：第一，刑附民的案件本身包括刑事与民事两部分裁判结果，包括刑事部分的定罪量刑，包括民事部分的赔不赔、赔多少；第二，各自判决的上诉期相同却并不影响，即10天内只对其中一部分上诉，过了10天未被提起上诉的另一部分已经生效；第三，生效依然要接受全面审查原则限制，而具体的上诉对象不同处理程序即不同。

1. 对刑事上诉——发现已生效的民事部分错误

第二审人民法院审理对刑事部分提出上诉、抗诉，附带民事部分已经发生法律效力的案件，发现第一审判决、裁定中的附带民事部分确有错误的，应当依照审判监督程序对附带民事部分予以纠正。（《刑诉解释》第407条）

[注意] 即附民单独再审，刑事部分继续二审。

2. 对民事部分上诉（《刑诉解释》第409条）

第二审人民法院审理对附带民事部分提出上诉，刑事部分已经发生法律效力的案件，应当对全案进行审查，并按照下列情形分别处理：

（1）第一审判决的刑事部分并无不当的，只需就附带民事部分作出处理；

（2）第一审判决的刑事部分确有错误的，依照审判监督程序对刑事部分进行再审，并将附带民事部分与刑事部分一并审理。

[注意] 因为附带民事诉讼与刑事诉讼依据的事实是同一个事实，所以如果只对附民部分上诉，而作为主体部分的刑事诉讼有错误则全案进入再审。

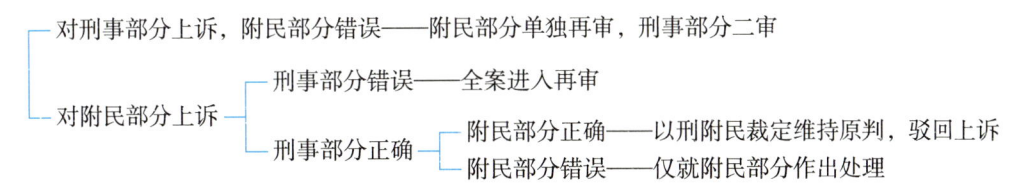

```
┌─ 对刑事部分上诉，附民部分错误——附民部分单独再审，刑事部分二审
│                    ┌─ 刑事部分错误——全案进入再审
└─ 对附民部分上诉 ──┤
                     │                    ┌─ 附民部分正确——以刑附民裁定维持原判，驳回上诉
                     └─ 刑事部分正确 ──┤
                                          └─ 附民部分错误——仅就附民部分作出处理
```

3. 执行的特殊规定（《刑诉解释》第408条）

刑事附带民事诉讼案件，只有附带民事诉讼当事人及其法定代理人上诉的，第一审刑事部分的判决在上诉期满后即发生法律效力。

应当送监执行的第一审刑事被告人是第二审附带民事诉讼被告人的，在第二审附带民事诉讼案件审结前，可以暂缓送监执行。

（二）上诉不加刑原则（《刑诉解释》第401、402条）

[20170294、20160238、20110236、20100236、20100277、20090235、20040266]

含义	只适用于被告人一方上诉的案件，即被告人和他的法定代理人、辩护人、近亲属提起的上诉案件，不可以加重被告人的刑罚。而检察院提出抗诉的或自诉人提出上诉的，不受该原则的限制。 [例如]一审被告人甲认为量刑过重上诉，检察院同时对其抗诉，则此时可以加重对甲的刑罚。
内容	**同案犯的处理** 1.只有部分被告人上诉的，既不得加重上诉人的刑罚，也不得加重其他同案被告人的刑罚。 2.检察院只对部分被告人提出抗诉，或自诉人只对部分被告人提出上诉的，第二审法院不得对其他同案被告人加重刑罚。 [例如]甲、乙、丙三人共同犯罪，甲被判6年、乙7年、丙8年，检察院对甲提起抗诉，丙上诉，此时二审只可以加重对甲的刑罚，不可以加重对乙与丙的。考生需注意，检察院抗谁则可以加谁。 **罪名不当 ★** 原判认定的罪名不当的，可以改变罪名，**但不得加重刑罚或者对刑罚执行产生不利影响**。 [例如]甲一审因为抢夺被判5年，后二审发现其持枪抢夺，则二审可以将抢夺改为抢劫，但不可以加重刑罚。但是考生一定要注意避开一个陷阱，即对刑罚的执行产生不利影响。例如《刑法》第81条第2款规定："对累犯以及因故意杀人、强奸、抢劫、绑架、放火、爆炸、投放危险物质或者有组织的暴力性犯罪被判处十年以上有期徒刑、无期徒刑的犯罪分子，不得假释。"据此，实践中可能存在二审改变一审认定的罪名，并未加重刑罚，但对刑罚执行产生不利影响。例如，二审将一审认定的盗窃罪改判为抢劫罪，仍维持12年有期徒刑的刑罚，但对二审改判的罪名不得假释，对被告人产生不利影响。所以注意把握这类罪10年的界限。 **量刑畸轻的处理 ★** 原判判处的刑罚不当、应当适用附加刑而没有适用的，不得直接加重刑罚、适用附加刑。原判判处的刑罚畸轻，必须依法改判的，应当在第二审判决、裁定生效后，依照审判监督程序重新审判。 [考点解读]1.此条针对的是单纯一审量刑轻了的情形，而事实和证据都没有问题，此时注意二审既不得直接加重对一审被告人的刑罚，也不可以通过发回重审的方式加重，因为案件本身就不属于能够发回重审的情形。 2.二审只能先裁定维持一审的判决，等到裁定生效后通过再审程序来纠正，但考生一定要注意，启动再审的方式有两种即：检察院的抗诉和法院自己决定而启动的再审，但根据《刑诉解释》第469条的规定，除人民检察院抗诉的以外，再审一般不得加重原审被告人的刑罚。也就说在此处要想加重对被告人的刑罚，一般应该是检察院向法院提出抗诉启动再审。 **数罪并罚** 原判认定的罪数不当的，可以改变罪数，并调整刑罚，但不得加重决定执行的刑罚或者对刑罚执行产生不利影响。 [考点解读]数罪中的任何一个罪都可以加重，且可以将三罪合并为两个或一个罪名，但是总和刑期不能加重，也不能对执行方式产生不利的影响。

续　表

其他	1.原判对被告人宣告缓刑的，不得撤销缓刑或者延长缓刑考验期。 ［例如］一审判处有期徒刑2年、缓刑2年，二审不可以改为有期徒刑一年，但撤销缓刑，因为其实质上是加重了刑罚。 2.原判没有宣告职业禁止、禁止令的，不得增加宣告；原判宣告职业禁止、禁止令的，不得增加内容、延长期限。 3.原判对被告人判处死刑缓期执行没有限制减刑、决定终身监禁的，不得限制减刑、决定终身监禁。
其他程序不得加重的情形★	1.**再审不得加重刑罚的规定**（《刑诉解释》第469条） 除检察院抗诉的以外，再审一般不得加重原审被告人的刑罚。再审决定书或抗诉书只针对部分原审被告人的，不得加重其他同案原审被告人的刑罚。 2.高院复核死刑缓期执行案件，不得加重被告人的刑罚。

进阶考点

一、特殊可加重情形★（《刑诉解释》第403条）

1.被告人或者其法定代理人、辩护人、近亲属提出上诉，人民检察院未提出抗诉的案件，第二审人民法院发回重新审判后，**除有新的犯罪事实且人民检察院补充起诉的以外，原审人民法院不得加重被告人的刑罚**。

［考点解读］在刑事案件的二审程序中，针对事实不清及违反程序的情形可将案件发回重审，但一定要注意，上诉不加刑原则是个绝对性的原则，其要求二审法院不得自己加，也不可以通过发回原审法院审理让原审法院来加；也就是说，原则上不可以通过发回重审的方式来加重对被告人的刑罚，除非同时符合以下两个条件：一是在发回重审后出现了新事实，而所谓的新事实指的是起诉书中未提过的事实；二是检察院补充起诉，而只有新事实导致漏罪漏人的出现才可以补充起诉。例如，张三因为盗窃罪被判处有期徒刑五年，张三上诉，二审人民法院发现案件属于事实不清、证据不足遂将案件发回原审人民法院重审，原审人民法院审理发现张三应当还涉嫌诈骗，检察院遂对诈骗罪作了补充起诉，此时原审法院可以加重张三的刑罚。

另外，补充起诉之所以能加刑，是因为原来的诉被扩大了，已经不再是原来的诉了，而既然诉的范围变大了，多了一个罪，人民法院当然可以加重刑罚。

2.对上述案件，原审人民法院对上诉发回重新审判的案件依法作出判决后，人民检察院抗诉的，第二审人民法院不得改判为重于原审人民法院第一次判处的刑罚。

［考点解读］一审法院对于发回重审的案件重新审理后等同于出现了一个全新的一审判决，按照法律规定可以再次上诉，检察院也可以再次抗诉，但是为了保障被告人的权益，原则上检察院再次上诉至二审法院，对于此案的裁判结果也不可以重于第一次上诉的一审判决的结果。例如，张三一审因为盗窃被判处有期徒刑3年，张三不服提起上诉，二审法院裁定发回重审，发回重审后，如果原审法院裁定维持有期徒刑3年，则检

察院抗诉，二审法院不得加重；但是，如果发回重审后，原审法院改判有期徒刑2年的，则此时检察院抗诉二审法院可以加刑，但是不得超过3年。

二、死缓案件的特殊处理（《最高人民法院关于死刑缓期执行限制减刑案件审理程序若干问题的规定》第3~6条）

死缓案件同样遵循上述规则：上诉及复核不可加刑，但注意不限制减刑即减轻。

1.不得加重

（1）高级人民法院审理判处死刑缓期执行没有限制减刑的上诉案件，认为原判事实清楚、证据充分，但应当限制减刑的，不得直接改判，也不得发回重新审判。

（2）确有必要限制减刑的，应当在第二审判决、裁定生效后，按照审判监督程序重新审判。

（3）高级人民法院复核判处死刑缓期执行没有限制减刑的案件，认为应当限制减刑的，不得以提高审级等方式对被告人限制减刑。

2.可减轻

高级人民法院审理或者复核判处死刑缓期执行并限制减刑的案件，认为原判对被告人判处死刑缓期执行适当，但判决限制减刑不当的，应当改判，撤销限制减刑。

3.死刑减死缓可同时限制减刑

（1）高级人民法院审理判处死刑的第二审案件，对被告人改判死刑缓期执行的，如果符合《刑法》第50条第2款的规定，可以同时决定对其限制减刑。

（2）高级人民法院复核判处死刑后没有上诉、抗诉的案件，认为应当改判死刑缓期执行并限制减刑的，可以提审或者发回重新审判。

4.最高院复核死刑案件的处理

（1）最高人民法院复核死刑案件，认为对被告人可以判处死刑缓期执行并限制减刑的，应当裁定不予核准，并撤销原判，发回重新审判。

（2）一案中两名以上被告人被判处死刑，最高人民法院复核后，对其中部分被告人改判死刑缓期执行的，如果符合《刑法》第50条第2款的规定，可以同时决定对其限制减刑。

二、第二审程序的审理

［2019、2018、20170294、20160238、20150209、20150295、20110273、20140238、20040266］

阅卷（《刑诉解释》第395、396条）	1.第二审人民法院应当在决定开庭审理后及时通知人民检察院查阅案卷。人民检察院应当在1个月以内查阅完毕。自通知后的第二日起，人民检察院查阅案卷的时间不计入审理期限。 [考点解读] 因为二审开庭审理的案件检察院需要派员出席法庭，只有阅卷才能熟悉案件情况。注意在一个月以内无法完成阅卷的，可以商请人民法院延期审理。（《高检规则》第447条） 经典考题：二审人民法院受理后应当通知检察院阅卷，是否正确？[①] 2.第二审期间，控辩双方提交新证据的，法院应当及时通知对方阅卷。

[①] 【答案】不正确，只有决定审理后才应当通知，如果不开庭无须通知。

续　表

二审的审理方式 ★★★★★	1.应当开庭审理的情形 （《刑诉法》第234条；《刑诉解释》第393条）★	二审人民法院的审理对象为一审的判决裁定，所以一般情况下二审人民法院会选择书面审理（翻阅一审的案卷材料），即不开庭审理，特殊情况下才会选择开庭审理： （1）被告人、自诉人及其法定代理人对第一审认定的事实、证据提出异议，可能影响定罪量刑的上诉案件； [考点解读] 证据的调查会涉及举证、质证，因而需要开庭审理。 （2）被告人被判处死刑的上诉案件； [考点解读] 第一，此处的死刑包括死立即、也包括死缓。第二，被判处死刑的被告人没有上诉，同案的其他被告人上诉的案件，第二审人民法院应当开庭审理。 （3）人民检察院抗诉的案件； （4）其他应当开庭审理的案件。
	2.不开庭审理的情形★	（1）情形 对上诉、抗诉案件，二审人民法院经审查，认为原判事实不清、证据不足，或者具有《刑诉法》第238条规定的违反法定诉讼程序情形，需要发回重新审判的，可以不开庭审理。（《刑诉解释》第394条） （2）不开庭之程序 ①第二审案件依法不开庭审理的，应当讯问被告人，听取其他当事人、辩护人、诉讼代理人的意见。 ②合议庭全体成员应当阅卷，必要时应当提交书面阅卷意见。
检察院派员 （《刑诉法》第235条；《刑诉解释》第397条）		开庭则必须派员（《高检规则》第445条） 检察院提出抗诉的案件或二审法院开庭审理的公诉案件，同级人民检察院都应当派员出席法庭。 [注意] 二审不开庭审理的公诉案件，检察院可以不派员出席法庭。
地点规定		二审法院开庭审理案件，一般在二审法院所在地，也可到案件发生地或原审法院所在地进行。
委托辩护 （《刑诉解释》第392条）		1.第二审期间，被告人除自行辩护外，还可以继续委托第一审辩护人或者另行委托辩护人辩护。 2.共同犯罪案件，只有部分被告人提出上诉，或者自诉人只对部分被告人的判决提出上诉，或者人民检察院只对部分被告人的判决提出抗诉的，其他同案被告人也可以委托辩护人辩护。 [注意] 基于全面审查原则同案被告人都属于审查的对象，所以未上诉、未被抗诉的被告人也可以委托辩护人进行辩护。
法庭调查 （《刑诉解释》第398条）		1.具体流程 法庭调查阶段，审判人员宣读第一审判决书、裁定书后，上诉案件由上诉人或者辩护人先宣读上诉状或者陈述上诉理由，抗诉案件由检察员宣读抗诉书；既有上诉又有抗诉的案件，先由检察员宣读抗诉书，再由上诉人或者辩护人宣读上诉状或者陈述上诉理由。

	续 表
	[考点解读] 在二审的法庭调查中遵循一个最为基本的规则即谁启动的二审谁先说话，如果既有上诉、又有抗诉则应当由检察院先说话。下一个法庭辩论也遵循这一规则。 开庭审理上诉、抗诉案件，可以重点围绕对第一审判决、裁定有争议的问题或者有疑问的部分进行。根据案件情况，可以按照下列方式审理： （1）宣读第一审判决书，可以只宣读案由、主要事实、证据名称和判决主文等； （2）法庭调查应当重点围绕对第一审判决提出异议的事实、证据以及新的证据等进行；对没有异议的事实、证据和情节，可以直接确认； （3）对同案审理案件中未上诉的被告人，未被申请出庭或者人民法院认为没有必要到庭的，可以不再传唤到庭； （4）被告人犯有数罪的案件，对其中事实清楚且无异议的犯罪，可以不在庭审时审理。（《刑诉解释》第399条） **2.同案犯的处理**★ 同案审理的案件，未提出上诉、人民检察院也未对其判决提出抗诉的被告人要求出庭的，应当准许。出庭的被告人可以参加法庭调查和辩论。 [注意] 未上诉的人民法院认为没有必要到庭的人可以不再到庭，但是出庭是他们的权利。
法庭辩论 （《刑诉解释》 第398条）	法庭辩论阶段，上诉案件，先由上诉人、辩护人发言，后由检察员、诉讼代理人发言；抗诉案件，先由检察员、诉讼代理人发言，后由被告人、辩护人发言；既有上诉又有抗诉的案件，先由检察员、诉讼代理人发言，后由上诉人、辩护人发言。

进阶考点　二审中检察院讯问被告人之情形（《高检规则》第449条）

对于下列原审被告人，应当进行讯问的情形：
1.提出上诉的。
2.人民检察院提出抗诉的。
3.被判处无期徒刑以上刑罚的。

[考点解读] 共同犯罪案件中，谁提出上诉则检察院应当讯问谁，未上诉部分的被告人检察院可以不再讯问；同理，共犯中检察院对谁抗诉应当讯问谁，未提起抗诉的原审被告人可以不再讯问。但是考生注意共犯中如果存在无期以上的被告人，无论其是否上诉或检察院是否对其抗诉，检察院都应当讯问。

经典考题：张某、王某合伙实施盗窃，张某被判处有期徒刑10年，王某被判处有期徒刑3年。张某、王某未上诉，人民检察院认为对王某的量刑过轻，仅就王某的量刑问题提出抗诉。在二审程序中，张某享有哪些权利？①

---

① 【答案】第一，可以委托辩护人进行辩护；第二，可以参加法庭调查，法庭辩论。第三，不得被加重量刑。

三、对上诉、抗诉案件的处理

二审是纠错、监督程序，审理的对象为一审的判决裁定，考生注意，审理完毕后只有两大类的结果：一种是认为一审的判决裁定是对的，则应当维持；另一种认为一审的判决裁定是错的，则或者改判，或者发回重审！

根据《刑诉法》第236、238条的规定，第二审人民法院经过审理后，具体会作出如下处理：

[2020]

二审的裁判结果	驳回上诉、抗诉，维持原判		原判决认定事实和适用法律正确、量刑适当。
	改判	1.应当改判	1.原判决适用法律有错误。 2.原判决量刑不当。 [注意]遇到这两种情形，只能改判，不可发回重审。
		2.可以改判	原判决事实不清楚或者证据不足。
	裁定撤销原判，发回重审	1.可以裁定发回	事实不清楚或证据不足，但此种情形只能发回重审一次。
		2.应当裁定发回	**违反法定的诉讼程序**：——考生无需识记，灵活运用即可，只要违反程序一律发回重审 （1）违反有关公开审判的规定的； （2）违反回避制度的； （3）剥夺或者限制了当事人的法定诉讼权利，可能影响公正审判的； （4）审判组织的组成不合法的； （5）其他。 [注意]原审法院对发回重新审判的案件，应当另行组成合议庭，依照第一审程序进行审判。 对于重新审判后的判决，可以上诉、抗诉。
二审裁判的效力	第二审的判决、裁定（死刑案件以及在法定刑以下判处刑罚的必须报经最高人民法院核准的除外）和最高人民法院的判决、裁定，都是终审的判决、裁定，**自宣告之日起发生法律效力**，不得对其再行上诉或按二审程序提起抗诉。（《刑诉解释》第413条第3款）		
委托宣判	第二审人民法院可以委托第一审人民法院代为宣判，并向当事人送达第二审判决书、裁定书。第一审人民法院应当在代为宣判后5日内将宣判笔录送交第二审人民法院，并在送达完毕后及时将送达回证送交第二审人民法院。委托宣判的，第二审人民法院应当直接向同级人民检察院送达第二审判决书、裁定书。（《刑诉解释》413条第1款）		
二审审限计算（《刑诉法》第243条）	2+2+N 1.第二审法院受理上诉、抗诉案件，应当在2个月以内审结。对于可能判处死刑的案件或附民的案件，以及有集团、交、流、广重大复杂的案件，经省、自治区、直辖市高级人民法院批准或者决定，可延长2个月；因特殊情况还需要延长的，报请最高院批准。 2.最高院受理上诉、抗诉案件的审理期限，由最高院决定。		

进阶考点

一、共犯事实不清、证据不足之二审处理★

有多名被告人的案件，部分被告人的犯罪事实不清、证据不足或者有新的犯罪事实需要追诉，且有关犯罪与其他同案被告人没有关联的，第二审人民法院根据案件情况，可以对该部分被告人分案处理，将该部分被告人发回原审人民法院重新审判。原审人民法院重新作出判决后，被告人上诉或者人民检察院抗诉，其他被告人的案件尚未作出第二审判决、裁定的，第二审人民法院可以并案审理。（《刑诉解释》第404条）

[例如] 甲乙涉嫌共同抢劫，甲额外还涉及诈骗被一审人民法院并案处理。案件来到二审，如果二审法院发现甲的诈骗部分属于事实不清、证据不足，可以将诈骗发回重审。

二、速裁程序之二审★

1.可以不开庭

被告人不服适用速裁程序作出的第一审判决提出上诉的案件，可以不开庭审理。

2.第二审人民法院审查后，**按照下列情形分别处理**：

（1）发现被告人以事实不清、证据不足为由提出上诉的，应当裁定撤销原判，发回原审人民法院适用普通程序重新审理，不再按认罪认罚案件从宽处罚；

[考点解读] ①适用速裁程序审理的案件，第二审人民法院依照刑事诉讼法事实不清、证据不足发回原审人民法院重新审判的，原审人民法院应当适用第一审普通程序重新审判。（《刑诉解释》第377条）

因为速裁程序的适用前提是事实清楚、证据确实充分，所以以事实不清、证据不足发回重审的说明不符合前提。同时考生注意，也不符合简易程序的适用前提，因而只能适用普通程序。

②以事实不清、证据不足为由上诉，说明前不认可案件事实，不符合认罪认罚的适用条件，所以发回重审后不得再按认罪人罚处理。

（2）发现被告人以量刑不当为由提出上诉的，原判量刑适当的，应当裁定驳回上诉，维持原判；原判量刑不当的，经审理后依法改判。

四、二审对刑事附带民事诉讼案件和自诉案件的处理★

自诉案件二审	调解结案（《刑诉解释》第411条）	对第二审自诉案件，必要时可调解，也可自行和解。调解结案的，应当制作调解书，第一审判决、裁定视为自动撤销。 [考点解读] 调解结案二审法院会制作调解书，调解书作为二审法院的生效文书（盖有法院印章）会自动替代一审的结果，所以其视为自动撤销。而和解结案则带有私下协商的性质，和解协议书就像民间的合同，所以为防止其与一审的裁判结果冲突，二审法院需要主动撤销一审的结果。
	和解结案（《刑诉解释》第411条）	当事人自行和解的，依照《刑诉解释》第329条（人民法院经审查，认为和解、撤回自诉确属自愿的，应当裁定准许；认为系被强迫、威吓等，并非自愿的，不予准许）的规定处理；裁定准许撤回自诉的，应当撤销第一审判决、裁定。

续 表

	提反诉 (《刑诉解释》第412条)	在第二审程序中，自诉案件的当事人提出反诉的，第二审人民法院应当告知其另行起诉。 [注意] 自诉案件中提起反诉的，没有调解。
附民二审增加独立诉讼请求及反诉 (《刑诉解释》第410条)		二审期间，一审原告人增加独立的诉讼请求或一审被告人提出反诉的，二审法院可按自愿、合法原则进行调解；调解不成，告知另行起诉。

第三节 查封、扣押、冻结财物及其处理

根据《刑诉法》第245条、《刑诉解释》第437~450条及有关规定，公安机关、人民检察院和人民法院对查封、扣押、冻结的财物，应作以下处理：

[2020、2018]

原则		移送的具体规定：**移送为原则，不移送为例外**（《刑诉解释》第440、441条） 1.对作为证据使用的实物，包括作为物证的货币、有价证券等，应当随案移送。 2.第一审宣判后，被告人上诉或检察院抗诉的，第一审法院应当将上述证据移送第二审人民法院。 3.对不宜移送的实物，应当根据情况，分别审查以下内容： （1）**不便**：大宗的、不便搬运的物品，是否随案移送查封、扣押清单，并附原物照片和封存手续，注明存放地点等； （2）**价值减损**：易腐烂、霉变和不易保管的物品，查封、扣押机关变卖处理后，是否随案移送原物照片、清单、变价处理的凭证（复印件）等； （3）**违禁品**：枪支弹药、剧毒物品、易燃易爆物品以及其他违禁品、危险物品，查封、扣押机关根据有关规定处理后，是否随案移送原物照片和清单等。 [考点解读] 上述物品会发生危险不宜移送，有些是需要直接销毁，有些需要移送特殊部门。 不宜移送的实物，应当依法鉴定、估价的，还应当审查是否附有鉴定、估价意见。对查封、扣押的货币、有价证券等未移送的，应当审查是否附有原物照片、清单或者其他证明文件。 [注意] 需要鉴定、估价主要是来确定涉案财产的具体价值，用来定罪量刑。
具体程序 (《刑诉解释》第437条)	查封大件物品	查封不动产、车辆、船舶、航空器等财物，应当扣押其权利证书，经拍照或者录像后原地封存，或者交持有人、被告人的近亲属保管，登记并写明财物的详细情况，并通知有关财物的登记、管理部门办理查封登记手续。 [注意] 大件物品不宜搬移通常原地封存，为了防止房屋、车辆等被私下交易，必须扣押其权利证书。

续表

	扣押物品	1.扣押物品，应当登记并写明物品特征（名称、型号、规格、数量、重量、质量、成色、纯度、颜色、新旧程度、缺损特征和来源等）。 2.扣押货币、有价证券，应当登记并写明货币、有价证券的名称、数额、面额等，货币应当存入银行专门账户，并登记银行存款凭证的名称、内容。 3.扣押文物、金银、珠宝、名贵字画等贵重物品以及违禁品，应当拍照，需要鉴定的，应当及时鉴定。对扣押的物品应当根据有关规定及时估价。 [注意]针对贵重物品因为本身价值不固定，所以必须要经过专业的估价，也应当拍照固定，但是并非必须鉴定。
	冻结资产	冻结存款、汇款、债券、股票、基金份额等财产，应当登记并写明编号、种类、面值、张数、金额等。
财物处置	处理原则（《刑诉解释》第445条）	查封、扣押、冻结的财物及其孳息，经审查，确属违法所得或者依法应当追缴的其他涉案财物的，应当判决返还被害人，或者没收上缴国库，但法律另有规定的除外。 对判决时尚未追缴到案或者尚未足额退赔的违法所得，应当判决继续追缴或者责令退赔。
	返还被害人（《刑诉解释》第438条）	1.对被害人的合法财产，权属明确的，应当依法及时返还，但须经拍照、鉴定、估价。 2.权属不明的，应当在人民法院判决、裁定生效后，按比例返还被害人，但已获退赔的部分应予扣除。 3.**返还被害人的流程**（《刑诉解释》第445条） 判决返还被害人的涉案财物，应当通知被害人认领；无人认领的，应当公告通知；公告满1年无人认领的，应当上缴国库；上缴国库后有人认领，经查证属实的，应当申请退库予以返还；原物已经拍卖、变卖的，应当返还价款。
	正常的处置程序（《刑诉解释》第447条）	1.随案移送的或者人民法院查封、扣押的财物及其孳息，由第一审人民法院在判决生效后负责处理。 实物未随案移送、由扣押机关保管的，人民法院应当在判决生效后10日以内，将判决书、裁定书送达扣押机关，并告知其在1个月以内将执行回单送回，确因客观原因无法按时完成的，应当说明原因。
	其他特殊财产	1.**对无形资产的处理**（《刑诉解释》第448条） 对冻结的存款、汇款、债券、股票、基金份额等财产判决没收的，第一审人民法院应当在判决生效后，将判决书、裁定书送达相关金融机构和财政部门，通知相关金融机构依法上缴国库并在接到执行通知书后15日以内，将上缴国库的凭证、执行回单送回。

续　表

		2.侵犯国有财产的处理（《刑诉解释》第445条） 对侵犯国有财产的案件，被害单位已经终止且没有权利义务继受人，或者损失已经被核销的，查封、扣押、冻结的财物及其孳息应当上缴国库。 **3.对投资、置业的追缴**（《刑诉解释》第443条） 被告人将依法应当追缴的涉案财物用于投资或者置业的，对因此形成的财产及其收益，应当追缴。 被告人将依法应当追缴的涉案财物与其他合法财产共同用于投资或者置业的，对因此形成的财产中与涉案财物对应的份额及其收益，应当追缴。
	与案件无关 财物的处理 （《刑诉解释》 第449条）	1.查封、扣押、冻结的财物与本案无关但已列入清单的，应当由查封、扣押、冻结机关依法处理。 [注意] 非法院处理。 **2.被告人合法财产之处理**：查封、扣押、冻结的财物属于被告人合法所有的，应当在赔偿被害人损失、执行财产刑后及时返还被告人。
	二审中及生效 后的处理★ （《刑诉解释》 第446条）	**1.二审中——发回重审** 第二审期间，发现第一审判决未对随案移送的涉案财物及其孳息作出处理的，**可以裁定**撤销原判，发回原审人民法院重新审判，由原审人民法院依法对涉案财物及其孳息一并作出处理。 **2.生效后** 判决生效后，发现原判未对随案移送的涉案财物及其孳息作出处理的，由原审人民法院依法对涉案财物及其孳息另行作出处理。
案外人异议的 处理 （《刑诉解释》 第442条）		法庭审理过程中，**应当依照**《刑诉解释》第279条的规定，依法对查封、扣押、冻结的财物及其孳息进行审查。
判决书的制作 （《刑诉解释》 第444条）		1.对查封、扣押、冻结的财物及其孳息，应当在判决书中写明。 2.涉案财物较多，不宜在判决主文中详细列明的，可以附清单。 3.判决追缴违法所得或者责令退赔的，应当写明追缴、退赔的金额或者财物的名称、数量等情况；已经发还的，应当在判决书中写明。

专题十七　复核程序

命题点拨

复核程序从其性质上而言也是一种监督程序，其主要包括以下三部分：一为死缓案件需要报经高院复核才能生效，除非是高院自己判处的死缓或最高院判处的死缓；二为死刑立即执行案件必须报经最高院复核才能生效，除非最高院自己判处的；三为法定刑以下量刑案件必须报经最高院复核才能生效，除非最高院自己判处的案件。所以从结果上而言也遵循复核法院认为正确则裁定核准，认为不正确则裁定不予核准将案件发回重审或改判。

知识体系图

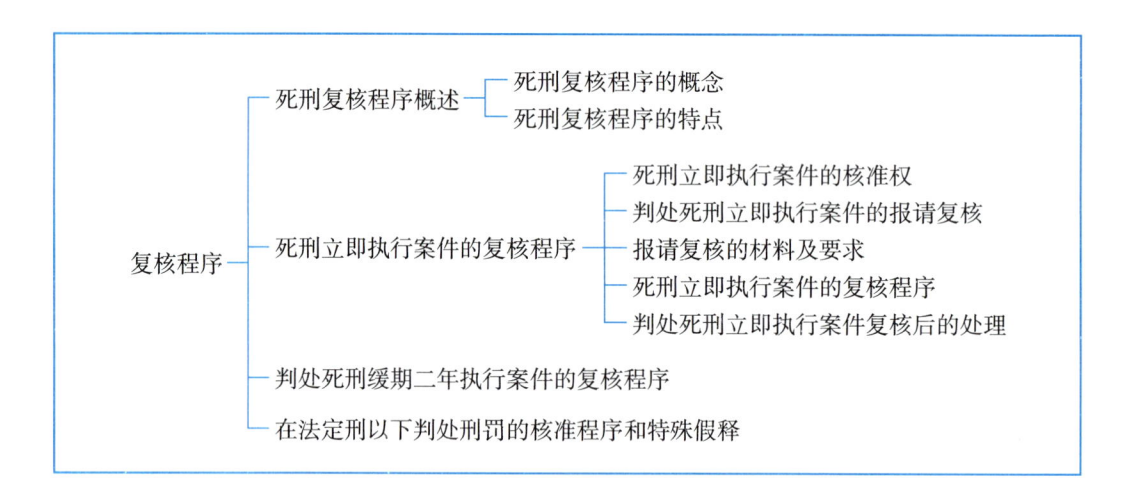

```
                          ┌─ 死刑复核程序概述 ─┬─ 死刑复核程序的概念
                          │                    └─ 死刑复核程序的特点
                          │
                          │                         ┌─ 死刑立即执行案件的核准权
                          │                         ├─ 判处死刑立即执行案件的报请复核
          复核程序 ───────┼─ 死刑立即执行案件的复核程序 ─┼─ 报请复核的材料及要求
                          │                         ├─ 死刑立即执行案件的复核程序
                          │                         └─ 判处死刑立即执行案件复核后的处理
                          │
                          ├─ 判处死刑缓期二年执行案件的复核程序
                          └─ 在法定刑以下判处刑罚的核准程序和特殊假释
```

第一节　死刑复核程序概述

概念	死刑复核程序，是我国刑诉法规定的一种<u>独立于普通审判程序之外的特别审查核准程序</u>，这一特别程序体现了立法者对死刑案件极其审慎的态度。严格来说也是一种监督及纠错的程序！从范围上而言：<u>认定事实和适用法律上是否正确进行全面审查</u>，依法作出是否核准死刑的决定。
特点	1.**审理对象特定**：死立即及死缓。 2.死刑复核程序是死刑案件的**终审程序**：只有经过复核并核准的死刑判决才发生法律效力。 3.核准权具有**专属性**：最高院负责死刑立即执行案件，高级人民法院负责死刑缓期执行案件。

续　表

4.程序启动上具有自动性
第一审程序和第二审程序的启动都遵循不告不理原则。而死刑复核程序的启动只要二审法院审理完毕或者一审后经过法定的上诉期或抗诉期被告人没有提出上诉、检察院没有提起抗诉，人民法院就应当自动将案件报送高级人民法院或最高人民法院核准。
5.报请复核方式特殊：应当按照法院的组织系统逐级上报，不得越级报核。
［注意］考生不必背诵，只需记住我国无论是检察院还是法院，上报的程序都是层报即可。

第二节　判处死刑立即执行案件的复核程序

［2020、2018、20170236、20160239、20150296、20140239、20130275、20120233、20110274、20100237、2000274］

核准权	死刑立即执行案件的核准权由最高人民法院统一行使（除最高院自己作出的判决）。
报请复核（《刑诉解释》第423条）	对于应当报请最高人民法院核准的判处死刑立即执行的案件，按照下列情形处理： （一）一审判决的复核程序 **1.中院一审判处死立即无上诉、无抗诉之报请复核** （1）中院报请高院 中级人民法院判处死刑的第一审案件，被告人未上诉、人民检察院未抗诉的，在上诉、抗诉期满后10日以内报请高级人民法院复核。 （2）高院审核 ①同意：高级人民法院同意判处死刑的，应当在作出裁定后10日以内报请最高人民法院核准；认为原判认定的某一具体事实或者引用的法律条款等存在瑕疵，但判处被告人死刑并无不当的，可以在纠正后作出核准的判决、裁定。 ②不同意：不同意判处死刑的，应当依照第二审程序提审或者发回重新审判。 ［例如］张三因为故意杀人一案被甲省乙市中级人民法院判处死立即，6月1号收到判决书。如果在2号至11号如果无人上诉、无人抗诉，则乙市中级人民法院需要在12号至21号这10日内将案件报往高院，高院同意则将案件报往最高院，高院不同意则应将案件提审或发回重审。 **2.高院二审判处死立即案件之复核** 中级人民法院判处死刑的第一审案件，被告人上诉或者人民检察院抗诉，高级人民法院裁定维持的，应当在作出裁定后10日以内报请最高人民法院核准。 **3.高院一审判处死立即案件之复核** 高级人民法院判处死刑的第一审案件，被告人未上诉、人民检察院未抗诉的，应当在上诉、抗诉期满后10日以内报请最高人民法院核准。 （二）二审判决的复核程序 中级人民法院判处死刑的第一审案件，被告人上诉或者人民检察院抗诉，高级人民法院裁定维持的，应当在作出裁定后10日以内报请最高人民法院核准。 ［注意］高级人民法院复核死刑案件，应当讯问被告人。

续　表

报请复核的材料及要求（《刑诉解释》第425、426条）	1.报请复核的死刑案件，应当一案一报。 2.报送材料包括： （1）报请复核的报告，第一、二审裁判文书，死刑案件综合报告各5份以及全部案卷、证据。 （2）死刑案件综合报告，第一、二审裁判文书和审理报告应当附送电子文本。 （3）同案审理的案件应当报送全案案卷、证据。曾经发回重新审判的案件，原第一、二审案卷应当一并报送。	
复核程序 ★★★★	最高人民法院复核死刑案件，应当由审判员3人组成合议庭进行。 复核死刑案件一般要进行以下活动： **1.讯问被告人** 对核准死刑的案件，应当讯问被告人，当面听取被告人的辩护意见。 **2.审查核实案卷材料，简称为"阅卷"。** 审阅案卷应当全面审查以下内容： （1）被告人的年龄，有无责任能力，是否是正在怀孕的妇女； （2）原判决认定的主要事实是否清楚，证据是否确实、充分； （3）犯罪情节、后果及危害程度； （4）原审判决适用法律是否正确，是否必须判处死刑，是否必须立即执行； （5）有无法定、酌定从轻或者减轻处罚的情节； （6）诉讼程序是否合法； （7）其他应当审查的情况。 **3.听取辩护人的意见**（《刑诉法》第251条第2款） 最高人民法院复核死刑案件，辩护律师提出要求的，应当听取辩护律师的意见。 **4.最高人民检察院提出意见**（《刑诉法》第251条第1款） 在复核死刑案件过程中，最高人民检察院可以向最高人民法院提出意见。最高人民法院应当将死刑复核结果通报最高人民检察院。 **5.制作复核审理报告** 对报请复核的死刑案件进行全面审查后，合议庭应当进行评议并写出复核审理报告。 **6.向最高人民检察院通报死刑复核结果** 最高人民法院应当将死刑复核结果通报最高人民检察院。这项制度旨在加强检察机关对死刑复核程序的法律监督职能。	
判处死刑立即执行案件复核后的处理（《刑诉法》第250条；《刑诉解释》第429条）	核准	1.**都正确**：原判认定事实和适用法律正确、量刑适当、诉讼程序合法的，应裁定核准。 2.**有瑕疵纠正后核准**：原判认定的某一具体事实或者引用的法律条款等存在瑕疵，但判处被告人死刑并无不当的，可以在纠正后作出核准的判决、裁定。 ［注意］上述第二种情形核准的前提一定是案件事实和证据没有问题，即实体部分没有问题，所谓某一个具体事实错误主要是指不影响定罪量刑的事实，例如故意杀人案件中左手拿刀还是右手拿刀问题；条款引用错误，如故意杀人罪明明不是《刑法》第100条，而在判决书中引用成了第100条，但是不影响定罪量刑本身。

续表

不予核准	原则上人命关天，所以任何一个方面出问题都应当裁定不予核准，并撤销原判，发回重新审判： 1.原判事实不清、证据不足的。 2.复核期间出现新的影响定罪量刑的事实、证据的。 3.原判认定事实正确、证据充分，但依法不应当判处死刑的，应当裁定不予核准，并撤销原判，发回重新审判；根据案件情况，必要时，也可以依法改判。 4.原审违反法定诉讼程序，可能影响公正审判的。 [注意] 对于事实清楚、证据充分的前提下，如果单纯是不应当判处死刑的，必要时可以改判，也只有这一种情形下可以改判。
发回重审之程序（《刑诉解释》第430~436条）	1.最高院发回重审（《刑诉解释》第430条） 最高人民法院裁定不予核准死刑的，根据案件情况，可以发回第二审人民法院或者第一审人民法院重新审判。注意对最高人民法院发回第二审人民法院重新审判的案件，**第二审人民法院一般不得发回第一审人民法院重新审判。** （1）第一审人民法院重新审判的，应当开庭审理。 （2）第二审人民法院重新审判的，可以直接改判；必须通过开庭查清事实、核实证据或者纠正原审程序违法的，应当开庭审理。 [考点解读] 第一，发回一审法院重审则应当按照一审程序重审；发回二审法院则重审时应当按照二审程序进行。且发回二审法院时，二审法院原则上不可以将案件再次发回重审。 第二，最高院发回二审法院与对一审的判决不服而上诉、抗诉进入二审法院，开庭审理的情形并不相同，切不可混淆。此处二审法院是被监督者，而最高院是监督者；普通的二审程序二审法院是监督者，其在监督一审的判决裁定。 经典考题：（2017）段某因贩卖毒品罪被市中级法院判处死刑立即执行，段某上诉后省高级法院维持了一审判决。最高法院复核后认为，原判认定事实清楚，但量刑过重，依法不应当判处死刑，不予核准，发回省高级法院重新审判。请问高院应当应开庭审理是否正确？① 2.**另组合议庭的例外**（《刑诉解释》第432条） 最高人民法院发回重新审判的案件，原审人民法院应当另行组成合议庭审理，但复核期间出现新的影响定罪量刑的事实、证据的或原判认定事实正确，但依法不应当判处死刑的，发回重新审判的案件除外。 [注意] 因为上述两种情形而发回重审的，重审不必另组合议庭。

---

① 【答案】不正确，因为其不属于必须通过开庭查清事实、核实证据或者纠正原审程序违法的情形。

> 进阶考点

一、高院作为复核法院被发回重审（《刑诉解释》第431条）

高级人民法院依照复核程序审理后报请最高人民法院核准死刑，最高人民法院裁定不予核准，发回高级人民法院重新审判的，高级人民法院可以依照第二审程序提审或者发回重新审判。

[考点解读]注意此处指的是按照复核程序报经高院审核同意才报最高院的案件，最高院认为有问题的当然可以将案件发回高院，发回高院时高院有二次发回重审的权利，即最高院发回高院，高院还可以发回中院。也就是说当高院扮演的是复核法院时，高院可以将案件发回重审，但是高院如果扮演的是二审法院时，不得将案件再次发回重审。

[法条链接]根据《刑诉解释》第433条，上述（《刑诉解释》第430条"最高人民法院裁定不予核准死刑的，根据案件情况，可以发回第二审人民法院或者第一审人民法院重新审判"、《刑诉解释》第431条"高级人民法院依照复核程序审理后报请最高人民法院核准死刑，最高人民法院裁定不予核准，发回高级人民法院重新审判的，高级人民法院可以依照第二审程序提审或者发回重新审判"）情形的发回重审的案件，第一审人民法院判处死刑、死刑缓期执行的，上一级人民法院依照第二审程序或者复核程序审理后，应当依法作出判决或者裁定，不得再发回重新审判。但是，第一审人民法院违反程序规定的情形或者未另组合议庭的除外。

二、死刑复核案件听取律师意见权的规定

1.查询案件信息（《关于办理死刑复核案件听取辩护律师意见的办法》第1条）

死刑复核案件的辩护律师可以向最高人民法院立案庭查询立案信息。

最高人民法院立案庭能够立即答复的，应当立即答复，不能立即答复的，应当在2个工作日内答复，答复内容为案件是否立案及承办案件的审判庭。

2.手续及辩护意见的提交（《关于办理死刑复核案件听取辩护律师意见的办法》第2、3条）

（1）律师接受被告人、被告人近亲属的委托或者法律援助机构的指派，担任死刑复核案件辩护律师的，应当在接受委托或者指派之日起3个工作日内向最高人民法院相关审判庭提交有关手续。

（2）辩护律师应当在接受委托或者指派之日起一个半月内提交辩护意见。

（3）辩护律师提交委托手续、法律援助手续及辩护意见、证据等书面材料的，可以经高级人民法院同意后代收并随案移送，也可以寄送至最高人民法院承办案件的审判庭或者在当面反映意见时提交；对尚未立案的案件，辩护律师可以寄送至最高人民法院立案庭，由立案庭在立案后随案移送。

[注意]高院代收的前提是必须经过高院同意，立案之后选择寄送的应当寄至最高院审判庭，立案之前寄送至立案庭。

3.阅卷（《关于办理死刑复核案件听取辩护律师意见的办法》第4条）

辩护律师可以到最高人民法院办公场所查阅、摘抄、复制案卷材料。但依法不公开的材料不得查阅、摘抄、复制。

4.律师反映意见及听取（《关于办理死刑复核案件听取辩护律师意见的办法》第5~8条）

（1）辩护律师要求当面反映意见的，案件承办法官应当及时安排。

（2）**人员组成**：一般由案件承办法官与书记员当面听取辩护律师意见，也可以由合议庭其他成员或者全体成员与书记员当面听取。

（3）**听取意见的场所**：死刑复核期间，辩护律师要求当面反映意见的，**最高人民法院有关合议庭应当在办公场所听取其意见**，并制作笔录；辩护律师提出书面意见的，应当附卷。（《刑诉解释》第434条）

（4）**笔录制作**：当面听取辩护律师意见时，应当制作笔录，由辩护律师签名后附卷。辩护律师提交相关材料的，应当接收并开列收取清单一式二份，一份交给辩护律师，另一份附卷。

（5）**录音、录像**：当面听取辩护律师意见时，具备条件的人民法院应当指派工作人员全程录音、录像。其他在场人员不得自行录音、录像、拍照。

5.复核终结后，受委托进行宣判的人民法院应当在宣判后5个工作日内将最高人民法院裁判文书送达辩护律师。（《关于办理死刑复核案件听取辩护律师意见的办法》第9条）

第三节　判处死刑缓期二年执行案件的复核程序

[20020214]

核准权 （《刑诉法》 第248条）	中级人民法院判处死刑缓期二年执行的案件，由高级人民法院核准。
核准程序	1.高级人民法院复核死刑缓期二年执行的案件，应当由审判员3人组成合议庭。 2.高院复核死缓案件，应当讯问被告人。（《刑诉解释》第424条）
核准结果 （《刑诉解释》 第428条）	[注意]死缓案件复核的结果：下列1、2可参照死刑立即执行案件的复核结果处理；下列3~6可参照二审的判决结果进行记忆，不必识记。 高级人民法院复核死刑缓期二年执行的案件，应当按照下列情形分别办理： 1.原判认定事实和适用法律正确、量刑适当、诉讼程序合法的，应当裁定核准。 2.原判认定的某一具体事实或者引用的法律条款等存在瑕疵，但判处被告人死刑缓期执行并无不当的，可以在纠正后作出核准的判决、裁定。 3.原判认定事实正确，但适用法律有错误，或者量刑过重的，应当改判。 4.原判事实不清、证据不足的，可以裁定不予核准，并撤销原判，发回重新审判，或者依法改判。 5.复核期间出现新的影响定罪量刑的事实、证据的，可以裁定不予核准，并撤销原判，发回重新审判，或者依照《刑诉解释》第271条的规定，审理后依法改判。 6.原审违反法定诉讼程序，可能影响公正审判的，应当裁定不予核准，并撤销原判，发回重新审判。 高级人民法院复核死刑缓期执行案件，不得加重被告人的刑罚。

第四节　在法定刑以下判处刑罚的核准程序和特殊假释

法定刑以下判处刑罚的案件是指刑事案件本身没有可以减轻处罚的情节，但是因为案件性质比较特殊而需要在法定刑以下量刑的情形，此种情形必须报经最高院核准，例如张三涉嫌交通肇事逃逸，本来的量刑应当是3年至7年，而从案件的本身性质考量，没有立功、中止、自首、认罪认罚等法律规定的从宽处罚的情节，仅仅是因为案件性质比较特殊，需要降低在3年以下进行量刑，严格来说这种做法突破了法律的规定，所以不能随意适用，必须报最高院核准才能生效。

《刑诉解释》第414~419条规定，报请最高人民法院核准在法定刑以下判处刑罚的案件，应当按照下列情形分别处理：

法定刑以下量刑案件的报请复核	一审判决的报经程序（《刑诉解释》第414条）	1.报请时间 被告人未上诉、人民检察院未抗诉的，在上诉、抗诉期满后3日内报请上一级人民法院复核。 2.上一级法院审核结果 （1）同意：上一级人民法院同意原判的，应当书面层报最高人民法院核准。 （2）不同意：不同意的，应当裁定发回重新审判，或者按照第二审程序提审； [注意] 与死立即的复核相似，只是报请时间一个为10日，一个为3日。
	二审判决的报经程序	1.被告人上诉或者人民检察院抗诉的，上一级人民法院维持原判，或者改判后仍在法定刑以下判处刑罚的，应当依照规定层报最高人民法院核准。（《刑诉解释》第414条） 2.对符合《刑法》第63条第2款规定的案件，第一审人民法院未在法定刑以下判处刑罚的，第二审人民法院可以在法定刑以下判处刑罚，并层报最高人民法院核准。（《刑诉解释》第415条） 3.报请最高人民法院核准在法定刑以下判处刑罚的案件，应当报送判决书、报请核准的报告各5份，以及全部案卷、证据。（《刑诉解释》第416条）
	最高院复核后的处理（《刑诉解释》第417条）	1.核准 对在法定刑以下判处刑罚的案件，最高人民法院予以核准的，应当作出核准裁定书。 2.不予核准 不予核准的，应当作出不核准裁定书，并撤销原判决、裁定，发回原审人民法院重新审判或者指定其他下级人民法院重新审判。 依照规定发回第二审人民法院重新审判的案件，第二审人民法院可以直接改判；必须通过开庭查清事实、核实证据或者纠正原审程序违法的，应当开庭审理。

续 表

		[注意]最高院不予核准的方式有两种：第一，发回原审人民法院重审；第二，指定其他下级人民法院重审。注意并无改判。 **3.发回重审之处理规则**（《刑诉解释》第418条） 发回第二人民法院重新审判的案件，第二人民法院可以直接改判；必须通过开庭查清事实、核实证据或者纠正原审程序违法的，应当开庭审理。 [注意]同死立即案件的处理。
	审限	最高院和上级人民法院复核在法定刑以下判处刑罚案件的审理期限，参照第二审程序的审理期限。（《刑诉解释》第419条）

专题十八　审判监督程序

命题点拨

再审程序从性质上而言属于监督程序，监督已经生效的裁判是否适当，是纠正冤假错案、维护司法公正特别重要的一个程序。其与二审比较，二审监督的主要是一审未生效的裁判，再审纠正的是已生效的裁判。就其结果而言，如果认为已生效的裁判正确则裁定维持，如果认为错误则或者改判或者发回重审。

审判监督程序一直是众多考生的薄弱环节，但是却是历年必考的章节。希望考生把重点放到引起再审的三种方式上，包括申诉、法院决定的再审、检察院抗诉引起的再审。再审的审理程序则主要看其是用一审程序重新审理还是二审程序重新审理，如果按照一审则原则上遵循一审的基本规则，如果按照二审则原则上遵循二审的基本规则，考生只需重点记忆其与一般一审及二审不同的地方即可。

知识体系图

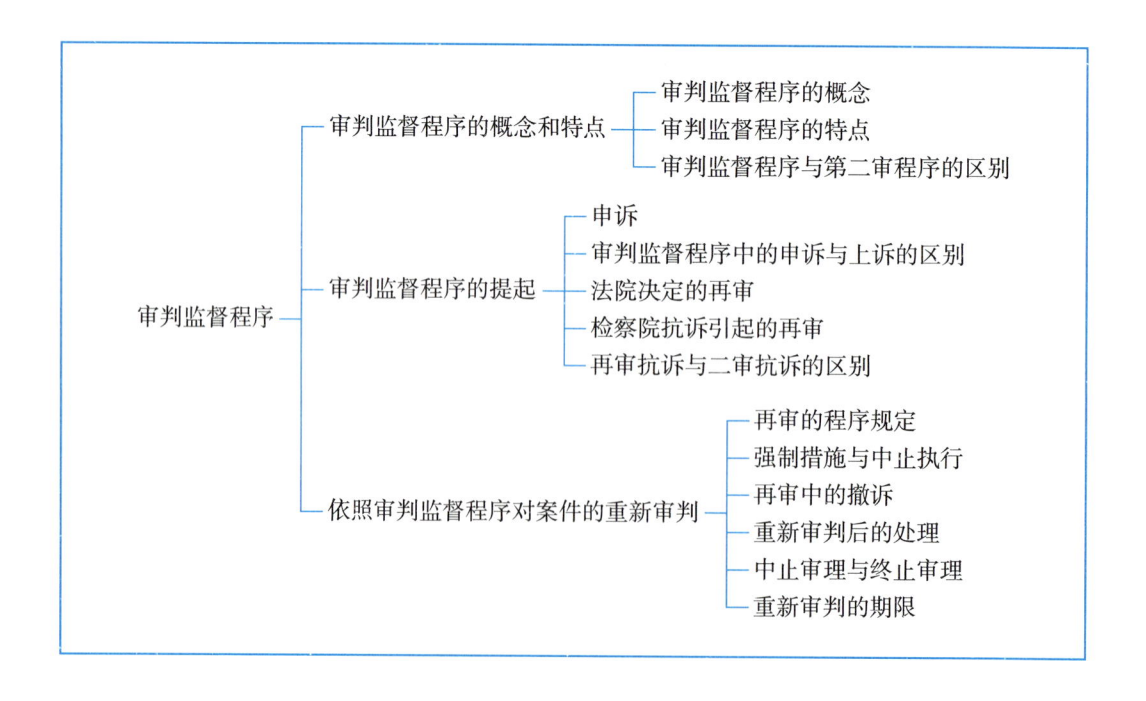

```
                        ┌─ 审判监督程序的概念
        审判监督程序的概念和特点 ─┼─ 审判监督程序的特点
                        └─ 审判监督程序与第二审程序的区别

                        ┌─ 申诉
                        ├─ 审判监督程序中的申诉与上诉的区别
审判监督程序 ─ 审判监督程序的提起 ─┼─ 法院决定的再审
                        ├─ 检察院抗诉引起的再审
                        └─ 再审抗诉与二审抗诉的区别

                        ┌─ 再审的程序规定
                        ├─ 强制措施与中止执行
        依照审判监督程序对案件的重新审判 ─┼─ 再审中的撤诉
                        ├─ 重新审判后的处理
                        ├─ 中止审理与终止审理
                        └─ 重新审判的期限
```

第一节 审判监督程序的概念和特点

[20160274]

概念	审判监督程序，又称再审程序，也是一种纠错程序，是指人民法院、人民检察院对于已经发生法律效力的判决、裁定，发现在认定事实或者适用法律上确有错误，予以提出并由人民法院对该案重新审判所应遵循的步骤和方式、方法。
特点	1.对象是已经发生法律效力的判决、裁定，包括正在执行和已经执行完毕的。 2.必须审查认为已生效的判决、裁定在认定事实或者适用法律上确有错误时，才能提起。 3.按照审判监督程序审判案件的法院，既可以是原审人民法院，也可以是提审的任何上级人民法院。 4.实行再审不加刑原则。除人民检察院抗诉的以外，再审一般不得加重原审被告人的刑罚。再审决定书或者抗诉书只针对部分原审被告人的，不得加重其他同案原审被告人的刑罚。

进阶考点　与二审程序的区别

一、审理对象不同

再审为已经生效的判决或裁定。

二审为尚未生效的判决或裁定。

二、提起的理由不同

再审为生效的判决或裁定确有错误。

二审程序对上诉理由未作限制，但检察院提起抗诉的理由需要是第一审裁判确有错误。

三、提起的主体不同

再审为最高法院、上级法院、本院的审判委员会以及最高检、上级检察院。

二审为被告人、自诉人、附带民诉的原告人和被告人及其法定代理人，经被告人同意或授权的辩护人、近亲属和与一审法院同级的人民检察院。

四、审理程序不同

再审：根据原来是第一审案件或第二审案件而分别依照第一审程序和第二审程序进行。

二审：只能按照第二审程序进行审理。

五、审理案件的法院

再审：既可以是原审人民法院，也可以是任何上级人民法院。

二审：只能是一审法院的上一级法院。

六、能否加重被告人的刑罚不同

再审：除检察院抗诉的以外，再审一般不得加重原审被告人的刑罚。再审决定书或者抗诉书只针对部分原审被告人的，不得加重其他同案原审被告人的刑罚。

二审：只有被告人一方提起上诉时，不得加重被告人的刑罚。

第二节 审判监督程序的提起

一、申诉★

[2020、2019、20150239、20110275]

主体及材料 （《刑诉解释》第451、452条）		1.申诉主体：当事人及其法定代理人、近亲属及案外人，且申诉可以委托律师进行。 [考点解读]（1）申诉只是引起再审程序的一种方式，并不必然启动再审，在申诉要么向法院要么向检察院提出，而是否启动再审由法院或检察院决定； （2）所以申诉的主体范围很广，近亲属可以直接申诉，但二审中被告人的近亲属要想上诉，原则上必须经过被告人同意，被害人可以申诉，但是被害人不可以上诉，需对比记忆。 2.材料 （1）申诉状。 （2）原一、二审判决书、裁定书等法律文书。 （3）其他相关材料。新证据、相关线索或者材料。 3.处理结果 申诉符合规定的，人民法院应当出具收到申诉材料的回执。申诉不符合规定的，人民法院应当告知申诉人补充材料；申诉人拒绝补充必要材料且无正当理由的，不予审查。
	申诉的审查处理
人民法院的审查处理	审查法院	1.原则：申诉由终审人民法院审查处理。即作出生效判决、裁定的法院。 2.例外（《刑诉解释》第453、454、455条） （1）二审法院裁定准许撤回上诉的案件，申诉人对第一审判决提出申诉的，可以由第一审法院审查处理。 [考点解读] 二审法院裁定准许撤诉是二审法院在审查后觉得一审的结果正确才作出的，如果已生效的裁判错误，二审法院也有责任，因而此处也可以由二审法院审查处理。 （2）跨过终审向上级法院提出申诉之处理 ①上一级法院对未经终审法院审查处理的申诉，可以告知申诉人向终审法院申诉，或直接交终审法院，并告知申诉人；案件疑难、复杂、重大的，也可以直接审查处理。 [考点解读] 跨过生效法院找到其上一级法院属于违规行为，所以原则上上一级法案的处理方式是将案件交回原审，只有例外的情况才由上一级法院直接处理。 ②上两级法院的处理（《刑诉解释》第453条第3款） 对未经终审人民法院及其上一级人民法院审查处理，直接向上级人民法院申诉的，上级人民法院应当告知申诉人向下级人民法院提出。 也就是如果对基层法院的裁判结果不服，跨过基层法院和上一级中院，直接向省高院申诉，省高院直接告知其向下级法院提出，一律不予处理。

续 表

	（3）异地申诉（《刑诉解释》第454条） 最高人民法院或者上级人民法院可以指定终审人民法院以外的人民法院对申诉进行审查。被指定的人民法院审查后，应当制作审查报告，提出处理意见，层报最高人民法院或者上级人民法院审查处理。 [考点解读]为了及时纠正冤假错案设置了异地申诉的规则，但是请注意被指定法院只能初步审核，无权直接决定是否启动再审，因为审核后需要将案件报往指定法院处理。 **（4）死刑案件的处理**（《刑诉解释》第455条） 对死刑案件的申诉，可以由原核准的法院直接处理，也可以交由原审法院审查。原审人民法院应当写出审查报告，提出处理意见，层报原核准的人民法院审查处理。 [考点解读]死刑案件的生效法院是核准法院，例如死立即的生效法院是最高人民法院，原则上申诉应当找最高院，但是最高院的办案压力过大，也不便民，所以最高院可交给原审法院处理，但是原审法院审核完需将结果报最高院。此处原审法院主要指的是按照复核程序上报最高院的法院，有可能是一审法院，有可能是二审法院。
救济	申诉人对驳回申诉不服的，可向上一级法院申诉。（《刑诉解释》第459条） [注意]申诉人有找两级法院申诉的权利，但原则上应当先找生效法院，驳回后才可以找上一级法院。
法院审查处理的结果	**1.时间** 对立案审查的申诉案件，应当在3以内作出决定，至迟不得超过6月。因案件疑难、复杂、重大或者其他特殊原因需要延长审查期限的，参照本解释第二百一十条（报上一级批准延长三个月，不够报最高院再次延长）的规定处理。 **2.决定重新审判的情形**（《刑诉解释》第457条） [注意]以下情形内容较多，考生不必识记，只要理解即可，再审的基本原则是"有错就要再审"，不管是实体错误还是程序错误。 （1）有新的证据证明原判决、裁定认定的事实确有错误，可能影响定罪量刑的； （2）据以定罪量刑的证据不确实、不充分、依法应当排除的； （3）证明案件事实的主要证据之间存在矛盾的； （4）主要事实依据被依法变更或者撤销的； （5）认定罪名错误的； （6）量刑明显不当的； （7）对违法所得或者其他涉案财物的处理确有明显错误的； （8）违反法律关于溯及力规定的； （9）违反法定诉讼程序，可能影响公正裁判的； （10）审判人员在审理该案件时有贪污受贿、徇私舞弊、枉法裁判行为的。

续表

		申诉不具有上述情形的，应当说服申诉人撤回申诉；对仍然坚持申诉的，应当书面通知驳回。 **3. 再审当中新证据的认定★**（《刑诉解释》第458条） （1）原判决、裁定生效后新发现的证据； （2）原判决、裁定生效前已经发现，但未予收集的证据； （3）原判决、裁定生效前已经收集，但未经质证的证据； （4）原判决、裁定所依据的鉴定意见、勘验、检查等笔录被改变或者否定的； （5）原判决、裁定所依据的被告人供述、证人证言等证据发生变化，影响定罪量刑，且有合理理由的。 ［注意］注意上述第4、5种情形，只要鉴定意见和勘验、检查笔录被改变即认定为新证据，但是主观性较强的供述及证人证言变化的，一定要说明理由。 ［法条链接］《最高人民法院关于规范人民法院再审立案的若干意见（试行）》第10条 人民法院对刑事案件的申诉人在刑罚执行完毕后两年内提出的申诉，应当受理；超过两年提出申诉，具有下列情形之一的，应当受理： （一）可能对原审被告人宣告无罪的； （二）原审被告人在本条规定的期限内向人民法院提出申诉，人民法院未受理的； （三）属于疑难、复杂、重大案件的。 不符合前款规定的，人民法院不予受理。 《最高人民法院关于规范人民法院再审立案的若干意见（试行）》第11条 人民法院对刑事附带民事案件中仅就民事部分提出申诉的，一般不予再审立案。但有证据证明民事部分明显失当且原审被告人有赔偿能力的除外。
向人民检察院申诉	申诉部门及处理 （《高检规则》第593条）	**1. 原则上找生效法院的同级检察院** （1）当事人及其法定代理人、近亲属认为人民法院已经发生法律效力的判决、裁定确有错误，向人民检察院申诉的，由作出生效判决、裁定的人民法院的同级人民检察院依法办理。 （2）跨过同级找到上一级原则上交回同级特殊情况可以直接受理 当事人及其法定代理人、近亲属直接向上级人民检察院申诉的，上级人民检察院可以交由作出生效判决、裁定的人民法院的同级人民检察院受理；案情重大、疑难、复杂的，上级人民检察院可以直接受理。 **2. 同级驳回可继续向上一级申诉寻求救济** 当事人及其法定代理人、近亲属对人民法院已经发生法律效力的判决、裁定提出申诉，经人民检察院复查决定不予抗诉后继续提出申诉的，上一级人民检察院应当受理。

续 表

	[考点解读]第一，从级别角度而言，原则上找同级检察院，跨过同级直接找上一级，原则上给回，特殊情形下，可由上一级检察院直接处理；第二，检察院审查后如果驳回申请，申请人可以向上一级检察院继续申诉，寻求救济。 2.死刑案件：当事人及其近亲属或者受委托的律师向**最高人民检察院提出不服死刑裁判的申诉**，由**负责死刑复核监督的部门审查**。（《高检规则》第606条） [注意]一般向检察院申诉都是直接向申诉部门提出，但是如果是死刑案件申诉至最高检则非常特殊，由复核部门进行。
申诉的终止	对不服法院已经发生法律效力的判决、裁定的申诉，经两级人民检察院办理且省级人民检察院已经复查的，如果没有新的证据，人民检察院不再复查，但原审被告人可能被宣告无罪或者判决、裁定有其他重大错误可能的除外。（《高检规则》第594条）

⇨ 进阶考点 ⇦ 向检察院申诉之特殊规则

一、审查程序

对于同级人民法院已经发生法律效力的判决、裁定，人民检察院认为可能有错误的，应当另行指派检察官或者检察官办案组进行审查。经审查，认为有错误的，应当提请上一级人民检察院提出抗诉。（《高检规则》第591条）

[例如] A区检察院向A区法院公诉的案件，A区法院给出生效裁判，如果当事人认为错误向A区检察院申诉，原则上不可以由原来负责审查起诉、出庭公诉的检察官办理，因为如果这个案件被认定为错案，原来处理过这一案件的检察官会被问责，为了防止其阻拦或不公正处理此案，其应当回避。

二、死缓案件提请抗诉时间

对于高院判处死刑缓期二年执行的案件，省级人民检察院认为确有错误提请抗诉的，一般应当在收到生效判决、裁定后3个月以内提出，至迟不得超过6个月。（《高检规则》第592条）

[注意] 一般的案件未明确要求审查检察院多长时间将案件报往上一级，但死缓案件原则上需要在6个月之内提起，因为死缓的两年期间极容易发生因为其他犯罪导致被告人被核准死刑的情况，所以基础刑是否正确必须快速解决。

三、审判监督程序中的申诉与上诉的区别

区别	申诉	上诉
对象	已经发生法律效力的判决、裁定	尚未发生法律效力的一审判决、裁定
主体范围	当事人及其法定代理人、近亲属及案外人	被告人、自诉人、附带民诉当事人及其法定代理人、经被告人同意的被告人的辩护人及近亲属
受理机关	既包括原审法院及其上级法院,也包括与上述各级法院对应的检察院	原审人民法院及其上一级人民法院
期限	一般为刑罚执行完毕2年内	对判决、裁定提起上诉的期限分别是10日和5日
后果	申诉只是提起审判监督程序的一种材料来源,不能停止生效判决、裁定的执行	上诉必然引起二审,导致一审判决、裁定不能生效

二、法院决定的再审及检察院抗诉引起的再审★

[20170275、20100238、20030220]

法院决定再审	各级法院	各级法院院长对本院已生效的判决裁定,如发现在认定事实上或适用法律上有错,提交审委会处理决定。(《刑诉法》第254条) [考点解读](1)从法院的内部而言,必须是作出生效判决、裁定的人民法院;(2)法院内部决定权掌握在审委会;(3)只针对事实及法律上的错误,不含有单纯的量刑有错;(4)原来是一审程序生效的则重新审理时采用一审程序,原来是二审程序生效,则应依照二审程序重新审理。
	最高院和上级法院	**1.指令再审或提审** 最高院对各级法院已生效的判决裁定,上级法院对下级已生效的判决裁定,如发现有错,有权提审或指令下级再审。 [考点解读]原判决、裁定认定事实正确但适用法律错误,或者案件疑难、复杂、重大,或者有不宜由原人民法院审理情形的,也可以提审。(《刑诉解释》第461条) **2.指令对象** 上级法院指令下级再审的,应当指令原审以外的下级法院审理;由原审人民法院审理更有利于查明案件事实、纠正裁判错误的,可以指令原审人民法院审理。 [考点解读]上下级人民法院之间的关系为监督与被监督,所以上级人民法院可以启动再审,具体而言:(1)可以提审,但是提审应当依照二审程序审理;(2)也可以指令下级法院以外的法院审理,原审法院用的是几审程序生效,指令其他法院则采用几审程序。例如A区法院一审生效,指令B区法院则用一审程序,原来是中院二审生效,指令其他中院也采用二审。

续 表

检察院抗诉（《高检规则》第595~598条）	主体及对象 ★	1.地方各级人民检察院对不服同级人民法院已经发生法律效力的判决、裁定的申诉复查后，认为需要提出抗诉的，应当提请上一级人民检察院抗诉。上级人民检察院对下一级人民检察院提请抗诉的申诉案件进行审查后，认为需要提出抗诉的，应当向同级人民法院提出抗诉。 2.最高人民检察院发现各级人民法院已经发生法律效力的判决或者裁定，上级人民检察院发现下级人民法院已经发生法律效力的判决或者裁定确有错误时，可以直接向同级人民法院提出抗诉，或者指令作出生效判决、裁定人民法院的上一级人民检察院向同级人民法院提出抗诉。（《高检规则》第597条） 高院　　　　　　　　　　　　　省检 　　　　　　　向同级　　　　抄上级 中院　←─────────── 市检 　　　　　　　　　　 ＼ 　　　　　　　上抗下　＼ 　　　　　　　　　　　　　＼ 基院　　　　　　　　　　　　　基检 ［考点解读］（1）再审的抗诉一定是上级检察院对下级法院的判决裁定提起的，所以也称之为上抗下，因为其要推翻的是已生效的判决裁定，二审是同级抗同级，因为其要推翻的是未生效的判决裁定。例如A区人民法院的生效判决，如果当事人要申诉应当向A区检察院申诉，A区检察院认为生效裁判错误的应当将案件报请市检，由市检向市中院依法抗诉。 （2）上级检察院针对下级的判决裁定原则上向同级法院提抗诉。 （3）当级别较高的检察院发现级别较低的法院的判决裁定错误时，还可以指定其下级检察院作再审抗诉，但一定要注意，只能指令作出生效判决、裁定的上一级检察院，例如最高检发现基层法院的判决裁定错误只能指令市检察院不可以指令省检察院。 3.程序：人民检察院按照审判监督程序向人民法院提出抗诉的，应当将抗诉书副本报送上一级人民检察院。

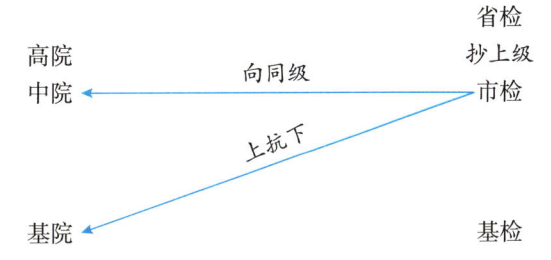

进阶考点

一、检察院抗诉之不同情形的处理 ★（《刑诉解释》第462、463条）

1.审查处理（《刑诉解释》第462条）

对人民检察院依照审判监督程序提出抗诉的案件，人民法院应当在收到抗诉书后1个月以内立案。但是，有下列情形之一的，应当区别情况予以处理：

（1）不属于本院管辖的，应当将案件退回人民检察院；

（2）按照抗诉书提供的住址无法向被抗诉的原审被告人送达抗诉书的，应当通知人民检察院在3日以内重新提供原审被告人的住址；逾期未提供的，将案件退回人民检察院；

（3）以有新的证据为由提出抗诉，但未附相关证据材料或者有关证据不是指向原起诉事实的，应当通知人民检察院在3日以内补送相关材料；逾期未补送的，将案件退回人民检察院。

决定退回的抗诉案件，人民检察院经补充相关材料后再次抗诉，经审查符合受理条件的，人民法院应当受理。

2.审理（《刑诉解释》第463条）

对人民检察院依照审判监督程序提出抗诉的案件，**接受抗诉的人民法院应当组成合议庭审理**。对原判事实不清、证据不足，包括有新的证据证明原判可能有错误，需要指令下级人民法院再审的，应当在立案之日起1个月以内作出决定，并将指令再审决定书送达抗诉的人民检察院。

二、再审裁判结果错误之处理（《高检规则》第599条）

对按照审判监督程序提出抗诉的案件，人民检察院认为人民法院再审作出的判决、裁定仍然确有错误的：

1.如果案件是依照第一审程序审判的，同级人民检察院应当向上一级人民法院提出抗诉。

2.如果案件是依照第二审程序审判的，上一级人民检察院应当按照审判监督程序向同级人民法院提出抗诉。

[考点解读] 考生一定要理解一个知识点，即再审要么是按照一审程序重新审理，要么是按照二审程序重新处理，而按照一审程序重新审理作出的裁判结果等同于普通一审的裁判结果，可以上诉、抗诉启动二审，按照二审程序审理的则视为终审的裁判结果。所以启动再审程序后如果案件按照一审程序重新审理，则同级检察院可以抗诉启动二审程序，如果是按照二审审理依然认为错误，则可以再次抗诉启动再审。抗诉启动再审并没有次数的限制，只要生效裁判错误都可以抗诉启动再审。

三、再审抗诉与二审抗诉的区别 ★

区　别	再审抗诉	二审抗诉
抗诉的对象	已经发生法律效力的判决和裁定。	未生效的一审判决、裁定。
抗诉的权限	最高检抗各级法院；上级检察院抗下级法院的生效裁判，基层检察院无再审抗诉权。	除最高检外，任何一级检察院都有权对同级法院的一审判决、裁定提出二审抗诉。
接受抗诉的机关	接受再审抗诉的是提出抗诉的检察院的同级法院，也是生效法院的上级（可能是上一级、也可能是上两级）。	接受二审抗诉的是提出抗诉的检察院的上一级法院。
抗诉的期限	法律对再审抗诉的提起没有规定期限，只要发现生效裁判错误都可以。	二审抗诉必须在法定期限内提出，判决为10天、裁定为5天。

		续 表
抗诉的效力	再审抗诉并不导致原判决、裁定在人民法院按照审判监督程序重新审判期间执行的停止。	二审抗诉将阻止第一审判决、裁定发生法律效力。
图示	___二审抗诉___ 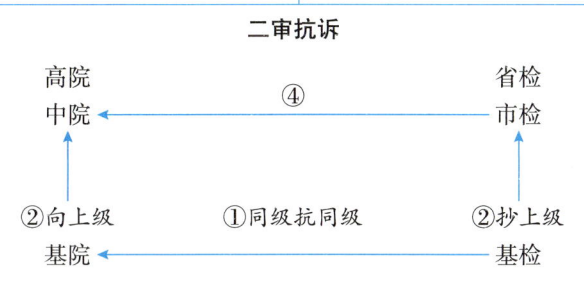 高院　　　④　　　省检 中院 ← ← ← ← 市检 ②向上级　①同级抗同级　②抄上级 基院　　　　　　　　　基检 1.地方各级检察院对同级法院第一审判决、裁定的抗诉，应当通过原审法院提出抗诉书，并且将抗诉书抄送上一级检察院。 2.上一级检察院对下级检察院按照第二审程序提出抗诉的案件，认为抗诉正确的，应当支持；认为抗诉不当的，应当向同级法院撤回抗诉，并且通知下级检察院。下级检察院如果认为上一级撤回抗诉不当的，可以提请复议。 [总结] 享有二审抗诉权的检察院是作出未生效判决裁定的法院同级的检察院；最高检无二审抗诉权；抗诉是同级检察院向作出未生效判决裁定的法院上一级法院抗诉。 ___再审抗诉___ 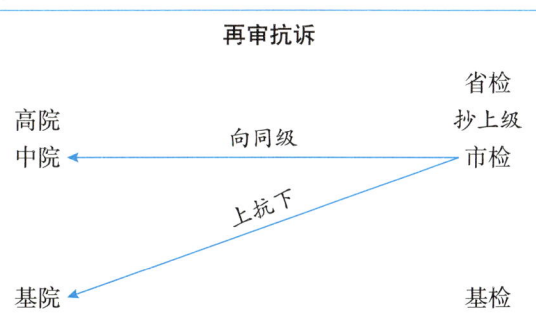 　　　　　　　　　　省检 高院　　　　　　　　抄上级 中院 ← 向同级 ← 市检 　　　　上抗下　↙ 基院　　　　　　　　基检 1.最高检发现各级法院已生效的判决或裁定，上级检察院发现下级法院已生效的判决或裁定确有错误时，可以直接向同级法院提出抗诉，或指令作出生效判决、裁定法院的上一级人民检察院向同级人民法院提出抗诉。 2.基检无再审的抗诉权；享有再审抗诉权的人民检察院是作出生效判决裁定的上一级人民检察院；再审抗诉是向同级抗。

经典考题：甲因犯抢劫罪被市检察院提起公诉，经一审法院审理，判处死刑缓期二年执行。后裁判生效，请问申诉应当向谁提出，哪些机关能启动再审？[①]

[①] 【答案】考生注意，本题隐含了一个考点，中院作出死缓要想生效必须经过高院复核，也就是说高院才是这个案件的生效法院。所以如果向法院申诉应当向高院提出，如果向检察院申请再审应当向省检提出；而从再审的启动看，生效法院自己能启动再审即省高院自己能启动，最高院也能启动，检察院启动再审讲究上级检察院抗下级法院，所以最高检才可以对省高院的生效裁判提出抗诉。

第三节　依照审判监督程序对案件的重新审判

[20140275、20130240、20120234、20110238]

再审的程序规定	审判组织及方式（《刑诉解释》第466条）	人民法院依照审判监督程序对已经发生法律效力的判决、裁定重新审判有再审和提审两种情形。 **1. 再审——生效法院自行重新审理** 主要指作出生效判决、裁定的人民法院根据再审决定或者再审指令对案件重新审判的程序。重新审理时需注意： （1）应当另行组成合议庭进行。原来审判该案的合议庭成员，应当回避。 （2）原来是第一审案件，应当依照第一审程序进行审判，所作的判决、裁定可以上诉、抗诉；原来是第二审案件，应当依照第二审程序进行审判，所作的判决、裁定是终审的判决、裁定。 **2. 提审——上级人民法院重新审理** 上级人民法院按照审判监督程序提审的案件，应当依照第二程序进行审判，所作的判决、裁定，是终审的判决、裁定。 **3. 形式——再审决定书** 对决定依照审判监督程序重新审判的案件，除人民检察院抗诉的以外，人民法院应当制作再审决定书。
	审理方式	**1. 开庭审理的情形** ★ [《最高人民法院关于刑事再审案件开庭审理程序的具体规定（试行）》第5条] 人民法院审理下列再审案件，应当依法开庭审理： （1）依照第一审程序审理的； （2）依照第二审程序需要对事实或者证据进行审理的； （3）人民检察院按照审判监督程序提出抗诉的； （4）可能对原审被告人（原审上诉人）加重刑罚的； （5）有其他应当开庭审理情形的。 **2. 检察院派员出庭** ★ 人民法院开庭审理的再审案件，同级人民检察院应当派员出席法庭。（《高检规则》第454条） [注意] 依然遵循开庭则派员，不开则不派的规则。 **3. 出庭人员** 开庭审理的再审案件，再审决定书或者抗诉书只针对部分原审被告人，其他同案原审被告人不出庭不影响审理的，可以不出庭参加诉讼。（《刑诉解释》第468条） [注意] 再审程序的审理对象也主要是针对已生效的裁判结果，并非某一个人，所以再审针对的人需要到庭，共犯中未被针对的人可以不到庭。

续　表

强制措施与中止执行★	**1.谁启动再审程序谁决定强制措施的采取** 人民法院决定再审的案件，需要对被告人采取强制措施的，由人民法院依法决定；人民检察院提出抗诉的再审案件，需要对被告人采取强制措施的，由人民检察院依法决定。（《刑诉法》第257条） ［注意］考生一定要注意，再审程序进行中对原审被告人采取强制措施并非一定是法院作出的。例如A区人民法院作出的生效判决错误，市检察院向市中级人民法院抗诉启动再审，在审理中市中院发现原审被告人有随时逃跑的可能其是否可以决定逮捕？根据上述知识点可知，不可以，此案由检察院抗诉启动，只能由检察院决定。 **2.中止执行的情形** 再审期间不停止原判决、裁定的执行，但被告人可能经再审改判无罪，或者可能经再审减轻原判刑罚而致刑期届满的，可以决定中止原判决、裁定的执行，必要时，可以对被告人采取取保候审、监视居住措施。（《刑诉解释》第464条） ［考点解读］再审的审理对象是已生效的判决裁定，而已生效的裁判原则上必须执行，再审程序的审理结果有可能发现原有判决裁定是正确的，所以一般情况不会轻易停止执行。除非明显可能改判无罪，此种情况意味着没有执行的任何必要了；要么是再审改判可能导致原有的刑期届满，考生注意单纯暗示会改判的不停止，必须达到一定程度才行。 经典考题：执行期间，发现被告人可能没有作案时间，法院决定启动再审，再审期间法院可以裁定中止执行是否正确？①
再审中的撤诉（《刑诉解释》第470条）	**1.检察院撤回再审抗诉** 人民法院审理人民检察院抗诉的再审案件，人民检察院在开庭审理前撤回抗诉的，应当裁定准许。 **2.检察院不出庭** 人民检察院接到出庭通知后不派员出庭，且未说明原因，可以裁定按撤回抗诉处理，并通知诉讼参与人。 **3.申诉人撤诉或缺席** 人民法院审理申诉人申诉的再审案件，申诉人在再审期间撤回申诉的，可以裁定准许；但认为原判确有错误的，应当不予准许，继续按照再审案件审理。 申诉人经依法通知无正当理由拒不到庭，或者未经法庭许可中途退庭的，可以裁定按撤回申诉处理，但申诉人不是原审当事人的除外。 ［注意］第一，检察院撤诉法院应当准许，而当事人撤回申诉需要审查，究其原因主要为有人敢威胁申诉人，但是无人敢威胁检察院。 第二，申诉人一次不来或者中途离开可按撤诉处理；但此条必须要求申诉人是原审的当事人，如果变成原审当事人的近亲属或者是案外人则不可以按撤回申诉处理。

---

① 【答案】不正确，此处为决定中止执行，非裁定。

续 表

重新审判后的处理（《刑诉解释》第472条）	[考点解读] 再审同二审一样也是法律监督程序，纠错程序，所以其审查后的结果也分为两大类：一类为原判决、裁定正确，则维持；另一类为原判决、裁定错误，则可以改判、可以发回重审！ 再审案件经过重新审判后，应当按照下列情形分别处理：	
	原判对则维持	1.原判决、裁定认定事实和适用法律正确、量刑适当，应当裁定驳回申诉或者抗诉，维持原判决、裁定。 2.定罪准确、量刑适当，但在认定事实、适用法律等方面有瑕疵的，应当裁定纠正并维持原判决、裁定。
	原判错则改判或发回重审	3.认定事实没有错误，但适用法律错误，或者量刑不当的，应当撤销原判决、裁定，依法改判。 4.依照第二审程序审理的案件，原判决、裁定事实不清或者证据不足的，可以在查清事实后改判，也可以裁定撤销原判，发回原审人民法院重新审判。
	存疑时按有利于被告人的规则处理——宣告无罪	5.原判决、裁定事实不清或者证据不足，经审理事实已经查清的，应当根据查清的事实依法裁判；事实仍无法查清，证据不足，不能认定被告人有罪的，应当撤销原判决、裁定，判决宣告被告人无罪。
	[注意] 对再审改判宣告无罪并依法享有申请国家赔偿权利的当事人，人民法院宣判时，应当告知其在判决发生法律效力后可以依法申请国家赔偿。	

进阶考点

一、发言顺序——谁引起再审程序谁先发言

开庭审理的再审案件，系人民法院决定再审的，由合议庭组成人员宣读再审决定书；系人民检察院抗诉的，由检察人员宣读抗诉书；系申诉人申诉的，由申诉人或者其辩护人、诉讼代理人陈述申诉理由。(《刑诉解释》第471条)

二、再审之并案处理

对依照审判监督程序重新审判的案件，人民法院在**依照第一审程序**进行审判的过程中，发现原审被告人还有其他犯罪的，一般应当并案审理，但分案审理更为适宜的，可以分案审理。(《刑诉解释》第467条)

[注意] 一般是一审才能直接并，二审并会侵害被告人其他犯罪之两审终审的权利。

三、再审不加刑原则★

除人民检察院抗诉的以外，再审一般不得加重原审被告人的刑罚。再审决定书或者抗诉书只针对部分原审被告人的，不得加重其他同案原审被告人的刑罚。(《刑诉解释》第469条)

四、再审审理中发现个人信息有错

原判决、裁定认定被告人姓名等身份信息有误,但认定事实和适用法律正确、量刑适当的,作出生效判决、裁定的人民法院可以通过裁定对有关信息予以更正。(《刑诉解释》第473条)

五、中止审理与终止审理

(1)原审被告人(原审上诉人)收到再审决定书或者抗诉书后下落不明或者收到抗诉书后未到庭的,人民法院应当中止审理;

(2)原审被告人(原审上诉人)到案后,恢复审理;如果超过2年仍查无下落的,应当裁定终止审理。

六、再审之审限

人民法院按照审判监督程序重新审判的案件,应当在作出提审、再审决定之日起3个月以内审结,需要延长期限的,不得超过6个月。(《刑诉法》第258条)

专题十九 执 行

命题点拨

生效的裁判文书需要送交执行，考生注意，无罪判决须将被告人立即释放；原则上需要关押的刑罚都由监狱执行，不需要关押的刑罚由社区矫正机构执行。在本专题考生注意暂予监外执行及减刑、假释的考点，考频比较高。

知识体系图

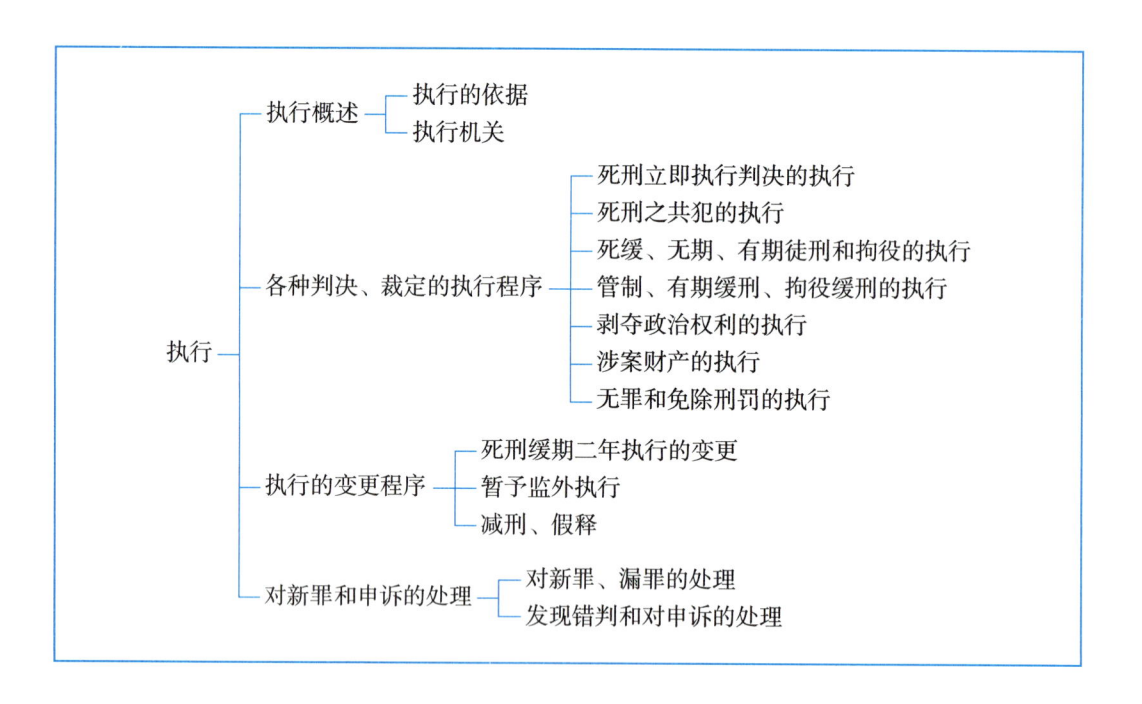

```
              ┌─ 执行概述 ─┬─ 执行的依据
              │           └─ 执行机关
              │                    ┌─ 死刑立即执行判决的执行
              │                    ├─ 死刑之共犯的执行
              │                    ├─ 死缓、无期、有期徒刑和拘役的执行
              ├─ 各种判决、裁定的执行程序 ─┼─ 管制、有期缓刑、拘役缓刑的执行
    执行 ─────┤                    ├─ 剥夺政治权利的执行
              │                    ├─ 涉案财产的执行
              │                    └─ 无罪和免除刑罚的执行
              │                    ┌─ 死刑缓期二年执行的变更
              ├─ 执行的变更程序 ────┼─ 暂予监外执行
              │                    └─ 减刑、假释
              │                        ┌─ 对新罪、漏罪的处理
              └─ 对新罪和申诉的处理 ────┤
                                       └─ 发现错判和对申诉的处理
```

第一节 执行概述

执行的依据★	执行的依据是已经发生法律效力的判决、裁定：——无须识记，简单说就是判断判决裁定是否生效。 1.已过法定期限没有上诉、抗诉的判决、裁定。 2.终审的判决和裁定。包括第二审的判决、裁定和最高人民法院的判决、裁定。 3.高级人民法院核准的死刑缓期二年执行的判决、裁定。 4.最高人民法院核准死刑以及核准在法定刑以下判处刑罚的判决和裁定。

续 表

| 执行机关 | 1.**人民法院**：死刑立即执行、罚金和没收财产、无罪、免除刑罚。
2.**监狱**：原则上需要关押的都归监狱
死缓、无期、有期的罪犯，由公安机关送交监狱执行刑罚。公安机关接到判决书、裁定书以及执行通知书后，应当在一个月以内将罪犯送交监狱执行。
未成年犯监狱负责未成年犯的执行。
3.**公安机关**（《公安规定》第301条）
负责送交执行时余刑在3个月以下的有期徒刑、拘役、剥夺政治权利、驱逐出境的执行。
4.**社区矫正机构**：原则上不需要关押的都归社区矫正机构
管制、宣告缓刑、假释、暂予监外执行。|

第二节　各种判决、裁定的执行程序

［2019、2018、20170237、20150240、20140274、20130224、20100295、20100296、20100297］

死刑立即执行判决的执行（《刑诉法》第261~263条）	具体执行程序	执行死刑命令的签发	1.执行死刑判决，必须有执行死刑命令才能进行。 2.死刑执行令应当由最高人民法院院长签发。
		执行死刑的机关和期限（《刑诉解释》第499条）	1.最高人民法院的执行死刑命令，由高级人民法院交付第一审人民法院执行。第一审人民法院接到死刑执行命令后，应当在7日内执行。 [考点解读] 执行死刑的法院为第一审人民法院，如果原来是中院作一审的，则中院执行。此时一定要注意，死刑执行令必须经过最高院递交高院，不可以跨过高院直接找到中院；高院为一审法院时则高院执行。 2.在死刑缓期执行期间故意犯罪，最高人民法院核准执行死刑的，由罪犯服刑地的中级人民法院执行。 [考点解读] 死缓期间被核准死立即的，一律由服刑地中院执行，无论其后来的故意犯罪是在监狱内实施还是脱逃出服刑地实施。
		执行死刑的场所和方法（《刑诉解释》第507条）	1.**场所**：死刑可以在刑场或者指定的羁押场所内执行。 2.**方式** （1）原则：死刑采用枪决或者注射等方法执行。采用注射方法执行死刑的，应当在指定的刑场或羁押场所内执行。 （2）例外：采用枪决、注射以外的其他方法执行死刑的，应当事先层报最高人民法院批准。

续　表

			一、会见近亲属 （一）一般规定（《死刑保障规定》第6、7条） 1.第一审法院在执行前，**应告知罪犯有权会见其近亲属**。 2.罪犯申请会见并提供具体联系方式的，人民法院**应当通知**其近亲属。对经查找确实无法与罪犯近亲属取得联系的，或者其近亲属拒绝会见的，应当告知罪犯。 3.罪犯近亲属申请会见的，人民法院应当准许，并在执行死刑前及时安排，但罪犯拒绝会见的除外。 罪犯拒绝会见的情况，应当记录在案并及时告知其近亲属，必要时应当进行录音录像。 [注意] 死刑犯与近亲属的最后一面权是应当保障的，无论是死刑犯自己提出还是近亲属主动提出，法院原则上都应当安排，除非对方拒绝。 （二）亲友会见（《死刑保障规定》第8条） 罪犯提出会见近亲属以外的亲友，经人民法院审查，确有正当理由的，可以在确保会见安全的情况下予以准许。 [注意] 必须安排的只有近亲属。 （三）未成年子女会见（《死刑保障规定》第9条） 罪犯申请会见未成年子女的，**应当经未成年子女的监护人同意**；会见可能影响未成年人身心健康的，人民法院可以采取视频通话等适当方式安排会见，且监护人应当在场。 （四）地点（《死刑保障规定》第10条） 会见由人民法院负责安排，一般在罪犯羁押场所进行。 二、检察院监督（《刑诉解释》第506条） 第一审人民法院在执行死刑3日前，应当通知同级人民检察院派员临场监督。 三、验明正身（《刑诉解释》第508条第1款） 指挥执行的审判人员，对罪犯应当验明正身，讯问有无遗言、信札，然后交付执行人员执行死刑。 罪犯提出通过录音录像等方式留下遗言的，人民法院**可以准许**。 [注意] 遗言法院必须记录，原则上采取书面方式记录，录音录像是可以采用非必须。
		执行死刑的 具体程序[①] （《刑诉解释》 第505条）	

[①] 此考点主要涉及法条为《最高人民法院关于死刑复核及执行程序中保障当事人合法权益的若干规定》，本书简称《死刑保障规定》。

续 表

		四、执行死刑应当公布，不应示众（《刑诉解释》第508条第2款） 执行死刑应当公布，禁止游街示众或者其他有辱罪犯人格的行为。 五、记录与上报（《刑诉解释》第509条） 执行死刑后，应当由法医验明罪犯确实死亡，在场书记员制作笔录。负责执行的人民法院应当在执行死刑后15日内将执行情况，包括罪犯被执行死刑前后的照片，上报最高人民法院。
	执行死刑后的处理 （《刑诉解释》第510条）	1.骨灰的领取 通知罪犯家属在限期内领取罪犯骨灰；没有火化条件或者因民族、宗教等原因不宜火化的，通知领取尸体；过期不领取的，由人民法院通知有关单位处理，并要求有关单位出具处理情况的说明；对罪犯骨灰或者尸体的处理情况，应当记录在案。 2.外国人的特殊处理 对外国籍罪犯执行死刑后，通知该国驻华使领馆的程序和时限，根据有关规定办理。
暂停执行的规定★ （《刑诉解释》第500~504条）	暂停执行的情形	1.罪犯可能有其他犯罪的。 2.共同犯罪的其他犯罪嫌疑人到案，可能影响罪犯量刑的。 3.共同犯罪的其他罪犯被暂停或者停止执行死刑，可能影响罪犯量刑的。 4.罪犯揭发重大犯罪事实或者有其他重大立功表现，可能需要改判的。 5.罪犯怀孕的。 6.判决、裁定可能有影响定罪量刑的其他错误的。
	处理程序	1.下级法院发现的处理程序（《刑诉解释》第500条） （1）下级人民法院在接到执行死刑命令后、执行前，发现有上述暂停情形的，应当暂停执行，并立即将请求停止执行死刑的报告和相关材料层报最高人民法院； （2）最高人民法院经审查，认为可能影响罪犯定罪量刑的，应当裁定停止执行死刑；认为不影响的，应当决定继续执行死刑。 [考点解读] 下级人民法院发现暂停执行的情形报请上级人民法院，主要是希望上级人民法院能够给出明确的指引，即这个案件是继续还是暂停。 2.最高院发现的处理程序（《刑诉解释》第501条） （1）最高人民法院在执行死刑命令签发后、执行前，发现有上述暂停情形的，应当立即裁定停止执行死刑，并将有关材料移交下级人民法院。

			续　表
			（2）下级法院的处理 下级人民法院接到最高人民法院停止执行死刑的裁定后，应当会同有关部门调查核实停止执行死刑的事由，并及时将调查结果和意见层报最高人民法院审核。 [注意] 最高院发现将案件交往下级主要是希望下级法院将具体情况调查清楚。 3.**最高院的审查**（《刑诉解释》第503条） 对下级人民法院报送的停止执行死刑的调查结果和意见，由最高人民法院原作出核准死刑判决、裁定的合议庭负责审查，必要时，另行组成合议庭进行审查。
		审查结果 （《刑诉解释》 第504条）	最高人民法院对停止执行死刑的案件，应当按照下列情形分别处理： 1.**确认罪犯怀孕的，应当改判**。 2.确认罪犯有其他犯罪，依法应当追诉的，应当裁定不予核准死刑，撤销原判，发回重新审判。 [注意] 如果不发回另一起刑事案件无法查明。 3.确认原判决、裁定有错误或者罪犯有重大立功表现，需要改判的，应当裁定不予核准死刑，撤销原判，发回重新审判。 4.确认原判决、裁定没有错误，罪犯没有重大立功表现，或者重大立功表现不影响原判决、裁定执行的，应当裁定继续执行死刑，并由院长重新签发执行死刑的命令。
涉案财产的 执行★	1.**涉案财产的范围**（《刑诉解释》第521条） 刑事裁判涉财产部分的执行，是指发生法律效力的刑事裁判中下列判项的执行： （1）罚金、没收财产； （2）追缴、责令退赔违法所得； （3）处置随案移送的赃款赃物； （4）没收随案移送的供犯罪所用本人财物； （5）其他应当由人民法院执行的相关涉财产的判项。 2.**执行机关**（《刑诉解释》第522条） （1）刑事裁判涉财产部分，由第一审人民法院执行。 [注意] 注意可以是基层法院也可以是中院、高院、最高院。 （2）第一审人民法院可以委托财产所在地（被执行人、被执行财产在外地的）的同级人民法院执行。受托法院在执行财产刑后，应当及时将执行的财产上缴国库。 [注意] 只能委托同级法院，此处2021年曾有所涉及；受托法院执行过后不需要将财产交给委托的法院。 3.执行没收财产刑时，可以会同公安机关执行。		
	罚金的 缴纳	1.罚金在判决规定的期限内一次或者分期缴纳。（《刑诉法》第271条） 2.**行政罚款的折抵** 行政机关对被告人就同一事实已经处以罚款的，人民法院判处罚金时应当折抵，扣除行政处罚已执行的部分。（《刑诉解释》第523条）		

续 表

	执行期限	1.判处没收财产的，判决生效后，应当立即执行。 2.执行案件的期限为6个月，有特殊情况需要延长的，经本院院长批准，可以延长。 [注意] 延长期限无限制。
	限度	执行财产刑，应当参照被扶养人住所地政府公布的上年度当地居民最低生活费标准，保留被执行人及其所扶养人的生活必需费用。（《刑诉解释》第526条）
	民事赔偿责任	被判处财产刑，同时又承担附带民事赔偿责任的被执行人，应当先履行民事赔偿责任。 判处财产刑之前被执行人所负正当债务，需要以被执行的财产偿还的，经债权人请求，应当偿还。（《刑诉解释》第527条）
	保全措施	对于侦查机关已经采取的查封、扣押、冻结，人民法院应当在期限届满前及时续行查封、扣押、冻结。人民法院续行查封、扣押、冻结的顺位与侦查机关查封、扣押、冻结的顺位相同。 对侦查机关查封、扣押、冻结的财产，人民法院执行中可以直接裁定处置，无需侦查机关出具解除手续。（《刑事财产执行规定》第5条）
	终结执行	**1.主要针对无执行依据或执行不能。** 2.执行刑事裁判涉财产部分、附带民事裁判过程中，具有下列情形之一的，人民法院应当裁定终结执行： （1）据以执行的判决、裁定被撤销的； （2）被执行人死亡或者被执行死刑，且无财产可供执行的； （3）被判处罚金的单位终止，且无财产可供执行的； （4）依照刑法规定免除罚金的； （5）应当终结执行的其他情形。 裁定终结执行后，发现被执行人的财产有被隐匿、转移等情形，应当追缴。（《刑诉解释》第529条）
	追缴执行 ★	具有下列情形之一的，人民法院应予追缴——**原则上恶意获得一律追缴：** 1.第三人明知是涉案财物而接受的。 2.第三人无偿或者以明显低于市场的价格取得涉案财物的。 3.第三人通过非法债务清偿或者违法犯罪活动取得涉案财物的。 4.第三人通过其他恶意方式取得涉案财物的。 第三人善意取得涉案财物的，执行程序中不予追缴。作为原所有人的被害人对该涉案财物主张权利的，人民法院应当告知其通过诉讼程序处理。（《刑事财产执行规定》第11条） [活学活用] 李某在二手网络交易平台以6000元的价格购买的笔记本电脑，事后查明该笔记本电脑属于涉案财物，能否追缴？①

---

① 【答案】根据上述法律规定可知不能追缴，因为李某属于善意取得，此题属于与时俱进的题目，改变了传统善意取得的场所要求。

进阶考点

一、死刑之共犯的执行★（《刑诉解释》第512条）

1.同案审理的案件中，部分被告人被判处死刑，对未被判处死刑的同案被告人需要羁押执行刑罚的，应当根据前条规定及时交付执行。

2.但是，该同案被告人参与实施有关死刑之罪的，应当在最高人民法院复核讯问被判处死刑的被告人后交付执行。

[考点解读] 此种情形主要指的是共犯一个被判处死立即一个被判处有期徒刑，考生记住原则上二者各走各的，例如杜某与曹某一起实施抢劫，在抢劫的过程中杜某把被害人杀害。后杜某因为抢劫被判处有期徒刑十五年，因为故意杀人被判处死刑立即执行，对于杜某合并执行死立即；而曹某因为抢劫被判处有期徒刑十年，并于6月1日收到判决书。关于本案无人上诉、无检察院抗诉原则上6月12日至6月21日将杜某层报至最高院复核，对于曹某送交监狱执行；但是如果杜某在杀人的时候曹某参与了，那么就只能等到最高院复核讯问完被判死立即的杜某后将曹某交付执行。

二、死缓的执行时间（《刑诉解释》第498条）

1.死刑缓期执行的期间，从判决或者裁定核准死刑缓期执行的法律文书宣告或者送达之日起计算。

2.死刑缓期执行期满，依法应当减刑的，人民法院应当及时减刑。死刑缓期执行期满减为无期徒刑、有期徒刑的，刑期自死刑缓期执行期满之日起计算。

三、财产责任执行顺序★（《刑事财产执行规定》第13条）

被执行人在执行中同时承担刑事责任、民事责任，其财产不足以支付的，按照下列顺序执行：

1.人身损害赔偿中的医疗费用。

2.退赔被害人的损失。

3.其他民事债务。

4.罚金。

5.没收财产。

债权人对执行标的依法享有优先受偿权，其主张优先受偿的，人民法院应当在上述第1项规定的医疗费用受偿后，予以支持。

[注意] 有优先受偿权的债权主要是指有抵押权的债权。

四、财产之变价执行（《刑事财产执行规定》第12条）

1.被执行财产需要变价的，人民法院执行机构应当依法采取拍卖、变卖等变价措施。

2.涉案财物最后一次拍卖未能成交，需要上缴国库的，人民法院应当通知有关财政机关以该次拍卖保留价予以接收；有关财政机关要求继续变价的，可以进行无保留价拍卖。需要退赔被害人的，以该次拍卖保留价以物退赔；被害人不同意以物退赔的，可以进行无保留价拍卖。

[注意] 拍卖保留价是指拍卖标的拍卖成交价应达到的最低价格基数，所以要想进行无保留价拍卖必须要财政机关请求或者被害人要求才可以。

第三节 执行的变更程序

[2018、20170238、20150241、20140226、2007022、20040234、20020256]

死刑缓期二年执行的变更	**死缓期间故意犯罪的处理**（《刑诉法》第261条；《刑诉解释》第497条） 1.被判处死刑缓期执行的罪犯，在死刑缓期执行期间犯罪的，应当由罪犯服刑地的中级人民法院依法审判，所作的判决可以上诉、抗诉。 2.认定故意犯罪，情节恶劣，应当执行死刑的，在判决、裁定发生法律效力后，应当层报最高人民法院核准执行死刑。 3.对故意犯罪未执行死刑的，不再报高级人民法院核准，死刑缓期执行的期间重新计算，并层报最高人民法院备案。备案不影响判决、裁定的生效和执行。 4.最高人民法院经备案审查，认为原判不予执行死刑错误，确需改判的，应当依照审判监督程序予以纠正。 [考点解读] 对于死缓的人，从结果上分类主要有两种：一种是安分守己无故意犯罪，那么按照规定是一定会对其减刑，减为无期还是有期徒刑根据具体情况确定；另一种是死缓期间有故意犯罪，从结果上而言又分为两小类——第一类，应当执行死立即，但是须再次报往最高院复核，第二类为不需要执行死立即，但是死缓的两年重新计算，且要报最高院备案。
暂予监外执行★	暂予监外执行，是指对被判处无期、有期或者拘役的罪犯，具有法律规定的某种特殊情况，不适宜在监狱或者拘役所等场所执行刑罚，暂时采取不予关押的一种变通执行方法。 [注意] 暂予监外执行的性质就是本应该在关押场所执行，但是因为人道主义的情形允许其回家执行，在家里待一天就算执行一天。等人道主义情形消失，如果折抵刑期还未满，则需要回到关押场所继续执行完毕。
	条件 1.可以适用的情形（《刑诉法》第265条） 对被判处有期徒刑或拘役的罪犯，有下列情形之一的，可以暂予监外执行： （1）罪犯有严重疾病需保外就医。对罪犯确有严重疾病，必须保外就医的，由省级人民政府指定的医院诊断并开具证明文件。 （2）怀孕或者正在哺乳自己婴儿的妇女。哺乳期为1周岁以内的婴儿。 （3）生活不能自理，适用暂予监外执行不致危害社会的。 对被判处无期徒刑的罪犯，有上述第（2）项规定情形的，可以暂予监外执行。 [考点解读] 1.对于有期徒刑拘役，四种人道主义情形都可以适用；对于无期徒刑只适用于两种特殊的妇女。 2.保外就医为省级政府制指定的医院，非省级人民医院。 [法条链接]《刑诉解释》第514条 罪犯在被交付执行前，因有严重疾病、怀孕或者正在哺乳自己婴儿的妇女、生活不能自理的原因，依法提出暂予监外执行的申请的，有关病情诊断、妊娠检查和生活不能自理的鉴别，由人民法院负责组织进行。 2.不得适用的情形 对适用保外就医可能有社会危险性的罪犯，或者自伤自残的罪犯，不得保外就医。

续　表

批准机关		**1. 交付执行前的报批程序**★ （1）在交付执行前，暂予监外执行由交付执行的人民法院决定。 （2）人民法院决定暂予监外执行的，将暂予监外执行决定书抄送罪犯居住地的县级人民检察院和公安机关。（《刑诉法》第265条） [法条链接]《刑诉解释》第515条第2款　人民法院在作出暂予监外执行决定前，应当征求人民检察院的意见。 **2. 交付执行后的报批程序**★ （1）在交付执行后的判决、裁定执行过程中，对具备监外执行条件的罪犯，由监狱提出书面意见，报省级以上监狱管理机关批准。 （2）在看守所、拘役所服刑的罪犯需要暂予监外执行的，由看守所或拘役所提出书面意见，报主管的设区的市一级以上公安机关批准。批准暂予监外执行的机关应当将批准的决定抄送人民检察院。（《刑诉法》第265条）
	收监的情形 ★ （《刑诉解释》第516条）	人民法院收到社区矫正机构的收监执行建议书后，经审查，确认暂予监外执行的罪犯具有下列情形之一的，应当作出收监执行的决定： 1. 不符合暂予监外执行条件的。 2. 未经批准离开所居住的市、县，经警告拒不改正，或者拒不报告行踪，脱离监管的。 3. 因违反监督管理规定受到治安管理处罚，仍不改正的。 4. 受到执行机关2次警告，仍不改正的。 5. 保外就医期间不按规定提交病情复查情况，经警告拒不改正的。 6. 暂予监外执行的情形消失后，刑期未满的。 7. 保证人丧失保证条件或者因不履行义务被取消保证人资格，不能在规定期限内提出新的保证人的。 8. 违反法律、行政法规和监督管理规定，情节严重的其他情形。 人民法院收监执行决定书，一经作出，立即生效。
	收监的决定机关及程序	**暂予监外执行的收监** 1. 暂予监外执行的社区矫正对象具有刑事诉讼法规定的应当予以收监情形的，社区矫正机构应当向执行地或者原社区矫正决定机关提出收监执行建议，并将建议书抄送人民检察院。（《社区矫正法》第49条） 2. 人民法院应当在收到社区矫正机构的收监执行建议书后30日以内作出决定。收监执行决定书一经作出，立即生效。（《刑诉解释》第517条） 3. 人民法院、公安机关对暂予监外执行的社区矫正对象决定收监执行的，由公安机关立即将社区矫正对象送交监狱或者看守所收监执行。 监狱管理机关对暂予监外执行的社区矫正对象决定收监执行的，监狱应当立即将社区矫正对象收监执行。
	期间的计算 ★	**以计入刑期为原则不计入为例外**（《刑诉法》第268条） 1. 罪犯通过贿赂等非法手段被暂予监外执行的，在监外执行的期间不计入执行刑期。 2. 罪犯在暂予监外执行期间脱逃的，脱逃的期间不计入执行刑期。 [考点解读]手段不合法则所有的时间都不计入，脱逃的则脱逃以后的时间不计入，安分守己带着的时间计入。

续 表

减刑、假释★	含义	1.减刑，是指被判处管制、拘役、有期徒刑、无期徒刑的犯罪分子，在执行期间，认真遵守监规，接受教育改造，确有悔改或者立功表现，由人民法院依法适当减轻其原判刑罚的制度。 2.假释，是指对于被判处有期徒刑、无期徒刑的犯罪分子经过一定期限的服刑改造，确有悔改表现，没有再犯罪的危险的，附条件地将其提前释放的一种制度。 [考点解读] 减刑主要指的是本来要服刑六年，经过减刑只需要服刑5年，但是必须在监狱执行完这5年，而假释是有条件的提前释放，也就是说本来要服刑六年，确定假释罪犯就可以走出监狱，回到家中，只是需要遵守一定的义务而已。
	对象及条件	1.减刑的对象和条件（《刑法》第78条） 被判处管制、拘役、有期徒刑、无期徒刑的犯罪分子，在执行期间，如果认真遵守监规，接受教育改造，确有悔改或者立功表现的，可以减刑；有重大立功表现的，应当减刑。 2.假释的对象和条件 （1）假释的对象必须是被判处有期徒刑、无期徒刑的犯罪分子； （2）不得适用假释的情形： 对累犯以及因故意杀人、强奸、抢劫、绑架、放火、爆炸、投放危险物质或者有组织的暴力性犯罪被判处10年以上有期徒刑、无期徒刑的罪犯，不得假释，因前述情形和犯罪被判处死刑缓期执行的罪犯，被减为无期徒刑、有期徒刑后，也不得假释。 [注意] 第一，有组织的暴力性犯罪只要判处刑期在10年以下有期徒刑的依然可以假释； 第二，只要因为第二项情形被判处死缓的，减刑以后也不得假释，但其他情形被减为无期徒刑和有期徒刑的则可以假释。
	不同情形的审核裁定（《减刑、假释规定》①第1条；《刑诉解释》第534条）	对减刑、假释案件，不是由执行机关决定，而是需要接受人民法院的审理，主要是希望法院来监督执行机关的行为，防止权钱交易等行为的发生，具体而言应当按照下列情形分别处理： 1.对死缓的减刑，由罪犯服刑地的高院在收到同级监狱管理机关审核同意的减刑建议书后1个月内作出裁定。 2.对无期徒刑的罪犯的减刑、假释，由罪犯服刑地的高院在收减刑、假释建议书后1个月内作出裁定，案情复杂或情况特殊的，可以延长1个月。 3.对被判处有期徒刑和被减为有期徒刑的罪犯的减刑、假释，由罪犯服刑地的中院1个月内作出裁定，案情复杂或者情况特殊的，可以延长1个月。 4.对被判处管制、拘役的罪犯的减刑，由罪犯服刑地中院在收到同级执行机关审核同意的减刑、假释建议书后1个月内作出裁定。

---

① 《最高人民法院关于减刑、假释案件审理程序的规定》，本书简称《减刑、假释规定》。

续表

		[考点解读]（1）首先考生需要注意减刑假释是由法院审理后作出裁定的，非监狱决定，这是通过权利的划分实现相互制约，保障公正。 （2）死缓和无期这两个刑期较重的是由高院作出来的。 （3）期、拘役、管制，即便是刑期最低的也得由中院作出。 [法条链接]《刑诉解释》第534条第2款　对社区矫正对象的减刑，由社区矫正执行地的中级以上人民法院在收到社区矫正机构减刑建议书后三十日以内作出裁定。
	公示程序★	审理减刑、假释案件，应当在立案后5日内将以下内容依法向社会公示，公示期限为5日。 1.罪犯的姓名、年龄等个人基本情况。 2.原判认定的罪名和刑期。 3.罪犯历次减刑情况。 4.执行机关的减刑、假释建议和依据。 公示应当写明公示期限和提出意见的方式。（《减刑、假释规定》第3条；《刑诉解释》第537条） [注意]公示的目的是接受社会大众的监督，现在所有减刑、假释案件都要公示即接受监督，所以具体内容可以推断出来。即谁因为什么被关进来的，这次因为什么报请减刑假释，同时注意还需公示之前减刑的情况，因为对于每次减刑的幅度、间隔的时间法律有明确规定，这四个方面一公示，社会大众就能对比出来其是否违规操作。
	应当开庭审理的情形★	[注意]考生注意，越容易有猫腻存在越要开庭，因为开庭是更为严格的一种形式。 审理减刑、假释案件，应当组成合议庭，可以采用书面审理的方式，但下列案件应当开庭审理： 1.因罪犯有重大立功表现提请减刑的。 2.提请减刑的起始时间、间隔时间或者减刑幅度不符合一般规定的。 3.社会影响重大或者社会关注度高的。 4.公示期间收到不同意见的。 5.人民检察院有异议的。 6.被报请减刑、假释罪犯系职务犯罪罪犯，组织（领导、参加、包庇、纵容）黑社会性质组织犯罪罪犯，破坏金融管理秩序和金融诈骗犯罪罪犯。 [注意]这四类罪或有钱或有权，一般会涉及权钱交易，所以规定特别严格。职务犯罪有权，涉黑案件有权又有钱，金融类的案件属于有钱。 7.其他。（《减刑、假释规定》第6条、《刑诉解释》第538条）
	开庭审理的地点	开庭审理应当在罪犯刑罚执行场所或者人民法院确定的场所进行。有条件的人民法院可以采取视频开庭的方式进行。 在社区执行刑罚的罪犯因重大立功被报请减刑的，可以在罪犯服刑地或者居住地开庭审理。（《减刑、假释规定》第8条）

续 表

出庭人员	人民法院开庭审理减刑、假释案件,应当通知人民检察院、执行机关及被报请减刑、假释罪犯参加庭审。 人民法院根据需要,可以通知证明罪犯确有悔改表现或者立功、重大立功表现的证人,公示期间提出不同意见的人,以及鉴定人、翻译人员等其他人员参加庭审。(《减刑、假释规定》第7条) [注意] 也就说减刑假释案件必须到庭的主体只有以下三类:检察院——负责监督;执行机关——提请机关;罪犯——对象。其他人都是可以到庭也可以不到庭。
书面审理★	人民法院书面审理减刑案件,可以提讯被报请减刑罪犯;书面审理假释案件,应当提讯被报请假释罪犯。(《减刑、假释规定》第15条) 经典考题:丙因受贿罪被判处有期徒刑5年,对丙的假释,可书面审理,但必须提讯丙,是否正确?①

进阶考点

一、暂予监外执行之检察院的监督

1.人民检察院认为暂予监外执行不当的,应当自接到通知之日起1个月以内将书面意见送交决定或者批准暂予监外执行的机关,决定或者批准暂予监外执行的机关接到人民检察院的书面意见后,应当立即对该决定进行重新核查。(《刑诉法》第267条)

2.人民检察院认为人民法院的暂予监外执行决定不当,在法定期限内提出书面意见的,人民法院应当立即对该决定重新核查,并在1个月以内作出决定。(《刑诉解释》第515条)

二、暂予监外执行时间不计入刑期的具体决定主体(《刑诉解释》第518条)

1.法院决定的暂予监外执行,则法院在决定予以收监的同时,应当确定不计入刑期的期间。

2.执行机关决定的,罪犯被收监后,所在监狱或者看守所应当及时向所在地的**中级人民法院**提出不计入执行刑期的建议书,由人民法院审核裁定。

三、减刑假释的特殊规则

(一)减刑、假释案件的审理程序(《减刑、假释规定》第10条)

减刑、假释案件的开庭审理由审判长主持,应当按照以下程序进行:

1.审判长宣布开庭,核实被报请减刑、假释罪犯的基本情况。

2.审判长宣布合议庭组成人员、检察人员、执行机关代表及其他庭审参加人。

3.执行机关代表宣读减刑、假释建议书,并说明主要理由。

---

① 【答案】不正确,本题的解题关键在于要看出来受贿罪属于职务犯罪,职务犯罪不可以书面审理,必须开庭。

4.检察人员发表检察意见。

5.法庭对被报请减刑、假释罪犯确有悔改表现或立功表现、重大立功表现的事实以及其他影响减刑、假释的情况进行调查核实。

6.被报请减刑、假释罪犯作最后陈述。

7.审判长对庭审情况进行总结并宣布休庭评议。

[注意]（1）考生注意，减刑假释案件是对罪犯有利的一个事项，是由执行机关主动提出并提交了罪犯符合条件的材料，与检察院没有直接的关系，也就是说减刑、假释程序与一般的刑事诉讼有本质的区别，一般的刑事诉讼是检察院提起的有明显的定罪量刑的诉讼主张，对被告人是不利的。所以真题经常考查的点有两个：第一，在减刑假释案件中检察院应当承担举证责任是否正确？显然是不正确的，检察院既然没有诉讼主张何来举证责任。第二，在减刑、假释案件中罪犯可否委托辩护人？显然也不行，辩护权作为防御权，说明有控诉才有防御，有定罪量刑的诉讼主张才有委托辩护人的权利。

（2）在庭审时除了法院，应当是执行机关先发言，而后才是检察院发言，之所以让检察院发言主要是为了保障其监督权。

（二）发问规则及证据的出示（《减刑、假释规定》第11条）

1.庭审过程中，合议庭人员对报请理由有疑问的，可以向被报请减刑、假释罪犯、证人、执行机关代表、检察人员提问。

2.庭审过程中，检察人员对报请理由有疑问的，在经审判长许可后，可以出示证据，申请证人到庭，向被报请减刑、假释罪犯及证人提问并发表意见。

3.被报请减刑、假释罪犯对报请理由有疑问的，在经审判长许可后，可以出示证据，申请证人到庭，向证人提问并发表意见。

（三）其他特殊规定

1.减刑、假释裁定书应当通过互联网依法向社会公布。

2.减刑、假释裁定作出前，执行机关书面提请撤回减刑、假释建议的，是否准许，由人民法院决定。

[考点解读]执行机关作出提出机关可以申请启动这一程序，但是并不能随意申请撤回，因为对于符合条件的人报请减刑、假释是执行机关的义务，其申请撤回需要接受法院的审查，法院觉得应当减刑、假释可以直接作出裁定。

（四）检察院的监督（《减刑、假释规定》第8、9条；《人民检察院办理减刑、假释案件规定》第11、12、15~17条）

1.可列席评审会议

人民检察院可以派员列席执行机关提请减刑、假释评审会议，了解案件有关情况，根据需要发表意见。

2.可提出建议

人民检察院发现罪犯符合减刑、假释条件，但是执行机关未提请减刑、假释的，可以建议执行机关提请减刑、假释。

3.提出书面纠正意见

人民法院作出减刑、假释裁定后，应当在7日内送达提请减刑、假释的执行机关、同级人民检察院以及罪犯本人。人民检察院认为减刑、假释裁定不当，在法定期限内提出书面纠正意见的，人民法院应当在收到意见后另行组成合议庭审理，并在1个月内作出裁定。(《减刑、假释规定》第20条)

[注意](1)人民检察院审查认为不当的，应当在收到裁定书副本后20日以内，依法向作出减刑、假释裁定的人民法院提出书面纠正意见。

(2)对人民法院减刑、假释裁定的纠正意见，由作出减刑、假释裁定的人民法院的同级人民检察院书面提出。(《高检规则》第639、640条)

4.派员出席法庭

(1)人民法院开庭审理减刑、假释案件，人民检察院应当指派检察人员出席法庭，发表意见。(《高检规则》第637条)

(2)庭审开始后，在执行机关代表宣读减刑、假释建议书并说明理由之后，检察人员应当发表检察意见。

(3)庭审过程中，检察人员对执行机关提请减刑、假释有疑问的，经审判长许可，可以出示证据，申请证人出庭作证，要求执行机关代表出示证据或者作出说明，向被提请减刑、假释的罪犯及证人提问并发表意见。

(4)法庭调查结束时，在被提请减刑、假释罪犯作最后陈述之前，经审判长许可，检察人员可以发表总结性意见。

(5)庭审过程中，检察人员认为需要进一步调查核实案件事实、证据，需要补充鉴定或者重新鉴定，或者需要通知新的证人到庭的，应当建议休庭。

(五)法院自行纠错(《刑诉解释》第541条)

人民法院发现本院已经生效的减刑、假释裁定确有错误的，应当另行组成合议庭审理；发现下级人民法院已经生效的减刑、假释裁定确有错误的，可以指令下级人民法院另行组成合议庭审，也可以自行组成合议庭审理。

四、特殊的假释

(一)具体情形(《刑诉解释》第420条)

报请最高人民法院核准因罪犯具有特殊情况，不受执行刑期限制的假释案件，应当按照下列情形分别处理：

1.中级人民法院依法作出假释裁定后，应当报请高级人民法院复核。高级人民法院同意的，应当书面报请最高人民法院核准；不同意的，应当裁定撤销中级人民法院的假释裁定。

2.高级人民法院依法作出假释裁定的，应当报请最高人民法院核准。

[注意]假释按照刑期的不同确定审理法院，有期徒刑是由中院作出的，无期徒刑的假释是高院作出的，无论是高院还是高院作出的只要突破了原有法律的规定，都需要层报最高院复核。

(二)最高院的审核

对因罪犯具有特殊情况，不受执行刑期限制的假释案件，最高人民法院予以核准的，应当作出核准裁定书；不予核准的，应当作出不核准裁定书，并撤销原裁定。(《刑诉解释》第422条)

五、缓刑、假释的撤销

（一）撤销的情形

1.新罪+漏罪

罪犯在假释考验期限内犯新罪或者被发现在判决宣告前还有其他罪没有判决，应当撤销假释的，由审判新罪的人民法院撤销原判决、裁定宣告的缓刑、假释，并书面通知原审人民法院和执行机关。(《刑诉解释》第542条）

2.行为违规

第一，缓刑的撤销情形（《刑诉解释》第543条）

人民法院收到社区矫正机构的撤销缓刑建议书后，经审查，确认罪犯在缓刑考验期限内具有下列情形之一的，**应当作出撤销缓刑**的裁定：

（1）违反禁止令，情节严重的；

（2）无正当理由不按规定时间报到或者接受社区矫正期间脱离监管，超过1个月的；

（3）因违反监督管理规定受到治安管理处罚，仍不改正的；

（4）受到执行机关二次警告仍不改正的；

（5）违反有关法律、行政法规和监督管理规定，情节严重的其他情形。

第二，假释行为违规之撤销情形（《刑诉解释》第543条第2款）

（1）无正当理由不按规定时间报到或者接受社区矫正期间脱离监管，超过1个月的；

（2）受到执行机关二次警告仍不改正的；

（3）或者有其他违反监督管理规定的行为，尚未构成新的犯罪的，应当作出撤销假释的裁定。

（二）撤销缓刑假释的法院（《社区矫正法》第46、48条）

1.**新罪漏罪**：对于在考验期限内犯新罪或者发现漏罪，应当由审理该案件的人民法院撤销缓刑、假释，并书面通知原审人民法院和执行地社区矫正机构。

2.**其他原因**：社区矫正机构应当向原审人民法院或者执行地人民法院提出撤销缓刑、假释建议，并将建议书抄送人民检察院。社区矫正机构提出撤销缓刑、假释建议时，应当说明理由，并提供有关证据材料。

经典考题：假释期间出现漏罪（诈骗），基层法院可以撤销中院的假释裁定，是否正确？①

（三）律师帮助

人民法院拟撤销缓刑、假释的，应当听取社区矫正对象的申辩及其委托的律师的意见

（四）撤销同时予以逮捕的情形（《刑诉解释》第544条）

被提请撤销缓刑、假释的罪犯可能逃跑或者可能发生社会危险，社区矫正机构在提出撤销缓刑、假释建议的同时，提请人民法院决定对其予以逮捕的，人民法院应当在48小时以内作出是否逮捕的决定。决定逮捕的，由公安机关执行。逮捕后的羁押期限不得超过30日。

---

① 【答案】正确，因为漏罪由审理该罪的法院进行撤销，而审理漏罪的法院一般是基层法院，可以直接进行撤销。

[考点解读] 此处的逮捕是对罪犯用的,属于一种临时的应急手段。因为一旦罪犯知道自己可能被撤销缓刑、假释即将被收归监狱时,通常会出现逃跑的情况。此处的逮捕已经不再是强制措施了,因为刑事强制措施只能对犯罪嫌疑人、被告人适用,而此处的对象属于罪犯,所以其只是一种临时的应急手段。

(五)撤销裁定(《刑诉解释》第545条)

人民法院应当在收到社区矫正机构的撤销缓刑、假释建议书后30日以内作出裁定。撤销缓刑、假释的裁定一经作出,立即生效。

人民法院应当将撤销缓刑、假释裁定书送达社区矫正机构和公安机关,并抄送人民检察院,由公安机关将罪犯送交执行。执行以前被逮捕的,羁押1日折抵刑期1日。

六、社区矫正

考生一定要注意四种不需要关押的刑罚即管制、缓刑、暂予监外执行、假释都归社区矫正机构执行,《社区矫正法》于2019年12月出台,对社区矫正的具体执行规则作了细化的规定。

(一)执行机关(《社区矫正法》第17、20条)

1.社区矫正决定机关判处管制、宣告缓刑、裁定假释、决定或者批准暂予监外执行时应当确定社区矫正执行地。

2.社区矫正执行地为社区矫正对象的居住地。社区矫正对象在多个地方居住的,可以确定经常居住地为执行地。

3.送达文书:社区矫正决定机关应当自判决、裁定或者决定生效之日起5日内通知执行地社区矫正机构,并在10日内送达有关法律文书,同时抄送人民检察院和执行地公安机关。社区矫正决定地与执行地不在同一地方的,由执行地社区矫正机构将法律文书转送所在地的人民检察院、公安机关。

(二)报到及移送(《社区矫正法》第21条)

1.罪犯主动报到

人民法院判处管制、宣告缓刑、裁定假释的社区矫正对象,应当自判决、裁定生效之日起10日内到执行地社区矫正机构报到。

2.暂予监外执行之罪犯被动移送

(1)人民法院决定暂予监外执行的社区矫正对象,由看守所或者执行取保候审、监视居住的公安机关自收到决定之日起10日内将社区矫正对象移送社区矫正机构。

(2)监狱管理机关、公安机关批准暂予监外执行的社区矫正对象,由监狱或者看守所自收到批准决定之日起10日内将社区矫正对象移送社区矫正机构。

[考点解读] 法院判处管制、缓刑、假释说明罪犯处于相对自由的状态,所以需要其自己主动到社区矫正报到;而决定暂予监外执行的前提是社区矫正对象的刑罚都相对严重,如果是法院在判决的同时决定说明其身上会被采取一定的强制措施,此时无论是被法院决定适用取保候审还是监视居住抑或是逮捕,都应当由公安机关执行,即人在公安机关的控制之下,所以由公安将人送至社区矫正机构;如果是交付监狱(看守所)执行后被决定监视居住,则说明人在监狱(看守所)的控制之下,由监狱(看守所)将人送至监狱。

（三）执行社区矫正需要遵循的基本规则（《社区矫正法》第24、25、52条）

1.基本规则——因人施矫

社区矫正机构应当根据裁判内容和社区矫正对象的性别、年龄、心理特点、健康状况、犯罪原因、犯罪类型、犯罪情节、悔罪表现等情况，制定有针对性的矫正方案，实现分类管理、个别化矫正。

2.社区矫正对象为女性的，矫正小组中应有女性成员。

3.对未成年人的社区矫正，应当与成年人分别进行。

（四）应当遵守的义务

社区矫正对象离开所居住的市、县或者迁居，应当报经社区矫正机构批准。

（五）违反规定的后果（《社区矫正法》第28、29、31条）

1.原则

社区矫正对象违反法律法规或者监督管理规定的，应当视情节依法给予训诫、警告、提请公安机关予以治安管理处罚，或者依法提请撤销缓刑、撤销假释、对暂予监外执行的收监执行。

2.电子定位

社区矫正对象有下列情形之一的，经县级司法行政部门负责人批准，可以使用电子定位装置，加强监督管理：

（1）违反人民法院禁止令的；

（2）无正当理由，未经批准离开所居住的市、县的；

（3）拒不按照规定报告自己的活动情况，被给予警告的；

（4）违反监督管理规定，被给予治安管理处罚的；

（5）拟提请撤销缓刑、假释或者暂予监外执行收监执行的。

前款规定的使用电子定位装置的期限不得超过3个月。对于不需要继续使用的，应当及时解除；对于期限届满后，经评估仍有必要继续使用的，经过批准，期限可以延长，每次不得超过3个月。

[注意]电子定位措施在2019年正式写进法律规定，考生注意，不是所有被执行社区矫正的对象都会被采取，只针对出现违规行为的对象才会采取，所有考生可理解记忆，上述（1）（2）是直接违反的表现，上述（3）（4）（5）不仅违反规定，且已经承担了一定的不利后果，或被警告或被处罚或直接打算报请撤销缓刑、假释、暂予监外执行。且电子定位的时间遵循了3+3+⋯，也就是每次不得超过3个月，但是可以申请延长。

第四节 对新罪和申诉的处理

对新罪、漏罪的处理	1.新罪是指罪犯在服刑期间实施的犯罪。漏罪是指执行过程中发现的，罪犯在判决宣告以前所犯的尚未判决的罪行。 2.罪犯在服刑期间又犯罪的，或者发现了判决的时候所没有发现的罪行，由执行机关移送人民检察院处理。（《刑诉法》第273条）
发现错判和对申诉的处理	[法条链接]《刑诉法》第275条　监狱和其他执行机关在刑罚执行中，如果认为判决有错误或者罪犯提出申诉，应当转请人民检察院或者原判人民法院处理。 1.根据规定，执行机关如果认为判决有错误，应提出具体意见，并附有关材料，转送原起诉的人民检察院或者原判人民法院处理；如果认为事实出入比较重大或者确有必要的，也可以转送原起诉人民检察院的上级人民检察院、原审人民法院的上级人民法院处理。 2.监狱和其他执行机关对于罪犯提出的申诉应当及时转递，不得扣押。罪犯的申诉材料中已明确要求人民检察院或者人民法院处理的，可按其要求转递。如无明确要求，则由执行机关根据案件情况决定向人民法院或者人民检察院转递。 3.人民法院或者人民检察院收到执行机关意见和材料或罪犯的申诉后，应当认真进行审查。 如认为原判决或裁定在认定事实或者适用法律上确有错误，应按审判监督程序予以处理。如认为原裁判正确，应及时答复执行机关或申诉人。 4.人民检察院或者人民法院应当自收到监狱提请处理意见书之日起6个月内将处理结果通知监狱。

第四编 特殊程序

专题二十　未成年人刑事案件诉讼程序

命题点拨

未成年人案件的刑事诉讼程序从任务上而言与成年人普通的刑事诉讼程序相同，都在解决定罪量刑的责任，但不同的是未成年人毕竟年龄小，身心发展不够健全，因而在刑事诉讼程序中会融入很多保护性、教育性的手段。请重点记忆其特殊的引导、保护、教育性的手段。

本专题每年都进行考查，考生需要重点掌握。

知识体系图

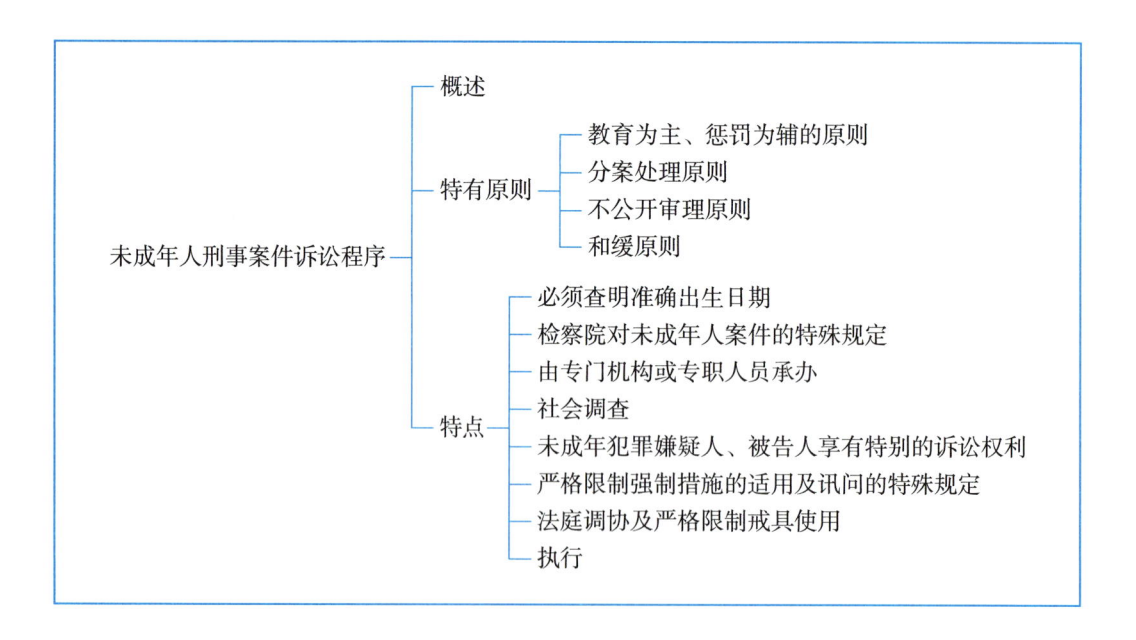

```
                        ┌─ 概述
                        │
                        │              ┌─ 教育为主、惩罚为辅的原则
                        │              ├─ 分案处理原则
                        ├─ 特有原则 ───┤
                        │              ├─ 不公开审理原则
                        │              └─ 和缓原则
未成年人刑事案件诉讼程序 ┤
                        │              ┌─ 必须查明准确出生日期
                        │              ├─ 检察院对未成年人案件的特殊规定
                        │              ├─ 由专门机构或专职人员承办
                        │              ├─ 社会调查
                        └─ 特点 ───────┤
                                       ├─ 未成年犯罪嫌疑人、被告人享有特别的诉讼权利
                                       ├─ 严格限制强制措施的适用及讯问的特殊规定
                                       ├─ 法庭调协及严格限制戒具使用
                                       └─ 执行
```

第一节　未成年人刑事案件诉讼程序概述及特有原则

[20170225D、20120273]

定义	在我国，未成年人刑事案件，是指被告人实施被指控的犯罪时已满12周岁不满18周岁的案件。 [考点解读]（1）刑法修正案对于特殊的犯罪将未成年人承担刑事责任的年龄降至了12周岁。 （2）"周岁"，按照公历的年、月、日计算，从周岁生日的第二天起算。 （3）注意与民法上的概念作区分。	
教育为主、惩罚为辅原则	1.对犯罪的未成年人实行教育、感化、挽救的方针，坚持教育为主、惩罚为辅的原则。（《刑诉法》第277条第1款） **2.法庭教育** （1）**时间**：法庭辩论结束后，法庭可以根据案件情况，对未成年被告人进行教育；判决未成年被告人有罪的，宣判后，应当对未成年被告人进行教育。 （2）**主体**：对未成年被告人进行教育，其法定代理人以外的成年亲属或者教师、辅导员等参与有利于感化、挽救未成年人的，人民法院应当邀请其参加有关活动。 **3.心理治疗** 人民法院根据情况，可以对未成年被告人、被害人、证人进行心理疏导；根据实际需要并经未成年被告人及其法定代理人同意，可以对未成年被告人进行心理测评。（《刑诉解释》第569条） [考点解读]（1）心理疏导不需要同意，但是心理测评必须要经过同意。 （2）对被害人只能心理疏导，不能心理测评。	
分案处理原则（《刑诉法》第280条；《公安规定》第328条）	原则	1.对被拘留、逮捕和执行刑罚的未成年人与成年人应当分别关押、分别管理、分别教育。 2.人民检察院审查未成年人与成年人共同犯罪案件，一般应当将未成年人与成年人分案起诉。
	不分案的情形★（《未成年人规定》[①]第51条）	但是具有下列情形之一的，可以不分案起诉： 1.未成年人系犯罪集团的组织者或者其他共同犯罪中的主犯的。 2.案件重大、疑难、复杂，分案起诉可能妨碍案件审理的。 3.涉及刑事附带民事诉讼，分案起诉妨碍附带民事诉讼部分审理的。 4.具有其他不宜分案起诉情形的。 [注意]分案处理主要是为了保护未成年人，但是当未成年人成为主犯，则没有分案的价值。

---

① 【答案】《人民检察院办理未成年人刑事案件的规定》，本书简称《未成年人规定》。

补侦与公诉（《未成年人规定》第52条）	1.原则：对于分案起诉的未成年人与成年人共同犯罪案件，一般应当同时移送人民法院。 2.补充侦查时未成年人之先行移送 对于需要补充侦查的，如果补充侦查事项不涉及未成年犯罪嫌疑人所参与的犯罪事实，不影响对未成年犯罪嫌疑人提起公诉的，应当对未成年犯罪嫌疑人先予提起公诉。	
和缓原则	和缓原则，要求对未成年人犯罪的案件，一定要注意结合未成年犯罪嫌疑人、被告人的身心特点，尽量不采用激烈、严厉的诉讼方式。 ［例如］（1）人民法院决定逮捕，应当讯问未成年被告人，听取辩护律师的意见。对被逮捕且没有完成义务教育的未成年被告人，人民法院应当与教育行政部门互相配合，保证其接受义务教育。（《刑诉解释》第553条） （2）人民法院发现有关单位未尽到未成年人教育、管理、救助、看护等保护职责的，应当向该单位提出司法建议。（《刑诉解释》第560条）	

⇨ 进阶考点 ⇦

一、年龄认定的特殊情况（《高检规则》第489条）

《高检规则》第460条（**应当提供法律援助**）、第465条（**讯问时应当通知法定代理人**）、第466条（**一般不得使用戒具**）、第467条（**认罪认罚应当听取法定代理人、辩护人意见**）、第468条（**认罪认罚应当听取法定代理人的意见，如有异议不签署认罪认罚具结书**）所称的未成年犯罪嫌疑人，是指在诉讼过程中未满18周岁的人。

犯罪嫌疑人实施涉嫌犯罪行为时未满18周岁，在诉讼过程中已满18周岁的，人民检察院可以根据案件的具体情况适用上述规定。

二、检察院之办理部门

1.可以由同一部门审查

对分案起诉至同一人民法院的未成年人与成年人共同犯罪案件，由未成年人刑事检察机构一并办理更为适宜的，经检察长决定，可以由未成年人刑事检察机构一并办理。

［注意］可以由未检机构统一办理主要是因为其熟悉案情，有利于对事实、证据的审查，即使分案公诉至人民法院也更有利于对案件的整体把控，实现量刑的均衡化。

2.由不同部门审查之处理

分案起诉的未成年人与成年人共同犯罪案件，由不同机构分别办理的，应当相互了解案件情况，提出量刑建议时，注意全案的量刑平衡。

三、审判组织的规定（《刑诉解释》第551条）

1.对分案起诉至同一人民法院的未成年人与成年人共同犯罪案件，可以由同一个审判组织审理；不宜由同一个审判组织审理的，可以分别审理。

2.由不同人民法院或者不同审判组织分别审理的，应当互相了解共同犯罪被告人的审判情况，注意全案的量刑平衡。

四、不公开审理原则（《刑诉解释》第557~559条）

1. 开庭审理时被告人不满18周岁的案件，一律不公开审理。

2. 特殊主体可到场

经未成年被告人及其法定代理人同意，未成年被告人所在学校和未成年人保护组织可以派代表到场。到场代表的人数和范围，由法庭决定。

经法庭同意，到场代表可以参与对未成年被告人的法庭教育工作。

[注意] 原则上不公开审理的案件任何人都不得旁听案件，但是未成年人案件比较特殊，经过被告人本人和其法定代理人两方同时同意，可以由其学校和未成年组织派代表到场。

3. 不得组织旁听的特殊情形★（《刑诉解释》第557条）

对依法公开审理，但可能需要封存犯罪记录的案件，不得组织人员旁听；有旁听人员的，应当告知其不得传播案件信息。包括宣判时也不得组织人员旁听，有旁听人员应当告知其不得传播案件信息。

4. 信息保护规则

审理未成年人刑事案件，不得向外界披露该未成年人的姓名、住所、照片以及可能推断出该未成年人身份的其他资料。查阅、摘抄、复制的未成年人刑事案件的案卷材料，不得公开和传播。被害人是未成年人的刑事案件，适用上述的规定。（检察院也须遵守相应的规则）

[注意] 确有必要通知未成年被害人、证人出庭作证的，人民法院应当根据案件情况采取相应的保护措施。有条件的，可以采取视频等方式对其陈述、证言进行质证。

第二节 未成年人刑事案件诉讼程序

[2020、2019、2018、20170239、20150273、20150274、20120274、20110233、20100278]

必须查明准确出生日期	对于未成年人刑事案件，不论是立案阶段，还是侦查、起诉及审判活动，都必须重点查明犯罪嫌疑人、被告人确切的出生时间，因为年龄因素很可能决定着是否应当追究刑事责任。 [法条链接]《高检规则》第464条 审查逮捕未成年犯罪嫌疑人，应当重点查清其是否已满十四、十六、十八周岁。 对犯罪嫌疑人实际年龄难以判断，影响对该犯罪嫌疑人是否应当负刑事责任认定的，应当不批准逮捕。需要补充侦查的，同时通知公安机关。
检察院对未成年人案件的特殊规定★	与法定代理人、近亲属的会见、通话权	1. 三大条件（《未成年人规定》第24条） 移送审查起诉的案件检察人员可以安排在押的未成年犯罪嫌疑人与其法定代理人、近亲属等进行会见、通话，但必须符合以下条件： 第一，其法定代理人、近亲属等与本案无牵连的； 第二，经公安机关同意； 第三，具有以下情形之一：

续　表

		（1）案件事实已基本查清，主要证据确实、充分，安排会见、通话不会影响诉讼活动正常进行； （2）未成年犯罪嫌疑人有认罪、悔罪表现，或者虽尚未认罪、悔罪，但通过会见、通话有可能促使其转化，或者通过会见、通话有利于社会、家庭稳定； （3）未成年犯罪嫌疑人的法定代理人、近亲属对其犯罪原因、社会危害性以及后果有一定的认识，并能配合司法机关进行教育。 2.会见、通话时检察人员可以在场。 [考点解读] 原则上成年人被关在看守所，只有辩护律师可以会见，近亲属不得与其会见。而未成年人案件在审查起诉阶段，检察院为其留了一道口子，但是必须同时符合三个条件：第一，无牵连，主要指的是近亲属等不能是共犯；第二，经公安机关同意，主要是因为人被关在看守所，而看守所隶属于公安机关，让本没有权利的人进入会见必须经其同意；第三，并无实质性内容，考生可以理解不必识记，因为其要么是会见不影响案件的办理，要么是会见有助于未成年人的转化，即会见对案件的办理有好处。
	建议简易程序的适用	对于符合适用简易程序审理条件的未成年人刑事案件，人民检察院应当在提起公诉时向人民法院提出适用简易程序审理的建议。 [注意] 成年人案件符合条件，检察院可以建议，未成年人案件是应当建议。
	缓刑的建议适用（《未成年人规定》第59条）	1.**具体情形及条件** 人民检察院**应当建议**人民法院适用缓刑的条件： 第一，依法可能判处拘役、3年以下有期徒刑； 第二，有悔罪表现； 第三，宣告缓刑对所居住社区没有重大不良影响； 第四，具备有效监护条件或者社会帮教措施； 第五，适用缓刑确实不致再危害社会的未成年被告人； 第六，需要符合以下情形之一： （1）犯罪情节较轻，未造成严重后果的； （2）主观恶性不大的初犯或者胁从犯、从犯； （3）被害人同意和解或者被害人有明显过错的； （4）其他可以适用缓刑的情节。 2.**附加义务** 建议宣告缓刑，可以根据犯罪情况，同时建议禁止未成年被告人在缓刑考验期限内从事特定活动，进入特定区域、场所，接触特定的人。
	监督	对依法不应当公开审理的未成年人刑事案件公开审理的，人民检察院应当在开庭前提出纠正意见。
由专门机构或专职人员承办	专职人员办理	人民法院、人民检察院和公安机关办理未成年人刑事案件，应当保障未成年人诉讼权利，保障未成年人得到法律帮助，并由熟悉未成年人身心特点的审判人员、检察人员、侦查人员承办。（《刑诉法》第277条；《刑诉解释》第549条） [注意] 参加审理未成年人刑事案件的人民陪审员，可以从熟悉未成年人身心特点、关心未成年人保护工作的人民陪审员名单中随机抽取确定。

续　表

未成年审判组织——少年庭	**未成年审判组织审理的案件** ★（《刑诉解释》第550条） **1.应当由其审理的情形** 被告人实施被指控的犯罪时不满18周岁、人民法院立案时不满20周岁的案件，由未成年人案件审判组织审理。 **2.可以由其审理的情形** （1）人民法院立案时不满22周岁的在校学生犯罪案件； [注意]注意此条主要是考虑对于在校学生的保护，一般在校生心智不成熟，涉世不深。 （2）强奸、猥亵、虐待、遗弃未成年人等侵害未成年人人身权利的犯罪案件； [考点解读]因为审理上述案件，不仅要解决对被告人的定罪量刑问题，更要重视做好对未成年被害人心理干预、经济救助、法律援助、转学安置等帮扶救助工作。由熟悉未成年人身心特点的专业法官负责相关工作，能够更好保障工作效果。 （3）由未成年人案件审判组织审理更为适宜的其他案件。 **3.院长决定的其他情形** 共同犯罪案件有未成年被告人的或者其他涉及未成年人的刑事案件，是否由未成年人案件审判组织审理，由院长根据实际情况决定。
社会调查	**1.三机关都可以进行社会调查**（《刑诉法》第279条） 公安机关、人民检察院、人民法院办理未成年人刑事案件，根据情况可以对未成年犯罪嫌疑人、被告人的成长经历、犯罪原因、监护教育等情况进行调查。 [注意]第一，辩护律师也可以做社会调查；第二，三机关既可以自己调查，也可以委托有关机构。 **2.检察院的社会调查**（《高检规则》第461条） （1）可自行可委托：人民检察院开展社会调查，可自行进行，可以委托有关组织和机构进行。 （2）可对公安机关补充调查：人民检察院应当对公安机关移送的社会调查报告进行审查，必要时可以进行补充调查。人民检察院制作的社会调查报告应当随案移送人民法院。 **3.法院的接受和调查**（《刑诉解释》第568条） （1）对人民检察院移送的关于未成年被告人性格特点、家庭情况、社会交往、成长经历、犯罪原因、犯罪前后的表现、监护教育等情况的调查报告，以及辩护人提交的反映未成年被告人上述情况的书面材料，法庭应当接受。 （2）必要时，人民法院可以委托社区矫正机构、共青团、社会组织等对未成年被告人的上述情况进行调查，或者自行调查。 （3）法院可以通知作出调查报告的人员出庭说明情况，接受控辩双方和法庭的询问。

续 表

未成年犯罪嫌疑人、被告人享有特别的诉讼权利	特殊人员到场制度★	在讯问、审判时必须有成年人陪着未成年人，原则上是其法定代理人，例外其他适格成年人。 **1.应当通知法定代理人到场的情形**（《刑诉法》第281条） 对于未成年人刑事案件，在讯问和审判的时候，应当通知未成年犯罪嫌疑人、被告人的法定代理人到场。 到场的法定代理人可以代为行使未成年犯罪嫌疑人、被告人的诉讼权利。 [注意] 未成年人享有的诉讼上的程序性权利，法定代理人都可以行使。 **2.法定代理人以外的人到场的情形**（《刑诉法》第281条） 无法通知、法定代理人不能到场或者法定代理人是共犯的，也可以通知合适成年人到场，并将有关情况记录在案。 **3.未成年人拒绝的权利**（《高检规则》第465条） 未成年犯罪嫌疑人明确拒绝法定代理人以外的合适成年人到场，且有正当理由的，人民检察院可以准许，但应当在征求其意见后通知其他合适成年人到场。 [注意] 其不可拒绝法定代理人，只能拒绝其他适格的成年人，拒绝后检察院非应当准许，而是可以准许。 **4.其他通知情形**（《刑诉解释》第567条） 被告人实施被指控的犯罪时不满18周岁，开庭时已满18周岁、不满20周岁的，人民法院开庭时，一般应当通知其近亲属到庭。经法庭同意，近亲属可以发表意见。近亲属无法通知、不能到场或者是共犯的，应当记录在案。 **5.到场人员的权利**（《刑诉法》第281条；《刑诉解释》第555条） （1）到场的法定代理人或者其他人员认为办案人员在讯问、审判中侵犯未成年人合法权益的，可以提出意见。讯问笔录、法庭笔录应当交给到场的法定代理人或者其他人员阅读或者向他宣读。 （2）到场的其他人员，经法庭同意，可以参与对未成年被告人的法庭教育等工作。 （3）未成年被告人最后陈述后，其法定代理人可以进行补充陈述。 [考点解读] 第一，到场的法定代理人以外的适格成年人并不当然享有未成年人所享有的程序权，其只享有非常有限的一部分权利，例如提出意见、法庭教育。 第二，补充陈述而非代替陈述，任何人都不可以代替别人陈述；且仅有被告人的法定代理人有此权利，其他任何都不可以行使。 **6.简易程序审理的案件也需要遵循上述1、2、5的规定。** **7.宣判时在场人员规定**（《刑诉解释》第579条） 定期宣告判决的未成年人刑事案件，未成年被告人的法定代理人无法通知、不能到庭或者是共犯的，法庭可以通知合适成年人到庭，并在宣判后向未成年被告人的成年亲属送达判决书。

续 表

犯罪记录的封存★（《刑诉法》第286条；《刑诉解释》第581条；《高检规则》第482~487条）	**1.封存条件** 犯罪的时候不满18周岁，被判处5年有期徒刑以下刑罚的，应当对相关犯罪记录予以封存。 [考点解读]（1）5年有期徒刑以下刑罚包括：5年以下有期徒刑、拘役、管制。 （2）2012年12月31日以前审结的案件符合上述规定的，相关犯罪记录也应当封存。 （3）公安机关、人民检察院应当在收到人民法院生效判决后，对犯罪记录予以封存。人民检察院应当在收到人民法院生效判决后，对犯罪记录予以封存。 （4）对于二审案件，上级人民检察院封存犯罪记录时，应当通知下级人民检察院对相关犯罪记录予以封存。 **2.封存后的要求及查询规定** 犯罪记录被封存的，不得向任何单位和个人提供，但司法机关为办案需要或者有关单位根据国家规定进行查询的除外。依法进行查询的单位，应当对被封存的犯罪记录的情况予以保密。 **3.解除封存**（《未成年人规定》第65条） 对被封存犯罪记录的未成年人，符合下列条件之一的，应当对其犯罪记录解除封存： （1）实施新的犯罪，且新罪与封存记录之罪数罪并罚后被决定执行5年有期徒刑以上刑罚的； （2）发现漏罪，且漏罪与封存记录之罪数罪并罚后被决定执行5年有期徒刑以上刑罚的。 [注意]不管是发现新罪还是漏罪，都须前后加起来超过5年。 **4.出具无犯罪记录证明**（《高检规则》第487条） 被封存犯罪记录的未成年人或者其法定代理人申请出具无犯罪记录证明的，人民检察院应当出具。需要协调公安机关、人民法院为其出具无犯罪记录证明的，人民检察院应当予以协助。	
法庭设置	审理可能判处5年有期徒刑以下刑罚或者过失犯罪的未成年人刑事案件，可以采取适合未成年人特点的方式设置法庭席位。（《刑诉解释》第571条）	

进阶考点

一、未成年证人、被害人的特殊保护★

1.询问未成年被害人、证人，适用讯问未成年犯罪嫌疑人的规定。原则上通知法定代理人，特殊情况通知其他适格成年人。

2.一次性询问原则（《刑诉解释》第556条）

审理未成年人遭受性侵害或者暴力伤害案件，在询问未成年被害人、证人时，应当采取同步录音录像等措施，尽量一次完成；未成年被害人、证人是女性的，应当由女性工作人员进行。

[注意] 非在场，是亲自参与。

3.一般不出庭作证（《刑诉解释》第558条）

开庭审理涉及未成年人的刑事案件，未成年被害人、证人一般不出庭作证；必须出庭的，应当采取保护其隐私的技术手段和心理干预等保护措施。

二、严格限制强制措施的适用及讯问的特殊规定

1.慎用、少用逮捕措施（《刑诉法》第280条；《高检规则》第465条；《未成年人规定》第19、20条）

对未成年犯罪嫌疑人、被告人应当严格限制适用逮捕措施。人民检察院审查批准逮捕和人民法院决定逮捕，应当讯问未成年犯罪嫌疑人、被告人，听取辩护律师的意见。

2.讯问★

讯问女性未成年犯罪嫌疑人，应当有女工作人员在场。

[注意] 不需要女工作人员亲自进行。

3.与近亲属会见（《刑诉解释》第570条）

开庭前和休庭时，法庭根据情况，可以安排未成年被告人与其法定代理人或者合适成年人会见。

专题二十一　当事人和解的公诉案件诉讼程序

命题点拨

本专题解决的是已经构成了刑事犯罪，但是允许当事人进行和解而对其从宽处罚的一种特殊程序，注意只针对公诉案件中比较轻微的、主观恶性不大的刑事犯罪案件。

知识体系图

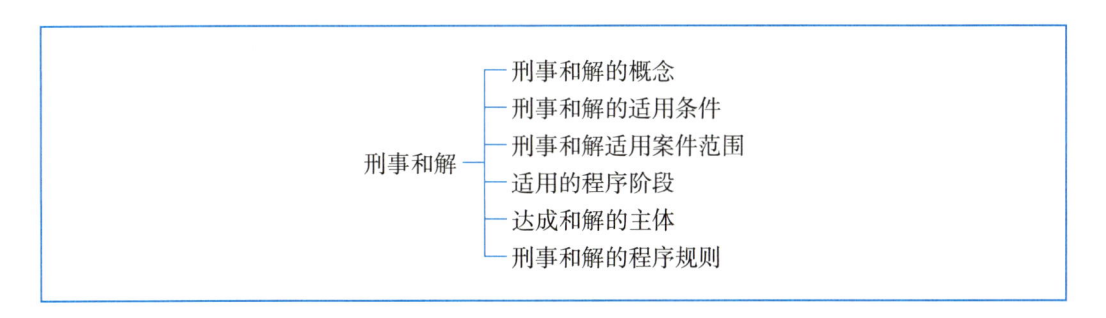

```
            ┌── 刑事和解的概念
            ├── 刑事和解的适用条件
            ├── 刑事和解适用案件范围
   刑事和解 ─┤
            ├── 适用的程序阶段
            ├── 达成和解的主体
            └── 刑事和解的程序规则
```

[2018、20170228D、20170240BCD、20160241、20150275、20140240、20130271、20120237、20120275]

概念	刑事和解有广义和狭义之分。广义的刑事和解既包括刑事公诉案件的和解也包括刑事自诉案件以及附带民事诉讼案件的和解；狭义的刑事和解仅指刑事公诉案件的和解。
适用条件	适用刑事和解的公诉案件应当满足以下三个方面的条件： 1.犯罪嫌疑人、被告人真诚悔罪。 2.获得被害人谅解。 3.被害人自愿和解。
适用案件范围★ （《刑诉法》第288条）	**1.可以适用刑事和解的情形** （1）因民间纠纷引起，涉嫌刑法分则第四、五章规定的犯罪案件，可能判处3年有期徒刑以下刑罚的。 [考点解读] 第一，必须因民间纠纷引起。所谓民间纠纷，是指公民之间有关人身、财产权益和其他日常生活中发生的纠纷。 不属于因民间纠纷引起的犯罪案件的范围：（1）雇凶伤害他人的；（2）涉及黑社会性质组织犯罪的；（3）涉及寻衅滋事的；（4）涉及聚众斗殴的；（5）多次故意伤害他人身体的；（6）其他不宜和解的。（《公安规定》第334条） 第二，涉嫌案由必须是刑法分则第四章侵犯公民人身权利、民主权利的犯罪以及刑法分则第五章规定的侵犯财产的犯罪。

续 表

	第三，此处"3年有期徒刑以下刑罚"是指宣告刑而非法定刑，也就是说，即便法定刑在3年有期徒刑以上，只要综合全案证据判断其有可能被处以3年有期徒刑以下刑罚，也可以适用刑事和解的规定。 （2）除渎职犯罪以外的可能判处7年有期徒刑以下刑罚的过失犯罪案件。 **2.不可以适用和解的情形** 犯罪嫌疑人、被告人在5年以内曾经故意犯罪。 ［考点解读］第一，这里一定要是故意犯罪，不包括过失犯罪。 第二，必须是前罪还在5年之内，只要超过了5年就可以适用和解程序。 第三，无论该故意犯罪是否已经追究，均应当认定为前款规定的5年以内曾经故意犯罪。（《高检规则》第492条） 经典考题：乙涉嫌寻衅滋事，在押期间由其父亲代为和解，被害人表示同意，本案可否适用和解？①
适用的程序阶段	刑事和解可以适用于公安机关立案开始直至人民法院作出最终判决的全部程序阶段。在不同的诉讼阶段，由不同的办案机关负责刑事和解的具体工作。（《刑诉法》第289条）
达成和解的主体★ （《刑诉解释》第587条；《高检规则》第498条；《公安规定》第336条）	**1.自行和解和促成和解** 对符合条件的案件，事实清楚、证据充分的，人民法院应当告知当事人可以自行和解；当事人提出申请的，人民法院可以主持双方当事人协商以达成和解。根据案件情况，人民法院可以邀请人民调解员、辩护人、诉讼代理人、当事人亲友等参与促成双方当事人和解。 **2.代为和解**（《刑诉解释》第588、589条） （1）被害方 被害人死亡的，其近亲属可以与被告人和解。近亲属有多人的，达成和解协议，应当经处于最先继承顺序的所有近亲属同意。被害人系无行为能力或者限制行为能力人的，其法定代理人、近亲属可以代为和解。 ［考点解读］第一，被害人死亡，其近亲属以自己的名义与被告人和解； 第二，近亲属有多人的是最优顺位，因为刑诉法上的近亲属在继承顺位上并不是都在同一个顺位，有第一顺位有第二顺位，所以如果有第一顺位就是第一顺位所有近亲属，没有则第二顺位的近亲属； 第三，被害人是无、限人的，代为和解的人需以被害人的名义进行和解。 （2）加害方 被告人的近亲属经被告人同意，可以代为和解。被告人系限制行为能力人的，其法定代理人可以代为和解。被告人的法定代理人、近亲属依照规定代为和解的，和解协议约定的赔礼道歉等事项，应当由被告人本人履行。

---

① 【答案】不可以，因为寻衅滋事罪不能适用和解程序，且考生注意本案即便罪名可以适用，也存在问题，因为被告人的近亲属要进行和解还必须经过被告人同意。

续 表

	自愿性、合法性审查（《刑诉解释》第590条）	对公安机关、人民检察院主持制作的和解协议书，当事人提出异议的，人民法院应当审查。 经审查，和解自愿、合法的，予以确认，无需重新制作和解协议书；和解违反自愿性、合法性的，应当认定无效。 和解协议被认定无效后，双方当事人重新达成和解的，人民法院应当主持制作新的和解协议书。
	和解协议书的制作（《刑诉解释》第592条）	1. 制作主体 公安机关、人民检察院和人民法院都可以主持制作和解协议书。 2. 和解协议的形式 和解协议书应当由双方当事人和审判人员签名，但不加盖人民法院印章（检察院也不盖章，且办案人员不签字）。 3. 保密规定 对和解协议中的赔偿损失内容，双方当事人要求保密的，人民法院应当准许。
刑事和解的程序规则	刑事和解协议的效力（《刑诉法》第290条；《高检规则》第499~504条）	1. 刑事和解协议可以作为从宽处罚的依据	（1）公安机关的处理 对于达成和解协议的案件，公安机关可以向人民检察院提出从宽处理的建议。 （2）检察院的处理 ①可以不批捕；在审查起诉阶段可以依法变更强制措施。 ②符合法律规定的不起诉条件的，可以决定不起诉。 [注意] 此处的不起诉为酌定不起诉。 ③对于依法应当提起公诉的，人民检察院可以向人民法院提出从宽处罚的量刑建议。 （3）人民法院的最终处理 ★——必须从宽（《刑诉解释》第596条） ①对达成和解协议的案件，人民法院应当对被告人从轻处罚； ②符合非监禁刑适用条件的，应当适用非监禁刑； [注意] 非监禁刑包括缓刑也包括管制，只要符合他们的适用条件就必须适用。 ③判处法定最低刑仍然过重的，可以减轻处罚； ④综合全案认为犯罪情节轻微不需要判处刑罚的，可以免除刑事处罚。 共同犯罪案件，部分被告人与被害人达成和解协议的，可以依法对该部分被告人从宽处罚，但应当注意全案的量刑平衡。 [考点解读] 此处按照法律规定在侦查阶段和审查起诉阶段达成和解是可以从宽，而在审理阶段是应当从宽，即首先一定会从轻处罚，从轻后仍然过重则可以降低刑格减轻处罚或免除处罚，即具体的从宽幅度不一定。

续　表

	2.刑事和解有拘束双方当事人的效力	（1）**特定情形可分期** 和解协议书约定的赔偿损失内容，应当在双方签署协议后立即履行，至迟在人民检察院作出从宽处理决定前履行。确实难以一次性履行的，在提供有效担保并且被害人同意的情况下，也可以分期履行。 [考点解读] 第一，原则上必须在检察院从宽处理之前履行完毕； 第二，分期履行必须符合两个条件即首先被害人要同意，其次要提供担保，也就是说不可以出现犯罪嫌疑人履行不能的情形。 （2）**法院不可分期**（《刑诉解释》第593条） 和解协议约定的赔偿损失内容，被告人应当在协议签署后即时履行。 和解协议已经全部履行，当事人反悔的，人民法院不予支持，但有证据证明和解违反自愿、合法原则的除外。
	3.可以阻隔附带民事诉讼	双方当事人在侦查、审查起诉期间已经达成和解协议并全部履行，被害人或者其法定代理人、近亲属又提起附带民事诉讼的，人民法院不予受理，但有证据证明和解违反自愿、合法原则的除外。（《刑诉解释》第594条）
刑事和解协议无效（《高检规则》第504条）		1.**应当认定和解协议无效的情形** （1）犯罪嫌疑人或者其亲友等以暴力、威胁、欺骗或者其他非法方法强迫、引诱被害人和解。 （2）在协议履行完毕之后威胁、报复被害人的。 2.**协议无效的后果** 已经作出不批准逮捕或者不起诉决定的，人民检察院根据案件情况可以撤销原决定，对犯罪嫌疑人批准逮捕或者提起公诉。

进阶考点　达成和解无法及时履行★（《刑诉解释》第595条）

被害人或者其法定代理人、近亲属提起附带民事诉讼后，双方愿意和解，但被告人不能即时履行全部赔偿义务的，人民法院应当制作附带民事调解书。

[注意] 因为附带民事诉讼的调解书可以申请强制执行，但注意前提是必须已经提起了附带民诉，而通过和解解决案件无法履行才能制作附民的调解书。

专题二十二 缺席判决

命题点拨

本专题为2018年增加的考点，比较重要，请考生理解掌握，其解决了被告人不在案的处理程序。此程序同普通刑事诉讼程序所要解决的任务一致，都在解决对被告人的定罪量刑及涉案财产之责任，不同点在于此程序被告人不在案，所以特别注重对被告人程序权的保障，例如案件归中院管辖、应当为被告人提供法律援助等。

[2020、2019]

出逃境外缺席判决	适用情形★	对于贪污贿赂犯罪案件，以及需要及时进行审判，经最高人民检察院核准的严重危害国家安全犯罪、恐怖活动犯罪案件，犯罪嫌疑人、被告人在境外，监察机关公安机关移送起诉，人民检察院认为犯罪事实已经查清，证据确实、充分，依法应当追究刑事责任的，可以向人民法院提起公诉。人民法院进行审查后，对于起诉书中有明确的指控犯罪事实，符合缺席审判程序适用条件的，应当决定开庭审判。 [考点解读] 1.适用的罪名有三种：第一为贪污贿赂，第二为危害国安，第三为恐怖活动，请注意第一类可以直接适用，但后两类性质要求严重且程序要求最高检核准。 2.缺席要求人在境外，如果在境内逃跑不适用。 3.对于犯罪嫌疑人在境外，需要及时进行审判的严重危害国家安全犯罪、恐怖活动犯罪案件，应当在侦查终结后层报公安部批准，移送同级人民检察院审查起诉。（《公安规定》第290条） 4.人民检察院对公安机关移送起诉的需要报请最高人民检察院核准的案件，经检察委员会讨论提出提起公诉意见的，应当层报最高人民检察院核准。（《高检规则》第506条）
	管辖	前款案件由犯罪地、被告人离境前居住地或者最高人民法院指定的中级人民法院组成合议庭进行审理。
	送达 （《刑诉法》 第292条）	1.原则 人民法院应当通过有关国际条约规定的或者外交途径提出的司法协助方式，或者被告人所在地法律允许的其他方式，将传票和人民检察院的起诉书副本送达被告人。传票和起诉书副本送达后，被告人未按要求到案的，人民法院应当开庭审理，依法作出判决，并对违法所得及其他涉案财产作出处理。

续表

	[考点解读]（1）为了保障被告人的获得通知权，必须送达；（2）具体适用涉外送达程序。 **2.法院的具体操作**（《刑诉解释》第600条） 人民法院立案后，应当将传票和起诉书副本送达被告人，传票应当载明被告人到案期限以及不按要求到案的法律后果等事项；应当将起诉书副本送达被告人近亲属，告知其有权代为委托辩护人，并通知其敦促被告人归案。 [考点解读]（1）送达被告人的有两样，一为传票一为起诉书副本；而送达被告人近亲属的只有起诉书副本，没有传票； （2）普通的刑事案件无须送达近亲属，但是出逃境外缺席案件需要送达，是因为被告人不在，所以很多权利由近亲属行使。
辩护权之保障 （《刑诉解释》第601条）	**1.有权委托** 人民法院审理出逃境外缺席审理案件，被告人有权委托或者由近亲属代为委托1至2名辩护人。委托律师担任辩护人的，应当委托具有中国律师资格并依法取得执业证书的律师；在境外委托的，应当依照《刑诉解释》第486条的规定对授权委托进行公证、认证。 **2.应当法律援助** 被告人及其近亲属没有委托辩护人的，人民法院应当通知法律援助机构指派律师为被告人提供辩护。
近亲属参加庭审★	**1.参加的人数及条件**（《刑诉解释》第602条） 被告人的近亲属申请参加诉讼的，应当在收到起诉书副本后、第一审开庭前提出，并提供与被告人关系的证明材料。 有多名近亲属的，应当推选1至2人参加诉讼。 **2.权利——近亲属享有辩护权**（《刑诉解释》第603条） 被告人的近亲属参加诉讼的，可以发表意见，出示证据，申请法庭通知证人、鉴定人等出庭，进行辩论。
裁判结果 （《刑诉解释》第604条）	**1.原则** 人民法院审理后应当参照《刑诉解释》第295条的规定作出判决、裁定。 **2.标准** 作出有罪判决的，应当达到证据确实、充分的证明标准。 **3.终止审理** 经审理认定的罪名不属于贪污贿赂、危害国安、恐怖活动的，应当终止审理。 **4.涉案财产** 适用缺席审判程序审理案件，可以对违法所得及其他涉案财产一并作出处理。 [注意]这里的"可以"是有权利的意思，只要能够达到证明标准就应当将其作出处理。

续 表

	上诉、抗诉（《刑诉法》第294条）	人民法院应当将判决书送达被告人及其近亲属、辩护人。被告人或者其近亲属不服判决的，有权向上一级人民法院上诉。辩护人经被告人或者其近亲属同意，可以提出上诉。 [注意] 普通刑事诉讼中被告人的近亲属必须经被告人同意才可以上诉，而在缺席判决中，近亲属有法定的上诉权。 人民检察院认为人民法院的判决确有错误的，应当向上级人民法院提出抗诉。
	归案之处理 ★（《刑诉法》第295条）	1. 法院须重新审理的情形 （1）在审理过程中，被告人自动投案或者被抓获的，人民法院应当重新审理。 （2）罪犯在判决、裁定发生法律效力后到案的，人民法院应当将罪犯交付执行刑罚。交付执行刑罚前，人民法院应当告知罪犯有权对判决、裁定提出异议。罪犯对判决、裁定提出异议的，人民法院应当重新审理。 [注意] 提起公诉后被告人到案，人民法院拟重新审理的，人民检察院应当商人民法院将案件撤回并重新审查。（《高检规则》第510条） 2. 审查起诉期间归案（《高检规则》第509条） （1）审查起诉期间，犯罪嫌疑人自动投案或者被抓获的，人民检察院应当重新审查。 （2）对严重危害国家安全犯罪、恐怖活动犯罪案件报请核准期间，犯罪嫌疑人自动投案或者被抓获的，报请核准的人民检察院应当及时撤回报请，重新审查案件。
其他缺席	重病中止超过6个月	因被告人患有严重疾病无法出庭，中止审理超过6个月，被告人仍无法出庭，被告人及其法定代理人、近亲属申请或者同意恢复审理的，人民法院可以在被告人不出庭的情况下缺席审理，依法作出判决。 [注意] 符合上述情形，被告人无法表达意愿的，其法定代理人、近亲属可以代为申请或者同意恢复审理。（《刑诉解释》第605条）
	被告人死亡	1. 被告人死亡的，人民法院应当裁定终止审理，但有证据证明被告人无罪，人民法院经缺席审理确认无罪的，应当依法作出判决。 [考点解读] "有证据证明被告人无罪，经缺席审理确认无罪"，包括案件事实清楚，证据确实、充分，依据法律认定被告人无罪的情形，以及证据不足，不能认定被告人有罪的情形。（《刑诉解释》第606条） 2. 人民法院按照审判监督程序重新审判的案件，被告人死亡的，人民法院可以缺席审理，依法作出判决。（《刑诉解释》第607条）

> 进阶考点

一、出逃境外程序之庭前审查（《刑诉解释》第599条）

对人民检察院提起出逃境外出席判决案件，人民法院审查后，应当按照下列情形分别处理：

1. 符合缺席程序适用条件，属于本院管辖，且材料齐全的，应当受理。

2. 不属于可以适用缺席审判程序的案件范围、不属于本院管辖或者不符合缺席审判程序的其他适用条件的，应当退回人民检察院。

3. 材料不全的，应当通知人民检察院在30日以内补送；30日以内不能补送的，应当退回人民检察院。

[注意] 一般的公诉案件缺材料都是3天补送，但是出逃境外缺席判决程序，毕竟被告人不在，因而程序比较复杂，时间延长至30天。

二、被告人死亡之裁判结果★

人民法院按照审判监督程序重新审判的案件，被告人死亡的，可以缺席审理。有证据证明被告人无罪，经缺席审理确认被告人无罪的，应当判决宣告被告人无罪；**虽然构成犯罪，但原判量刑畸重的，应当依法作出判决**。（《刑诉解释》第607条）

[注意] 在一般的刑事案件中，只要被告人死亡查明其有罪时都是裁定终止，但是考生一定要注意再审案件属于纠错，是纠正已生效即社会大众已经知晓的裁判结果，因而对于审理后依然构成犯罪的一定要区分是判重了还是判轻了，如果是判重了一定要改回来，还之以清白。

专题二十三　犯罪嫌疑人、被告人逃匿、死亡案件违法所得的没收程序

命题点拨

本专题并非针对人启动的程序，而是针对财产启动的程序，其任务不再解决定罪量刑，而是解决涉案财产，其也是整部刑诉法唯一一个不针对人启动的程序，另外考生在学习的过程中注意，此程序非常注重对利害关系人合法权益的维护。

知识体系图

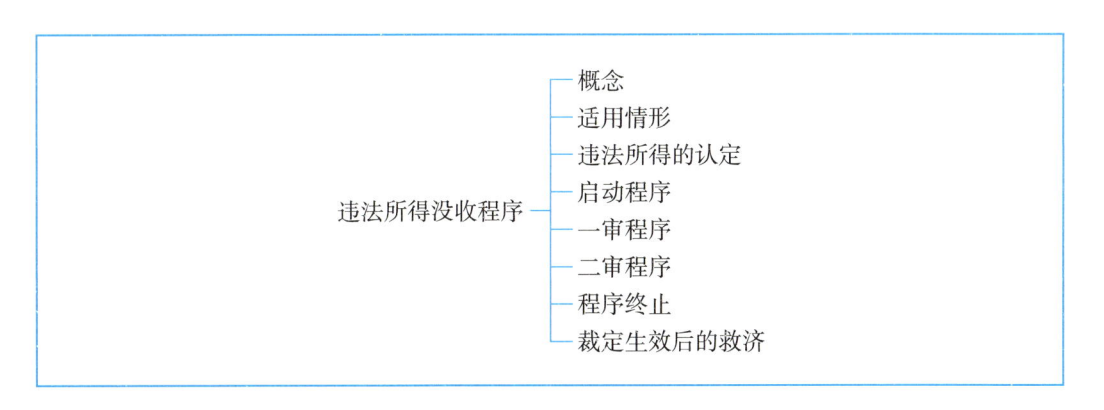

```
                         ┌─ 概念
                         ├─ 适用情形
                         ├─ 违法所得的认定
                         ├─ 启动程序
        违法所得没收程序 ┤─ 一审程序
                         ├─ 二审程序
                         ├─ 程序终止
                         └─ 裁定生效后的救济
```

［20140241、20140242、20120238］

概念	1.没收程序是指当某些案件中犯罪嫌疑人、被告人逃匿或者死亡时，追缴其违法所得及其他涉案财产所特有的方式、方法和步骤。 2.没收程序并不是针对被诉人刑事责任的审判程序，而是针对违法所得和涉案财物的专门的处置程序。
适用情形 （《刑诉法》第298条；《刑诉解释》第609~611条；《高检规则》第512~514条）	能够启动违法所得没收程序的有两种情形：一种是逃匿通缉一年不能到案；一种是人死亡，请注意人死则不用再追究定罪量刑之责任，但涉案财产需要处理，例如张某涉嫌抢劫在案件的办理中其死亡，则不再追究张某定罪量刑的责任，但是抢劫所得的违法所得依然需要处理；但是对于逃匿的人不能免除其定罪量刑责任，原则上应当在普通刑事诉讼程序中一并解决定罪量刑及涉案财产，但是由于被告人在逃，短期之内不便解决其定罪量刑的责任，此时在不解决定罪量刑的情况下直接解决案件中的涉案财产，程序比较复杂，所以对其要求比较高，必须同时符合特定条件才可以：

续　表

	（一）逃匿之启动 1.**案件范围**（《刑诉解释》第609条） 具体是指以下案件是指下列案件： （1）贪污贿赂、失职渎职等职务犯罪案件； （2）刑法分则第二章规定的相关恐怖活动犯罪案件，以及恐怖活动组织、恐怖活动人员实施的杀人、爆炸、绑架等犯罪案件； （3）危害国家安全、走私、洗钱、金融诈骗、黑社会性质组织、毒品犯罪案件； （4）电信诈骗、网络诈骗犯罪案件。 2.**"重大犯罪"之界定**（《刑诉解释》第610条） （1）案件在本省、自治区、直辖市或者全国范围内有较大影响的； （2）逃匿境外。 3.**犯罪嫌疑人、被告人"逃匿"之认定**（《没收规定》[①]第3条） （1）逃避侦查和刑事追究潜逃、隐匿，或者在刑事诉讼过程中脱逃的； （2）假死——犯罪嫌疑人、被告人因意外事故下落不明满2年，或者因意外事故下落不明，经有关机关证明其不可能生存的，依照前款规定处理。 3.公安机关发布通缉令或者公安部通过国际刑警组织发布红色国际通报，应当认定为上述"通缉"。 [注意]考生要注意，假死在刑事诉讼中认定为"逃匿"，因而需要遵循通缉1年不能到案的前提。 **（二）死亡之启动** 犯罪嫌疑人、被告人死亡，依照刑法规定应当追缴其违法所得及其他涉案财产的。 [注意]真的死亡可直接启动，无须通缉！
违法所得的认定	通过实施犯罪直接或者间接产生、获得的任何财产，应当认定为上述违法所得；已经部分或者全部转变、转化为其他财产的，转变、转化后的财产应当视为"违法所得"。 来自违法所得转变、转化后的财产收益，或者来自已经与违法所得相混合财产中违法所得相应部分的收益，应当视为"违法所得"。（《没收规定》第6条）
启动程序 （《刑诉解释》第625条；《六机关规定》第38条；《高检规则》第521~528条）	（一）公安机关、监察机关对符合条件的为提交意见书 1.监察机关或者公安机关向人民检察院移送没收违法所得意见书，应当由有管辖权的人民检察院的同级监察机关或者公安机关移送。 [注意]没收案件由中院管辖，即市检才可申请启动！ 2.**审查时间**：检察院应当在接到意见书后30内作出是否提出没收申请的决定。时间可延长15日。

[①]《最高人民法院、最高人民检察院关于适用犯罪嫌疑人、被告人逃匿、死亡案件违法所得没收程序若干问题的规定》，本书简称《没收规定》。

続 表

		3.审查结果 （1）不符合条件，应当作出不提出没收违法所得申请的决定，并向监察机关或者公安机关书面说明理由； （2）认为需要补充证据的，应当书面要求监察机关或者公安机关补充证据，必要时也可以自行调查。 监察机关或者公安机关补充证据的时间不计入人民检察院办案期限。 4.负责部门：没收程序中调查活动、审判活动的监督，由负责捕诉的部门办理。 （二）人民检察院自行发现的处理——自侦案件 1.调查：符合条件的，负责侦查的部门应当启动违法所得没收程序进行调查。并可以对违法所得及其他涉案财产依法进行查封、扣押、查询、冻结。 2.移送：应当写出没收违法所得意见书，连同案卷材料一并移送有管辖权的人民检察院负责侦查的部门，并由其移送本院负责捕诉的部门。 3.审查起诉阶段：符合条件的，人民检察院可以直接提出没收违法所得的申请。 （三）人民法院不能直接作出没收违法所得的裁定 在审判阶段，如果犯罪嫌疑人、被告人逃匿的，人民法院应当中止审理；如果犯罪嫌疑人、被告人死亡的，人民法院应当根据《刑诉法》第16条的规定终止审理。人民检察院可以依法另行向人民法院提出没收违法所得的申请。
一审之审理规则 （《刑诉法》第299条）	管辖	没收违法所得的申请，由犯罪地或者犯罪嫌疑人、被告人居住地的中级人民法院组成合议庭进行审理。
	参加诉讼主体 （《没收规定》第7条）	1.犯罪嫌疑人、被告人的近亲属和其他利害关系人有权申请参加诉讼，也可以委托诉讼代理人参加诉讼。 [考点解读]（1）"利害关系人"包括犯罪嫌疑人、被告人的近亲属和其他对财产主张权利的自然人和单位，例如在杜某涉嫌受贿一案，其配偶会成为利害关系人，主要是因为夫妻共同财产可能涉及混同，父母会有家庭共有财产混同，除了近亲属还包括具体被索赔的被害人、合法的债权人等等。 （2）利害关系人委托律师担任诉讼代理人的，应当委托具有中国律师资格并依法取得执业证书的律师；在境外委托的，应当依照《刑诉解释》第486条的规定对授权委托进行公证、认证。 2.条件（《刑诉解释》第617条） 犯罪嫌疑人、被告人的近亲属应当提供其与犯罪嫌疑人、被告人关系的证明材料，其他利害关系人应当提供证明其对违法所得及其他涉案财产主张权利的证据材料。 [注意]申请参加时近亲属只要有关系证明就行，而其他人需要具体财物的证据。 3.参加的时间（《没收规定》第13、14条；《刑诉解释》第617条） （1）申请参加的应当在公告期间提出。 （2）在公告期满后申请参加诉讼，能够合理说明原因，人民法院应当准许。

续 表

	举证责任	法院对没收违法所得的申请进行审理，检察院应当承担举证责任。
	审理方式 (《没收规定》第14条)	1.审判组织 人民检察院向原受理案件的人民法院提出申请的，可以由同一审判组织依照本章规定的程序审理。 2.是否开庭——有无利害关系人参加（《刑诉解释》第619条） 公告期满后，人民法院应当组成合议庭对申请没收违法所得的案件进行审理。 利害关系人申请参加或者委托诉讼代理人参加诉讼的，应当开庭审理。没有利害关系人申请参加诉讼的，或者利害关系人及其诉讼代理人无正当理由拒不到庭的，可以不开庭审理。 3.检察院是否派员 人民法院对没收违法所得申请案件开庭审理的，人民检察院应当派员出席。 4.通知送达（《刑诉解释》第619条） 人民法院确定开庭日期后，应当将开庭的时间、地点通知人民检察院、利害关系人及其诉讼代理人、证人、鉴定人、翻译人员。通知书原则上至迟在开庭审理3日以前送达；受送达人在境外的，至迟在开庭审理30日以前送达。
	审理程序 (《刑诉解释》第620条)	开庭审理申请没收违法所得的案件，按照下列程序进行： 1.审判长宣布法庭调查开始后，先由检察员宣读申请书，后由利害关系人、诉讼代理人发表意见。 2.法庭应当依次就犯罪嫌疑人、被告人是否实施了贪污贿赂犯罪、恐怖活动犯罪等重大犯罪并已经通缉一年不能到案，或者是否已经死亡，以及申请没收的财产是否依法应当追缴进行调查；调查时，先由检察员出示证据，后由利害关系人、诉讼代理人出示证据，并进行质证。 3.法庭辩论阶段，先由检察员发言，后由利害关系人、诉讼代理人发言，并进行辩论。 利害关系人接到通知后无正当理由拒不到庭，或者未经法庭许可中途退庭的，可以转为不开庭审理，但还有其他利害关系人参加诉讼的除外。
	裁判结果 (《刑诉解释》第621条)	对申请没收违法所得的案件，人民法院审理后，应当按照下列情形分别处理： 1.属于则没收 申请没收的财产属于违法所得及其他涉案财产的，除依法返还被害人的以外，应当裁定没收。

续 表

		2. 不符合驳回 不符合没收条件的，应当裁定驳回申请，解除查封、扣押、冻结措施。 **3. 高度可能没收** （1）申请没收的财产**具有高度可能**属于违法所得及其他涉案财产的，应当认定为"申请没收的财产属于违法所得及其他涉案财产"。 （2）巨额财产来源不明犯罪案件中，没有利害关系人对违法所得及其他涉案财产主张权利，或者利害关系人对违法所得及其他涉案财产虽然主张权利但提供的证据没有达到相应证明标准的，应当视为"申请没收的财产属于违法所得及其他涉案财产"。 [考点解读] 普通刑事案件中要想认定财产为涉案财产必须达到"确认"之标准，即必须达到事实清楚、证据确实充分的程度，而没收违法所得程序则降低了案件的证明标准，具有高度可能即可直接认定。
二审程序		**1. 启动二审** 对没收违法所得或者驳回申请的裁定，犯罪嫌疑人、被告人的近亲属和其他利害关系人或者人民检察院可以5日内提出上诉、抗诉。（《刑诉解释》第622条） **2. 利害关系人申请参加**（《没收规定》第18条、《刑诉解释》第624条） 利害关系人非因故意或者重大过失在第一审期间未参加诉讼，在第二审期间申请参加诉讼的，人民法院应当准许，并发回原审人民法院重新审判。 [注意] 利害关系人一审未申请参加，二审申请原则上应当准许，除非利害关系存在故意或者重大过失！ **3. 是否开庭**（《没收规定》第20条第1款） 人民检察院、利害关系人对第一审裁定认定的事实、证据没有争议的，第二审人民法院可以不开庭审理。 **4. 二审审查范围**（《没收规定》第20条第3款） 第二审人民法院应当就上诉、抗诉请求的有关事实和适用法律进行审查。 [注意] 没收程序的二审与普通刑事诉讼二审之全面审查不同，其受请求范围的限制。 **5. 二审法院的处理结果**（《没收规定》第21条；《刑诉解释》第623条） 第二审人民法院经审理，应当按照下列情形分别作出裁定： （1）正确的，应当驳回上诉或者抗诉，维持原裁定； （2）第一审裁定认定事实清楚，但适用法律有错误的，应当改变原裁定； （3）第一审裁定认定事实不清的，可以在查清事实后改变原裁定，也可以撤销原裁定，发回原审人民法院重新审判； （4）第一审裁定违反法定诉讼程序，可能影响公正审判的，应当撤销原裁定，发回原审人民法院重新审判。 [注意] 因为事实不清、证据不足发回重审只能发一次，违反程序的可以再次发回。

续　表

| 程序终止 | 在逃的犯罪嫌疑人、被告人到案的，人民法院应当裁定终止审理。人民检察院向原受理申请的人民法院提起公诉的，可以由同一审判组织审理。(《刑诉解释》第625条)
[注意]只要人归案，应当按照普通刑事诉讼程序来一并解决其定罪量刑及涉案财产，没收程序无存在的价值，因而应当终结。 |

进阶考点

一、法院对检察院没收申请的庭前审查(《没收规定》第9条；《刑诉解释》第613条)

对于没收的申请，人民法院应当在30日内审查完毕，并根据以下情形分别处理：

1.属于没收违法所得申请受案范围和本院管辖，且材料齐全、有证据证明有犯罪事实的，应当受理。

2.不属于没收违法所得申请受案范围或者本院管辖的，应当退回人民检察院。

3.不符合"有证据证明有犯罪事实"标准要求的，应当通知人民检察院撤回申请，人民检察院应当撤回。

4.材料不全的，应当通知人民检察院在7日内补送，7日内不能补送的，应当退回人民检察院。

[注意]（1）人民检察院尚未查封、扣押、冻结申请没收的财产或者查封、扣押、冻结期限即将届满，涉案财产有被隐匿、转移或者毁损、灭失危险的，人民法院可以查封、扣押、冻结申请没收的财产。（2）一定要审查是否附有通缉令或者死亡证明。

二、公告与送达(《没收规定》第11~12条)

没收程序中一旦财产被认定为违法所得或者高度可能的时候都会被认定为违法所得上缴国库，所以在这一程序中特别注重保障利害关系人的合法权益，具体体现为下文获得通知的权利。

1.为了寻找不特定利害关系人——必须发公告

人民法院受理没收违法所得的申请后，应当在15日内发布公告，公告期为6个月。公告期间不适用中止、中断、延长的规定。

[注意]公告应当在全国公开发行的报纸、信息网络媒体、最高人民法院的官方网站发布，并在人民法院公告栏发布。必要时，公告可以在犯罪地、犯罪嫌疑人、被告人居住地或者被申请没收财产所在地发布。最后发布的公告的日期为公告日期。发布公告的，应当采取拍照、录像等方式记录发布过程。(《刑诉解释》第615条)

2.知道境内特定利害关系人——直接送达

人民法院已经掌握境内利害关系人联系方式的，应当直接送达含有公告内容的通知；直接送达有困难的，可以委托代为送达、邮寄送达。经受送达人同意的，可以采用传真、电子邮件等能够确认其收悉的方式告知其公告内容，并记录在案。

3.知道境外特定人利害关系——同意则邮件、传真送，不同意则是否送达由受理案件的法院决定

（1）同意

人民法院已经掌握境外犯罪嫌疑人、被告人、利害关系人联系方式，经受送达人同意的，可以采用传真、电子邮件等能够确认其收悉的方式告知其公告内容。

（2）未同意或未掌握联系方式

受送达人未作出同意意思表示，或者人民法院未掌握境外犯罪嫌疑人、被告人、利害关系人联系方式，其所在地国（区）主管机关明确提出应当向受送达人送达含有公告内容的通知的，受理没收违法所得申请案件的人民法院可以决定是否送达。

（3）送达的程序

决定送达的，应当将公告内容层报最高人民法院，由最高人民法院依照刑事司法协助条约、多边公约，或者按照对等互惠原则，请求受送达人所在地国（区）的主管机关协助送达。

三、犯罪嫌疑人、被告人关于委托诉讼代理人的规定

犯罪嫌疑人、被告人逃匿境外，委托诉讼代理人申请参加诉讼，且违法所得或者其他涉案财产所在国、地区主管机关明确提出意见予以支持的，人民法院可以准许。——**财产可能在境外**

法院准许参加诉讼的，犯罪嫌疑人、被告人的诉讼代理人依照本解释关于利害关系人的诉讼代理人的规定行使诉讼权利。

[考点解读] 没收违法所得程序本来就存在倒逼在逃人员回来的情况，所以原则上不允许在逃人员本人委托诉讼代理人，但是针对财产可能在境外的情况，涉及后来的执行，所以所在国家、地区支持的，法院才可以准许。

四、裁定生效后的救济（《刑诉解释》第628条）

1.原则——启动再审

生效的没收裁定确有错误的，应当依照审判监督程序予以纠正。

[注意] 最高人民检察院、省级人民检察院认为下级人民法院按照违法所得没收程序所作的已经发生法律效力的裁定确有错误的，应当按照审判监督程序向同级人民法院提出抗诉。（《高检规则》第531条）

2.例外在刑事案件中一并处理

没收违法所得裁定生效后，犯罪嫌疑人、被告人到案并对没收裁定提出异议，检察院向原作出裁定的人民法院提起公诉的，可以由同一审判组织审理。

法院经审理，应当按照下列情形分别处理：

（1）原裁定正确的，予以维持，不再对涉案财产作出判决；

（2）原裁定确有错误的，应当撤销原裁定，并在判决中对有关涉案财产一并作出处理。

专题二十四　依法不负刑事责任的精神病人的强制医疗程序

命题点拨

本专题针对的是虽然构成犯罪但是因为存在主观阻却事由即精神病的被告人，虽然不需要承担刑事责任，但是其人身危险性大，有继续危害社会的可能性，所以对其采取强制医疗措施。此程序非在解决定罪量刑，而是解决是否要将精神病人关到强制医疗机构进行强制医疗，等待危险性消失再将其放出。

知识体系图

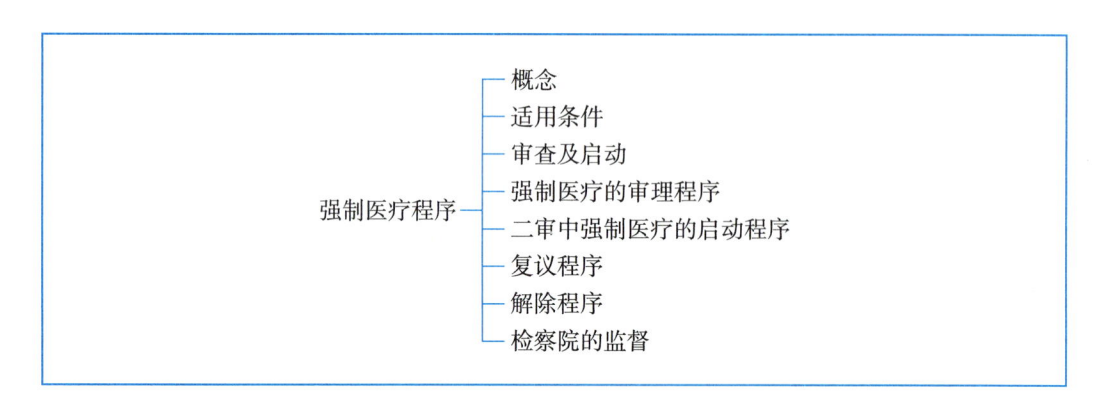

```
                  ┌─ 概念
                  ├─ 适用条件
                  ├─ 审查及启动
                  ├─ 强制医疗的审理程序
强制医疗程序 ─────┤
                  ├─ 二审中强制医疗的启动程序
                  ├─ 复议程序
                  ├─ 解除程序
                  └─ 检察院的监督
```

[2018、20170241、20160242、20150242、20130241、20130242、20120295、20120296]

概念	从性质上说，强制医疗是针对精神病人的一种社会防卫措施，而非刑罚措施。
适用条件★（《刑诉法》第302条；《刑诉解释》第630条）	适用强制医疗，需要满足以下三个条件： 1.实施了危害公共安全或者严重危害公民人身安全的暴力行为。 2.经法定程序鉴定属依法不负刑事责任的精神病人。 [考点解读] 在侦查、审查起诉阶段，公安机关、人民检察院有权启动精神病鉴定程序。在审判阶段，针对控辩双方有争议的鉴定意见进行核实时，法院可以启动重新鉴定或者补充鉴定。犯罪嫌疑人的辩护人、近亲属在审查起诉阶段有权申请启动精神病鉴定程序，对于侦诉机关已经进行的鉴定应当将鉴定意见告知犯罪嫌疑人或者被害人，被害人死亡或者丧失诉讼行为能力的，应当告知被害人的近亲属或法定代理人，犯罪嫌疑人或者被害人（被害人死亡或者丧失诉讼行为能力时其近亲属或者法定代理人）有权申请重新鉴定或者补充鉴定。 3.有继续危害社会的可能。

续　表

审查及启动	启动主体	只有人民检察院和人民法院，权力具有专属性，其他机关不可行使。
	检察院的启动（《高检规则》第534~550条）	1. 对于公安机关移送的强制医疗意见书或者在审查起诉过程中发现精神病人符合强制医疗条件的，人民检察院应当向人民法院提出强制医疗的申请。 检察院申请启动的案件，原刑事案件被告人则称为被申请人。 **2. 刑事案件之不起诉决定** 在审查起诉中，犯罪嫌疑人经鉴定系依法不负刑事责任的精神病人的，人民检察院应当作出不起诉决定（注意此为法定不起诉）。认为符合《刑诉法》第302条规定条件的，应当向人民法院提出强制医疗的申请。 **3. 法院对检察院申请之审查处理**（《刑诉解释》第633条） 对人民检察院提出的强制医疗申请，人民法院应当在7日以内审查完毕，并按照下列情形分别处理： （1）属于强制医疗程序受案范围和本院管辖，且材料齐全的，应当受理； （2）不属于本院管辖的，应当退回人民检察院； （3）材料不全的，应当通知人民检察院在3日以内补送；3日以内不能补送的，应当退回人民检察院。 **4. 处理结果**（《刑诉解释》第637条） 对申请强制医疗的案件，人民法院审理后，应当按照下列情形分别处理： （1）符合强制医疗条件的，应当作出对被申请人强制医疗的决定； （2）被申请人属于依法不负刑事责任的精神病人，但不符合强制医疗条件的，应当作出驳回强制医疗申请的决定；被申请人已经造成危害结果的，应当同时责令其家属或者监护人严加看管和医疗； （3）被申请人具有完全或者部分刑事责任能力，依法应当追究刑事责任的，应当作出驳回强制医疗申请的决定，并退回人民检察院依法处理。
	法院启动强制医疗	**1. 法院启动强医**（《刑诉解释》第638条） 第一审人民法院在审理案件过程中发现被告人可能符合强制医疗条件的，应当依照法定程序对被告人进行法医精神病鉴定。经鉴定，被告人属于依法不负刑事责任的精神病人的，应当适用强制医疗程序，对案件进行审理。 **2. 不同情形的处理**（《刑诉解释》第639条） 对申请强制医疗的案件，人民法院审理后，应当按照下列情形分别处理： （1）被告人符合强制医疗条件的，应当判决宣告被告人不负刑事责任，同时作出对被告人强制医疗的决定； （2）被告人属于依法不负刑事责任的精神病人，但不符合强制医疗条件的，应当判决宣告被告人无罪或者不负刑事责任；被告人已经造成危害结果的，应当同时责令其家属或者监护人严加看管和医疗； （3）被告人具有完全或者部分刑事责任能力，依法应当追究刑事责任的，应当依照普通程序继续审理。

续表

	[考点解读] 法院启动刑事案件依然在，所以符合强医条件的法院应同时作出两个处理即刑事案件宣告不负刑事责任，同时作强医决定，但是检察院申请启动的强医没有刑事案件，只有强医的申请，因而是直接作出强医的决定；同理当发现行为人需要追究刑事责任的，则法院启动的继续转为普通程序审理就行，因为其本来就是普通程序转入的强制医疗程序，而检察院申请启动的直接驳回其申请即可。
强制医疗的审理程序★（《刑诉法》第305条）	**1.检察院启动之管辖权**（《刑诉解释》第631条） 人民检察院申请对依法不负刑事责任的精神病人强制医疗的案件，由被申请人实施暴力行为所在地的基层人民法院管辖；由被申请人居住地的人民法院审判更为适宜的，可以由被申请人居住地的基层人民法院管辖。 [考点解读] 人民法院启动的强制医疗对于级别管辖没有限制，因为其跟随受理刑事案件的具体法院的走向。如果是基层法院受理了刑事暴力犯罪，则基层法院可自己启动；如果是中院受理了暴力犯罪，则由中院自己启动。 **2.会见规则**（《刑诉解释》第635条） 审理人民检察院申请强制医疗的案件，应当会见被申请人，听取被害人及其法定代理人的意见。 [注意] 法院启动的因为有刑事案件法院已经讯问过被告人。 **3.通知法定代理人等到场**（《刑诉解释》第634条） （1）审理强制医疗案件，应当通知被申请人或者被告人的法定代理人到场。 （2）被申请人或者被告人的法定代理人经通知未到场的，可以通知被申请人或者被告人的其他近亲属到场。 **4.法律援助制度**（《刑诉解释》第634条） 被申请人或者被告人没有委托诉讼代理人的，应当自受理强制医疗申请或者发现被告人符合强制医疗条件之日起3日以内，通知法律援助机构指派律师担任其诉讼代理人，为其提供法律帮助。 **5.庭审形式——以开庭为原则不开庭为例外**（《刑诉解释》第635条） 审理强制医疗案件，应当组成合议庭，开庭审理。但是，被申请人、被告人的法定代理人请求不开庭审理，并经人民法院审查同意的除外。 [注意] 人民法院对强制医疗案件开庭审理的，人民检察院应当派员出席法庭。（《高检规则》第544条） **6.被申请人的权利** 被申请人要求出庭，人民法院经审查其身体和精神状态，认为可以出庭的，应当准许。出庭的被申请人，在法庭调查、辩论阶段，可以发表意见。 [注意] 非必须准许。
二审中强制医疗的启动程序★（《刑诉解释》第640条）	人民法院在审理第二审刑事案件过程中，发现被告人可能符合强制医疗条件的，可以依照强制医疗程序对案件作出处理，也可以裁定发回原审人民法院重新审判。 [注意] 二审法院可以自行启动强制医疗程序，也可以发回原一审法院审理。

复议程序★	1.**申请复议**（《刑诉解释》第642条） 被决定强制医疗的人、被害人及其法定代理人、近亲属对强制医疗决定不服的，可以自收到决定书第二日起5日内向上一级人民法院申请复议。复议期间不停止执行强制医疗的决定。 2.**上级法院的处理程序**（《刑诉解释》第643条） 对不服强制医疗决定的复议申请，上一级人民法院应当组成合议庭审理，并在1个月内，按照下列情形分别作出复议决定： （1）被决定强制医疗的人符合强制医疗条件的，应当驳回复议申请，维持原决定； （2）被决定强制医疗的人不符合强制医疗条件的，应当撤销原决定； （3）原审违反法定诉讼程序，可能影响公正审判的，应当撤销原决定，发回原审人民法院重新审判。 3.**强制医疗决定进入二审程序的规定**（《刑诉解释》第644条） 对《刑诉解释》第639条第1项规定的（被告人符合强制医疗条件的，应当判决宣告被告人不负刑事责任，同时作出对被告人强制医疗的决定）判决、决定，人民检察院提出抗诉，同时被决定强制医疗的人、被害人及其法定代理人、近亲属申请复议的，上一级人民法院应当依照第二审程序一并处理。 ［考点解读］原则上强制医疗决定不可以进入二审程序，但是此处特殊，即只要同时符合检察院抗诉，并且有一方申请复议，则该决定就可以进入二审程序，但一定要注意，只有申请复议无抗诉请求的则不行。
检察院的监督（《刑诉解释》第648条）	人民检察院认为强制医疗决定或者解除强制医疗决定不当，在收到决定书后20日内提出书面纠正意见的，人民法院应当另行组成合议庭审理，并在1个月内作出决定。

进阶考点

一、庭审的程序

1.检察院申请案件之审理程序（《刑诉解释》第636条）

开庭审理申请强制医疗的案件，按照下列程序进行：

（1）审判长宣布法庭调查开始后，先由检察员宣读申请书，后由被申请人的法定代理人、诉讼代理人发表意见；

（2）法庭依次就被申请人是否实施了危害公共安全或者严重危害公民人身安全的暴力行为、是否属于依法不负刑事责任的精神病人、是否有继续危害社会的可能进行调查；调查时，先由检察员出示证据，后由被申请人的法定代理人、诉讼代理人出示证据，并进行质证；必要时，可以通知鉴定人出庭对鉴定意见作出说明；

（3）法庭辩论阶段，先由检察员发言，后由被申请人的法定代理人、诉讼代理人发言，并进行辩论。

续 表

2.法院启动(《刑诉解释》第638条)

开庭审理强制医疗案件,应当先由合议庭组成人员宣读对被告人的法医精神病鉴定意见,说明被告人可能符合强制医疗的条件,后依次由公诉人和被告人的法定代理人、诉讼代理人发表意见。经审判长许可,公诉人和被告人的法定代理人、诉讼代理人可以进行辩论。

[注意] 法院启动的庭审顺序与检察院申请启动的程序不同。法院自行启动的案件发言顺序为:(1)合议庭成员,(2)公诉人,(3)被告人的法定代理人,(4)诉讼代理人。检察院启动的则都是检察院先发言。

二、强制医疗的审理时限(《刑诉法》第305条)

人民法院经审理,对于被申请人或者被告人符合强制医疗条件的,应当在1个月内作出强制医疗的决定。

三、强制医疗的解除程序(《刑诉法》第306条;《刑诉解释》第645~647条)

(一)医疗机构申请解除

医疗机构提出解除申请,即强制医疗机构应当定期对被强制医疗的人进行诊断评估。对于已经不具有人身危险性,不需要继续强制医疗的,应当及时提出解除意见。

(二)当事人申请解除

1.由被强制医疗的人及其近亲属申请解除强制医疗。

2.申请法院及期限:

(1)被强制医疗的人及其近亲属申请解除强制医疗的,应当向决定强制医疗的人民法院提出。

(2)被强制医疗的人及其近亲属提出的解除强制医疗申请被人民法院驳回,6个月后再次提出申请的,人民法院应当受理。

(三)法院审查程序(《刑诉解释》第646条)

1.强制医疗机构提出解除强制医疗意见,或者被强制医疗的人及其近亲属申请解除强制医疗的,人民法院应当审查是否附有对被强制医疗的人的诊断评估报告。

2.强制医疗机构提出解除强制医疗意见,未附诊断评估报告的,人民法院应当要求其提供。

3.被强制医疗的人及其近亲属向人民法院申请解除强制医疗,强制医疗机构未提供诊断评估报告的,申请人可以申请人民法院调取。必要时,人民法院可以委托鉴定机构对被强制医疗的人进行鉴定。

[注意] 如果是强制医疗机构申请解除必须提供诊断评估报告,但是被强制医疗人一方申请解除则原则上应当附,例外也可以重新鉴定。

(四)审查结果(《刑诉解释》第647条)

1.强制医疗机构提出解除强制医疗意见,或者被强制医疗的人及其近亲属申请解除强制医疗的,人民法院应当组成合议庭进行审查,并在1个月内,按照下列情形分别处理:

(1)被强制医疗的人已不具有人身危险性,不需要继续强制医疗的,应当作出解除强制医疗的决定,并可责令被强制医疗的人的家属严加看管和医疗;

（2）被强制医疗的人仍具有人身危险性，需要继续强制医疗的，应当作出继续强制医疗的决定。

对强制医疗案件，必要时，人民法院可以开庭审理，通知人民检察院派员出庭。

2.文书送达

人民法院应当在作出决定后5日内，将决定书送达强制医疗机构、申请解除强制医疗的人、被决定强制医疗的人和人民检察院。决定解除强制医疗的，应当通知强制医疗机构在收到决定书的当日解除强制医疗。

专题二十五　涉外刑事诉讼程序与司法协助制度

知识体系图

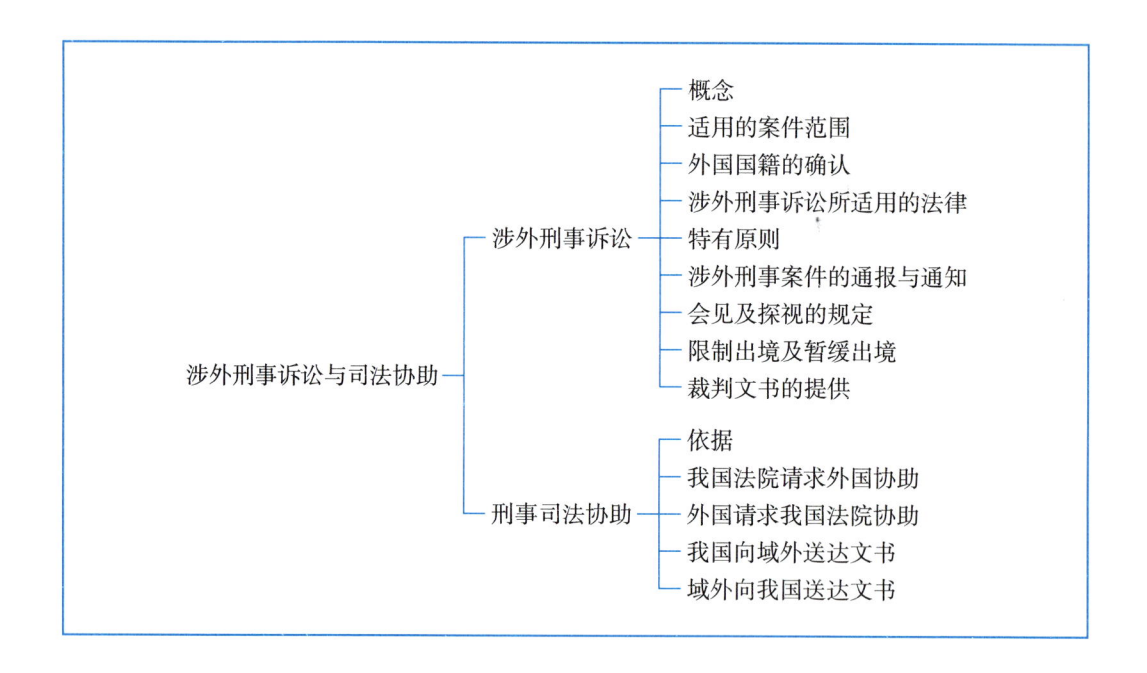

```
涉外刑事诉讼与司法协助
├─ 涉外刑事诉讼
│   ├─ 概念
│   ├─ 适用的案件范围
│   ├─ 外国国籍的确认
│   ├─ 涉外刑事诉讼所适用的法律
│   ├─ 特有原则
│   ├─ 涉外刑事案件的通报与通知
│   ├─ 会见及探视的规定
│   ├─ 限制出境及暂缓出境
│   └─ 裁判文书的提供
└─ 刑事司法协助
    ├─ 依据
    ├─ 我国法院请求外国协助
    ├─ 外国请求我国法院协助
    ├─ 我国向域外送达文书
    └─ 域外向我国送达文书
```

第一节　涉外刑事诉讼程序

［20170242、20110295］

概念	1. 涉外刑事诉讼程序，是指诉讼活动涉及外国人（包括无国籍人，下同）或需要在国外进行的刑事诉讼所特有的方式、方法和步骤。 2. **涉外刑事案件范围**（《刑诉解释》第475条） （1）在中华人民共和国领域内，外国人犯罪的或者中国公民侵犯外国人合法权利的刑事案件； （2）在中华人民共和国领域外，符合《刑法》第7条至第10条规定情形的中国公民犯罪或者外国人对中华人民共和国国家和公民犯罪的案件。 3. **涉外案件的刑事诉讼** 是指中国司法机关处理涉外刑事案件的方式、方法和步骤。刑事诉讼活动涉及外国人或者某些诉讼活动需要在国外进行这两种情况。

	[考点解读] 涉外刑事诉讼包括涉外案件的刑事诉讼，但又不仅指涉外案件的刑事诉讼。在司法实践中，有些案件不是涉外案件，但由于案发时或案发后的一些特殊情况，使得这些案件的诉讼活动涉及外国人或者需要在国外进行。例如，目击案件发生的证人是外国人或虽是中国人，但诉讼时已身在国外；案件发生后，犯罪嫌疑人、被告人潜逃国外等。
适用的案件范围	由于涉外刑事诉讼是诉讼活动涉及外国人或者某些诉讼活动需要在国外进行的刑事诉讼，所以只有以下几种案件才可能适用涉外刑事诉讼程序： 1.中国公民在中华人民共和国领域内对外国公民、无国籍人及外国法人犯罪的案件。 2.外国公民、无国籍人或外国法人在中华人民共和国领域内对中国国家、组织或者公民实施犯罪的案件。 3.外国公民、无国籍人或者外国法人在中华人民共和国领域内侵犯外国公民、无国籍人或者外国法人的合法权利、触犯中国刑法，构成犯罪的案件。 4.中华人民共和国缔结或者参加的国际条约所规定的，中国有义务管辖的国际犯罪行为。 5.外国人、无国籍人、外国法人在中华人民共和国领域外对中国国家或公民实施按照中国刑法规定最低刑为3年以上有期徒刑的犯罪案件，但按照犯罪地法律不受处罚的除外。 6.某些刑事诉讼活动需要在国外进行的非涉外刑事案件。 **[考点解读]** 包括中国《刑法》第7、8条规定的中国公民在中国领域之外犯罪的案件；中国公民在中国领域内犯罪，犯罪后潜逃出境的案件；犯罪嫌疑人、被告人、被害人均为中国公民，但证人是外国人且诉讼时已出境的案件。在上述案件的诉讼过程中，某些诉讼活动如查缉犯罪嫌疑人、被告人或者收集证据等活动需要在国外进行，而中国的司法机关又不能直接到国外去行使职权，故需要按照国际条约或者互惠原则等规定，请求外国司法机关予以协助。 7.外国司法机关管辖的，根据国际条约或者互惠原则，外国司法机关请求中国司法机关为其提供刑事司法协助的案件。 **经典考题：** 下列哪些案件适用涉外刑事诉讼程序？① A.在公海航行的我国货轮被索马里海盗抢劫的案件 B.我国国内一起贩毒案件的关键目击证人在诉讼时身在国外 C.陈某经营的煤矿发生重大安全事故后携款潜逃国外的案件 D.我驻某国大使馆内中方工作人员甲、乙因看世界杯而发生斗殴的故意伤害案件
外国国籍的确认（《刑诉解释》第477条）	外国人的国籍，根据其入境时的有效证件确认；国籍不明的，根据公安机关或者有关国家驻华使领馆出具的证明确认。 国籍无法查明的，以无国籍人对待，适用《刑诉解释》涉外刑事案件的审理和刑事司法协助的有关规定，在裁判文书中写明"国籍不明"。

---

① 【答案】ABC。D项系在我国的拟制领土上实施的犯罪，没有涉外因素，无需适用涉外刑事诉讼程序。

	续表
涉外刑事诉讼所适用的法律	涉外刑事诉讼是中国刑事诉讼活动的一个组成部分，因而它所适用的实体法和程序法都应是中国的法律以及中国参加或者缔结的国际条约或国际公约，不存在适用外国实体法和程序法的问题。即使中国司法机关接受外国司法机关的请求，协助他们调查取证、查缉罪犯，也应按照中国刑诉法规定的方法、步骤进行。
涉外刑事诉讼的特有原则	涉外刑事诉讼的特有原则，是指司法机关及诉讼参与人进行涉外刑事诉讼时所应遵守的行为准则。 **（一）适用中国刑事法律和信守国际条约相结合的原则** 适用中国刑事法律和信守国际条约相结合原则，是指司法机关及诉讼参与人在进行涉外刑事诉讼时，除了要遵守中国刑法和刑诉法外，还应当遵守中国缔结或者参加的国际条约中有关刑事诉讼程序的具体规定，除非中国对该条款有保留。如果中国的刑事法律与中国缔结或者参加的国际条约有冲突，应当适用国际条约的有关规定。 **（二）享有中国法律规定的诉讼权利并承担诉讼义务的原则** 在刑事诉讼中，外国籍当事人享有我国法律规定的诉讼权利并承担相应义务。（《刑诉解释》第478条） **（三）使用中国通用的语言文字进行诉讼的原则**（《刑诉解释》第484条；《公安规定》第362条） 使用本国通用的语言文字进行涉外刑事诉讼，是国家司法主权独立和尊严的象征，是各国涉外刑事诉讼立法普遍采用的一项原则。 根据相关司法解释及司法实践经验，使用中国通用语言文字进行诉讼原则包括以下内容： 1.司法机关在进行涉外刑事诉讼时，使用中国通用的语言进行预审、法庭审判和调查讯问。 2.司法机关在涉外刑事诉讼中，应当为外国籍犯罪嫌疑人、被告人提供翻译。翻译人员应当在翻译文件上签名。如果外国籍犯罪嫌疑人、被告人通晓中国语言文字，拒绝为其提供翻译的，应当由本人出具书面声明。 3.司法机关在涉外刑事诉讼中制作的诉讼文书为中文本，但是应当附有犯罪嫌疑人、被告人通晓的外文译本。但外文译本不加盖司法机关印章，送达的文书内容以中文本为准。 **（四）外国籍当事人委托中国律师辩护或代理的原则**（《刑诉解释》第485、486条） **1.委托的对象** （1）律师 外国籍被告人委托律师辩护，或者外国籍附带民事诉讼原告人、自诉人委托律师代理诉讼的，应当委托具有中华人民共和国律师资格并依法取得执业证书的律师。 [考点解读] 外国籍当事人如欲委托律师辩护或代理，必须委托在中国注册的律师，不允许委托外国律师。外国律师接受委托担任辩护人或诉讼代理人参加诉讼，不以律师的名义或身份出庭，不享有中国法律赋予律师的权利，人民法院只将其视为一般的辩护人或诉讼代理人；人民法院为没有委托辩护人的外国籍被告人指定辩护人，应当指定中国律师。 （2）外国籍当事人委托其监护人、近亲属担任辩护人、诉讼代理人的，被委托人应当提供与当事人关系的有效证明。

续 表

	2. 委托主体 外国籍被告人在押的，其监护人、近亲属或者其国籍国驻华使领馆可以代为委托辩护人。其监护人、近亲属代为委托的，应当提供与被告人关系的有效证明。 **3. 法律援助** 外国籍被告人没有委托辩护人的，人民法院可以通知法律援助机构为其指派律师提供辩护。 **4. 拒绝辩护** 被告人拒绝辩护人辩护的，应当由其出具书面声明，或者将其口头声明记录在案；必要时，应当录音录像。被告人属于应当提供法律援助情形的，依照《刑诉解释》关于法律援助的规定处理。 [考点解读] 外国籍当事人从中华人民共和国领域外寄交或者托交给中国律师或者中国公民的委托书，以及外国籍当事人的监护人、近亲属提供的与当事人关系的证明，必须经所在国公证机关证明，所在国中央外交主管机关或者其授权机关认证，并经中华人民共和国驻该国使领馆认证，或者履行中华人民共和国与该所在国订立的有关条约中规定的证明手续，但我国与该国之间有互免认证协定的除外。
涉外刑事案件的通报与通知 （《刑诉解释》第479条）	**1. 审判中的通报义务** 涉外刑事案件审判期间，人民法院应当将下列事项及时通报同级人民政府外事主管部门，并通知有关国家驻华使领馆： （1）人民法院决定对外国籍被告人采取强制措施的情况，包括外国籍当事人的姓名（包括译名）、性别、入境时间、护照或者证件号码、采取的强制措施及法律依据、羁押地点等； （2）开庭的时间、地点、是否公开审理等事项； （3）宣判的时间、地点。 **2. 结果的通报** 涉外刑事案件宣判后，应当及时将处理结果通报同级人民政府外事主管部门。 **3. 死刑案件的通知** 对外国籍被告人执行死刑的，死刑裁决下达后执行前，应当通知其国籍国驻华使领馆。 **4. 死亡案件的通知** 外国籍被告人在案件审理中死亡的，应当及时通报同级人民政府外事主管部门，并通知有关国家驻华使领馆。
会见及探视的规定 （《刑诉解释》第482条）	**1. 使领馆要求探视** 涉外刑事案件审判期间，外国籍被告人在押，其国籍国驻华使领馆官员要求探视的，可以向受理案件的人民法院所在地的高级人民法院提出。人民法院应当根据我国与被告人国籍国签订的双边领事条约规定的时限予以安排；没有条约规定的，应当尽快安排。必要时，可以请人民政府外事主管部门协助。 **2. 近亲属申请会见** 涉外刑事案件审判期间，外国籍被告人在押，其监护人、近亲属申请会见的，可以向受理案件的人民法院所在地的高级人民法院提出，并依照《刑诉解释》第486条的规定提供与被告人关系的证明。人民法院经审查认为不妨碍案件审判的，可以批准。 **3. 被告人拒绝接受探视、会见的，可以不予安排，但应当由其本人出具书面声明。**

续 表

限制出境及暂缓出境（《刑诉解释》第487条）	1.对象 对涉外刑事案件的被告人，可以决定限制出境；对开庭审理案件时**必须到庭**的证人，可以要求暂缓出境。限制外国人出境的，应当通报同级人民政府外事主管部门和当事人国籍国驻华使领馆。 2.限制的手段 人民法院决定限制外国人和中国公民出境的，应当书面通知被限制出境的人在案件审理终结前不得离境，并可以采取扣留护照或者其他出入境证件的办法限制其出境；扣留证件的，应当履行必要手续，并发给本人扣留证件的证明。 3.边控措施 需要对外国人和中国公民在口岸采取边控措施的，受理案件的人民法院应当按照规定制作边控对象通知书，并附有关法律文书，层报高级人民法院办理交控手续。紧急情况下，需要采取临时边控措施的，受理案件的人民法院可以先向有关口岸所在地出入境边防检查机关交控，但应当在7日以内按规定层报高级人民法院办理手续。 ［注意］涉外案件的被告人既可能是中国人也可能是外国人，限制中国人出境的，只要通知公安或者国安即可，但是如果限制外国人出境的，应当通知公安或国安，还得通知外事部门及驻华使领馆。
裁判文书的提供	涉外刑事案件宣判后，外国籍当事人国籍国驻华使领馆要求提供裁判文书的，可以向受理案件的人民法院所在地的高级人民法院提出，人民法院可以提供。（《刑诉解释》第489条）

第二节　刑事司法协助

依据（《刑诉解释》第491条）	1.请求和提供司法协助，应当依照《中华人民共和国国际刑事司法协助法》、我国与有关国家、地区签订的刑事司法协助条约、移管被判刑人条约和有关法律规定进行。 2.对请求书的签署机关、请求书及所附材料的语言文字、有关办理期限和具体程序等事项，在不违反中华人民共和国法律的基本原则的情况下，可以按照刑事司法协助条约规定或者双方协商办理。 ［注意］外国法院请求的事项有损中华人民共和国的主权、安全、社会公共利益以及违反中华人民共和国法律的基本原则的，人民法院不予协助；属于有关法律规定的可以拒绝提供刑事司法协助情形的，可以不予协助。（《刑诉解释》第492条）
我国法院请求外国协助	1.程序 人民法院请求外国提供司法协助的，应当层报最高人民法院，经最高人民法院审核同意后交由有关对外联系机关及时向外国提出请求。（《刑诉解释》第493条） 2.形式 人民法院请求外国提供司法协助的请求书，应当按照刑事司法协助条约的规定提出；没有条约或者条约没有规定的，应当载明法律规定的相关信息并附相关材料。请求书及其所附材料应当以中文制作，并附有被请求国官方文字的译本。（《刑诉解释》第494条）

续　表

外国请求我国法院协助	1.程序 外国法院请求我国提供司法协助，有关对外联系机关认为属于人民法院职权范围的，经最高人民法院审核同意后转有关人民法院办理。(《刑诉解释》第493条) 2.形式 外国请求我国法院提供司法协助的请求书，应当依照刑事司法协助条约的规定提出；没有条约或者条约没有规定的，应当载明我国法律规定的相关信息并附相关材料。请求书及所附材料应当附有中文译本。(《刑诉解释》第494条)
我国向域外送达文书 (《刑诉解释》第495条)	人民法院向在中华人民共和国领域外居住的当事人送达刑事诉讼文书，可以采用下列方式： 1.根据受送达人所在国与中华人民共和国缔结或者共同参加的国际条约规定的方式送达。 2.通过外交途径送达。 3.对中国籍当事人，所在国法律允许或者经所在国同意的，可以委托我国驻受送达人所在国的使领馆代为送达。 4.当事人是自诉案件的自诉人或者附带民事诉讼原告人的，可以向有权代其接受送达的诉讼代理人送达。 5.当事人是外国单位的，可以向其在中华人民共和国领域内设立的代表机构或者有权接受送达的分支机构、业务代办人送达。 6.受送达人所在国法律允许的，可以邮寄送达。自邮寄之日起满3个月，送达回证未退回，但根据各种情况足以认定已经送达的，视为送达。 7.受送达人所在国法律允许的，可以采用传真、电子邮件等能够确认受送达人收悉的方式送达。
域外向我国送达文书 (《刑诉解释》第496条)	1.人民法院通过外交途径向在中华人民共和国领域外居住的受送达人送达刑事诉讼文书的，所送达的文书应当经高级人民法院审查后报最高人民法院审核。最高人民法院认为可以发出的，由最高人民法院交外交部主管部门转递。 2.外国法院通过外交途径请求人民法院送达刑事诉讼文书的，由该国驻华使馆将法律文书交我国外交部主管部门转最高人民法院。最高人民法院审核后认为属于人民法院职权范围，且可以代为送达的，应当转有关人民法院办理。